복음의 언어, 로마서

복음의 언어,
로마서

지은이 | 박광석
초판 발행 | 2018. 8. 27

등록번호 | 제1988-000080호
등록된 곳 | 서울특별시 용산구 서빙고로 65길 38
발행처 | 사단법인 두란노서원
영업부 | 2078-3352 FAX | 080-749-3705
출판부 | 2078-3331

독자의 의견을 기다립니다.
tpress@duranno.com www.duranno.com

본문에 인용된 성경은 표기가 없는 한 개역개정임을 밝힙니다.

두란노서원은 바울 사도가 3차 전도여행 때 에베소에서 성령 받은 제자들을 따로 세워 하나님의 말씀으로 양
육하던 장소입니다. 사도행전 19장 8-20절의 정신에 따라 첫째 목회자를 돕는 사역과 평신도를 훈련시키는
사역, 둘째 세계선교(TIM)와 문서선교 (단행본·잡지) 사역, 셋째 예수문화 및 경배와 찬양 사역, 그리고 가정·상담
사역 등을 감당하고 있습니다. 1980년 12월 22일에 창립된 두란노서원은 주님 오실 때까지 이 사역들을 계속
할 것입니다.

박광석 목사의
강해 설교

복음의 언어,

로마서

박광석 지음

두란노

6부 | 복음의 결론은 무엇인가

: 복음과 사명 15:1-16:27

1980년대 후반에 제작된 영화 〈마지막 황제〉는 중국 청나라의 선통제(宣
統帝) 푸이의 일생을 그렸다. 푸이는 1908년 3세에 12대 황제가 되었지만
1912년 신해혁명으로 퇴위한 뒤 식물원의 정원사로 일하기도 했다. 또한
푸이는 황제에서 쫓겨나 걸인처럼 살기도 하고, 때로는 형편없는 마약중
독자로 살았다. 하지만 그는 끝까지 자신을 왕으로 생각했다. 왕처럼 걷
고, 왕처럼 먹고, 왕처럼 자면서 자신이 왕임을 철저히 믿었다. 영화를 보
고 있노라면 "나는 어느 누가 뭐래도 왕이다!"라는 강렬한 메시지가 느껴
진다.

사도 바울은 복음을 증거하는 삶을 살아가면서 수많은 고통을 당했고
매우 비참한 상황을 직면했다. 그럼에도 그가 당당하면서 품위를 잃지 않
고 살아갈 수 있었던 이유는 무엇일까? 하나님이 자신을 사도로 쓰신다는
자부심이 있었기 때문이다. '하나님이 나를 보내셨고, 하나님이 허락하신
일을 지금 내가 하고 있다. 나는 살든지 죽든지 그리스도를 존귀하게 하
려고 노력하고 있다. 나는 하나님께 인정과 사랑을 받고 있다'라고 생각
했던 것이다.

바울에게는 다른 사람이 빼앗아 갈 수 없는 기쁨과 자신감이 있었다.
돌멩이에 맞아도, 채찍에 맞아 끌려가도 절대 굽히지 않는 신앙의 자존
심과 진정성이 그의 내면에서부터 솟아 나왔다. 그것은 하나님만이 주실

수 있으며, 우리가 로마서를 통해 기대하는 것도 바로 그것이다. 우리는 그리스도의 장성한 분량이 충만한 데까지 이르도록(엡 4:13) 자라야 한다. 사도 바울이 그리스도 앞에서 완전히 변화해 하나님의 종으로 자처한 삶을 살았던 것처럼, 나도 그렇게 살겠다는 은혜를 로마서를 통해 받아야 한다.

"그리스도의 중인이 돼라"라는 주님의 뜻을 따라 로마로 가서 복음을 전하고야 말겠다는 사도 바울의 선교 열망은 매우 간절했다. 당시 로마는 세계의 중심인 로마 제국의 수도였다. 모든 귀족들이나 지식인들, 내로라 하는 사람들이 모여드는 집산지와 같은 곳이었다. 바울도 그곳에 직접 가서 복음을 전하고 싶었던 것은 당연하다. 그때까지만 해도 사도 중에 복음을 들고 로마에 간 사람은 아무도 없었다. 베드로나 요한 혹은 다른 사도들이 먼저 로마에 갔더라면 바울이 복음의 기본 진리를 하나하나 설명할 필요는 굳이 없었을 것이다. 책임감을 느낀 바울은 로마라는 특수한 여러 가지 환경을 고려해서 복음을 서신으로 풀어 썼다. 그 후 이 글은 성경으로 받아들여졌고 모든 사람들에게 기독교 진리를 가장 잘 표현한 책으로 인정받게 된다.

사실 바울에게 로마는 이방 사람들에게 나아가기 위한 복음의 첫 번째 관문이었다. 그러하기에 로마서를 읽다 보면 이방인이었던 우리도 구원의 희열을 느끼게 되고, 주 안에서 사는 기쁨으로 충만해지며, 생의 견고함을 깨닫게 된다.

신앙의 위인들 중에는 로마서의 영향을 받은 사람이 많다. 기독교 역사상 대표적으로 성 어거스틴, 마르틴 루터를 꼽을 수 있다. 바울이 기록한 로마서를 읽고 어거스틴은 예수님을 믿었고, 루터는 종교개혁을 일으켰다.

루터는 당시 비텐베르크대학에서 로마서를 강의하는 교수로서, 처음부터 종교개혁을 일으키려는 의도를 가지고 철저히 준비한 것은 아니었다. 하지만 그는 학자로서의 양심과 로마서에 기록된 진리에 빗대어 볼때 가톨릭이 기형적으로 변질되고 부패한 상황을 외면할 수가 없어서 교황 레오 10세에게 탄원서 형식의 편지를 보냈다. 루터는 교황이 이 사실을 모르고 있다고 생각했던 것이다. 그러나 교황청으로부터 전혀 답을 들을 수가 없었고, 면죄부 판매와 같이 두고 볼 수 없는 일들이 계속해서 일어나자 토론을 제안하며 95개조의 반박문을 작성해 비텐베르크성당 정문에 붙였다.

루터가 의도한 바는 아니었지만 이로써 종교개혁이 시작되었다. 종교개혁의 배경에 로마서가 있었던 것이다. 루터는 로마서를 이렇게 평했다. "복음의 핵심이요, 단어 하나하나를 암송해야 할 만큼 소중하고, 다루면 다룰수록 진가가 드러나는 하나님의 말씀이다."

로마서를 읽다 보면 논리정연하면서도 예리하고, 유연하면서도 폭넓은 사고를 가진 지성인으로서의 바울의 진면목을 엿볼 수 있다. 당시는 황제의 칙령이나 탄탄한 논리로 무장한 철학들, 완성미 넘치는 시에 이르기까지 수준 높은 작가들이 저술한 세련된 읽을거리가 넘쳐 나던 시대였다. 하지만 변방의 이름 없는 한 로마 시민이 쓴 나사렛 예수에 관한 편지는 결국 수많은 사람의 삶에 지대한 영향을 끼쳤고, 기독교 사상의 으뜸가는 저술이 되었다.

신학자 칼 바르트의 말처럼 모든 성경이 반지라면 로마서는 그 반지의 핵심인 보석이다. 그런데 반지의 링이 있다고 그에 맞는 보석을 찾지는 않는다. 핵심 보석을 가졌을 때 그것을 조화롭고 돋보이게 만드는 링의 재료를 구해서 전체 반지를 완성한다.

우리도 로마서를 제대로 이해할 때 신앙의 요소들이 선명해지고 굳건해지며 무한한 동력을 얻는다. 핵심이 빠진 사물의 외형은 아무리 번성해도 힘을 얻을 수 없는 것과 같다. 우리의 신앙이 세상의 풍조와 유혹에서 흔들리고, 회의를 느끼는 원인은 신앙의 핵심을 명확하게 붙들지 못하기 때문이다. 오늘날 교회가 힘을 잃어가는 것도 역시 신앙의 핵심이 굳건하지 못하기 때문이다. 나무가 아무리 울창해도 줄기와 뿌리가 든든하지 않으면 금방 부러진다. 그러나 뿌리와 줄기가 좋으면 가지는 더 풍성하게 뻗어 나갈 수 있다. 여러 신학 관련 내용이나 설교를 들여다보면 뿌리보다 가지나 잎사귀에 관심이 더 큰 것 같은 인상을 받곤 한다. 로마서와 관련하여 읽는 책들도 간혹 뿌리와 줄기는 제대로 보지 않고 가지만 보고 쓴 것으로 여겨지는 것들이 더러 있다는 생각이 드는 것도 같은 맥락이다.

그리스의 설교가 크리소스토무스나 아우구스티누스, 그리고 칼뱅의 신앙과 종교개혁도 로마서에서 시작되었다. 정통적인 설교자들도 로마서의 가치를 소중히 여겼기에 성경 주석이나 강해들이 수없이 출간되었다. 이처럼 오랫동안 다양한 로마서 연구가 이루어진 이유가 무엇일까? 그들은 로마서를 각각 다른 각도로 보았을까, 아니면 스스로가 본 로마서 해석이 더 낫다고 자부해서일까? 자신의 해석은 이전과는 다른 새로움이라고 말하고 싶었을지도 모른다. 시대가 변해도 로마서의 가치는 달라지지 않았고 로마서를 통해 하나님이 말씀하시고자 하시는 의미는 변함없다. 오히려 지금도 수많은 로마서 관련 서적이 쏟아져 나오는 것만 보아도 그리스도인들이 바른 신앙의 핵심을 얼마나 알고 싶어 하는지 그 열망을 느낄 수 있다. 나도 마찬가지다.

개척 초기부터 지금까지 나의 모든 설교는 강해였다. 강해 설교는 설교자에게 엄청난 부담을 준다. 설교자가 청중보다 먼저 지친다. 때로는 강해가 중단되거나, 강해라는 말을 들으면 부담을 갖게 된다. 그럼에도 나는 우리 교회 성도들에게 신앙은 제대로 가르쳐야 하나님 앞에서 도리일 것으로 굳게 믿고 강해 설교를 시작했다. 로마서 강해는 20여 년 전부터 정말 자주 해왔다.

나는 설교를 준비할 때 성경 속으로 들어가 스스로 탐구하며 찾는 모험을 하는 편인데, 그러려면 더 많은 시간 동안 공부하고 묵상해야 한다. 독선으로 흐르거나 본문의 의미와 다른 경망스런 해석을 하면 안 되기 때문이다.

로마서 강해를 시작하면서 나는 스스로 3대 기준을 정했다. 본문을 제대로 전하되 지금 여기, 이 시대를 사는 성도들에게 적절한 적용을 통해 하나님이 뜻하시는 목적으로 바르게 이끌겠다는 것이었다. 그러면서도 1998년 처음 로마서 강해를 시작하기 전, '성도들이 과연 흥미진진하게 들어줄까?'를 염려하기도 했었다. 하지만 기우에 불과했다. 로마서 강해를 통해 교회는 부흥했고 바르고 확실한 믿음 위에 선 성도들이 자리를 잡았다. 나는 로마서를 듣기 위해 주일마다 구름떼처럼 몰려왔던 성도들을 기억한다. 오늘날 세상은 쉽고 편한 것을 삶의 목적 삼아 추구하고 따른다. 그런 위안을 받기 위해 교회에 오기도 하는데 우리 성도들은 예수 그리스도의 복음 자체만으로 기뻐했다. 말씀을 듣는 성도들도 행복했지만 말씀을 전하는 나는 더 행복했다. 로마서 강해를 통해 '진정한 목사의 의미'를 깨달았고. 로마서 안에서 "진리가 너희를 자유롭게 하리라"라고 하신 음성을 발견했기 때문이다.

사실 내 설교는 기독교 방송 매체들과 인터넷 동영상으로 제공하지 않는다. 방송이나 언론을 통한 설교에 집중하는 분들은 그분들 나름대로 의도가 있다고 보며, 귀한 선교활동이라고 본다. 그러나 나는 어느 시대든 복음이란 불필요한 껍질들을 털어내고 본질을 찾아 지키는 것이 중요하다고 생각한다. 그래서 설교를 듣고 싶으면 교회에 나와서 직접 예배에 참석하여 들으라고 하는 것이다. 나는 늘 설교자로서 나 자신이 유명해지거나 드러나기보다 예수 그리스도를 가장 바르게 증거하는 자가 되기를 기도하고 또 기도해 왔다.

이 책을 읽는 목사님들이나 신학생, 성도들도 같은 가치관을 가지기를 원한다. 우리 신앙의 목적이 결국 하나님 앞으로 가는 것이라면 그 신앙을 온전히 이루기 위한 것 외에 다른 편법을 취하려하지 않을 것이다. 오늘 우리에게 가장 절실한 것은 순전한 신앙이다. 그것이 우리를 계속 참된 신앙으로 뻗어 나가게 할 것이고, 그리스도의 풍성한 열매를 맺게 할 것이다. 이 책을 통해 우리가 누렸던 것과 같은 은혜, 아니 더 큰 은혜를 얻을 수 있기를 바란다.

오래전부터 로마서를 정리하여 여러 사람과 은혜를 나누고 싶었는데 하나님께서 허락하신 때가 되어 출간하게 되었다. 애써 주신 분들의 노력과 기쁘게 주의 일에 나선 두란노 편집부의 수고에 감사드린다. 무엇보다 신앙의 핵심인 예수 그리스도의 복음 자체만으로 기쁘게 헌신해 온 벧엘의 모든 성도들께도 깊은 사랑과 감사를 전한다.

2018년 8월
박광석 목사

1부

복음은
어디서
왔는가

복음의 정의

1:1-3:20

1장

구약에 약속하신 아들

하나님이 구약에서 선지자들을 통해 약속하신 메시아,

예수께서 오셨다.

구약에 미리 약속된 하나님의 아들

로마서는 "예수 그리스도의 종 바울은 사도로 부르심을 받아 하나님의 복음을 위하여 택정함을 입었으니"(1절)라는 말씀으로 시작한다. 바울은 고대 지중해 사회의 관행대로 편지의 첫머리에 바울 자신이 발신자이며 "로마에서 하나님의 사랑하심을 받고 성도로 부르심을 받은 모든 자에게"(7절) 보내는 편지라고 수신자를 밝혔다. 그리고 중간인 2-6절에서는 자신이 로마서에서 설명하려는 예수 그리스도를 간략하게 핵심적으로 정리했다. 먼저, 2절에서는 예수 그리스도를 이렇게 설명했다.

> "이 복음은 하나님이 선지자들을 통하여 그의 아들에 관하여 성경에 미리 약속하신 것이라"(2절).

여기서 눈여겨봐야 하는 바울의 특이한 표현이 있다. 하나는 '복음'이라는 말이다. 복음은 예수님을 의미한다. 왜 예수님이 복음이실까? 예수님은 우리의 그리스도이시기 때문이다. '그리스도'란 '기름 부음을 받은 자'라는 뜻이다. 구약 시대에는 세 종류의 사람이 기름 부음을 받았는데 제사장, 선지자, 왕이다. 하나님으로부터 성령이 임하신다는 상징으로 이들에게 기름을 붓는 예식을 거행했다. 이는 성령이 하나님과 인간 사이에서 중보자가 되신다는 뜻이기도 하다. 제사장과 선지자와 왕을 온전히 하나로 합해서 오신 분이 메시아이시다. '메시아'는 히브리어요, 헬라어로는 '그리스도'다. 그러므로 메시아 예수가 우리에게 축복의 소식이 되시는 것이다. 예수 그리스도는 우리를 구원하시기 때문에 복음이시다.

또 하나는 이 구절 전체다. 일반적으로 예수님을 설명할 때 "예수는 우리를 위해 이 땅에 오셔서 우리의 죗값을 대신 치르심으로 우리를 구속(구원)하셨다. 그러므로 예수님은 우리의 구원자이시다"라고 말한다. 그러나 바울은 다른 시각으로 접근했다. 하나님이 선지자들을 통해 예언하신 메시아가 바로 하나님의 아들 예수이시라고 말한 것이다. 바울은 왜 예언의 성취를 언급했던 것일까?

바울은 유대 율법학자였다. 힐렐, 샴마이와 함께 당대 3대 랍비 중 한 사람이었던 가말리엘의 문하생이었다. 또한 유대 율법을 집행하는 자로서 검사의 역할을 했다. 그는 그리스도인들을 예루살렘으로 끌고 오기 위해 사람들을 데리고 다메섹으로 가는 도중 빛으로 다가오신 예수 그리스도를 만났다. 바울은 빛으로 시력을 잃었고, 예수님이 그리스도이시라는 사실을 믿게 되었다. 그 후 사람의 손에 끌려 다메섹으로 들어갔고, 아나니아의 기도를 받고 3일 만에 눈을 뜨게 되었다. 예수님을 만난 바울은 본래 다메섹을 방문하려던 목적과 정반대의 일을 하기 시작했다. 폭발적 인식의 변화를 겪고는 곧바로 복음 증거자가 되었다.

그러나 예상하지 못한 문제가 생겼다. 그리스도인들에게는 '첩자가 아닐까?' 하는 의심의 대상이 되었고, 유대인들에게는 배신자가 된 것이다. 바울은 일단 복음 전도 현장에서 물러서기로 결정하고 아라비아 사막으로 향했다. 그곳에서 바울은 무슨 일을 했을까? 분명 자신이 만난 예수님이 진정 그리스도이신지 구약성경을 읽으며 확인했을 것이다.

그렇다면 "내가 너로 여자와 원수가 되게 하고 네 후손도 여자의 후손과 원수가 되게 하리니 여자의 후손은 네 머리를 상하게 할 것이요 너는 그의 발꿈치를 상하게 할 것이니라"(창 3:15)라는 말씀을 읽으면서 바울은 무슨 생각을 했을까? 여자의 후손이 나타나 사탄에게 치명상을 입히고 승리할 것이라는 말씀에서 '여자의 후손'은 단수다. 그렇다면 그 한 사람은 과연 누구일까? 수많은 예언자가 아니라면 혹시 메시아를 가리키는 것이 아닐까? 바울의 눈길은 예수 그리스도를 향해 갔다.

아마도 바울은 "이는 주께서 내 영혼이 스올에 버리지 아니하시며 주의 거룩한 자를 멸망시키지 않으실 것임이니이다"(시 16:10)라는 다윗의 고백을 읽으면서는 이렇게 생각했을 것이다. '스올에 버려지지 않고 멸망하지 않는 자는 누구인가? 만약 그가 다윗이라면 오늘날까지 보존되고 있는 다윗의 묘는 어떻게 설명할 수 있는가? 그의 몸은 이미 썩었다. 그렇다면 썩지 않는 자, 죽은 자 가운데서 부활하는 자는 누구를 가리킬까? 바로 메시아 구세주이시다!' 바울의 마음에는 긴장이 감돌았다.

이사야 53장 6-7절을 읽으면서는 어떠했을까?

"우리는 다 양 같아서 그릇 행하여 각기 제 길로 갔거늘 여호와께서는 우리 모두의 죄악을 그에게 담당시키셨도다 그가 곤욕을 당하여 괴로울 때에도 그의 입을 열지 아니하였음이여 마치 도수장으로 끌려 가는 어린 양과 털 깎는 자 앞에서 잠잠한 양같이 그의 입을 열지 아니하였도다"(사 53:6-7).

우리를 구원하실 메시아가 죽임당하는 이유는 우리가 다 미련한 양처럼 각기 제 길로 갔기 때문이며, 그분의 죽음으로 말미암아 우리가 구원을 얻게 된다는 하나님의 예언을 볼 때 바울은 그리스도 앞에 무릎을 꿇을 수밖에 없었다. '예수님은 성경에 예언된 그대로 죽음을 맞이하셨다!'

다메섹 도상에서 만난 예수님은 바울에게 놀라움과 충격을 안겨 주셨지만, 아라비아 사막에서 성경을 통해 확인한 예수님은 그에게 확신을 주셨다. 그리스도가 오셨고, 그분이 바로 예수님이시라는 사실을 깨닫자 바울의 마음은 환희로 가득 찼다.

다니엘 2장에는 바벨론 느부갓네살왕이 꾼 꿈에 나타난 큰 신상이 묘사되어 있다. 신상의 머리는 금으로, 가슴과 두 팔은 은으로, 배와 넓적다리는 놋으로, 종아리는 쇠로, 발은 쇠와 진흙으로 되어 있었다. 그때 손대지 아니한 돌("뜨인 돌", 개역한글)이 나와서 신상의 쇠와 진흙 발을 쳐서 부서뜨렸다. 그러자 찬란하고 단단했던 신상이 산산조각 나서 타작마당의 겨같이 바람에 날려 사라져 버리고, 우상을 친 돌은 태산을 이루어 온 세계에 가득했다(단 2:31-35). 바울은 이 세상의 허상이 무너지고 온 세상이 예수 그리스도로 가득 채워진다는 예언의 말씀을 확인하면서 얼마나 흥분했을까?

바울은 이 모든 사실을 함축해 "하나님이 구약에서 선지자들을 통해 약속하신 메시아, 예수께서 오셨다"라고 한마디로 표현한 것이다.

이어지는 3-4절에서 바울은 이렇게 말했다.

> "그의 아들에 관하여 말하면 육신으로는 다윗의 혈통에서 나셨고 성결의 영으로는 죽은 자들 가운데서 부활하사 능력으로 하나님의 아들로 선포되셨으니 곧 우리 주 예수 그리스도시니라"(3-4절).

바울은 예수님의 '탄생'과 '부활'의 의미를 '육신'과 '성령'으로 나누어 설명했다. "예수는 육신으로는 다윗의 후손으로 나셨고, 성령으로는 죽은 자들 가운데서 부활하사 하나님의 아들이심을 증명해 보이셨다. 그분은 바로 우리의 메시아 예수이시다!" 이렇게 정리되자, 그는 강렬한 전율을 느꼈을 것이다. 바울은 약속된 예수님이 오셔서 인간의 죄를 위해 십자가에 못 박혀 죽으시고 부활하사 구주가 되신 것과, 자신이 바로 그 메시아의 종으로 부르심을 받았다는 사실을 확신하게 되었다. 그가 이 사실을 깨닫고는 얼마나 벅찬 감격과 환희에 젖었을지 생각해 보라.

우리는 예수 그리스도의 종

바울이 이렇게 변화되리라고는 당시 누구도 상상하지 못했을 것이다. 그는 초대교회 스데반 집사를 죽일 때 가해자들의 증인으로 현장에 서 있었을 정도로 극단적인 유대주의자였다. 혹독한 박해를 피해 다메섹으로 숨은 그리스도인들을 전부 찾아내 죽이려 했던 주동자가 "예수는 그리스도이시다!"라고 고백할 뿐 아니라, 스스로를 '그리스도의 종'이라고 선언하는 자로 변했다.

"예수 그리스도의 종 바울은 사도로 부르심을 받아 하나님의 복음을 위하여 택정함을 입었으니"라는 1절 말씀은 무심코 읽으면 별 감흥 없이 넘어가지만, 눈여겨보면 바울이 얼마나 마음을 쏟아 성령의 감동으로 로마서를 기록했는지가 느껴진다. 모든 원천이 하나님이시며 자기 삶의 목적이 복음이라고 고백한 것이다. 사실 사람은 누구나 자신을 높이려고 하고, 심지어 과장하기도 한다. 그러나 바울은 자신을 철저히 낮추었다. 바울에게서는 겸손과 함께 대단한 자부심이 묻어난다. '바울'이라는 이름의 뜻도 '작은 자'다. 예수님을 믿기 이전의 이름인 사울(큰 자라는 뜻)과 대조를 이룬다.

신분, 배경, 지식 등 어느 하나 빠지는 것 없이 자랑할 거리가 많았던 바울은 자신을 가리켜 '예수 그리스도의 종'이라고만 표현했다. 그렇게 말한 바울의 본심은 무엇일까? 단순한 운명론적 순응을 넘어서서 자신은 그리스도의 종이라는 무한한 자부심이었을 것이다. 바울의 편지 곳곳에는 그가 예수님의 종이자 하나님의 사도로 부르심을 받았다는 긍지가 강하게 묻어 있다. 예수님이 그리스도이시라는 확실한 진리가 자리 잡고 있으며, 그 주님이 자신을 종으로 삼으셨다는 감격이 전해진다.

사실 그리스도의 종이라는 바울의 고백은 놀랍다. 종이란 노예를 가리키기 때문이다. 로마 제국 시대에는 인구의 절반가량이 노예였다. 흔히 노예를 단순히 막심부름을 하는 자로 아는데, 당시 노예는 다양한 일을 했다. 대농장에서 험한 육체노동을 하는 노예부터 가정교사로 일하는 노예, 검투사 노예, 맹수를 조련하는 노예 등 다양하고 세분화되어 있었다. 그리고 당시는 나라와 나라가 전쟁을 하다 지면 패전국 국민은 모두 승전국의 노예가 되는 시절이었다.

로마인들은 3가지 자부심을 지니고 있었다. 첫째는 로마 시민이라는 것이고, 둘째는 권력을 가지고 있다는 것이고, 셋째는 자유인이라는 것이었다. 따라서 누구든지 로마 시민권을 획득해 노예 신분에서 벗어나 자유인이 되기를 바랐다. 로마 시민권보다 한 단계 낮은 라틴 시민권이나 이탈리아 동맹 시민권만 얻어도 꽤 괜찮은 대우를 받을 수 있었다. 바울은 가장 우대받는 자유로운 로마 시민이었다.

하지만 바울은 로마서를 시작하는 첫 문장에서 자신이 '그리스도의 종'

이라고 선언했다. "여러분처럼 나도 주인에게 몸 바쳐 일하는 종입니다. 그런데 나는 황제의 노예도, 귀족의 노예도, 내 주인이라고 거드름 피우는 자의 노예도 아닙니다. 비록 육신적으로는 세상에 노예처럼 묶여 있지만 나의 영혼과 정신은 오직 하나님의 아들이시요, 부활하신 예수 그리스도의 종입니다." 예수님을 믿는다는 감격, 위상, 축복, 그리고 그분이 분부하신 일을 하는 종이라는 자부심이 느껴지지 않는가?

아마도 로마 성도들은 바울의 말에 신선한 충격을 받았을 것이다. 로마 성도들 가운데 절반 이상이 노예였을 것으로 추정되기 때문이다. 그들은 어려운 환경 속에서 그저 일만 하고, 최소한의 영양만 섭취한 채 잠을 청했다가, 예배에 나오는 일이 전부인 노예들이었다. 바울의 고백은 그들의 영적인 눈을 열어 주었다.

영적으로 보면 우리는 모두 이 세상의 노예로 산다. 고통과 슬픔의 노예다. 금전적인 어려움으로 고통에서 벗어나지 못하는 사람도 있고, 질병에 끌려다니며 살아가는 사람도 있다. 바울도 예외는 아니었다. 그러나 "나는 예수 그리스도의 종이다!"라는 행복하고도 확신이 넘치는 고백을 들어 보면 바울이 얼마나 축복받은 사람인가를 알 수 있다. 이는 우리도 그리스도를 믿으면 그와 같은 복을 누릴 수 있음을 암시한다.

바울이 이처럼 확신 있게 선포할 수 있었던 이유는 무엇일까? "너희도 그들 중에서 예수 그리스도의 것으로 부르심을 받은 자니라"(6절), "로마에서 하나님의 사랑하심을 받고 성도로 부르심을 받은 모든 자"(7절)라는 말씀을 보면 알 수 있다. 바울은 이번에는 로마 성도들을 향해 그들을 높이면서 "결국 당신도 어느 누구의 노예가 아니라 그리스도의 종입니다.

이것이 바로 당신의 정체성입니다"라고 선언했다. 땅의 고통에서 눈을 들어 하늘을 보라는 메시지였다.

바울은 자신을 가리켜 '그리스도의 종'이라고 한 반면, 로마 성도들에게는 '그리스도의 것'이라고 표현했다. 같은 의미다. 더러 믿음이 약한 성도들이 그리스도의 종이 되는 것을 부담스러워할까 염려한 바울이 '그리스도의 것'이라는 소유의 개념으로 바꾸어 표현했을 뿐이다.

또한 바울은 '사도'로 자신을 표현했다. 5절에 의하면, 사도란 '그리스도의 은혜로 직분을 받아 그분의 이름을 위해 모든 이방인이 그분을 믿어 순종하게 하는 자'다. 이것은 사도의 사명이자, 동시에 축복이다. 그리스도의 속죄를 통해 이방인들을 이 세상에서 건져 내어 하나님의 자녀가 되게 하는 축복인 것이다. 종은 주인에게 순종해야 한다. 우리는 죄악의 주인을 모신 종이 아니라 우리를 구원하시고 은혜를 베푸시는 그리스도의 종이다. 바울은 그리스도의 종을 사도와 성도들이 공유하는 직분으로 연결시켜 놓았다. 그리스도인으로 부르심을 받은 것은 단순히 그리스도 앞으로 오는 것만을 의미하지 않는다. 우리는 그리스도로 인해 얻은 축복을 다른 사람들에게 나누고 섬기는 사람이 되어야 한다. 바울은 사도이고 로마교회 교인들은 성도로서, 둘 사이에는 단지 직분의 차이만 존재할 뿐, 하나님의 사랑과 은총을 똑같이 받았다고 말한 것이다.

살아도, 죽어도 주를 위하여

종들끼리 모이면 자연스레 자기 주인에 대한 이야기를 나눌 것이다. 훌륭하다든지, 악독하다든지 평가할 것이고, 주인이 자신을 어떤 태도로 대하는지, 자신에게 어떤 일을 행했는지를 말할 것이다. 아마도 너그럽고 좋은 주인을 만난 종은 그렇지 못한 종에 비해 훨씬 편안하고 행복할 것이다. 그런 그는 자신이 주인의 소유라는 사실을 인정할 것이다. 바울은 자기 주인을 자랑했다. "내 주인은 그리스도요, 하나님의 아들이시며, 부활하신 분입니다. 전능하시고 만유의 주이신 하나님의 독생자 예수 그리스도가 내 주인이십니다." 그는 세상에 살지만 더 이상 세상의 종이 아니라 하나님의 종이며, 세상 가운데 부대끼며 살아가지만 주님을 믿어 주께 순종하며 사는 고귀한 자가 되었다. 바울이 누린 축복과 영광을 알고 있는가? 주체할 수 없는 감격이 느껴지는가?

> "우리 중에 누구든지 자기를 위하여 사는 자가 없고 자기를 위하여 죽는 자도 없도다 우리가 살아도 주를 위하여 살고 죽어도 주를 위하여 죽나니 그러므로 사나 죽으나 우리가 주의 것이로다"(14:7-8).

과거에 이 말씀을 볼 때는 속박으로 여겨졌다. 그러나 다시 로마서를 읽으면서 영광이요 축복이라는 사실을 깨달았다. 혹시 예수 그리스도의 종이 되는 것이 슬픈 일이라고 생각되는가? 그것은 기쁨의 숙명이다. 비록 세상에 묶여 살지만, 이제는 더 이상 세상의 종이 아니라 하나님의 종이며 고귀한 자가 되었다는 선언이다.

신학교 입학 결과를 확인하러 갔을 때였다. 사실 신학교 진학은 나의 바람이 아니라 하나님의 강권하심이었다. 내심 '합격이야 당연한 것이고, 그보다는 신학교를 계속 다녀야 할지가 더 큰 문제다'라고 생각했다. 교만이자 순순히 받아들이지 못한 채 거리를 두고자 하는 반동 심리였다.

하나님이 몰아붙이셔서 어쩔 수 없이 지원했기에 합격자 명단에 있는 내 이름을 보면서도 아무런 감흥이 없었다.

그때 이상한 일이 벌어졌다. 돌아서는데 눈물이 왈칵 쏟아졌다. 앞이 보이지 않을 정도였다. 그 와중에도 '내가 원하던 길이 전혀 아닌데 왜 이럴까?' 하는 생각이 들어 당혹감을 감출 수가 없었다. 그 순간, 마음속에 하나님의 음성이 들렸다. "너는 내 것이다!" 동시에 섬광처럼 '아, 이제 나는 세상과는 끝이구나. 나는 하나님께 얽매인 운명이구나!' 하는 생각이 스쳐 지나갔다. 그럼에도 이상하게 내 안에 은혜와 평강, 그리고 알 수 없는 감동이 넘쳐 나더니 나를 감싸기 시작했다. 나 같은 것을 불러 주신 하나님의 넘치는 은혜와 하나님이 붙들어 가시리라는 확신에서 비롯한 평강에 감격했던 것이다.

당시를 떠올리며 "하나님 우리 아버지와 주 예수 그리스도로부터 은혜와 평강이 있기를 원하노라"(7절)라는 바울의 인사를 들여다보면 감격이 남다르다. 통상적으로 드리는 안부 인사가 아니라 강한 연대감을 표시한 인사이기 때문이다. 로마 성도들과 바울, 그리고 우리는 그리스도로 인해 이어져 있는 것이다.

우리는 세상의 종이 아니요, 정욕의 종도 아니요, 명예의 종도 아니다. 거짓의 종은 더욱 아니다. 고통 앞에 쩔쩔매는 고통의 종도 아니다. 비록 세상, 정욕, 명예, 거짓, 고통이 우리를 괴롭힐지라도, 우리는 "그의 아들에 관하여 말하면 내 주 예수 그리스도이시며, 나는 그분의 종으로서 그분 안에서 은혜와 평강을 누리는 사람이다"라는 사실을 믿는다. '그리스도를 믿고 그분 안에서 은혜와 평강을 누리는 자'가 바로 우리의 신분이다. 누구도 빼앗을 수 없고 무너뜨릴 수도 없는 확고한 소속이다. 이 신분은 그리스도가 우리에게 주신 것이다. 그의 아들에 관하여 말하면 그런 분이시다.

2장

하나님의 능력

1:8-17

그리스도를 믿는 것은
하나님의 능력 안으로 들어가는 것이다.

복음을 향한 열정

로마서는 사도 바울이 고린도 지방에 머물 때 로마 성도들에게 보낸 편지다. 어떻게 사적인 편지가 성경으로서의 권위를 얻고 널리 읽히게 되었을까? 로마 성도들은 바울의 편지를 나누어 읽으면서 그리스도인으로서의 정체성을 확신하고 위로를 얻었다. 하나님의 성령이 바울을 감동시켜 편지를 기록하게 하셨음을 믿었기 때문이다.

바울은 제국의 수도인 로마에 가고 싶었다. 그러나 예루살렘교회가 어려움을 겪는 등 여건이 허락되지 않아 갈 기회를 얻지 못했다. 13절은 당시 상황을 설명한다.

> "형제들아 내가 여러 번 너희에게 가고자 한 것을 너희가 모르기를 원하지
> 아니하노니 이는 너희 중에서도 다른 이방인 중에서와 같이 열매를 맺게 하
> 려 함이로되 지금까지 길이 막혔도다"(13절).

바울은 여러 곳을 다니면서 복음을 전해 많은 사람을 구원으로 인도했다. 그리고 로마에서도 복음을 전하고자 했던 것이다. 성경을 보면 쉽게 발견할 수 있듯이, 바울은 복음을 전하는 일에도 열정이 넘쳤다. 바울의 본래 성격이긴 하지만, 그리스도가 어떤 존재이신지 알고 은혜를 충만하게 받은 그의 모습을 엿볼 수 있는 부분이기도 하다. 모든 사도가 그러했지만 바울은 유독 집요하게 복음을 전했다. 구원의 길은 매우 확실하고 유일하며, 그리스도 안으로 들어오는 것이 얼마나 놀라운 영광인지를 더

많은 사람에게 전하고 싶었던 것이다.

그렇다면 바울의 외모는 어떠했을까? 전승에 따르면, 바울은 짙은 눈썹에, 안짱다리이며, 대머리에, 매부리코를 가진 사람이고, 근시에다가, 그 시대에 유행했던 수사학적 능력이 떨어졌으며, 키가 작은 사람이었다. 바울의 서신서들을 읽으면서 상상했던 외모와는 사뭇 다르다. 완벽한 사람은 없다. 바울은 율법에 정통한 사람이었으며, 대단한 지식을 소유한 지성인이었으나 외모는 그리 호감형이 아니었던 것 같다.

그러나 바울은 한계에 갇힌 사람이 아니었다. 복음을 향한 멈추지 않는 열정을 보라! 누가 감히 거대 제국의 수도 로마에 가서 복음을 전하겠다고 쉽게 나설 수 있었겠는가? 바울이 품은 복음은 완벽하지만, 과연 콧대 높은 로마인들이 받아들여 주겠는가? 이처럼 모든 현실의 장벽에도 불구하고 바울의 마음에는 로마인들을 구원으로 인도하고자 하는 열망이 끝없이 솟구쳐 올랐다. 바울의 진정성 어린 말을 들어 보라.

> "내가 그의 아들의 복음 안에서 내 심령으로 섬기는 하나님이 나의 증인이 되시거니와 항상 내 기도에 쉬지 않고 너희를 말하며"(9절).

바울은 자신이 로마 성도들을 위해 간절히 기도하고 있으며, 그리스도를 통해 전심으로 섬기는 하나님이 자신의 증인이 되신다고 말했다.

유대인의 구원관, 성경의 구원관

당시 사람들은 구원에 대해 나름대로의 생각이 있었다. 유대인들은 율법을 지킴으로써 구원을 얻는다고 믿었다. 따라서 자신들의 신앙 전통이라는 울타리에 갇혀 인간을 '유대인'과 '유대인이 아닌 이방인'으로 철저히 구분했다. 특히 순수 혈통의 유대인들은 자신들이 하나님의 특별한 선택을 받았다는 선민사상에 빠져 영적 우월감이 가득했다. 하나님이 메시아를 보내 자신들을 괴롭히는 모든 이방을 심판하시고, 어려움에서 풀어 주실 뿐 아니라, 자신들만을 높이실 것이라는 메시아 신앙을 신념처럼 지닌 이들이 유대인들이었다.

한편 로마 제국의 대다수 사람들에게 믿음은 내세적인 세계를 향한 동경이 아니었다. 그저 자기들이 믿는 각종 신들이 도움을 베풀어 전쟁에서 이기거나 온갖 어려움을 해결 받는 것 정도로 막연하게 생각했다. 특히 알렉산더대왕의 헬라 제국은 수많은 나라를 정복하면서 그곳 신들을 모두 받아들였는데, 헬라 제국을 거의 그대로 흡수한 로마 제국은 종교와 문화마저 같은 방식으로 받아들였다. 따라서 로마 제국 시대에는 온갖 우상과 미신이 범람했다.

이들에 비해 바울이 전파하는 구원관은 매우 달랐다. 바울은 "이 복음은 모든 믿는 자에게 구원을 주시는 하나님의 능력이 됨이라 먼저는 유대인에게요 그리고 헬라인에게로다 복음에는 하나님의 의가 나타나서 믿음으로 믿음에 이르게 하나니 기록된바 오직 의인은 믿음으로 말미암아 살리라 함과 같으니라"(16-17절)라고 말했다. 바울의 구원관은 명확하게 '복음'이었다. 복음에는 우리를 사랑하시는 하나님의 마음, 그분의 의가 들어 있다. 하나님의 의는 믿음으로 받을 수 있다. 의인은 선한 행위로써가 아니라 하나님의 의에 대한 믿음으로 산다. 그렇다면 하나님의 의가 무엇인가? 바로 그리스도 예수이시다.

유대인들은 율법을 지킬 때 하나님께 구원받는다고 믿었고, 이방인들은 그들의 거창한 예배 의식을 통해 자기들이 숭배하는 신으로부터 구원이 임할 것이라고 믿었다. 하지만 바울은 오직 하나님의 의로만 구원받을 수 있다고 말했다. 하나님의 의는 그리스도를 가리키며, 우리는 그리스도를 믿음으로 하나님의 의를 힘입어 구원을 얻는다고 말했다. 하나님이 보내신 예수님에 대한 전적인 믿음을 강조하면서, 유대인들에게 율법을 지키는 자신들만 구원받기를 바라는 것은 잘못이라고 선언한 것이다.

나는 믿음의 가정에서 자랐다. 그러나 신앙은 단체 입장이 아니라는 말처럼, 가족의 믿음과 상관없이 예수님을 믿어야만 구원이 이루어진다는 사실이 믿어지지 않았다. '하나님은 왜 예수님을 보내셔야만 했지? 그분이 계셔야만 구원의 문제가 해결될 수 있었나? 하나님은 왜 외길을 주어 세상 모든 사람을 정죄로 몰아넣으신 것일까? 그러면 하나님이 보실 때 인간의 의는 다 무시되고 마는 것인가?' 질문이 꼬리에 꼬리를 물었고, 스스로 납득하지 못해 믿음의 영역으로 들어가지 못하고 입구에서 서성거렸다. 결국 교회를 떠났다. 이후 나는 소위 전문적 지성인이라 불리는 세상 사람들과 어울리며 살았다. 그러나 "교회는 문제가 많다"고 하면서 떠난 나의 눈에 세상은 문제가 더욱 많아 보였고, 도대체 누가 이들을 구원할 수 있을지 고민하며 낙담하곤 했다.

그러던 어느 날 성경을 읽다가 문득 깨달았다. '예수 그리스도가 아니면 구원이 이루어질 수 없다. 그리스도는 수많은 인간 가운데 뽑힌 한 사람이 아니라 하나님이 보내신 하나님의 의이시다!' 그제야 "나는 복음을 최고로 자랑한다"는 바울의 말이 무슨 의미인지 알게 되었고 깊이 공감했다. 그동안 나는 자아실현과 욕망 충족이 곧 구원이요, 세상 것을 많이 소유하면 행복해지리라고 믿었다. 그러나 그리스도를 통한 믿음을 소유하면서 세상 어떤 것도 넘어서는 구원의 벅찬 감격을 맛보았던 것이다. 당시 나는 속으로 이렇게 다짐했다. '이제는 굶어도 좋다. 죽어도 좋다. 비록 내가 원하지 않는 슬픔을 당한다 해도 좋다. 왜냐하면 나의 끝이 없을 것 같았던 방황이 그리스도로 끝났기 때문이다. 그리스도로 인한 하나님의 의만이 나를 구원하고, 나는 그분의 의를 붙잡으며 하나님 앞에 나갈 수 있다.'

그리스도를 발견하고 믿으라. 그러면 벅찬 감격에 빠질 것이다. 바울이 경험했고, 수많은 믿음의 사람이 느꼈으며, 나 자신도 그 체험을 했다.

하나님의 능력이신 그리스도

사도 바울이 다메섹 도상에서 예수님을 만났다고 해서 모든 현실의 한계가 해결된 것은 아니었다. 바울이 예수님을 만난 사건은 단지 하나의 특별한 경험이었을 뿐이다. 경험이 내 마음에 진리로 확고하게 자리 잡기 위해서는 말씀을 검토하고, 묵상하고, 믿는 믿음의 작용이 일어나야 한다.

나는 바울이 아라비아 사막에서 성경을 펴 놓고 검토하는 가운데 그를 온전히 사로잡은 경험이 무엇인가를 아주 깊이 이해할 수 있었다. "죄가 더한 곳에 은혜가 더욱 넘쳤나니"(5:20)라는 말씀은 바꾸어 말하면 "의문과 탐색이 많은 곳에 더 깊은 확신이 있다"라고 할 수 있다. 또한 "애통하는 자는 복이 있나니 그들이 위로를 받을 것임이요"(마 5:4)라는 예수님의 말씀이 의미하는 바로 이해될 수도 있다. 바울을 보면 정말 그렇다.

우리 모두 바울이 그리스도를 왜 하나님의 능력이요, 하나님의 의라고 했는지 성령의 역사하심으로 이해할 수 있게 되기를 간절히 바란다. 뛰어난 지식이 있어서 성경 말씀을 이해할 수는 있을지라도, 성령의 기묘한 역사 없이는 영적인 눈이 열려 진정한 하나님의 뜻을 아는 감동을 맛볼 수 없다. 그리스도를 발견하면 죽음보다 더 강한 하나님의 사랑을 확인하게 된다. 이처럼 경이로운 경험을 한 바울은 그리스도의 사명을 받은 자로서 모든 자에게 빚진 마음을 가졌다. 그래서 로마에 가서 그 비밀스런 축복을 나누고 싶은 마음이 간절했다.

우리는 16절 상반 절에 나오는 "내가 복음을 부끄러워하지 아니하노니"라는 미묘하게 상반된 의미를 연상시키는 바울의 고백에 대해 생각해 볼 필요가 있다. "나는 복음이 자랑스럽다"라고 하면 될 것을, 굳이 부정적인 문장을 선택한 이유는 무엇일까?

어쩌면 로마 성도들 가운데 복음을 믿는다고 하면서도 복음을 부끄러워한 자들이 있었던 것이 아닐까? 복음에 대해 말하거나 믿는 행위 때문에 주위 사람들에게 조롱받거나, 자신이 가진 명예와 지위, 생계를 잃어버릴까 봐 걱정하는 사람들이 있었을 것이다. 실제로 그런 일들이 비일비재했다. 그래서 바울은 복음을 부끄러워하는 자는 복음을 바로 받은 것이 아니라고 넌지시 지적하면서, 동시에 복음의 진정한 가치는 복음을 자랑으로 여길 때 더 빛난다는 사실을 확인시켜 주려고 했던 것이다.

또한 바울은 복음을 하나님의 능력과 연결시켰다. 그리스도를 믿는 것은 감정이나 논리 또는 논증으로 증명되는 것이 아니라, 하나님의 능력

안으로 들어가는 것이다. 복음은 하나님의 능력이 아니고서는 이루어질 수가 없었다. 하나님 외에 어느 누가 자기 아들을 육신의 몸을 입고 이 땅에 태어나게 할 수 있겠는가? 따라서 그리스도는 곧 하나님의 능력이시다. 그리스도를 믿는 우리도 하나님의 능력 안으로 들어간다. 이제 그리스도 안에서 하나님의 지속적인 능력을 힘입게 되는 것이다.

바울은 하나님의 능력인 복음을 무척 자랑스러워했다. "어떻게 나 같은 인간도 구원받을 수 있도록 예수 그리스도를 보내 주신 것인가! 그런 분이 인간 가운데 어디 있으며, 그와 같은 구원의 방법을 어느 종교에서 착안해 낼 수 있겠는가!" 하며 찬양했다. 복음이 곧 예수 그리스도이심을 확신하고 자신이 하나님의 능력을 힘입었다는 사실에 감격한 것이다.

그러나 바울은 감격에만 머무르지 않았다. 예수 그리스도를 믿고, 구원의 복음을 온전히 소유하고, 복음이 하나님만이 주실 수 있는 능력임을 인정한다면 복음의 또 다른 자리로 나아가야 한다고 말했다. 그것이 바로 복음 전파다.

그리스도의 복음 전파에 관해 바울은 16절에서 "먼저는 유대인에게요 그리고 헬라인에게로다"라고 말했다. 앞서 14절에서는 반대로 "헬라인이나 야만인이나 지혜 있는 자나 어리석은 자에게 다 내가 빚진 자라"라고 말했다. 예수님은 유대인으로 나셨지만 유대인이 아니라 헬라인, 즉 모든 사람을 위해 오셨다. 이것은 우리에게 큰 위로와 기쁨을 준다. 우리는 야만인에 속하고, 유대인이 아닌 헬라인에도 속한다. 복음에 빚진 사도 바울이 복음을 간절히 전하고자 했던 사람들에 속한 것이다. 우리는 하나님의 뜻 가운데 들어 있다. 오늘 우리가 예수님을 믿어 하나님의 능력에 거하게 된 것은 우연히 이루어진 사건이 아니다. 철저히 하나님의 계획과 섭리 속에 이루어진 것이다.

바울은 자신의 지나온 삶을 돌이켜 볼 때마다 극적인 감동이 넘쳤을 것이다. 예수 믿는 자들을 죽여야 한다고 굳게 믿은 핍박자였던 그는 하나님의 의요, 하나님의 능력에 대항했고, 하나님이 사랑하시는 자들에 대해 죽어 마땅하다고 거칠게 덤볐다. 이러한 바울의 태도는 하나님의 채찍질을 당해야 마땅함에도 불구하고, 하나님은 그를 붙들어 그리스도 안으로 들어오게 하셨다. 그 후 바울에게 과거의 그처럼 그리스도를 모르는 사람이 얼마나 어리석고 미련한 자인지를 느끼게 하셨고, 심지어는 그들을 그리스도 안으로 이끄는 사도의 사명을 주셨다. 바울은 은혜를 받았으며, 더 나아가 그 은혜를 나누는 사명을 받았다. 어두운 세상에 그리스도의 빛을 전하는 것은 참으로 영광스런 일이다. 죄로 말미암아 죽은 자들에게 그리스도의 생명을 주어 살아나게 하는 것은 얼마나 경이로운 일인가!

짧은 생애, 암흑세계에 거룩한 그리스도의 불을 던지는 사람으로 살았던 바울은 열정과 확신에 차서 외쳤다. "복음에는 하나님의 의가 나타났습니다. 하나님의 의는 오직 믿음으로 얻을 수 있습니다. 구약에서 의인은 믿음으로 살리라고 하신 말씀대로입니다!"

우리도 의인이 될 수 있다. 하나님의 능력이신 예수님을 그리스도로 믿을 때 가능하다. 우리는 그리스도께 '하나님 나라의 대사'로 임명받은 의인이다.

3장

우리가 찬양하는 이유

우리는 하나님의 은혜 가운데 들어왔으니
하나님을 찬양할 수밖에 없다.

만물에 분명히 보여 알려졌나니

어떤 사람들은 '하나님을 한 번이라도 보면 하나님을 정말 잘 믿을 수 있을 텐데. 아니, 하나님의 역사를 한 번 체험이라도 하면 인생을 다 바쳐 헌신해도 조금도 아깝게 여기지 않을 텐데'라고 생각한다. 얼핏 신앙적인 이야기 같지만 잘못된 생각이다. 하나님이 자신을 드러내시는 것은 전적으로 하나님의 의지이며 주권의 영역이기 때문이다.

하나님이 선지자들을 통해서, 혹은 말씀이나 이적과 기사로 자신을 드러내시는 것을 '특별계시'라고 한다. 하나님이 주신 최고의 특별계시는 예수 그리스도이시다. 참된 메시아이신 예수님이 성육신하신 사건이야말로 가장 특별한 계시다. 하나님은 성경 기록자들로 하여금 예수님의 생애와 말씀을 기록하게 하셔서 66권의 완전한 계시를 완성하셨다. 따라서 하나님의 특별계시를 더 이상 드러내실 필요가 없다. 오늘날에도 이적과 기사를 보이시지만, 그것은 특별한 상황에만 주시는 특별한 경우일 뿐이다. 하나님은 모든 계시를 온전하신 그리스도의 구속 사역을 통해 성취하셨고, 완성된 말씀인 성경을 우리에게 주셨다. 우리는 예수님을 믿음으로 구원의 문으로 들어간다.

하나님은 우리가 그분을 느낄 수 있는 법칙이나 흔적을 자연 속에도 심어 놓으셨다. 이것을 하나님의 '일반계시'라고 말한다. 바울은 18-19절에서 일반계시에 대해 이렇게 설명했다.

"하나님의 진노가 불의로 진리를 막는 사람들의 모든 경건하지 않음과 불의에 대하여 하늘로부터 나타나나니 이는 하나님을 알 만한 것이 그들 속에 보임이라 하나님께서 이를 그들에게 보이셨느니라"(18-19절).

하늘로부터 하나님의 진노가 임할 수밖에 없는 이유는 하나님이 우리가 그분을 알 수 있도록 이미 만물 속에 자신을 넘치도록 풍부하게 보여 주셨기 때문이다. 20절은 "창세로부터 그의 보이지 아니하는 것들 곧 그의 영원하신 능력과 신성이 그가 만드신 만물에 분명히 보여 알려졌나니 그러므로 그들이 핑계하지 못할지니라"라고 말한다. 그러므로 우리는 그저 눈을 뜨고 둘러보기만 해도 보이는 하나님의 손길을 외면한 채 "나는 하나님을 보지 못했다. 나는 하나님을 모른다"라고 핑계할 수 없다.

나는 이집트의 피라미드를 보면서 인간 능력의 불가사의함을 느꼈고, 진흙 습지 위에 세워진 이탈리아의 도시 베네치아에서는 이국적인 아름다움과 중세의 건축술에 감탄했다. 하지만 오랫동안 내 기억에 남아 있는 장면은 위대한 자연 경관을 자랑하는 캐나다의 로키산맥이었다. 가는 곳곳마다 산들의 높이가 3,000m를 넘었고 모두 흰 눈으로 덮여 있었다. 산 밑 호수는 에메랄드 빛을 띠고 침묵하듯 고요했고, 호수에서 흘러나오는 맑은 물은 소리를 내며 흘러갔다. 높은 자작나무와 소나무들이 짙푸른 색으로 빼곡히 서 있는 아래에는 아름다운 꽃들이 피어 있었다. 야생 곰이 가끔 나타나기도 했고, 사슴이나 산양들이 길을 가로막고 한가로이 걸어 다녔다. 광대하고 아름다운 대자연 앞에서 단체 여행을 온 승려들마저 "야, 대단하다. 누가 이 자연을 만들었을꼬?" 하고 감탄했다고 한다. 그들 눈에도 우연히 생긴 것이 절대 아닌 것이다. 과연 절경 중의 절경이었다.

이렇듯 하나님의 창조물은 인간이 만든 어떤 작품과도 비교할 수 없을 만큼 아름답다. 하나님은 인간이 하나님을 직접 볼 수 없기에 하나님을 느끼고 알 수 있도록 만물에 그분의 신비로운 질서와 법칙을 담아 놓으셨다. 그 사실을 아는 사람이라면 꽃, 나무, 들, 산, 생물의 구조, 동물의 습성 등이 우연히 발생한 결과라고 말할 수 없을 것이다.

수많은 철학자가 만물의 생성과 근원에 지대한 관심을 보였다. 플라톤은 오묘한 자연이 저절로 생긴 것이 아니라고 했다. 모든 건물이 설계를 거쳐 세워지듯 이상적인 세계인 이데아가 있고, 그것이 외적인 형상으로 나타난 것이라고 보았다. 그렇다면 오묘한 자연의 설계자는 누구인가? 플라톤은 여기에 답하지 못했다. 단지 형상에 근거한 형이상학적인 현상이라고 말했을 뿐이다.

플라톤의 제자인 아리스토텔레스는 스승의 이론에 반박했다. 보이는 형상들이 우주의 설계자에 의해 만들어졌다는 것은 모순이라고 했다. 그보다는 보이는 모든 만물에서 얻은 증거로부터 진리를 발견하는 것, 즉 사물 그 자체가 바로 본질적인 형상이라고 했다. 그래서 유명한 이탈리아의 화가 라파엘로의 그림 "아테네 학당"을 보면 플라톤은 손가락으로 이상 세계인 하늘을 가리키고 있고, 아리스토텔레스의 손바닥은 현실 세계인 땅을 누르듯 펼쳐져 있는 것을 알 수 있다. 한 사람은 만물의 근원적인 설계에 초점을 맞추었고, 다른 한 사람은 물질 그 자체의 현상에 무게를 두었던 것이다.

그렇다면 바울은 만물의 근원을 어떻게 설명했을까? 20절에서 바울은 만물의 설계자는 하나님이시고, 하나님이 만물 속에 하나님을 알 수 있도록 그분의 영원한 능력과 신성을 담아 놓으셨다고 말했다. 하나님은 플라톤의 이데아의 외적 형상의 설계자이시며, 아리스토텔레스의 모든 본질적 형상인 사물의 창조자이신 것이다. 바울은 여기서 그치지 않고 다음과 같은 주장을 이어 갔다.

> "하나님을 알되 하나님을 영화롭게도 아니하며 감사하지도 아니하고 오히려 그 생각이 허망하여지며 미련한 마음이 어두워졌나니"(21절).

사람의 생각이 허망해지며 미련한 마음이 어두워진 것은 하나님을 알되 깊이 알지는 못하는 상태를 의미한다. 하나님의 작품인 자연을 보고 하나님을 느끼지만 하나님께 감사하지도, 그분을 영화롭게 하지도 않는 것이다. 하나님의 피조물이라면 만물을 보고 하나님을 알지 못할 리 없다. 아니, 오히려 아주 잘 알 것이다. 하지만 그러한 사람들은 의도적으로 하나님을 영화롭게 하지 않고, 그분께 감사하지도 않는다. 하나님의 식물인 열매를 먹고, 하나님이 주신 곡식을 섭취하면서도 감사하지도, 경배하지도 않는다.

이것이 바로 인간의 모순이다. 자연의 섭리와 생명의 신비 앞에서 감탄해 마지않지만 거기서 하나님의 손길을 발견하려 하지 않는다. 영적인 눈이 감긴 것이다. 영안이 열리지 않으면 하나님의 법칙이나 손길을 본다 해도 그분을 경배하거나 섬길 수가 없다. 육신의 눈에 비치는 사물의 현상에 마음을 빼앗긴 채 세태에 발맞추기 바쁘고 자기 정욕에 사로잡혀 있기 때문이다.

우리는 빈센트 반 고흐의 대표적인 그림을 보면 그의 작품임을 금세 알고, 루트비히 판 베토벤의 유명한 곡을 들으면 그의 작품이라는 것을 바로 알 수 있다. 그러나 대부분의 미술 작품들과 곡들의 경우 작가가 누구인지 알지 못한 채 감상하는 경우가 더 많다. 그 정도의 전문지식을 갖고 있지는 않기 때문이다. 하나님은 자신의 작품인 세상 만물을 우리에게 내어 주셨다. 그러나 우리는 하나님의 작품을 즐기면서도 시혜자가 누구인지에 대해서는 생각하지 않는다. 그것들로 욕심을 채우려는 데만 집중하다 보니 주인을 몰라보는 것이다. 그래서 하나님을 깨닫지 못하고, 그분께 감사하지도 않고, 그분을 영화롭게 하지도 않는다. 결국 그들은 심판을 받을 수밖에 없으며, 죄가 없다고 핑계할 수 없다.

하나님 없는 자들의 결말, 우상 숭배

어쩌다 인간이 이 지경이 되고 만 것일까? 세상 사람들은 차치하고 예수님을 믿는다고 말하는 우리부터 돌아보자. 하나님을 섬기는 것이 축복으로 느껴지는가, 아니면 속박으로 받아들여지는가? 주일이 다가오면 기대하는 마음이 극대화되고 기쁨이 충만해지는가, 아니면 주일을 맞이하는 것이 부담스러운가? 답은 은혜의 눈이 열렸느냐, 감겼느냐에 따라 다를 것이다.

하나님은 에덴동산 중앙에 선악을 알게 하는 나무와 생명나무를 두셨다. 하와가 선악과를 따 먹은 이유는 그녀의 마음이 선악과를 향해 열려 있었기 때문이다. 만약 은혜의 눈이 열렸다면 사탄이 와서 아무리 유혹한다 해도 생명나무에만 눈을 두었을 것이고 "선악을 알게 하는 나무의 열매는 먹지 말라 네가 먹는 날에는 반드시 죽으리라"(창 2:17)라는 하나님의 명령을 기억하며 기쁜 마음으로 순종했을 것이다.

사탄은 인간에게 다가와 "네가 만물의 영장이다"라고 말하며 부추긴다. 인간은 스스로 지혜롭다고 여기며 절대적인 권좌에 앉고 싶어 한다. 그러고는 자신의 이성으로 무장시킨 신을 만든다. 인문주의의 우상, 물질의 우상을 만들어 신의 의미를 부여하며, 우상을 향해 예배한다. 성경은 그러한 인간의 어리석음에 대해 "스스로 지혜 있다 하나 어리석게 되어"(22절)라고 지적한다.

사람이 우상으로 삼은 대상을 보라. 모두 썩어 없어질 것들에 불과하다. 하나님이 우상 숭배에 빠진 우리를 보고 어떻게 생각하실까? 어느 종교학자가 세상의 모든 민족 가운데 있는 우상의 수를 조사해 보았더니, 3,300만 개가 넘었다. 인간은 한계를 가진 존재이기에 신에게 의지하고 그분을 경배해야 한다는 것을 본능적으로 안다. 그러나 마음이 어두워져 진정한 하나님이 보이지가 않는다.

언젠가 산악자전거를 타는 사람을 만난 적이 있다. 그는 자기 인생의 의미는 오로지 주말에 산악자전거를 타는 데 있다고 말했다. 그러면서 누구보다 건강한 체력으로 건전한 삶을 살고 있다며 자부했다. 엄청난 자전거 구입 경비와 산행에 바치는 시간, 산악자전거로 정복했다는 산들의 목록을 듣고 적잖이 놀랐다. 한 번 자전거 원정을 나갈 때마다 100km 이상을 타는데, 왕복 6시간을 훌쩍 넘기는 대장정이라고 했다. 오직 산악자전거를 타고 자연을 누빌 주말만 기다리며 일주일을 버틴다고 했다. 산악자전거가 그의 우상이자 종교인 셈이었다.

이처럼 우리 주변에는 무언가에 온통 마음을 쏟는 사람들이 많다. 적당한 취미생활은 마음의 여유를 갖게 하고 건강한 삶을 가져다준다는 이점이 있다. 하지만 그 대상에게 몸과 마음을 지나치게 빼앗긴 채 살아가는 사람들을 보면, '좀 더 근원적이고 이상적인 가치를 추구하는 삶을 살면 얼마나 좋을까?' 하는 생각에 조금 안쓰럽다. 그들의 마음은 오로지 현세만 바라보고 있다. 하나님을 보고자 마음을 열지 않으면 우리 눈에 보이는 것은 그저 보이는 현상인 사물과 오늘의 즐거움뿐이다. 세상 사람들은 그것들로 자신의 욕구를 충족시키려 하고 영혼에 유익하다며 스스로를 설득한다. 그들은 눈에 보이는 사물의 현상에 집중하고, 철학자는 사물의 의미를 생각하지만, 신앙인은 사물의 의미를 통해 하나님을 본다.

하나님의 영광을 썩어질 우상으로 바꾼 인간

어느 누구도 고통 없이 평탄한 인생을 살 수는 없다. 살다 보면 시련과 고통을 겪기 마련이며, 극한의 경쟁 상황을 만나기도 한다. 그러므로 인간의 능력을 넘어선 초월적인 신의 도우심이 필요하다. 태생적 한계를 지닌 인간은 이성적인 면도 있지만 종교적인 성향을 강하게 추구하는 존재라고 보는 것이 옳다. 하나님이 우리를 창조하실 때 우리 안에 하나님을 갈구하도록 종교성을 심어 놓으셨기 때문이다.

그런데 흥미롭게도 신을 섬기면서도 신으로 섬길 대상을 스스로 만들어 내는 유일한 생명체가 바로 인간이다. 인간이 신을 만드는 이유는 신이 필요하기 때문이지만, 동시에 자기 마음대로 섬기고 조종할 수 있는 신을 갖고자 하는 교만함 때문이다. 그런 이유로 인간은 온 우주를 만드시고 다스리시는 하나님을 경배하지 않고 눈에 보이는 값싼 조각상을 만들어 신으로 경배한다. 심지어 권세를 가진 절대자가 되고 싶어 스스로를 신으로 승격시킨 사람들도 무수히 생겨났다.

> "스스로 지혜 있다 하나 어리석게 되어 썩어지지 아니하는 하나님의 영광을 썩어질 사람과 새와 짐승과 기어 다니는 동물 모양의 우상으로 바꾸었느니라"(22-23절).

하나님은 어리석게 살아가는 사람들을 내버려 두셨다. 물론 하나님이 손댈 수 없어서 포기하셨다는 의미는 아니다. 하나님은 인간에게 자신을 보여 주시고 선도하셨다. 동시에 자유의지를 주셨다. 기계적으로 복종하는 신앙이 아니라 자발적인 믿음을 가지기를 바라셨던 것이다. 하지만 인간은 하나님을 경배하기를 거부했고, 그 결과 삶이 타락했으며 심판을 받을 수밖에 없는 자가 되었다.

로마의 역대 황제 가운데 상당수가 성병 환자라는 기록이 있다. 이처럼 기막힌 상황이 벌어진 이유는 그들이 절대자이신 하나님과 그분의 정의를 알지 못했기 때문이다. 당시는 많은 사람이 타락한 삶을 그저 시대의 관행처럼 여겼고 죄의식조차 느끼지 못했다.

이스라엘 백성에게는 타협할 수 없는 절대적 선의 기준이 있었다. 그러나 하나님의 윤리 기준이 없었던 로마인들은 자기감정이나 이익이 선의 기준이었다. 하나님을 인식하지 못해 성적 혼란에 빠져 서로를 학대하고, 더럽히며, 욕정으로 가득한 그들의 모습은 또 다른 사람들에게 일종의 기준이 되었고, 그들 또한 부패한 모습을 모방하면서 악순환이 반복되었던 것이다. 이에 대해 바울은 "하나님의 진노가 불의로 진리를 막는 사람들의 모든 경건하지 않음과 불의에 대하여 하늘로부터 나타나나니"(18절)라고 말하며 하나님 없는 인간의 선은 허상에 불과할 뿐이며, 결국 하나님께로부터 진노 받을 자리에 떨어지고 말 것이라고 지적했다.

그러므로 이제 우리가 해야 할 일이 무엇일까? 뜻밖에도 바울은 하나님을 영원히 찬양해야 한다고 말했다.

"이는 그들이 하나님의 진리를 거짓 것으로 바꾸어 피조물을 조물주보다 더 경배하고 섬김이라 주는 곧 영원히 찬송할 이시로다 아멘"(25절).

우리는 하나님을 알고, 하나님을 섬기고, 하나님의 손길을 보고, 하나님을 찬양해야 한다. 우리가 영원히 찬송할 분은 오로지 하나님밖에 없다. 그 어떤 피조물이나 형상도 우리의 찬양을 받을 대상이 결코 아니다. 하나님을 찬양하는 사람은 축복받은 사람이다.

겨울이 되면 나뭇잎이 말라 다 떨어져 산은 옷을 벗는다. 그러나 봄이 찾아오면 거짓말처럼 나무에 움이 트고 부드러운 싹이 피어난다. 여름이 되면 싱그러운 잎이 무성해진다. 나뭇잎 사이에 피어 있는 꽃은 신비할 뿐이다. 수천 km나 떨어진 곳에서 태어난 철새가 계절을 따라 이동해 번식하고 다시 머나먼 알래스카로 떠나는 것은 무슨 조화이며, 수많은 별과 행성이 충돌하지 않고 운행하는 데는 누구의 손길이 미친 것일까? 하나님의 섭리에 찬양이 절로 나온다.

우리는 하나님을 밀어내고 죄악 가운데 거해 하나님의 진노를 받을 수밖에 없는 존재였다. 그러나 하나님은 그런 우리를 예수 그리스도로 회복시켜 주셨다. 결국 우리는 하나님의 은혜 가운데 들어왔으니 하나님을 찬양할 수밖에 없다. 우리에게는 영원히 찬송할 이, 하나님이 있다!

4장

하나님의 형상을
회복하는 길

1:26-32

인간이 다시 회복될 수 있는 유일한 길은
예수 그리스도를 통해 하나님 앞으로 나오는 것이다.

하나님을 떠난 상태

바울은 하나님을 떠난 인간이 어떠한 지경에까지 이르는지를 거대 도시 로마의 실상을 통해 고발했다. 그가 기록한 편지에는 '과연 사실일까?' 하는 의심이 들 정도로 적나라하게 당시 상황이 표현되어 있다. 바울은 로마인들이 지나치리만큼 성적 욕망에 치우친 점을 지적하면서 "하나님이 내버려 두셨기 때문이다"라고 설명했다. 하나님이 내버려 두시지 않았다면 이런 일이 일어날 수가 없다. 즉 하나님을 떠난 것이 하나님이 내버려 두신 상태인 것이다. 하나님은 하나님을 섬기는 자를 결코 내버려 두시지 않는다.

당시 상황을 살펴보면, 여자들이 성적으로 타락해 남편이 아닌 다른 남자, 혹은 다른 여인의 남자나 심지어 여자끼리도 성적 관계를 맺었음을 알 수 있다. 그로 인한 보응은 가정 파괴 및 성병에 노출되는 것이었으며, 좀 더 깊이 들어가면 정신적 경계까지도 무너져 버렸다는 것을 알 수 있다. 남자들도 마찬가지였다. 음욕이 불일 듯해 남자끼리도 성행위를 했다. 당시는 이러한 관계가 유행이었고, 심지어 자랑거리였다고 한다.

바울이 편지 서두에서 지적한 이 문제는 결코 과장되거나 역사적 사실을 왜곡한 언급이 아니었다. 《사생활의 역사》(새물결, 2002)라는 책을 보면 그 사실을 알 수 있다. 이 책은 20세기 최고의 중세사 연구자인 조르주 뒤비가 쓴 일반인을 위한 역사서로서, 각 시대의 남과 여, 그들의 사고와 감정, 몸, 삶의 태도와 관습, 코드 체계, 흔적, 기호들을 관찰하고 양피지 문헌들, 비단옷과 일상복, 그리고 저택의 돌에 새겨져 있는 사적인 이미지들을 추적해 역사적인 주제를 끌어냈다. 어떤 단일 주제와 방법론에 의한 하나의 체계적인 종합을 시도한 것이 아니라 다양한 영역과 다양한 주제, 다양한 접근 방법과 다양한 방법론이 하나의 거대한 조화를 이루는 것을 목표로 로마 제국부터 주후 1,000년까지의 역사적 기록을 관련 사진 자료와 함께 상세히 해설해 놓은 책이다.

이 책에 의하면, 당시 로마시에서는 하루에 60명의 신생아가 유기되거나 죽임을 당했다. 갓난아기들을 강물이나 쓰레기통에 버리고 땅에 파묻었는데, 그 이유는 아내가 낳은 아기가 자기 자녀인지 믿지 못해서였다. 영화나 책에서 로마의 남자들이 태어난 아기를 머리 위로 들어 올리는 모습을 종종 보게 되는데, 이는 내 자식이라는 선언이며 내가 키우겠다는 표현이었다. 이처럼 당시 사람들은 부부조차 서로를 믿지 못했다.

로마의 황제로서 궁정 관료 제도를 세우고, 재정을 회복시키고, 식민지 건설 및 시민권을 확대한 것으로 유명한 클라우디우스황제의 경우도 마찬가지였다. 황제의 세 번째 왕비였던 메살리나는 저녁이 되면 왕궁을 빠져나가 매춘 굴로 들어가 매춘 행위를 했다. 남편의 사랑에 만족하지 못해서인지, 도덕 감각이 마비되어서인지는 모르겠지만, 절대 권력의 중심에 있던 여인이 어떻게 그런 행위를 서슴지 않을 수 있었는지 이해가 되지 않는다.

로마 제국의 지도층을 대변하는 메살리나의 성적 타락상이나 시민들의 실태에서 하나님을 떠난 인간이 처한 지옥의 아수라장 같은 비참함을 엿

볼 수 있다. 바울은 29-31절에서 인간의 온갖 악행을 21가지로 나타냈다.

"곧 모든 불의, 추악, 탐욕, 악의가 가득한 자요 시기, 살인, 분쟁, 사기, 악
독이 가득한 자요 수군수군하는 자요 비방하는 자요 하나님께서 미워하시
는 자요 능욕하는 자요 교만한 자요 자랑하는 자요 악을 도모하는 자요 부
모를 거역하는 자요 우매한 자요 배약하는 자요 무정한 자요 무자비한 자
라"(29-31절).

가장 먼저, 바울은 불의를 지적했다. 불의란 하나님의 정의를 거부하
고 정의로운 일을 하지 않는 것을 의미한다. 불의한 자는 도덕적 해를 끼
치려는 욕구인 추악함과 물질에 대한 부정적인 행위인 탐욕을 일삼는다.
악의가 가득해 타인에게 고통을 주고, 시기와 질투와 시샘의 독기를 내뿜
는다. 야망과 질투의 분쟁에 휩싸여 살인마저 너무 쉽게 저지른다.

그뿐만 아니다. 속임과 변절이 난무하며, 사기와 악독이 가득한 마음
으로 타인에게 치명적 상처를 주기도 한다. 수군수군하며 고자질과 중상
모략을 하고, 악의에 찬 말을 퍼트리는 비방을 그치지 않는다. 그러면서
의도적으로 하나님을 외면하고 극렬히 증오해 그분을 능욕하고, 하나님
보다 자신을 더 높이는 교만함에 빠진 채 자랑과 허풍을 늘어놓는다. 스
스로의 삶을 파멸로 이끄는 줄 알면서도 악을 도모하고, 새로운 악을 찾
아 행하는 데 앞장서서 이런저런 궁리를 한다.

심지어 그들의 악행에 방해가 될 때는 부모조차 거역한다. 부모 공경
이 하나님의 순리인데도 그 의무조차 이행하지 않는다. 앞뒤 분별이 없
고, 도덕적이고 영적인 통찰력이 결여되어 어리석음 가운데 허우적댄다.
약속을 깨뜨리고 가책을 느끼지 않는 배역함과, 심지어는 부모로서 자식

에 대한 진정한 사랑조차 없다. 무자비하고 동정심도 없어서 특히 당시에는 노예를 짐승처럼 잔인하게 다루었다.

바울은 그저 떠오르는 대로 죄악들을 나열하지 않았다. 오히려 냉철하고 예리하게 영적, 정신적으로 병든 단면을 드러냈다. 로마 성도들은 바울의 지적 앞에 무릎을 꿇을 수밖에 없었을 것이다. 로마에 한 번도 와 보지 못했던 변방의 사도가 로마의 현실을 이처럼 명확하게 지적한 데 놀랐을 것이다. 로마에는 유명한 철학자들이 많았다. 그러나 그들에게는 타락한 사회를 질책하거나 개혁하려는 의지가 없었다. 지적 우월감에 빠진 채 수사학적 향연만 벌였지 이념의 실천으로 이어지지는 못했다. 심지어 로마황제 네로의 스승으로도 유명한 로마 스토아학파 철학자인 세네카가 로마인들을 보며 "로마인들은 이혼하기 위해 결혼했고, 결혼하기 위해 이혼했다"라고 말할 정도였다. 그들은 세계 최고의 문명인임을 자처하며 주변 민족들을 야만인이라고 불렀지만, 그들의 실제 삶과 정신세계야말로 야만인을 넘어 타락자였고 방탕 그 자체였다.

그때 바울은 그들을 향해 "이 같은 일을 행하는 자는 사형에 해당한다고 하나님께서 정하심을 알고도 자기들만 행할 뿐 아니라 또한 그런 일을 행하는 자들을 옳다 하느니라"(32절)라고 하며 일침을 날렸다. 이 일들은 모두 하나님이 이미 '사형'으로 판결하신 것들이다. 그들은 하나님이 정하신 심판을 알면서도 온갖 타락 행위에 동조했고, 심지어 가장 나쁜 짓을 하는 자들을 뽑아 상을 주기도 하면서 서로를 치켜세웠다.

인간의 부끄러운 자화상

그러면 오늘날 우리는 어떠한가? 이 시대에 가장 눈부신 발전을 이룬 분야는 정보통신기술(ICT)이다. 인공지능, 로봇 기술, 생명과학이 주도하는 차세대 산업혁명인 4차 산업혁명 시대로의 진입이 이루어지고 있다. 인간은 역사상 어느 때보다 극도의 편리함을 누리고 있다. 어느 곳에서든 인터넷을 사용해 원하는 물건을 구입할 수 있을 뿐 아니라, 한국 본사에서 중국 공장의 현황을 컴퓨터로 보면서 지시를 내리는 CEO도 있다. 세계 어느 호텔이든 인터넷으로 예약할 수 있고 비교도 가능하다.

방대한 지식과 정보가 인터넷에 넘쳐 난다. 물론 유용한 정보도 많지만 그만큼 그릇된 정보와 악의 유혹도 증가하고 있다. 심지어 건전한 문화를 선도해야 할 신문사의 인터넷 홈페이지조차 성인 내용물로 채워져 있다. 사람들은 성적 문란과 타락의 역기능에 대해 충분히 알고 있지만, 과거와 달리 본능을 표출하는 것은 자연스럽고 건강한 욕구 중 하나라고 보는 가치관이 널리 퍼지고 있다.

물론 인간의 본성까지 질타하려는 의도는 아니다. 다만 성경이 말하는 대로, '순리대로' 행하지 않고 있음을 지적하는 것이다. 성적 욕구는 하나님이 우리에게 주신 것이다. 그러나 우리의 마음이 하나님을 떠나자 하나님이 주신 고귀한 것조차 타락해 버렸다. 무절제하게 성에 집착해 변칙적으로 탐닉하거나 심지어는 성 문화를 숭배하기까지 한다. 이러한 사회적 현상에 공감하는가?

또한 배우자의 외도로 인한 이혼율이 급격히 증가하는 추세다. 과거와 달리 사업 실패와 같은 경제적 어려움으로 인한 이혼율은 그리 높지 않다. 사실 물질 때문에 입은 상처에 비하면 영혼의 상처로 인한 고통은 치명적이다. 남녀가 만나서 부부로 맺어지는 것은 하나님이 허락하신 소중한 가치이기에, 침범당하고 손상될 때 더욱 상처가 크다. 하지만 그 심각성을 모르는 채 일순간 부정한 욕정에 빠졌던 사람이 어쩔 수 없는 감정이었다며 합리화하기도 한다.

이제 우리를 둘러싼 온갖 다양한 성적 유혹과 분출을 인간의 자연스런 본능이라고 치부해 버리기에는 너무나 문란하고 타락한 지경에 이르고 말았다. 정신과 의사나 상담사 혹은 가정 담당 변호사의 수를 늘리거나 도덕규범을 더욱 강화하는 것 외에 근원적인 해결책은 없을까?

중학교에 다닐 때였다. 하루는 친구가 아주 재미난 일을 하자고 속삭였는데, 바로 복숭아 서리였다. 마음속으로 갈등이 되었지만 '밤에, 달빛 아래, 복숭아밭에, 두 명이 살금살금 간다'라는 상상을 하니 아주 낭만적이고 스릴 있게 느껴졌다. 그날 밤 우리는 자루를 하나씩 들고 복숭아밭으로 갔다. 복숭아를 따서 열심히 자루에 넣고 있는데 어둠 속에 나타난 주인이 "도둑놈 잡아라!" 하고 소리치며 달려왔다. 깜짝 놀란 우리는 열심히 도망쳤다. 한참을 달려서 논둑에 숨은 후 망을 보다가 집으로 돌아왔다.

그런데 다음 날 학교에 갔더니 시끌벅적 난리가 났다. 친구가 지난 밤 서리를 자랑스레 떠벌리자 다른 아이들도 무용담을 하나둘 끄집어낸 것이었다. 수박 서리, 포도 서리, 참외 서리까지 온통 서리 이야기로 가득했다. 오히려 서리를 안 해 본 아이가 바보 같았다. 이상하게 기분이 점점 언짢아졌다. '하나님이 나의 간밤의 행동을 기뻐하실까? 결국 통쾌하고 신났던 기분은 산산조각 났다. 복숭아를 다시 가져다 드릴 수도 없는 노릇이라 한참을 고민했다.

그 후 서리를 함께한 친구와는 더 이상 가까워질 수가 없었다. 떳떳하지 못한 추억을 공유했기에 함께 있을 때면 이상하게 불편했다. 더 기가 막힌 사실은, 우리가 서리했던 복숭아밭의 주인이 그 친구의 아버지였다는 것이다. 친구랑 한 번 재미있게 놀려고 아버지의 마음을 아프게 한 셈이었다.

하나님의 형상을 회복하는 길

고대 그리스의 철학자요, 서양 철학의 위대한 인물이자, 일생을 철학의 여러 문제에 관한 토론으로 일관한 소크라테스는 "너 자신을 알라"라는 명언을 남겼다. 흔히 소크라테스가 살았던 주전 아테네를 민주주의의 정의가 구현된 이상적인 장소로 생각한다. 하지만 사실 집단 지성이라 할 수 있는 철학자들조차 현란한 수사학적 논쟁만 펼칠 뿐 실천적 삶으로는 이어지지 못했다. 소크라테스는 언어적 유희에만 능한 말쟁이들을 싫어했고, "당신들은 자신이 무식하면서도 스스로 현명하다고 말한다. 내가 당신들보다 더 현명한 이유는, 나는 내가 무지하다는 것을 알기 때문이다"라고 말했다. 소크라테스는 자신의 존재와 한계를 정확히 인식한 인식론자였던 것이다.

오늘날 우리는 자신의 진정한 가치와 의미를 모르는 채 살아간다. 하나님을 떠나 있고, 세상에 속해 있기 때문이다. 우리의 기준은 세상의 도덕과 가치가 아니라 하나님이어야 한다. 그래야 사탄이 득세하는 세상에서 중심을 잡을 수 있고, 타락에 빠져 멸망으로 들어가지 않을 수 있다.

하나님은 레위기 18장에서 경고하며 이렇게 말씀하셨다. "각 사람은 자기의 살붙이를 가까이하여 그의 하체를 범하지 말라. 나는 여호와이니라. 네 어머니의 하체를 범하지 말라. 네 계모의 하체를 범하지 말라. 네 형제를 취하여 하체를 범하지 말라. 타인의 아내와 통간하지 말라. 너는 여자와 교합함같이 남자와 교합하지 말라. 짐승과 교합하지 말라. 무릇 이 가증한 일 하나라도 행하는 자는 그 백성 중에서 끊어지리라"(레 18장 참고). 레위기는 로마서보다 4,000년이나 앞선 기록이며, 무려 6,000년 전 인류의 역사를 기록한 책이다. 하나님은 당시 사람들은 타락했고, 앞으로도 타락한 세상이 펼쳐질 것을 아셨다. 세상 어느 종교의 경전이나 기록물을 살펴보아도 이처럼 적나라하게 인간의 추악함을 드러내고 경고의 심판을 말한 문헌은 없을 것이다.

수많은 문명과 제국이 일어나고 사라져 갔다. 문명은 삶의 질을 향상시키지만, 한편으로 인간을 타락시킨다. 마음과 정신이 타락하면 가정과 사회는 붕괴한다. 그러나 사람들은 하나님이 역사를 통해 주시는 교훈을 경계하지도 않고, 잘 받아들이지도 않는다. 일이 터지고 실제로 붕괴되는 사건이 발생해 돌이킬 수 없는 지경이 되면 그제야 하나님의 말씀이 옳았다고 시인한다. 더 치명적인 것은, 몰락했음에도 불구하고 '조금 지나면 다 잘될 거야'라는 막연한 기대를 품은 채 회개하지 않는 것이다. 회개는 잘못을 뉘우치는 것으로 끝이 아니다. 진정한 회개는 하나님 앞에 돌아오는 것이다. 그래서 우리에게는 그리스도의 보혈의 은혜가 반드시 필요하다.

"주 예수를 믿으라 그리하면 너와 네 집이 구원을 받으리라"(행 16:31).

인간이 다시 회복될 수 있는 유일한 길은 예수 그리스도를 통해 하나님 앞으로 나오는 것이다. 하나님 앞으로 나와야 우리 안에 있는 하나님의 형상이 회복되고, 인격이 살아나고, 가정이 살아나고, 사회에 소망이 생긴다. 그리고 진정한 하나님의 영광 속으로 나아가게 된다. 우리의 유일한 살길은 하나님 앞으로 돌아오는 것뿐이다. 하나님만이 진리이시며, 하나님만이 우리의 정의이시다.

복음을 주신 이유는 무엇인가

바울만큼 복음을 위해 산 사람도 없을 것이다. 그는 복음을 전하기 위해 로마에 가기를 간절히 원했고, 그들에게 예수 그리스도가 바로 복음이며 그 믿음을 통해 우리가 구원에 이르는 것을 알려 주고자 했다.

그 이야기의 시작인 1장은 '복음', '하나님의 능력'으로 정리할 수 있다. 복음은 예수님이 우리의 구원자가 되셨다는 좋은 소식이다. 복음에는 하나님의 의가 나타나는데, 그 의는 예수 그리스도 안에서 우리를 의롭게 해 주시는 하나님의 능력의 결정체다. 또 하나의 중요한 키워드는 '믿음'이다. 우리는 오직 믿음으로 복음을 받는다. 복음은 모든 믿는 사람에게 구원을 주시는 하나님의 능력이기 때문에 바울은 복음을 부끄러워하지 않는다고 말했다. 그렇기에 하나님의 의를 믿는 자가 진정한 의인이다(합 2:4).

'의인'의 반대말은 '죄인'이다. 하나님은 만물을 창조하실 때 만물 가운데 하나님을 알도록 만드셨다. 무엇보다 하나님은 자기 형상을 따라 인간을 지으셨다. 그런데 인간이 범죄해 하나님의 형상이 희미해졌다. 그렇다면 하나님으로부터 선택을 받은 유대인들은 괜찮을까? 로마서에서 바울은 바로 이 점을 고발했다. 그는 유대인들에게 세상 사람들이 행위로 하나님의 심판을 피할 수 없듯이, 그들 역시 율법의 행위로 하나님의 심판을 피할 수 있는지를 물었다. 하나님은 공의로우시기에 분명히 악행에 대해 물으신다. 악을 행하면 환난과 곤고가 찾아오는 것은 이방인이나 유대인이나 동일하게 해당된다.

결국 행위만으로 의롭다고 인정받을 사람은 아무도 없다. 이방인뿐 아니라 유대인도 마찬가지다. 율법은 율법 아래 있는 사람에게 적용된다. 모든 사람이 죄를 범함으로 하나님의 영광의 표준에 이르지 못했고, 율법으로 인해 의롭다고 할 사람은 아무도 없었다. 죄로 인해 율법은 축복의 도구가 아니라 오히려 심판의 잣대가 되어 버렸다. 따라서 인간은 "누가 이 사망의 죄에서 우리를 건져 낼 것인가? 어떻게 하면 벗어날 수 있는가?" 하고 한탄하게 되었다.

하나님은 그런 인간을 위해 인간의 행위로 얻을 수 있는 의가 아닌 새로운 의의 길을 열어 주셨다. 하나님으로부터 의로움을 인정받는 방법으로 구약의 선지자들을 통해 이미 예언되었던 길이다. 바로 예수 그리스도이시다. 하나님은 죄 없는 자기 아들에게 죗값을 치르게 하셔서 우리가 예수 그리스도를 믿음으로 의롭다 하심을 받게 하셨다. 이 은혜는 하나님이 주시는 것으로, 누구에게든 차별이 없다.

하나님은 유대인만의 하나님이 아니시며, 이방인의 하나님도 되신다. 할례 받은 유대인도 믿음으로 의롭게 되듯이, 이방인이나 무할례자도 믿음으로 의롭게 된다. 그 일을 가능하게 하실 수 있는 분은 오직 한 분, 하나님뿐이시다.

5장

하나님의 공의

2:1-16

영생과 멸망은 그리스도로 인해 결정된다.

죄를 판단하는 근거

우리는 때로 인생을 바르게 살아 보겠다는 기특한 결단을 내린다. 하지만 금세 악이 판을 치고 악한 자만 살아남는 이 세상에서 혼자 바르게 사는 것이 무슨 의미가 있겠나 싶어 지레 포기하고 만다. 로마서가 기록될 당시 철학자였던 세네카도 세태 앞에 한탄하며 괴로워했다. 그러나 그 역시 세상을 바꾸어야 한다고 주장만 했을 뿐, 실제적으로는 그 어떤 실천적 삶을 살아내지 못했다. 2,000년 전이나 오늘이나 하나님을 떠난 인간의 삶에는 죄악이 넘쳐 난다.

바울은 인간의 실상을 적나라하게 지적하던 중 "그러므로 남을 판단하는 사람아"(1절) 하며 갑자기 비판의 화살을 유대인들에게로 돌렸다. 유대 민족은 모든 이방인에게 비난과 판단과 정죄를 일삼았다. 그러나 정작 그들은 하나님의 심판에서 자유로울 만큼 의롭지 못했다. 하나님은 오래전 구약 시대부터 선지자들을 통해 이스라엘 백성의 교만을 지적하셨고 심판할 것이라고 예언하셨다. 먼저, 예레미야 선지자를 통해서는 "너는 말하기를 나는 무죄하니 그의 진노가 참으로 내게서 떠났다 하거니와 보라 네 말이 나는 죄를 범하지 아니하였다 하였으므로 내가 너를 심판하리라"(렘 2:35)라고 말씀하셨고, 에스겔 선지자를 통해서는 "너희가 이르기를 주의 길이 바르지 아니하다 하는도다 이스라엘 족속아 나는 너희가 각기 행한 대로 심판하리라"(겔 33:20)라고 경고하셨다.

유대인들은 자신들이 하나님의 선택을 받았고, 이방인들처럼 살지 않는다는 이유를 들어 다른 민족에 비해 죄가 없다고 자부했다. 심지어 자신들이 고난의 삶을 사는 이유는 하나님이 자신들을 바르게 인도하시지 않기 때문이라고 불평을 일삼았다. 그래서 에스겔과 예레미야 선지자는 이 모든 죄악 된 행위로 인해 그들이 심판을 받을 것이라고 입을 모아 예언했다. 바울도 유대인들을 향해 "누구를 막론하고 네가 핑계하지 못할 것은 남을 판단하는 것으로 네가 너를 정죄함이니 판단하는 네가 같은 일을 행함이니라"(1절)라고 말했다.

인간은 무엇이든 상대적 기준으로 판단한다. 다른 사람의 더 큰 죄악을 보면 자신의 작은 죄는 죄도 아니라며 안심하고, 더 악한 죄인을 보면 자신은 의롭다고 착각한다. 그러나 하나님의 자녀로서 용서받을 테니 아무 죄나 지어도 된다고 하거나, 상대적인 비교를 해 보니 내 죄가 가볍다는 이유로 죄가 없다고 말할 수는 없다. 누구도 하나님의 절대적인 심판에서 벗어날 수 없다. 오히려 다른 사람을 판단하고 자신은 무죄한 양 행세하는 것 자체가 죄를 더하는 행위다.

판단력과 분별력이 날카롭고 예리한 사람은 타인을 향해 날 선 비판을 잘한다. 하지만 과연 자신은 완벽하게 도덕적인 삶을 살고 있는지 되돌아볼 필요가 있다. 우리는 뉴스에 나오는 끔찍한 범죄를 저지른 사람들을 보면 분노를 터뜨리곤 하는데, 사실 하나님 앞에서 누구도 스스로 결백하다고 자부할 수 없다. 그러므로 타인을 판단하거나 정죄하는 말은 하지 않으려고 조심해야 한다. 누구에게나 공평하신 하나님 앞에서 범죄가 될 수 있기 때문이다.

5-8절을 보면, '회개', '진노를 쌓는다', '의로우신 심판', '행한 대로 보응하시되', '당을 지어' 등 정죄하는 단어들이 쏟아져 나온다. 그 후 바울은 9-10절에서 "악을 행하는 사람은 유대인이든 헬라인이든 환난과 곤고가 있을 것입니다. 그러나 반대로 선을 행하는 사람에게는 영광과 존귀와 평강이라는 엄청난 유익이 있을 것인데, 이것도 가문이나 부모의 출신과 상관없이 똑같이 적용됩니다"라고 말했다. 5절과 9절은 '율법'과 '양심'으로 귀결되고, 결론은 하나님의 '심판'이다. 율법을 받은 사람은 율법이 심판의 근거가 되고, 율법을 받지 못한 사람은 인간이 창조될 때 하나님이 인간 속에 새겨 넣으신 양심이 심판의 근거가 된다. 그런데 양심이 판단하는 근거만 가지고 심판을 면할 수 있을까? 성경은 이렇게 말한다.

> "율법 없는 이방인이 본성으로 율법의 일을 행할 때에는 이 사람은 율법이 없어도 자기가 자기에게 율법이 되나니 이런 이들은 그 양심이 증거가 되어 그 생각들이 서로 혹은 고발하며 혹은 변명하여 그 마음에 새긴 율법의 행위를 나타내느니라"(14-15절).

하나님이 주신 율법을 전혀 들어 보지 않은 자는 율법으로 심판받을 수 없다. 그는 양심의 기준에 근거해 하나님 앞에 고발을 당할 것이고, 그것으로 심판을 받는다. 그러나 하나님의 심판 앞에서 자유로울 만큼 양심적으로 당당한 인간이 과연 존재할까?

당연히 선택받은 민족이라는 우월감에 빠져 사는 유대인들 또한 심판 앞에서 절대 자유로울 수 없다. 바울은 "하나님 앞에서는 율법을 듣는 자가 의인이 아니요 오직 율법을 행하는 자라야 의롭다 하심을 얻으리니"(13절)라고 말했다. 유대인이라면 율법을 직접 받지는 않았어도 유대 민족 공동체 안에 속한 자이므로 율법을 들은 자라고 할 수 있다. 그러나 듣기만 한다고 저절로 의인이 되는 것은 아니다. 하나님이 바르게 행하라고 주신 것이 율법이기 때문이다. 심판을 면하는 기준은 '듣고 잘 아는 것'이 아니라 '바르게 행하는 것'이다.

모든 자를 심판하시는 하나님

결론적으로, 모든 인간은 당연히 심판을 받아야 하는 존재다. 스스로 심판 따위는 염려할 것 없는 의인이라고 생각하는가, 아니면 심판받을 수밖에 없는 죄인이라고 고백하는가? 건강한 양심이라면 죄인이라는 고백을 할 수밖에 없을 것이다. 설혹 자신이 의인이라고 거짓된 답을 하는 사람이 있다면 그것이 죄라는 사실을 분명히 알 필요가 있다. 인간 중에는 의롭다고 자부할 수 있는 사람이 아무도 없다. 율법을 온전히 지키는 사람도 없고, 양심에 비추어 깨끗한 삶을 살았다고 우길 수 있는 사람도 없다. 단 한 사람도 없다.

바울은 16절에서 "곧 나의 복음에 이른 바와 같이 하나님이 예수 그리스도로 말미암아 사람들의 은밀한 것을 심판하시는 그날이라"라고 말했다. 예수님이 심판하시는 그날은 구약의 예언에 등장한 심판의 날일 것이고, 심판은 구약의 예언대로 예수 그리스도로 말미암아 이루어진다. 이스라엘 사람들은 메시아를 심판자로 믿는다. 그 심판은 메시아가 이방 모든 민족을 심판함으로 그들 가운데서 이스라엘 민족을 구원하고 높이 세우는 것이다. 기독교도 예수님을 심판자로 믿는다. 그러나 구원자로서의 비중이 우선이다. 예수님이 모든 자를 차별 없이 불러 구원하는 은혜를 베푸시고, 그 은혜를 거부하고 죄악 속에 머물러 사는 자는 최종적으로 심판하신다고 믿는다. 그때가 바로 재림의 날이다.

바울은 이미 1장 첫머리에서 복음은 선지자들을 통해 예언된 하나님의 아들, 주 예수님에 관한 것이라고 언급한 바 있다(1:2). 심판자는 하나님이시지만, 심판은 예수 그리스도를 통해서 이루어진다. 따라서 예수 그리스도는 구원의 근거이신 동시에 심판의 근거이시다.

"하나님이 세상을 이처럼 사랑하사 독생자를 주셨으니 이는 그를 믿는 자마다 멸망하지 않고 영생을 얻게 하려 하심이라"(요 3:16).

영생과 멸망은 그리스도로 인해 결정된다. 아직도 그리스도의 자비가 느껴지지 않는가? 그렇다면 스스로를 죄인으로 인정하지 않는 것이고, '하나님이 내게 무조건 사랑을 부어 주셔야만 그분의 정체성을 인정하겠다'는 편협한 신앙에서 벗어나지 못한 것이다.

하나님이 우리를 선택하신 이유는 우리가 하나님의 기준을 만족시켰거나 우리에게 선택받을 만한 조건이 있어서가 아니다. 만약 그렇다면 하나님은 우리의 조건에 의존하시는 것이 되기에 전능하신 분이라고 말할 수 없다. 우리는 하나님께 '무조건 선택'을 당했다.

간혹 범죄 행위를 저질렀을지라도 묵인하시는 것이 하나님의 사랑이라고 이해하는 사람이 있다. 그것은 '무조건 사랑'이 아니라 '묻지 마 사랑'이라고 하는 것이 옳다. 물론 하나님은 죽어 마땅한 악한 죄인도 사랑하신다. 단, 회개하고 하나님 앞으로 나와야 한다. 회개는 깨닫는 은혜를 받은 자만이 할 수 있다. 만약 하나님이 회개하지 않은 죄인을 사랑하신다면 공의로우신 하나님이라고 할 수 없다. 그래서 하나님은 연약한 우리에게 그리스도를 보내 주셨다. 갈라디아서 1장 4절은 "그리스도께서 하나님 곧 우리 아버지의 뜻을 따라 이 악한 세대에서 우리를 건지시려고 우리 죄를 대속하기 위하여 자기 몸을 주셨으니"라고 말한다.

이 사실을 알고도 여전히 하나님의 공의가 살벌하고 심판이 무섭다고 말할 수 있을까? 또는 하나님은 물러터진 사랑만 가지셨다고 할 수 있을까? 공의의 하나님은 공의로운 심판을 하시되 그 벌을 자기 아들이 받게 하셨고, 우리에게는 무궁한 자비로 은혜의 선물을 주셨다. 아무런 대가도 요구하지 않고 선물로 받으라고 주셨다. 그래서 16절에는 '복음'과 '심판'이 함께 나온다.

심판을 생각하면 그리스도의 은혜가 더욱 돋보인다. 내가 죄인임을 명확히 인식하는 순간 하나님이 보내신 그리스도가 절대적으로 갈급해진다. 그리스도가 이미 예언대로 오셨다는 사실을 알게 되면 그분을 붙잡지 않을 수 없다. 이러한 의식의 전환이 일어나지 않았다면 아무리 교회를 다니는 사람이라 할지라도 복음의 메시지를 듣지 못했거나 아직 하나님의 은혜를 입지 못한 것이다. 바르게 알면서 제대로 믿는 것은 큰 축복이다. 바울도 그러했다!

예수님은 서양 문화 속 크리스마스 시즌마다 반짝 등장했다가 사라지곤 하는 단역 배우가 아니시다. 우리를 세상의 강자로 치켜세우고 부강한 나라의 특별 시민으로 만들어 주려고 오신 것도 아니다. 이 세상이 줄 수 없는, 이 땅과 하늘나라를 연결하는 축복을 주려고 오셨다. 그날이 오면 우리는 그리스도로 인해 심판을 면할 뿐 아니라 천국 시민으로 영입된다.

영광의 송가를 부르면서 들어간다. 그리스도 예수 안에서는 할례나 무할례나 효력이 없으되, 사랑으로써 역사하는 믿음만 남는다(갈 5:6). 그러므로 이 축복을 아는 사람이라면 구약성경 시편의 저자처럼 벅찬 고백이 터져 나올 수밖에 없다.

> "사람이 무엇이기에 주께서 그를 생각하시며 인자가 무엇이기에 주께서 그를 돌보시나이까 그를 하나님보다 조금 못하게 하시고 영화와 존귀로 관을 씌우셨나이다"(시 8:4-5).

6장

마음에 새긴 할례

2:17-29

육신의 할례가 중요한 것이 아니라
심령에 할례를 받아야 한다.

율법으로 심판받는 유대인

지금까지 바울은 우리가 죄인이며, 하나님의 심판을 면할 수 없으며, 예수 그리스도만이 이 문제를 해결하실 수 있다는 사실을 계속 강조했다. 그러면서 율법의 한계에 갇힌 유대인들의 위선을 또다시 짚고 넘어감으로써 진정 하나님을 섬기는 것이 무엇인지를 보여 주려고 했다.

유대인들에게 자기 민족은 '유대인'이고 그 외 사람들은 그저 '이방인'일 뿐이었다. 로마를 바라보는 시각도 마찬가지였다. 로마 제국의 시민권을 가지고 있는 사람은 그나마 '로마인'이지만, 그 외는 '미개한 야만인'에 불과할 뿐이었다. 그들에게는 선민의식이 있었다. 유대인이야말로 세상 가운데 하나님으로부터 선택받은 유일한 민족이며, 이 세상 누구도 하나님께 성경, 즉 율법을 받지 않았는데 유대인만 택하심을 받아 율법을 받았다는 사실을 자랑으로 여겼다. 이외에도 할례, 음식에 관한 정결 규례 전통 역시 그들에게 무한한 긍지였다. 그들은 자신들이 아브라함의 후손이며 하나님이 아브라함을 통해 복을 줄 것이라고 약속하셨다고 늘 떠벌리곤 했다. 유대인들이 엄청난 어려움을 겪으면서도 꺾이지 않았던 이유는 이러한 자부심 때문이었다. 유대인들의 우월감과 자부심이 함축된 명칭이 바로 '유대인'과 '야만인'이다.

유대인들은 세상 누구보다 분별력이 있었다. 아무도 알지 못했던 하나님의 말씀을 접했기 때문이다. 그런데 분별력을 가지게 되면서 "이것은 옳고, 저것은 틀렸다. 성경에는 이렇게 나와 있다" 하면서 남을 가르치려는 현상이 나타났다. 가르치고 판단하는 시각으로 사람들을 바라보니 유대인 외에 모든 사람이 심판받을 자들로 보였다. 유대인들은 율법을 지키고 규례를 행하는 것으로 이방인과는 '다름'을 입증했다. 지금 당하고 있는 어려움도 하나님이 주관하시는 징계이고, 하나님은 유대 민족의 손을 절대 놓지 않으실 것이며, 결국 메시아를 보내 이 세상에서 반드시 구원하실 것이라는 구원의 범주, 즉 카테고리를 만들었다. 그리고 그 속에 갇히고 말았다.

이에 바울은 "유대인이라 불리는 네가 율법을 의지하며 하나님을 자랑하며"(17절), "율법을 자랑하는 네가 율법을 범함으로 하나님을 욕되게 하느냐"(23절) 하며 유대인들의 위선을 비판했다.

하나님이 아브라함을 택하신 것은 사실이고 그를 통해 복을 줄 것이라는 언약을 맺으신 것도 맞다. 그러나 유대인들은 책망받아야 한다. 택하심을 받은 것만 자랑했을 뿐 택하심을 받은 자답게 바르게 살지는 않았으며, 율법의 내용을 다소 알았지만 율법에 순종하지는 않았기 때문이다. 그들은 때로 율법에 비추어 선과 악을 구분하면서도 선을 따르지는 않았다. 또한 맹인을 이끄는 사람이요, 어두운 세상의 빛이며, 어리석은 사람들의 교사요, 어린아이들의 선생이라 자부하지만 먼저 모범을 보이지 않았다.

"그러면 다른 사람을 가르치는 네가 네 자신은 가르치지 아니하느냐 도둑질하지 말라 선포하는 네가 도둑질하느냐 간음하지 말라 말하는 네가 간음하느냐 우상을 가증히 여기는 네가 신전 물건을 도둑질하느냐 율법을 자랑하는 네가 율법을 범함으로 하나님을 욕되게 하느냐"(21-23절).

아마도 유대인들은 훨씬 더 많은 죄를 지었겠지만, 바울은 도둑질, 간음, 율법을 범함 등 3가지 예를 들어 그들을 꾸짖었다. 그러면서 "기록된 바와 같이 하나님의 이름이 너희 때문에 이방인 중에서 모독을 받는도다"(24절)라고 말했다. 하나님을 경배해야 할 유대인들은 하나님을 자랑만 했지 하나님을 제대로 경배하지 않았고, 율법을 들먹이며 으스대기는 했지만 율법을 지키지는 않았다. 그래서 오히려 세상 사람들로부터 하나님의 이름이 모독을 받게 되었다.

이는 단순한 죄의 유무 문제가 아니다. 유대인들을 통해 하나님이 모독을 받으시는 엄청난 결과가 벌어진 것이다. 그야말로 형식적인 신앙의 표본이라 할 수 있다. 유대인들은 신앙 습관이라는 틀은 있으나 신앙해야 하는 자로 자신을 하나님께 겸손하게 내어 드리지 않았다. 오랜 신앙 연륜에 따라 신앙 관습이나 방식은 매우 익숙해 다른 사람에게 자신 있게 말하지만, 정작 본인은 따르지 않았다. 실천적 삶으로 이어지지 못한 채 말과 행함이 괴리되었던 셈이다.

헬라 제국과 마찬가지로, 타국의 문화와 종교 포용 정책을 썼던 로마 제국 시대에는 종교가 매우 많았다. 모든 나라를 로마의 영향 아래 하나로 묶기 위한 방책으로서, 정치적으로는 반발을 잠재우는 효과를 어느 정도 거두었다. 그러나 수많은 문화가 뒤섞이면서 성적 문란과 혼란의 정도가 이루 말할 수 없을 지경에 이르렀다. 유대인들은 그런 행위는 야만인이나 하는 것이라며 비난했다. 물론 드러내 놓고 말할 수 있는 입장이 아니었기 때문에 동족끼리 회당에 모이면 수군거리며 서로 위로를 받았다.

바울은 그런 그들의 위선을 보고 "당신들은 왜 간음하지 말라고 성경에 기록되었다고 자랑하면서 간음하고, 우상 숭배야말로 무식한 일이라고 비난하면서 우상을 숭배하는 신전에서 물건을 도둑질합니까?"라고 여지없이 질타했다. 유대인들은 돈이 되는 일이라면 닥치는 대로 했는데, 그중 하나가 남의 우상을 훔쳐 오는 일이었다. 우상의 신전에 들어가서 우상을 가져와 전당포에 팔거나, 심지어 우상 숭배 하는 사람의 우상을 저당 잡았다가 돌려주면서 돈을 받기도 했고, 우상을 만드는 재료를 제공하기도 했다. 바울은 이렇게 말로는 우상 숭배를 가증히 여긴다고 하면서 사람들로 하여금 우상을 숭배하도록 조장하거나 우상 숭배에 가담하는 일은 죄가 아니냐고 물은 것이다.

유대인들에게는 하나님의 선민으로서 하나님께 위배된다면 무엇이든 제거하는 것이 옳고, 또 어떤 죄를 지어도 자기들은 하나님의 선민이니까 하나님이 끝까지 버리지 않으실 것이라는 신념에 사로잡혀 있었을 것이다. 그 모습을 본 사람들은 "너희가 믿는 하나님이 그렇게 행동하라고 가르쳐 주셨더냐? 그렇다면 너희 하나님은 선하신 분이 아니다"라고 말했을 것이다. 결국 하나님을 모독하게 되는 것이다.

위선적 신앙에 대한 비판

사실 유대인들처럼 시련이 많은 민족도 없다. 그들은 주변 강대국들에 포로로 끌려갔다가 해방을 맞이해 귀환하는 역사를 반복했다. 오늘날의 이스라엘 역시 제2차 세계대전의 종전과 더불어 1948년에 회복되었다. 아돌프 히틀러에게 학살당한 유대인들에게 동정을 느낀 연합국의 협조를 얻어 팔레스타인 땅으로 돌아가 나라를 세웠다.

유대인들의 방랑은 아주 오래전부터 시작되었다. 그들의 조상인 야곱은 약 70명의 식구들을 데리고 이방 나라인 애굽으로 내려가 민족을 이루었다. 그러나 이후 애굽에서 노예 생활을 하면서 말할 수 없는 박해를 받았고, 430년 만에 하나님의 계시를 받은 모세의 인도로 겨우 해방을 얻었다. 그러나 가나안에 정착한 지 300여 년 만인 주전 586년 바벨론에 포로가 되어 끌려갔고, 주전 520년부터 세 차례에 걸쳐 귀환했다. 그러나 이미 오랫동안 바벨론에서 살았기 때문에 많은 사람이 돌아오지 않고 페르시아로 바뀐 나라에 정착해 버렸다. 그리고 500여 년이 지나면서 귀환자들을 중심으로 한 나라가 이루어졌고, 예수님이 태어나셨다. 그러나 주후 70년에 로마에 의해 예루살렘에 거주하지 못한 채 온 세상으로 강제로 흩어졌다. 긴 세월 동안 유대인들이 얼마나 많은 박해를 받았으며 죽임을 당했는지는 역사를 통해 잘 알 수 있다.

그러나 유대인들은 세계 곳곳을 떠도는 방랑 생활을 하면서도 이방 민족과는 달리 절대 우상 숭배를 하지 않았다. 그들은 오직 두 가지만 믿고 의지했는데, 첫째는 '하나님은 우리 편'이시라는 믿음이고, 둘째는 돈이었다. '어떻게 하면 돈을 벌 것인가?'에 모든 분별력과 지혜를 짜냈다. 거주하는 곳에서도 쫓겨나면 당장 소유물을 챙겨 떠날 수 있도록 항상 긴장하며 준비했다. 그런 유대인들이 주로 종사했던 일은 생선이나 채소 장사, 전당포 같은 환금성이 높은 직업이었다.

그러나 바울은 그들의 형식주의 신앙을 비판했다. 유대인들은 하나님의 말씀은 들었지만 진정으로 받아들이지 않았고, 하나님의 말씀을 자랑하고 가르치기는 하면서도 순종하지는 않는 이율배반적인 신앙 행위를 오랫동안 지속해 왔다.

> "네가 율법을 행하면 할례가 유익하나 만일 율법을 범하면 네 할례는 무할례가 되느니라 그런즉 무할례자가 율법의 규례를 지키면 그 무할례를 할례와 같이 여길 것이 아니냐 또한 본래 무할례자가 율법을 온전히 지키면 율법 조문과 할례를 가지고 율법을 범하는 너를 정죄하지 아니하겠느냐"(25-27절).

하나님이 아브라함에게 지시하신 몸에 칼자국을 내는 할례는 하나님의 약속의 증표였고, 아브라함 편에서는 믿음의 증표가 되었다. 그러나 하나님의 약속을 받은 유대인이라는 증표를 가졌다 할지라도 삶에서 믿음의 순종으로 이어지지 않는다면 하나님을 모독하게 되는 것이다. 바울은 "하나님의 말씀인 율법을 행하지 않는 자에게 할례가 무슨 의미가 있는가? 할례는 받았지만 율법을 지키지 않는 것과 할례는 받지 않았지만 율법을 지키는 것 중에서 어느 것이 더 중요한가? 율법을 지키는 자가 율법을 지키지 않는 할례자를 정죄하지 않겠는가?"라고 하면서 그들을 통렬히 나무랐던 것이다.

우리 신앙의 모습을 되돌아보자. 우리가 교회를 다니는 이유는 예수님을 믿고 하나님의 뜻을 순종하기 위해서다. 그러나 교회를 다니지만 성경 말씀과는 동떨어진 삶을 살면, 교회를 다니지는 않지만 성경 말씀을 순종하는 자들(물론 그런 자가 존재할 확률은 희박하지만)이 우리를 보고는 엉터리 신앙인라며 정죄하지 않겠는가? 여기서 바울의 말은 '진정으로 하나님의 택하심을 받은 백성이라면 하나님을 사랑하고 하나님의 말씀을 따른다'는 것을 전제한 것이다. 오늘날에도 예수님을 믿고 하나님의 말씀을 순종하는 사람이라면 당연히 교회를 다닌다.

마음에 할례를 받은 자

바울은 결론으로 들어가 "무릇 표면적 유대인이 유대인이 아니요 표면적 육신의 할례가 할례가 아니라 오직 이면적 유대인이 유대인이며 할례는 마음에 할지니 영에 있고 율법 조문에 있지 아니한 것이라 그 칭찬이 사람에게서가 아니요 다만 하나님에게서니라"(28-29절)라고 말했다. 진정한 유대인은 누구인가? 육신에 칼자국을 가진, 겉으로만 유대인이 진짜 유대인이 아니라 심령으로 유대인이 되어야 한다. 육신의 할례가 중요한 것이 아니라 심령에 할례를 받아야 한다. 율법 조문을 늘 의식하고 거기에 기대어 사는 삶보다 중요한 것은 심령에 율법이 역사하는 것이다. 사람들의 칭찬에 기댈 것이 아니라 하나님으로부터 칭찬을 받아야 한다. 이것이 바울이 말하고자 하는 요지다.

당신은 바울이 말하는 '표면적 유대인'과 '이면적 유대인', '표면적 할례'와 '이면적 할례' 중 어느 쪽에 해당되는가? 둘 다 해당된다면 문제없다. 그러나 눈에 보이는 표면적인 것에 의존하는 신앙은 하나님이 진정으로 원하시는 바가 아니다. 유대인으로 귀화만 하면 하나님의 자녀가 되는 것이 아니듯, 몸에 칼자국을 내는 할례를 받은 것만으로는 하나님의 자녀라 할 수 없다. 마음에 할례를 받아야 하고, 마음으로 하나님을 섬기는 자가 되어야 한다. 형식적인 신앙인과 참 신앙인은 이처럼 매우 다르다.

혹시 교회에만 나오는 표면적 신앙인, 무늬만 교인은 아닌지 되돌아보자. 교회에 와서 하나님의 말씀을 듣는 것만으로 거룩해진 양 카타르시스를 느끼고, 바른 교회에서 신앙생활을 한다는 것만으로 내 흉악한 죄가 사해졌다고 착각하고 있지는 않은가? 다른 사람에게 하나님의 말씀을 가르치지만 정작 자신은 오만에 빠져 죄를 범하고 있지는 않은가? 세례를 받았으니까, 대대로 예수를 믿는 가문이니까, 목사, 장로 집안이니까 괜찮다고 생각하고 있지는 않은가? 마음에도 진정한 할례를 받았는가? 자신을 들여다보며 준엄하게 질문하라.

이면적 유대인이 진짜 유대인이라는 말속에는 "우리 같은 이방인도 하나님을 바로 믿고 하나님의 말씀을 따르면 하나님의 백성이 된다"는 확증이 담겨 있다. 사람에게 인정받는 것이 아니라 하나님께 인정받는 것이다. 예수님은 우리가 예수 그리스도를 믿으면 세상의 빛과 소금이 된다고 말씀하셨다(마 5:13-14). 내가 바른 신앙생활을 하고 하나님 앞에 겸손히 나오면 표면적으로 대단한 사람이 아닐지라도 중요하지 않다.

여기서 한 가지 짚고 넘어갈 것이 있다. '표면적'이라는 말은 외형에 치중해 내면이 없다는 말이지만, 그렇다고 이면적인 것은 표면적인 요소를 무조건 배척한다는 의미는 아니다. 함께 성장해야 한다.

바울의 말은 우리에게 무한한 소망을 준다. 진심으로 그리스도를 믿어 하나님 앞에 나와 하나님을 바라고 순종하는 참 신앙을 갖는다면 그 어떤 삶이라도, 그 누구라도 하나님의 사랑하시고 붙드시는 손길을 경험하게 된다. 하나님의 사랑이 얼마나 광대한가! 결국 신앙의 주체는 내가 아니라 하나님이시다. 따라서 하나님을 내 목적을 이루는 도구로 삼는 것이 아니라 내가 하나님을 따르고 경배해야 한다. 하나님을 신앙하는 사람이라면 하나님께 마음을 온전히 쏟아부어야 한다. 우리는 표면적 유대인이 아니라 이면적 유대인이요, 예수 그리스도로 말미암아 마음에 할례를 받은 자들이기 때문이다.

▶ 핵심 질문 2

왜 율법으로는 의롭다 하심을 얻지 못하는가

율법을 받았으나 실천하지 못하는 유대인이나, 율법이 없지만 양심을 따라 하나님을 믿지 않는 이방인이나 똑같은 죄인이다. 유대인은 이방인을 야만인 취급했지만, 그들도 다를 바 없었다. 바울은 2장에서 이 점을 지적한다. "다른 사람을 비판하는 유대인들이여, 여러분이 비판하는 것이 곧 자신을 정죄한다는 사실을 알지 못하는가? 다른 사람을 비판하고 돌아서서 같은 일을 행하지 않는가?" 이방인이나 유대인이나 모두 죄인이라는 점을 분명히 한다.

하나님은 하나님 앞으로 나와 회개하고 죄에서 벗어나길 기다리셨다. 하지만 하나님의 오래 참음을 비웃기라도 하듯 인간은 하나님을 계속 시험하면서 악한 행동을 반복했다. 공의로우신 하나님은 분명히 이 악행을 물으신다. 선을 행하는 자를 영생하게 하시고, 불의를 행하는 자에게는 분노로 대하신다. 악을 행하면 환난과 곤고가 있다는 사실은 이방인이나 유대인이나 같다. 하나님의 심판에는 차별이 없다.

그러면 율법을 알고 죄를 짓는 것과 모르고 죄를 짓는 것은 어떻게 다른가? 율법을 알고 죄를 짓는 사람은 율법에 근거하여 심판받는다. 반면 율법을 모르고 죄를 짓는 사람은 양심에 의해 심판받는다. 하나님 앞에서 의인은 율법을 받았기 때문이 아니라 율법을 행했기 때문에 인정받는 것이다.

하나님을 믿고 섬기는 사람은 자연적으로 율법을 따르고 지킬 수 있는 본성이 있다. 그러므로 율법을 몰라서 죄를 짓는 사람의 마음속에도 어둡고 희미하지만 하나님의 형상이 있고 그 속에 형상의 핵심이라고 할 수 있는 양심이 있다. 형상이 왜곡되어 삐뚤어지고 어두워졌더라도 그 속에 양심은 있는 것이다. 그리고 모든 사람은 하나님의 심판대 앞에 공정하게 서게 된다.

사도 바울은 유대인에게 이렇게 물었다. "도적질하지 말라고 가르친 당신은 왜 도적질하는가? 간음하지 말고 우상숭배하지 말라고 가르치고 율법을 자랑스럽게 말하면서 왜 당신은 율법을 범하고 하나님을 욕되게 하는가?"

마치 그들의 모습은 선생님이 학생들에게 어떻게 살라며 권하고는 돌아서서 전혀 다른 삶을 사는 것과 같다. 그들이 율법을 지킨다면 그들이 받은 할례는 빛나겠지만 율법을 지키지 않는다면 할례는 아무 소용이 없다. 만약 할례를 받지 않은 자가 율법을 지키는데 할례를 받은 자가 율법을 지키지 않는다면, 당연히 할례받지 않은 자가 할례자를 비판하지 않겠는가? "나는 할례를 받지 않았지만 하나님의 말씀을 지켰다. 당신들은 무엇인가?"

그러므로 표면상의 유대인이 아니라 마음으로 지키는 자가 진정한 유대인이다. 할례는 육신에 자국을 낸다는 데 의미 있는 것이 아니다. 성령으로 마음에 할례를 받아야 한다. 유대인이라는 혈통 자체로 칭찬받는 것이 아니다. 칭찬은 하나님으로부터 받아야 하는데, 그렇게 되려면 하나님의 뜻대로 살아야 한다.

7장

이성과 판단을 넘어

3:1-8

신앙이란 하나님을 영화롭게 하는 것이다.
그런데 궤변적 신앙에 빠지면 자기 이성과 의지가 주체가 된다.

유대인의 공격

사도 바울 당시 로마의 젊은이들 사이에서는 묻고 답하는 대화의 기술이 유행했다. 흔히 '소크라테스의 문답법'이라고 불렸으며, 다른 말로 대화를 통해 새로운 지혜를 낳는다 하여 '산파술'로도 알려진 형식이다. 소크라테스는 '앎은 어떻게 시작될까? 앎은 모른다는 것을 아는 것으로부터 시작된다'라고 생각했고, 인간의 악행의 원인이 무지라고 보았다. 그만큼 앎 혹은 지식을 중요시했고, 주지주의(主知主義)를 주장하기도 했다. 바울은 로마서 3장 1-8절에서 소크라테스식 대화법을 활용해 4개의 질문과 답을 통해 진정한 신앙의 의미를 제시해 나갔다. 그 내용을 정리하면 다음과 같다.

질문 1: "그렇다면 유대인이나 할례는 장점이나 유익이라곤 없는가?"

답   1: "유익이 많다. 유대인들은 하나님의 입에서 나온 말씀을 위임받았다."

질문 2: "그런데 유대인들 가운데 하나님을 믿지 않는 사람이 있다면 하나님이 신실하지 않으신 분이 되는 것인가?"

답   2: "그렇지 않다. 사람이 거짓되고 하나님은 참되시다. 믿지 않는 그들이 잘못된 것이다."

질문 3: "그러면 그들의 불신앙한 불의가 하나님의 진노로 이어져 오히려 하나님의 의로우심을 드러내게 한다면 어떻게 되겠는가? 진노를 내리시는 하나님더러 불의하다고 할 수 있겠는가?"

답 3: "결코 그렇지 않다. 만일 그렇다면 하나님이 어떻게 세상을 심판
하시겠는가!"

질문 4: "그러면 유대인들은 이렇게 말할 수 있다. '나의 거짓말로 인해 하
나님의 참되심이 더욱 풍성하게 나타났고, 오히려 그분께 영광이
되었다면 내가 죄인으로 심판을 받아야 하는 것일까?'"

답 4: "어떤 사람들은 하나님의 선을 이루기 위해 악을 행하자고 할 것
이다. 믿지 않는 이들은 심지어 우리가 그렇게 주장하고 다닌다
고 중상모략을 일삼고 헛소문을 퍼트리기도 한다. 하지만 이렇게
말하는 사람들은 정죄를 받게 될 것이다."

이제 질문과 답을 하나씩 살펴보자.

첫째, 유대인들이 하나님의 말씀을 위임받았다는 것부터 생각해 보자.
이스라엘은 그들의 선조 아브라함부터 시작해 계속해서 하나님의 말씀
을 받았다. 그리고 그 말씀이 두루마리에 기록되기 시작한 것은 모세 때
부터라고 일반적으로 이해한다. 대체로 모세오경(창세기, 출애굽기, 레위기, 민
수기, 신명기)을 모세가 기록했다고 받아들였다. 요즘은 이전의 주장과 달
리 학자들이 모세오경의 저자가 모세 한 사람이라고 못 박지 않는 경향이
있다. 그러나 그 외 기록자에 대해서는 알 수가 없으므로 모세로 보는 것
이 적절하다고 본다.

하나님은 하나님의 말씀을 모세를 통해 유대인들에게 주셨다. 그러나
사실 이 말씀은 유대인들에게만 주신 것이 아니라 하나님을 믿는, 또한
하나님을 믿어야 하는 모든 사람에게 주신 것이다. 유대인들은 하나님의

말씀을 먼저 들었고, 말씀을 지킴으로써 하나님의 은총을 입을 수 있었다. 다른 민족들은 하나님의 말씀을 듣지도, 보지도 못했으므로 이것은 분명 특권이다.

또한 하나님이 하나님의 말씀을 유대인들에게 주신 이유는 말씀을 지킬 때 주어지는 하나님의 은총을 경험하고 나서 다른 사람들에게 하나님이 참 신이심을 깨닫게 하는 사명을 주시기 위해서였다. 말씀을 받은 초기에 유대인들은 다소 성공적이었다. 그러나 그들은 항상 말씀을 떠나려 했고 굴레로 여겼다. 신앙이란 항상 그렇듯이, 내가 믿고자 하는 마음을 갖지 않으면 속박과 굴레가 된다. 그럼에도 신앙에서 떠날 수는 없을 때 형식적인 신앙으로 남는다.

유대인들은 결국 그리스도의 복음을 먼저 받는 특권을 누리지 못했다. 그 이유는 그들 속에 작용한 세속적인 욕망 때문이었다. 그것은 사탄의 작용이었으며, 동시에 이방 풍속을 따르고자 하는 유혹이었다. 율법을 부여받았다는 사실에 대한 그들의 자부심은 대단했다. 그러나 그들은 위임받은 자로서의 책임과 의무에는 매우 소극적이었다. 세상에서 핍박을 당하는 민족이다 보니 사명을 다하기보다 자기 옹호에 바빴던 것이다.

둘째, 유대인들이 하나님의 말씀을 믿고 따르지 않는다고 하더라도 말씀을 주신 하나님은 신실하시다. 이 말을 가장 쉽게 이해하려면 바울이 질문에 대한 답의 결론으로 제시한 4절, "사람은 다 거짓되되 오직 하나님은 참되시다"라는 정의를 이해하면 된다. 궁극적으로 하나님이 베푸신 자비는 나중 심판 때에 정당성을 확보하는 근거가 된다. "심판을 보면 하나님은 자비로우시지 못해", "하나님은 우리를 사랑하지 않으셔"라는 말을 못하게 하려는 것이라는 뜻이다. 다윗도 이 점을 고백했다.

"내가 주께만 범죄하여 주의 목전에 악을 행하였사오니 주께서 말씀하실 때에 의로우시다 하고 주께서 심판하실 때에 순전하시다 하리이다"(시 51:4).

스스로를 판사라고 가정해 보자. 그런데 아들이 친구들과 나쁜 짓을 저질렀다. 재판을 받아서 감옥에 갇혀야 하는 범죄에 가담한 것이다. 이때 아버지로서 아들을 사랑하기 때문에 아들이 형벌을 피하도록 숨기는 것이 옳을까, 아니면 가슴 아프지만 공정하게 재판하는 것이 옳을까? 하나님이 바로 이와 같은 상황에 처하셨던 것이다.

하나님은 유대인들을 택해 그들에게 율법을 주셨고, 할례를 행하게 하셨고, 축복의 언약을 맺으셨다. 그런 유대인들이 하나님을 믿지 않는 사람들과 똑같은 죄를 지었다. 그때 하나님이 "내 백성이니까 심판을 내리지 않고 감싸 주겠다"라고 하신다면 하나님의 사랑은 공의로운 사랑이 아니라 눈멀고 잘못된 사랑이 된다. 따라서 하나님의 심판은 공정할 수밖에 없다. 그러면 투사(投射)에 능한 유대인들은 하나님께 왜 우리를 택하셨냐고 따져 물을지 모른다. 하나님이 그들을 택하신 이유는 하나님의 말씀을 행함으로 은총과 축복을 받게 하시려는 것이요, 그 모습을 세상 사람들에게 보여 주어 그들을 하나님께로 이끄는 사명을 주시기 위해서였다. 그러나 그들은 오히려 세상을 더 기웃거렸다. 하나님은 그들의 태도를 묵인하실 수 없었다.

셋째, 유대인들은 하나님이 불의한 심판관에 불과한지를 질문했다. 유대인들의 잘못을 심판하시는 하나님을 보면서 세상 사람들이 하나님 앞으로 돌아온다면, 하나님의 공의가 드러나 하나님의 영광을 나타내는 데 자신들이 일조한 것이 아니냐는 것이다. 만약 그렇다면 하나님이 그러한 공을 세운 유대인들을 심판하시는 것은 너무 가혹하지 않느냐고 따져 물은 것이다. 만약 그렇다면 하나님은 심판자가 되실 수 없다. 공의를 상실하게 되시는 것이다. 이런 역설적이고도 유치한 질문은 아무런 가치가 없다.

이 논리대로라면 "예수님은 십자가에 못 박히심으로 우리를 대속하셨다. 그렇다면 예수님을 십자가에 못 박히시게 한 가룟 유다는 예수님의 사명을 이루는 일에 결정적인 기여를 한 것이 아닌가? 하나님이 그를 심판하시는 것은 너무 가혹한 일이다"라는 궤변도 가능하다. 가룟 유다는 예수님의 12명의 제자들 중 한 사람이 되는 특별한 은혜를 입었다. 그러나 그가 부르심을 받은 목적은 사도가 되어 그리스도를 증거하는 증인이 되기 위해서이지 스승을 파는 것이 아니었다. 아무리 가룟 유다의 행위를 통해 하나님의 영광이 드러났다 해도 그는 심판받아야 하는 자라는 사실을 잊어서는 안 된다.

하나님은 인간에게 하나님을 알 수 있는 충분한 환경을 주셨다. 하나님은 인간 스스로 어떤 판단도 내리지 못한 채 하나님 앞에 갈 수밖에 없는 어쩔 수 없는 상황으로 몰아넣기를 원하지 않으신다. 죄를 지을 수 있는 선택권이 있지만, 구분하고 절제하기를 바라신다. 하나님이 주신 선물인 자유의지로 하나님을 섬기고 사랑하기를 원하신다. 성경을 통해 하나님의 뜻을 알면 하나님이 얼마나 자비로운 분이신지를 깨닫게 되지만, 성경을 보지 않고 사건의 단면적인 결과만 보면 자신의 주관적인 판단에 빠지기 쉽다. 이런 이유로 자신이 그리스도의 은혜를 입은 자로서 바르게 살고 있으며, 하나님께 온전히 영광 돌리고 있는지를 늘 살펴보아야 한다.

아간은 여호수아가 이끄는 여리고 전쟁에서 승리하자 모든 것을 불태우라는 하나님의 뜻을 어기고 자신을 위해 고가의 물건들을 숨겼다. 그로 인해 이스라엘은 아이성 전투에서 대패했다. 결국 아간의 범죄로 인한 하나님의 징계라는 사실이 드러나자 아간은 이스라엘 백성이 던진 돌에 맞아 죽었다. 이 일에 대해 성경은 아간이 하나님께 영광을 돌렸다(수 7:19)고 기록하고 있다.

우리의 행위가 어떠하든 하나님은 하나님 되시고 영광을 거두신다. 단지 우리가 긍정적인 영광의 도구가 되느냐, 부정적인 영광의 도구가 되느냐의 차이만 있을 뿐이다. 긍정적인 영광의 도구일 때는 축복을 받는다. 부정적인 도구가 되면 그로써 심판을 받을 수밖에 없다. 결과만을 놓고 하나님이 불의하시다고 말하는 사람은 이기적인 사람이요, 공의가 무엇인지 전혀 알지 못하는 사람이라고 할 수 있다. 하나님은 항상 사랑과 자비와 긍휼을 우선하시기에 하나님의 심판은 최종적인 경우가 많고, 하나님은 우리에게 회개할 수 있는 기회를 여러 번 주신다.

나는 어릴 적 하나님의 심판에 대해 이해하지 못했다. 어머니에게 왜 하나님은 사랑이시라면서 심판을 하시는지 물었다. 그때 어머니가 답변해 주셨지만 받아들일 수가 없었다. 이기적인 믿음으로 눈이 어두워지면 하나님의 공의를 향한 눈이 닫힌다. 하나님의 공의를 향한 눈이 닫히면 결국 공의의 심판의 자리까지 갈 수밖에 없다. 그러므로 우리는 성령이 우리의 마음을 열어 하나님의 사랑과 공의를 보게 해 달라고 기도해야 한다.

넷째는 셋째 질문 및 답과 연관되는 것으로서, '나의 거짓말로 하나님의 참되심이 더 풍성해져 그분께 영광이 되었어도 내가 죄인으로 심판을 받아야 하는가?'라는 논리를 펼친다. 만약 이 논리를 수용하면 "하나님의 선을 이루기 위해 악을 행하자!"라는 역설도 가능해진다.

우리는 어린아이 같은 생각을 할 때가 많다. 그러나 하나님의 뜻을 알고 하나님의 사랑을 깨달아 영적으로 성숙한 사람이 되어야 한다. 다시 말해, 철이 들어야 한다. 무엇이 진정 하나님을 사랑하는 것이고, 무엇이 하나님을 모독하는 것인지 구분하고 행동하는 영적으로 건강한 사람이 되어야 한다. 유난히 힘들게 하는 시부모를 모시고 사는 며느리에게 효부상을 주었다고 하자. 그런 며느리에게 시부모가 "넌 우리 때문에 상 탄 줄 알아라"라고 말할 수 있을까? 우리의 악행이 하나님을 더 높여 드리는 결과가 되었다면, 과연 그 일이 하나님께 도움을 주었다고 볼 수 있을까? 그야말로 궤변이다.

궤변적 신앙의 모순

만약 유대인들에게 "당신들은 하나님을 믿습니까?"라고 묻는다면 그들은 당연한 것을 묻는다며 모욕적인 질문이라고 응대할 것이다. 그러나 하나님께 "유대인들이 진정으로 하나님을 믿습니까?"라고 여쭌다면 하나님이 어떻게 대답하실까? 신앙이란 하나님을 섬기는 것이고, 하나님을 섬기는 증거는 하나님의 말씀에 순종하며 하나님을 영화롭게 하는 것이다. 그런데 궤변적 신앙에 빠지면 하나님이 주체가 아니라 자기 이성과 의지가 주체가 된다. 그러고는 모든 현실과 상황을 합리적으로 그에 맞게 꿰맞춘다. 과연 하나님은 궤변을 일삼는 유대인들이 하나님을 믿는다고 인정하실까?

넷째 질문에서 유대인들은 바울을 향해 공격을 퍼부었다. 심지어 어떤 유대인들은 바울이 "하나님의 선을 돋보이게 하기 위해 우리가 악을 더 많이 행하자"라고 했다면서 거짓 소문을 퍼뜨려 바울을 비방했다. 바울은 이런 모략은 정죄받아 마땅하다고 선언했다.

로마서 3장 서두에 나오는 문답법에서 바울은 첫째, 둘째, 셋째 질문들은 유대인들을 향하는 것처럼 하다가 넷째 질문은 유대인들이 자신을 향해 질문하는 것처럼 전환하는 방식을 택했다. 그 이유는 바울이 아니라 유대인들이 실제로 그런 자들이라는 것을 확실하게 짚고 넘어가기 위해서였다.

스스로를 향해 질문해 보자. 지금 내 신앙은 궤변적으로 흐르고 있지 않은가? 혹시 내 신앙이 궤변적인 사고방식으로 형성되어 있지는 않은지 돌아보아야 한다. 성경을 보지 않고 하나님의 말씀을 건전하게 인지하고 있지 않은 사람들은 자기의 이성적인 생각과 느낌, 그리고 말씀의 지식적 파편으로 신앙을 만들어 간다. 이단들은 자기가 아는 지식과 방식에 성경을 끼워 맞춰 사람들을 끌어들인다. 모두 궤변적 신앙이다.

철학을 오랫동안 연구해 온 어느 신학자의 어이없는 인터뷰 장면을 본 적이 있다. 그는 "예수님이 죽었다 살아났든, 마리아에게서 태어났든 무슨 상관인가? 내 마음에 살아 있으면 그만이다"라고 말했다. 그에게는 신앙심이 없는 것일까? 일반적인 시각으로 볼 때는 분명 신앙인이다. 그러나 그는 예수 그리스도를 철학이라는 실에 집어넣고 옷감을 짰다. 이것은 궤변적 신앙이다.

바울은 "하나님은 신실하시며 하나님은 심판하신다. 심판에는 유대인이나 헬라인이나 차별이 없다. 그리고 궤변은 정죄받는다"라고 단호하게 말했다. 우리는 이 말을 외면하지 말아야 한다. 마음에 부담으로 다가오더라도 귀를 기울여 새로워지는 발판으로 삼아야 한다.

오늘날 유대인들은 하나님이 다윗에게 축복을 약속하신 말씀과 솔로몬이 성전을 건축했을 때 하나님의 성전에 대대로 머물겠다고 하신 말씀을 붙들고 이루어지기를 열망하고 있다. 그러나 그들은 "네가 내 말을 듣고 바르게 순종하면 그때 복을 내리겠다"(왕상 3:14 참고)라는 하나님의 명령부터 마음 판에 새겨야 할 것이다. 우리도 결코 예외일 수 없다.

8장

구원을 이루는
하나님의 방법

3:9-20

해결책은 단 한 가지밖에 없다.
문제의 주체자이신 하나님이 나서서 해결하시는 것이다.

모든 인간이 죄 아래 있으니

죄인이 가장 듣기 싫어하는 말은 그를 정죄하는 말일 것이다. 자기 약점을 지적당하는 것처럼 아픈 경우는 없다. 환자에게 '환자'라는 말은 좋게 들릴 수도, 정반대로 듣기 싫을 수도 있다. 환자라는 말이 좋게 들리는 순간은 치료의 가능성이나 위로를 기대할 때뿐이다. 어떤 사람이 병원에서 건강검진을 받았는데 말기 암이 발견되었다. 의사는 암이라고 말해 주어야 할까, 말하지 말아야 할까? 환자는 당연히 의사에게 "당신은 건강합니다"라는 말을 듣고 싶어 하지만 의사는 사실대로 말해 주어야 한다. 그래야 자기 상황을 깨닫고 암 치료에 적극적으로 나서든지, 아니면 죽음을 준비할 수 있기 때문이다.

어머니가 병원에 입원했을 때는 이미 암 말기였다. 의사는 환자에게 직접 말하기를 꺼려 나를 불러 그 사실을 통보했다. 그러면서 최후의 치료 방법으로, 암으로 막힌 관을 약물로 뚫어 보자고 했다. 나는 병상에 누워 계신 어머니에게 그 사실을 알렸다. 어머니도 시술에 동의했고, 두 차례에 걸쳐 시도했지만 결국 실패하고 말았다. 의사는 3개월 정도밖에 살지 못한다는 진단을 내렸고, 나는 그 사실을 어머니에게 전했다. 그리고 곧장 병원에서 주는 약을 받아 퇴원해서 집으로 돌아왔다. 얼마 있지 않아 어머니는 잠자는 동안 천국으로 가셨다. 믿음이 좋은 어머니는 기도하며 마지막을 준비하셨을 것이고, 천국을 바라보고 '잠자는 자'가 되셨다

(고전 11:30). 만약 중병에 걸린 환자에게 의사나 주변 사람들이 "아무것도 안 해도 하나님이 다 낫게 해 주실 것이다"라고 말한다면 이것은 믿음일까, 위로일까, 사기일까?

바울은 본문에서 인간과 사회를 진단했다. "나는 이 땅에 있는 모든 사람이 죄 아래 있다고 단언한다. 유대인들도 마찬가지다. 성경에 기록된 대로 진정한 의인은 하나도 없다. 하나님을 깨닫는 자도, 하나님을 찾는 자도 없다. 모두 죄에 치우쳐 무익한 행동을 할 뿐, 선을 행하는 자는 없다. 사람들의 목구멍은 열린 무덤과 같이 독한 냄새를 풍기듯 말한다. 입술에는 독사의 독이 있고 입은 저주와 악독한 말이 가득 튀어나온다. 남을 괴롭히고 죄를 짓는 일에는 재빠르다. 파멸과 고생이 그 인생길에 있어 평강의 길을 알지 못하고 산다. 그들은 눈앞에 계신 하나님을 알지 못하기 때문에 두려워하지도 않는다. 만약 율법으로 말하면 의롭다고 인정받을 사람이 아무도 없고 모두가 심판 아래 있을 뿐이다. 그러므로 율법은 죄를 깨닫고 심판 아래 있음을 가르쳐 주기 위한 도구이기도 하다."

한마디로 요약하면, 인간은 모두 죄인이라는 똑같은 조건을 가졌다는 말이다. 조금의 선함은 있을지 모르지만, 하나님 앞에 모든 요소를 꺼내 보면 모두 죄인이다. 전체가 고장 났기 때문에 불량품이 아니라 한 부분이라도 고장이면 불량품인 것이다.

사도 바울은 죄인의 특징을 두 가지로 말했다. 첫째, '목구멍', '입술', '혀'로 죄를 짓는 등 말의 표현을 통해 죄인임을 알 수 있고, '피 흘리는 일'을 하는 등 죄짓는 행동에 빠르다는 것이다. 둘째, 죄는 특정한 사람만이 아니라 모든 사람에게 퍼져 있는 본성이라는 편만함과 누구나 죄를 짓는다는 보편성이다.

　인간은 눈앞에 계신 하나님을 모르기 때문에 죄인일 수밖에 없다. 하나님을 찾는다는 것은 곧 하나님을 인정하고 모시고 산다는 말과 같다. 하나님을 알면 당연히 하나님이 기뻐하시는 선한 일을 행하게 된다. 하나님의 진노가 무서워서라도 악을 행하지 않는다. 그래서 하나님 앞에 사는 자는 행동이 조심스럽고 반듯할 수밖에 없다. 그러므로 가장 큰 문제는 하나님을 찾는 자도, 깨닫는 자도 없다는 것이다.

　세상은 물질 중심적인 가치만을 추구해 윤리 도덕이 무너진 사람들이나 세상의 부도덕함을 통탄하는 염세주의자나 비관론자들이 넘쳐 난다. 프랑스의 수학자이자 위대한 사상가인 블레즈 파스칼은 "나는 의인, 위인, 성자, 이 세 단어를 믿지 않는다. 이들이 존재한다는 것을 나는 믿지 않는다. 이 땅에는 오직 한 가지 종류의 사람들만 존재한다. 그들은 죄인이다"라고 말했다. 사실 우리는 법에 저촉되기 싫어서 죄를 짓지 않으려 하고, 타인의 눈을 의식해서 절제하는 경우가 많다. 하나님이 주신 율법도 안전장치 같은 역할을 한다. 더 이상 악한 길로 가지 못하도록 울타리처럼 막아 주어 오히려 우리를 살리는 작용을 한다. 그러나 최고의 의는 하나님의 선하고 자비로운 손길을 따르는 것이다.

　다음은 사도 바울이 성경에서 말한 내용을 기초로 죄의 기준과 연관 지어 만들어 놓은 질문들이다. 6가지 질문들 모두에 자신 있게 "그렇다!"라고 답할 수 있는 의인, 위인, 성자가 과연 있을까?

　　1. 당신은 하나님을 잘 알고 하나님과 원만한 관계를 유지하고 있는가?

　　2. 당신의 입으로부터 나오는 말은 소망적이고, 선하며, 온전한가?

3. 당신의 행동은 선을 베푸는 데 빠른가, 악을 도모하는 데 빠른가?

4. 당신은 파멸과 고생의 길에서 벗어났다고 자부하는가?

5. 당신은 평강의 길을 걷고 있다고 믿는가?

6. 당신은 하나님이 두려워서 이와 같은 일을 할 수 없다고 그만둔 일이 있는가?

우리는 하나님을 제대로 모른다. 선보다는 악의 말을 뱉어 낸다. 선한 행위보다 악한 일에 발이 빠르다. 환난을 겪고 평안을 누리지 못한 채 나쁜 일을 하면서 '이 일은 하나님이 기뻐하시지 않을 거야'라고 의식은 하지만 멈추지 못한다. 늘 자기 안에 있는 절대적인 선의 기준보다는 상대적인 기준으로 타인과 비교하면서 자신을 위로하곤 한다. 하지만 성경은 다른 사람을 기준으로 삼지 않는다. 우리에게 "다른 누구 말고, 너는 어떤 사람이냐?"라고 묻는다. 이 문제를 어떻게 해결할 수 있을까?

분명한 것은 죄인인 우리는 해결할 수 없다는 것이다. 무능한 죄인은 스스로를 구원하고 죄에서 벗어나 선한 자리에 갈 수 없다. 단지 몇 가지 선행을 행한 공로로 인생 전체를 구원할 수 없다.

알버트 슈바이처는 독일계 프랑스 의사요, 사상가, 신학자, 음악가로서 프랑스령 적도 아프리카의 랑바레네에 병원을 개설했다. 일반적으로 슈바이처 박사 하면 밀림의 선교사요, 아프리카의 구원자의 이미지가 떠오른다. 그러나 사실 슈바이처는 자기 동네에서 끊임없이 흑인들과 분쟁했다. 지독한 편견주의자였고, 자가당착에 빠져 있었으며, 성경을 진리가 아닌 문학 작품으로 보았고, 예수는 진정한 그리스도가 아니라고 말했다. 표면적으로만 보면 목사의 아들이요, 오르간 연주자이자 신학자였다. 심지어 밀림에 가서 봉사의 삶을 산 위인으로 추앙받고 있다. 그러나 슈바이처의 이면을 아는 사람들은 그가 노벨평화상을 받았다는 소식에 의아했을 것이다. 인간은 이처럼 모순투성이다. 완벽한 사람은 아무도 없다.

의롭다 하심을 받는 길

그렇다면 어떻게 해야 할까? 해결책은 단 한 가지밖에 없다. 바로 문제의 주체자이신 하나님이 나서서 해결하시는 것이다. 하나님 자신이 우리가 사형을 받을 자리에서 대신 십자가를 지고 대가를 치르셔야 한다. 하나님이 독생자 예수 그리스도, 하나님이신 그분을 이 땅에 보내 십자가에서 죽게 하시고, 십자가를 믿고 받아들이는 자에게 구원을 주셔야 하는 것이다.

우리는 자기의 의지나 결단만으로 선한 사람이 될 수 없다. 우리는 선하지 않지만 예수 그리스도의 은혜로 말미암아 선하고 의로운 자가 된 것이다. 예수 그리스도가 심판을 대신 치르셨기 때문에 그분을 믿는 사람은 이렇게 말할 수 있게 되었다. "나는 예수 그리스도로 말미암아 대속의 은혜를 힘입었다. 그분이 나 대신 죽으셨다." 마치 잘못을 저지른 아이가 어머니 치마폭에 숨어서 집으로 들어가는 모습이 떠오른다. 아버지는 아이에게 화를 냈지만 속으로는 그렇게라도 아이가 집으로 들어오기를 바라고 아이를 심판하지 않는다.

예수 그리스도는 우리의 피난처이시다. 그분이 대신 십자가를 지고 고난을 받으셨다. 예수 그리스도가 대가를 치르셨기 때문에 예수님을 믿는 사람은 죄인인데도 그분을 의지해 하나님의 자녀로서 살 수 있게 된 것이다.

이 해결 방식 외에 다른 대안이 있을까? 자신이 선한 사람이라고 자부하면서 나설 수 있는 자가 과연 있을까? 바울은 빌립보서 4장 13절에서 "내게 능력 주시는 자 안에서 내가 모든 것을 할 수 있느니라"라고 고백했다. 여기서 '능력 주시는 자'가 누구인가? 예수 그리스도이시다. 우리가 그리스도를 믿고 의지해 하나님께 나아옴으로써, 마치 치마폭에 아이를 숨긴 어머니 같은 역할을 하시는 주님이 나를 붙드시고, 격려하시고, 힘을 주시고, 이끄셔서 어떤 일이든 할 수 있는 사람이 된 것이다.

자연인(Natural Man)으로서 본래의 나는 죄인이었다. 그러나 하나님의 은혜로 그리스도 안에서 나는 의롭게 되었다. 내 능력이 아니라 하나님의 자비의 손길로, 내 공로가 아니라 예수 그리스도의 공로로 말이다.

예수 그리스도가 내 안에 들어오시면 변하여 새사람이 된다. 성경이 지적했던 내용이 완전히 뒤집히는 역전 현상이 벌어진다. 하나님을 알지도, 깨닫지도, 찾지도 않던 자에서 하나님을 찾고 의지하는 자가 된다. 목과 목구멍, 혀와 입술에서 악독하고 냄새나는 말을 뿜어내던 자에서 향기로운 찬양과 감사, 은혜의 말씀을 나누는 사람이 된다. 죄악을 행하는 데 빨랐던 모습에서 주님의 뜻을 행하는 일에 빠른 사람으로, 복음의 신을 신고 복음을 전하는 자로 변화된다. 하나님도 모르고 의식 없이 죄를 짓던 사람에서 하나님을 의식하면서 '이제는 죄를 짓고 싶지 않다. 죄짓지 말아야지' 하고 다짐하는 성숙한 사람이 된다.

이 모든 것을 해결할 수 있는 방법은 예수 그리스도의 십자가 외에는 없다. 우리는 스스로 십자가를 질 수 있는 존재가 아니다. 온전하신 하나님이 우리를 대신해서 십자가를 지사 우리의 죗값을 대신 갚으시고 우리를 구원해 주셨다. 내가 잘나서 대한민국 국민이 된 것이 아니라 이 땅에 태어나서 대한민국 국민이 되었듯이, 내가 잘나서 하나님 나라의 백성이 된 것이 아니다. 우리는 예수 그리스도를 믿음으로 그리스도 안에서 하나님의 자녀가 되었다.

언제까지 죄에 엉켜서 한 치 앞도 모르는 세상에서 정욕의 노예처럼 살 것인가? 추한 것들을 생각나는 대로 입에서 뱉어 내고 악한 길로 질주할 것인가? 이 문제의 답은 오직 예수 그리스도께 있다. 십자가 은혜 앞으로 나오는 길 외에는 없다. 오늘 하나님이 우리에게 "내가 주는 선물인 예수 그리스도를 받겠니?"라고 물으신다. 이 선물을 받아들이면 그리스도의 품에서 하나님의 은총 가운데 살게 된다.

2부

복음은
누구에게
왔는가

복음과 믿음의 관계
3:21-6:23

1장

인간의 의,
하나님의 의

3:21-31

하나님의 의에 이를 수 있는 방법은
믿음밖에 없다.

곤고한 인생

젊은 시절, 나는 삶의 모든 것이 결국 죽음으로 끝난다고 믿었다. 따라서 사는 동안 최선을 다해 즐기는 것이 유익하다고 생각했다. 물론 믿음의 가정에서 태어나서 교회를 다녔다. 그러나 "간음하지 말라", "도둑질하지 말라", "다른 신을 섬기지 말라" 등 온통 하지 말라는 잔소리뿐이신 하나님이 싫었다.

하나님을 부인할 수는 없었지만, 흔쾌히 시인할 수도 없는 혼돈의 시절이었다. 그래서 애초에 하나님을 믿는 가정에서 태어난 것부터가 잘못된 시작이라고 여겼다. 만약 믿지 않는 가정이었다면 성경 말씀을 듣지 않았을 테고, 남들처럼 아무런 가책 없이 마음 편히 살았을 텐데, 괜히 하나님을 알게 되어 스스로 인정하든 안 하든 죄인이 되어 버렸다. 나에게 하나님은 인생의 간섭자이자 방해꾼이셨다. 그렇기에 "하나님의 은혜로"라고 말하는 사람들을 볼 때마다 지극히 가증스러웠고 외식적으로 느껴졌다. '하나님의 은혜로 거저 되는 일이 어디 있어? 다 자기 의지대로 사는 거지. 가만있으면 하나님이 성공시켜 주시나?' 하면서 말이다. 어머니의 마음을 아프게 해 드릴 수 없어 교회를 나가기는 했지만 하나님을 믿을 수도, 부인할 수도 없는 어정쩡한 상태가 지속되었다.

이후 군대에 입대했다. 하지만 건강한 몸으로 입대했다가 그만 불의의 사고로 하반신 마비가 되어 제대했다. 엄청난 시련 가운데 나는 지푸라

기라도 잡는 심정으로 하나님께 기도했고 이후 다시 걷게 되는 극적인 반전을 경험했다. 내 삶에는 기적과 같은 일들이 여러 번 있었다. 그러나 기도할 때는 간절했지만 문제가 극복되고 나면 '어쩌다가 그랬겠지', '우연히 맞아떨어진 거겠지', '믿음 좋은 어머니의 기도를 하나님이 들어주셨는지도 모르지'라고 생각하곤 했다. 그러면서 어떻게 하든지 스스로 뭔가를 이루어서 세상에서 최고로 살고 싶었다.

젊을 때 나는 성공에 대한 열망이 강한 편이었다. 공부를 많이 하고도 소박하게 교사 생활을 하신 아버지를 인생의 실패자로 낙인찍어 놓고 절대로 아버지처럼 살지 않겠노라고 다짐하기도 했다. '그렇게 야망이나 포부 없이 사실 거면 많이 배우지나 마시지. 많이 배우셨으면 세상에 자신의 가치를 제대로 드러내셔야지' 하면서 말이다. 그렇기에 어느 정도 성공한 사람들이 자신의 성취를 널리 알리고 자랑하는 것은 바람직하다고 생각했다. 그들의 역경과 성공 스토리를 보면서 많은 사람이 도전을 받기도 하고 더 나은 쪽으로 개선해 나간다고 생각했기 때문이다.

당시 나는 내게도 성공의 가능성이 있다고 자신했다. 내 분야에서 그런대로 실력을 인정받고 있었고, 타인을 이끄는 리더십도 있었다. 가르치는 학생들로부터는 존경을 받았고, 나를 따르는 친구들도 많았으며, 나이가 훨씬 많은 사람도 나와 대화를 나누며 교류하는 것을 즐거워했다. 나는 성공적인 삶으로 점점 나아가고 있다고 자부했다. 내가 하는 일에서 좋은 성과를 낼 때마다 내 분야의 최연소라는 자부심과 성취감에 으스대기도 했다. 시간이 날 때마다 성공이 가져다준 기회와 여유를 누리며 즐거움을 만끽했다. 충분히 만족스러웠고, 내가 이룬 것들이 자랑스러웠다.

그런데 이상하게도 깊은 내면에서는 알 수 없는 공허함이 늘 나를 사로잡고 있었다. 분명히 즐거워야 할 일을 하는데도 즐겁지가 않았다. 마땅히 자랑할 것을 자랑하면서도 알 수 없는 수치심에 휩싸였다. 남들에게 칭찬을 들었지만 동시에 나의 내밀한 곳에 존재하는 허점이 보이는 것 같은 괴리감에 괴로워했다. '이상하다. 도대체 어떻게 된 일일까? 무슨 잘못된 행동을 한 것도 없고 나름대로 최선을 다해 사는데도 왜 이렇게 공허한가?' 하는 생각이 줄곧 들었다.

처음에는 그래도 교회를 다니는 사람이라서 작은 일탈조차 양심에 가책을 받는 것이라고 생각했다. 그리고 한참 고민을 거듭하다가 '좋다. 그렇다면 즐거움, 자랑, 성공, 추앙받는 삶의 추구와 같은 세상의 가치들을 일단 내려놓고 착하게 살아 보자. 그렇게 선을 행하면서 얻는 양심의 위로와 만족으로 내 영혼의 갈증을 한번 채워 보자' 하며 세상적인 가치관을 바꿔 보기로 결심했다. 물론 예수님을 바르게 믿어 보겠다는 생각은 전혀 없었고, 목사가 되겠다는 뜻은 더더욱 없었다.

그 후 남들에게 적극적으로 선한 행위를 실천하기 시작했다. 장사하는 사람이 폭리를 취하지 않고 양심적으로 물건을 파는 것처럼, 나도 내 이익을 최대한 배제한 채 최소한의 이익만을 취하기 시작했다. 그런데 그럴수록 사람들이 내 선한 행동에 감동하기보다 내 가치를 평가절하하곤 했다. '세상이 썩었구나. 호의를 순수하게 받아들이지 않고 오히려 무시하다니…' 하는 마음에 속상하고 억울했다. 내가 선을 행할수록 패배주의자처럼 비칠 뿐이었고, 그것을 이용하려는 사람들의 악함이 더 두드러지게 느껴졌다. "오호라 나는 곤고한 사람이로다 이 사망의 몸에서 누가 나를 건져 내랴"(7:24)라는 탄식이 절로 나오는 상황이었다. 그때 내 마음은 싸늘한 가을바람이 불고, 건조한 낙엽이 나뒹구는 것 같았으며, 겨울을 재촉하는 차가운 비에 젖은 것처럼 황량했다. 진정한 신뢰와 우의를 나누는 사이라고 믿었던 사람들조차 내가 손에 쥐고 있는 것에만 관심을 보이는 듯한 속내가 느껴져 더욱 허탈했다. 물질을 가졌지만 즐겁지 않았고, 추구하던 목표를 이루었으나 진정한 만족이 없었다.

성경은 "모든 사람이 죄를 범하였으매 하나님의 영광에 이르지 못하더니"(23절)라고 말한다. 나는 죄를 범한 모든 사람 중에 하나였던 것이다! 무엇인가 선을 이루어 보려고 고군분투했지만, 하나님의 영광의 수준에 이르지 못하고 은혜의 자리로 들어가지 못했다. 애초부터 죄인의 도덕률로는 하나님의 수준에 이를 수가 없다. 그 사실을 깨달은 순간 나는 하나님께 나가서 이렇게 선포했다. "하나님, 화해합시다. 지금까지 잘 버텼지만 이제 비로소 내가 죄인의 괴수인 것을 인정합니다."

가치 있는 인생

결국 나는 하나님 앞에 무릎 꿇을 수밖에 없었다. 그런데 감동하실 줄 알았던 하나님이 아무 말씀도 없으셨다. 나는 예배 시간마다 "하나님, 화해합시다. 잘못한 것을 인정하겠습니다. 저하고 이제 사이좋게 지내 봅시다"라고 말씀드리며 어린아이처럼 졸랐다. 그런데도 여전히 하나님은 말씀하지 않으셨다. 이미 하나님은 내게 화해할 수 있는 하나님의 의를 주셨건만 나만 몰랐을 뿐이다.

사실 우리는 죄인이므로 하나님을 만날 수 없고, 하나님 앞에 나설 수도 없다. 내가 하나님이 될 수도 없고, 내가 내 인생의 주인이 될 수도 없다. 그러면 우리는 지극히 인간 본위적인 사상으로 가득 찬 세상에서 어떻게 참 평화를 누릴 수 있으며, 완벽한 은혜와 기쁨 가운데 살아갈 수 있을까? 그것은 애초부터 불가능했다.

21절은 "이제는 율법 외에 하나님의 한 의가 나타났으니 율법과 선지자들에게 증거를 받은 것이라"라고 말한다. 한 의, 바로 하나님의 의가 나타났다. 우리의 의도 아니고, 우리의 선도 아니다. 바울은 이어지는 22절에서 "곧 예수 그리스도를 믿음으로 말미암아 모든 믿는 자에게 미치는 하나님의 의니 차별이 없느니라"라고 말했다. 내 노력으로 하나님 앞에 나갈 수 있는 것이 아니었다. 하나님이 자기 의를 주시고 내 손을 잡으셨다. 그 사실을 깨닫자 세상이 완전히 새롭게 열리는 은혜를 맛보았다.

> "그리스도 예수 안에 있는 속량으로 말미암아 하나님의 은혜로 값없이 의롭다 하심을 얻은 자 되었느니라 이 예수를 하나님이 그의 피로써 믿음으로 말미암는 화목 제물로 세우셨으니 이는 하나님께서 길이 참으시는 중에 전에 지은 죄를 간과하심으로 자기의 의로우심을 나타내려 하심이니 곧 이때에 자기의 의로우심을 나타내사 자기도 의로우시며 또한 예수 믿는 자를 의롭다 하려 하심이라"(24-26절).

이 말씀은 우리가 의롭게 되는 것은 하나님이 얼마나 의로우신가를 보여 주는 증거라고 말한다. 우리가 바로 그리스도 안에서 의롭게 해 주시는 하나님의 능력의 결정체인 것이다. 예수 그리스도를 믿음으로써 내 삶이 식물인간처럼 수동적으로 바뀌었을까? 아니다. 그전까지의 내가 미숙아 같았다면, 이제는 하나님의 능력을 의지하는 성숙한 인격의 소유자가 되었다. 금방 마시고 사라져 버리는 순간의 즐거움에 취한 인생이 아니라 영원한 생명수를 마시게 되었다. 바람처럼 형체 없는 허무한 기쁨이 아니라 영원한 하나님의 기쁨, 그리스도를 소유하게 되었다. 그리스도의 옷을 입고 이전보다 훨씬 더 멋진 사람이 되었다.

만약 아직도 예수 그리스도를 믿지 않는 사람이 있다면 나는 진심으로 이렇게 말해 주고 싶다. "예수 그리스도의 가치를 가볍게 여기지 마십시오. 당신을 완벽하게 바꾸어 놓으실 분은 그리스도밖에 없습니다. 당신의 영혼에 만족을 주시고, 오늘의 삶에 소망을 주시는 하나님의 의는 예수 그리스도뿐이십니다." 예수 그리스도가 진정 내 안에 들어와 계시면 진정 새사람으로 변화한다. 내 눈물이 기도가 되고, 내 노래가 하나님을 향한 찬양이 된다. 지극히 부실하고 연약한 존재에서 엄청난 하나님의 영광과 은총을 힘입어 살게 된다.

언젠가 삶 속에서 하나님의 놀라운 은총을 생생하게 체험한 적이 있다. 신학교를 다니던 시절 수중에 버스를 탈 돈조차 없었다. 정말이지 믿기 힘든 현실이었다. 오래전부터 나를 아는 사람들도 그 상황을 이해하지 못했다. 4개의 정거장을 걸어가는데, 예전 같으면 '내가 왜 이렇게 사나? 도대체 이 꼴이 뭐야' 하면서 낙담했을 것이다. 그런데 이상하게도, 그리스도가 내 안에 들어오셔서 새사람이 되었기에 걸어가면서도 심령 깊은 곳에서 찬송이 우러나오고 기쁨이 넘쳐흘렀다. 세상이 그처럼 아름다울 수가 없었다. 연한 풀잎이 나부끼는 모습이 오묘했고, 푸른 버드나무 가지가 바람에 일렁이는 장면이 참으로 신비했다. 모든 자연이 마치 하나님의 손짓처럼 느껴졌다.

신앙생활을 하면서 아직까지도 만족이 없다면, 그 이유는 그리스도 앞에 나 자신을 온전히 의지하지 못하고 있기 때문이다. 마치 목욕탕에 들어갔으나 따뜻한 물이 가득한 탕에는 들어가지 않고 탕 밖에서 물 한 바가지만 떠서 슬쩍 끼얹는 사람과도 같다. 추운 겨울, 문밖에서 덜덜 떨면서 따뜻한 실내에 있는 사람들을 부러워하는 어리석은 자가 되어서는 안 될 것이다.

하나님의 놀라운 방법

성경은 우리가 죄인이라고 못 박아 말한다. 하나님은 우리에게 "거짓말 하지 말라"라는 율법을 주셨다. 하지만 그 율법 앞에 자신 있는 사람은 아무도 없다. 이처럼 율법은 우리가 얼마나 죄인인지를 가르쳐 주는 거울 역할을 한다. 율법의 거울에 비친 우리의 모습은 흉하게 일그러진 죄인과도 같다. 인간은 양심의 소리를 들어 보아도, 율법의 거울에 비추어 보아도 명백한 죄인이기에 하나님의 영광 가운데 하나님과 교제하는 자연스러운 관계를 유지할 수가 없었다. 그러나 하나님은 죄인인 우리 앞에 상상도 못한 의를 주셨다.

"이제는 율법 외에 하나님의 한 의가 나타났으니 율법과 선지자들에게 증거를 받은 것이라 곧 예수 그리스도를 믿음으로 말미암아 모든 믿는 자에게 미치는 하나님의 의니 차별이 없느니라"(21-22절).

하나님이 우리와의 관계 회복을 위해 놀라운 방법을 제시하신 것이다.

그 방법은 하나님이 이미 율법과 선지자들을 통해서 수없이 예언하셨던 것으로, 바로 예수 그리스도이시다. 예수 그리스도를 믿음으로 말미암아 얻게 되는 하나님의 의는 누구에게나 차별 없이 주어진다. 이러한 하나님의 도우심을 외면하고 내 힘으로 완벽한 의를 이룰 수 있는 방법은 절대 없다. '저 사람보다는 내가 조금 더 의롭다'고 비교하는 상대적 의만 있을 뿐, 완벽한 절대 기준에 도달할 수 있는 의를 가진 사람은 아무도 없다. 의의 기준은 우리가 마음대로 만들 수 있는 것이 아니다. 막강한 권력을 가진 국가도 절대적인 의와 불의의 기준을 만들어 내지 못한다. 시대마다 바뀌는 상대적 의가 존재할 뿐이다.

하나님만 기준을 만드실 수 있는데, 그것이 바로 율법이다. 문제는 우리에게는 율법의 기준을 통과할 능력조차 없다는 것이다. 우리는 죄인이고 심판받아야 할 자에 불과했다. 하지만 하나님은 우리를 심판하기를 원하지 않으셨고, 하나님의 의를 드러내시면서 심판받으실 독생자 예수 그리스도를 보내 주셨다. 그리고 예수님은 우리를 대신해 십자가에 못 박혀 대속의 죽음을 당하셨다.

결과적으로, 하나님의 의에 이를 수 있는 방법은 믿음밖에 없다. 따라서 바울은 "예수 그리스도를 믿음으로 말미암아 모든 믿는 자에게 미치는 하나님의 의니 차별이 없느니라"(22절), "그리스도 예수 안에 있는 속량으로 말미암아 하나님의 은혜로 값없이 의롭다 하심을 얻은 자 되었느니라"(24절)라고 말하며 예수 그리스도가 바로 하나님의 선물이라고 말했다.

하나님이 주신 의는 미완성품이 아니라 완성품이다. 우리의 의가 보태져서 온전한 의로 완벽해지는 것이 아니라는 의미다. 우리는 하나님이 주신 완벽하고 온전한 의를 단지 믿음으로 받아들이기만 하면 된다. 예수님을 그리스도, 나의 주, 나의 하나님으로 모셔 들이는 것이 믿음이다. 이 사실이 믿어진다는 것은 축복이다.

바울은 하나님이 하나님의 의를 '차별 없이', '값없이' 주셨다고 말했다. 우리는 아무 값도 지불하지 않고 하나님의 의를 받아들였다. 하지만 하나님 편에서는 엄청난 값을 치르셨다. 아주 귀해 값조차 매길 수 없을 정도의 대가를 지불하셨음에도 하나님은 우리에게 공짜로 주는 혜택을 베푸셨다. 새찬송가 151장 "만왕의 왕 내 주께서" 3절 가사처럼, 늘 울어도 다 갚을 수 없는 큰 은혜다. 하나님은 인종, 성별, 노소를 막론하고, 차별을 두지 않고 하나님의 의를 주셨다. 차별을 둔 부분은 단 하나인데, 하나님의 의는 반드시 그리스도를 믿는 자에게만 주어진다는 것이다.

한 청년이 예수님께 "선한 선생님이여 내가 무엇을 하여야 영생을 얻으리이까"(막 10:17)라고 물었다. 예수님은 "가서 네게 있는 것을 다 팔아 가난한 자들에게 주라 그리하면 하늘에서 보화가 네게 있으리라 그리고 와서 나를 따르라"(막 10:21)라고 답하셨다. 우리는 이 이야기를 접할 때마다 '내 재산도 다 바쳐야 한다는 뜻인가?' 하며 청년처럼 근심에 빠진다.

하지만 여기서 오해하지 말아야 할 분명한 사실이 하나 있다. 예수님은 청년이 잘못된 질문을 했기에 그것을 지적하셨던 것이다. 영생은 내 힘으로 무엇을 해서 얻을 수 있는 것이 아니다. 청년의 질문 자체가 모순이었기에 예수님은 "(무엇을 해야 구원을 얻는다면) 네게 있는 것을 다 팔아 가난한 자들에게 준 다음에 나를 따라오면 된다"라는 의미로 말씀하신 것이다. 예수님을 믿고 구원받는 것은 내 힘으로 무엇을 더해야 이루어지는 일이 아니다. 믿음으로 받는 것이다.

'의'(義)의 한자어는 '양 양'(羊) 자 밑에 '나 아'(我) 자가 들어가 합쳐졌다. 누군가는 이 한자어에 대해 "우리는 아무도 의롭지 않다. 단지 어린 양(羊)이신 예수 그리스도의 품에 내(我)가 들어가서 그분을 의지할 때만 의로워진다"라고 의미를 부여하는 말을 했다. 그렇다. 예수 그리스도를 의지하지 않으면 우리는 절대로 의롭게 될 수 없다. 28절도 "그러므로 사람이 의롭다 하심을 얻는 것은 율법의 행위에 있지 않고 믿음으로 되는 줄 우리가 인정하노라"라고 말한다. '인정한다'라는 말은 '결론을 내린다'라는 의미다. 종교개혁자 마르틴 루터가 이 말씀을 통해 완전히 회심했다고 한다. 구원받는 행동 지침서가 따로 있는 것이 아니다. 하늘의 면류관은 면죄부를 사서 얻을 수 있는 것도 아니다. 바울은 사람이 의로워지는 것은 오직 믿음으로 된다고 결론을 내렸다.

이 사실은 우리에게 놀라운 소망의 근거가 된다. 이제 우리는 "나는 부족하다. 나는 아무것도 아니다. 나는 나 자신에게 실망을 느낀다. 그러나 나는 예수 그리스도를 의지함으로써 의롭게 되었음을 만방에 선포한다"라고 말할 수 있게 된 것이다. 내가 위대해서 아버지의 아들이 된 것이 아니라, 아버지가 나를 사랑하셔서 내가 아버지의 아들이 되는 은혜를 입은 것이다. 그러므로 하나님은 특정 민족만의 하나님이 아니라 나의 하나님이 되신다.

모든 이에게 주시는 하나님의 의

"하나님은 다만 유대인의 하나님이시냐 또한 이방인의 하나님은 아니시냐 진실로 이방인의 하나님도 되시느니라 할례자도 믿음으로 말미암아 또한 무할례자도 믿음으로 말미암아 의롭다 하실 하나님은 한 분이시니라"(29-30절).

하나님은 유대인의 하나님만이 아니라 이방인의 하나님이시며, 할례자의 하나님이실 뿐 아니라 무할례자의 하나님도 되신다. 이방인이요 무할례자인 내가 하나님의 자녀가 되었다니 얼마나 신나는 일인가! 차별 없이 주시는 하나님의 기막힌 은혜로 이루어진 일이니 우리는 하나님을 찬양할 수밖에 없다.

"그런즉 자랑할 데가 어디냐 있을 수가 없느니라 무슨 법으로냐 행위로냐 아니라 오직 믿음의 법으로니라"(27절)라는 바울의 말대로, 우리는 어느 누구도 자랑할 수가 없다. 율법으로는 더더욱 그렇다. 하지만 하나님의 의는 비교할 수 없을 만큼 자랑스러운 것이다. 세상에 수많은 사람이 있는데, 하나님이 나를 사랑해 불러 주셨다. 하나님은 우리로서는 도저히 풀 수 없는 구원의 문제를 해결하셨고, 그 은혜를 누구에게나 베풀어 주셨다.

하나님이 우리를 그리스도의 품에 안기게 하시고, 우리로 하여금 영광과 거룩함에 이르게 해 주셨으니 얼마나 감사한가! 이 사실을 생각하면 마음에 기쁨이 샘솟는다. 비록 이 땅에 살면서 육신이 아프고 문제도 많지만 낙심하지 않는 이유는 내 기준이 이 땅이 아니기 때문이다. 물론 현실의 문제를 붙들고 기도하고 질병의 문제는 하나님이 선하게 치료해 주실 줄 믿고 하나님을 의지하며 나아가지만 말이다.

우리의 모습을 보면 부끄럽고 수치스러운 부분도 많다. 우리는 내세울 것 없는 절망적인 존재다. 하지만 하나님은 그런 우리에게 하나님의 의를 보여 주셨다. 온전한 분이신 주 예수 그리스도, 자랑스러운 그분이 바로 하나님의 의이시다.

그러므로 먼저 나 자신이 죄인임을 고백하자. 예수 그리스도만이 나의 참 구주이시요, 나의 하나님이시라고 고백하고 그분을 의지하자. 그러면 그리스도가 내 안에서 나를 인도하시고, 진정한 은혜의 삶을 살게 하시고, 천국을 향해서 오늘도 동행하신다. 예수 그리스도를 믿고 하나님으로부터 은혜를 힘입은 자임을 고백하는 사람의 마음속에는 하나님의 의가 날마다 새롭게 넘친다. 당신에게 하나님의 의가 있는가? 자랑스러운 하나님의 의가 당신의 심령을 사로잡고 있는가?

왜 복음이 우리의 자랑인가

유대인의 유익은 엄청나다. 우선 그들은 하나님의 율법을 받았다. 그로써 그들은 어떻게 살아야 되는지를 알고 그 말씀대로 살면 하나님의 축복이 임한다는, 확실한 약속을 손에 쥔 것이다. 또한 하나님은 그들에게 항상 신실하셨다. 유대인이 하나님을 버려도 하나님은 그들을 버리지 않으셨다.

유대인은 바울의 말에 의문을 제기한다. 하나님이 유대인의 불의에도 길이 참고 흔들리지 않는 모습을 보이셔서 세상 사람들이 하나님의 의로움과 신실하심을 알게 된다면, 유대인은 하나님의 신실하심을 보이는 데 일조한 게 아니냐는 것이다. 그러면서 그들은 그것이 사실이라면 어떻게 유대인을 심판할 수 있느냐고 묻는다. 사도 바울은 이것을 궤변이라고 한다.

인간의 불의가 하나님의 신실함을 드러내고 그로 인해 하나님의 신실한 의로움이 구축된다는 것은, 하나님을 신실하게 하려고 더 많은 죄를 짓자고 하는 것과 같다. 결론적으로 행위만으로 의롭다고 인정받을 사람은 아무도 없다. 이방인뿐 아니라 유대인도 마찬가지다. 사도 바울은 유대인이나 헬라인이나 다 죄 아래 있다고 말한다. 누구든지 율법 아래서는 어떤 변명거리도 찾을 수 없고 결국 하나님의 심판 앞에 모두 고개를 숙일 것이다.

모든 사람이 죄를 범함으로 하나님의 영광의 표준에 이르지 못했고 의롭다고 할 사람은 아무도 없었다. 그때 하나님은 죄 없는 자기 아들에게 우리의 죗값을 대신 치르게 하여 우리로 그 예수 그리스도를 믿고 의롭다 하심을 받게 하셨다. 우리가 의롭게 될 수 있는 단 하나의 길이다.

구약 시대에 하나님 앞에 나갈 때는 "내가 죄인입니다. 내가 하나님 앞에 죽어야 하는 사람입니다"라는 의미로 짐승을 제물로 바치고 그 피를 제단에 뿌렸다. 피 흘림 없이는 죄 사함이 없다는 사실은 구약과 신약에 일맥상통하는 하나님의 진리의 핵심이다. 그래서 하나님은 자기 아들을 십자가에서 죽게 하고 하나님의 단에 그 피를 뿌리셨다. 예수 그리스도로 화목의 길을 열어 주신 것이다.

우리는 우리의 의로움이 아니라 하나님의 의로움으로 인해, 하나님이 베푸신 은혜를 통해 믿음으로 의롭다 하심을 얻었다. 그런데 인간이 자기 의를 자랑할 수 있을까? 그럴 수 없다. 율법이나 행위가 아니라 오직 예수 그리스도를 믿음으로 의롭게 된 것이다. 그러므로 행위가 아닌 믿음으로 의롭게 된 것은 부인할 수 없다. 하나님은 유대인뿐 아니라 이방인의 하나님도 되신다. 할례를 받은 유대인도, 이방인이나 무할례자도 믿음으로 의롭게 된다. 이 일은 지금도 이루어지고 있다.

우리가 복음을 부끄러워하지 않아야 하는 이유는 복음에는 믿는 모든 자를 구원하시는 하나님의 능력이 나타나기 때문이다. 유대인에게나 헬라인에게나 차별이 없다. 우리는 믿음으로 의롭다 하심을 받는다. 예수 그리스도로 의롭게 된 사람에게 율법은 짐이 아니라 힘을 주고 소망하게 하는 하나님의 커다란 축복이다.

2장
아브라함의 믿음

4:1-12

아브라함은 우리를 믿음으로 이어 주는
완벽한 직결점이다.

죄인을 의롭게 여기심

우리는 인간이 죄인이라는 사실을 확인했고, 스스로를 구원할 방법조차 없다는 것도 알았다. 우리가 구원받는 것은 하나님이 보여 주신 방법만이 유일하고, 인간의 의가 아닌 하나님의 의로써만 가능하다. 그래서 하나님은 독생자 예수 그리스도를 우리에게 주셨고, 우리는 그분을 믿음으로 의에 이르게 되었다. 문제는 이 말씀을 우리의 심령이 수긍하고 온전히 받아들이느냐다. '정말 믿음이라는 조건 하나만 가지고서 의인이 되고 구원을 얻을 수 있는 것일까? 수십 년 동안 내가 지었던 수많은 죄가 예수님을 믿는 믿음만으로 상쇄되는 일이 가능하기나 할까?' 이처럼 확신에 거하지 못하는 우리 앞에 바울은 믿음으로 의롭게 된 실재 인물로 아브라함과 다윗을 소개했다. 먼저 아브라함을 보자.

> "그런즉 육신으로 우리 조상인 아브라함이 무엇을 얻었다 하리요 만일 아브라함이 행위로써 의롭다 하심을 받았으면 자랑할 것이 있으려니와 하나님 앞에서는 없느니라 성경이 무엇을 말하느냐 아브라함이 하나님을 믿으매 그것이 그에게 의로 여겨진 바 되었느니라"(1-3절).

다시 말해, 바울은 "우리 혈통의 조상인 아브라함은 무엇으로 믿음의 조상이 되었는가? 그의 선한 행위를 통해서일까? 만약 그렇다면 그는 자랑할 만하다. 그러나 그렇지 않기 때문에 그는 하나님 앞에서 자랑할 만한 것이 없다. 그가 의롭게 된 것은 그의 행위가 아닌 믿음으로 된 것이다"라고 말한 것이다. '의'는 영어로 'righteousness'인데, '옳다'는 뜻의 'right'에 접미사 'eous'를 붙여 형용사를 만든 후, 다시 명사형 접미사 'ness'를 붙였다. 그러므로 의는 정직, 고결이라는 의미를 담은 선이라고 해석할 수 있다. 이는 하나님이 사람을 선하다고 여기신 기준이 믿음이라는 사실을 말해 준다.

그렇다면 하나님은 아브라함의 선함은 무시하셨을까? 아브라함에게도 때로 정직하고 고결한 부분이 있었다. 그런데 왜 하나님은 그의 장점은 보지 않으시고 그의 믿음만 선하고 의롭다고 말씀하셨을까?

아브라함은 창세기 12장에 등장한다. 하나님은 아브라함에게 "너는 너의 고향과 친척과 아버지의 집을 떠나 내가 네게 보여 줄 땅으로 가라"(창 12:1)라고 명하셨다. 당시 아브라함이 살았던 갈대아 우르는 오늘날 미국 뉴욕과도 같은 최고의 도시였다. 그런데 하나님은 그곳을 떠나라고 말씀하셨고, 아브라함은 가나안으로 향했다. 아주 결단력 있는 행동을 했던 것이다. 그리고 아브라함이 가나안 땅에 도착해 상수리나무 앞에 섰을 때 하나님은 바로 그곳이 네가 거할 곳이라고 말씀하셨다. 그는 하나님의 말씀을 듣고 그곳에 정착했다. 하나님의 말씀에 순종한 것이다.

그런데 조카 롯의 목자들과 아브라함의 목자들 사이에 분쟁이 일어나는 바람에 서로 헤어져야 하는 상황에 처했다. 아브라함은 조카 롯에게 "나를 떠나가라 네가 좌하면 나는 우하고 네가 우하면 나는 좌하리라"(창 13:9)라고 말하며 결정권을 넘겼다. 롯이 화려한 소돔과 고모라를 택하자 아브라함은 반대편인 산 쪽으로 갈 수밖에 없었다. 아브라함이 아무것도 없는 곳을 택할 수 있었던 기반 역시 그가 하나님을 의지했기 때문이다. 아브라함의 믿음에 대한 의지력은 대단했다.

얼마 지나지 않자 북방 연합군이 소돔과 고모라성을 공격했다. 롯을 포함한 소돔과 고모라 사람들이 북방으로 끌려갔다는 소식을 접하자마자 아브라함은 자기 집에서 길리고 훈련된 자들을 이끌고 연합군을 쫓아 갔다. 군대에 복무하지 않는 보통 사람이 자기 집 종들을 이끌고 연합군과 전쟁한다는 것은 가히 상상하기 어렵다. 그러나 아브라함은 전쟁에서 이겼고, 전리품을 되찾아와 가나안 땅의 왕에게 나누어 주었다. 아주 용맹스러운 일을 성취한 것이다. 그러나 하나님은 이처럼 훌륭한 일에 대해 "잘했다", "착하다", "의롭다"라고 말씀하지 않으셨다.

하나님이 아브라함을 의롭다고 칭해 주신 지점은 창세기 12-15장에 나온다. 먼저, 하나님은 아브라함을 갈대아 우르에서 부르실 때 "내가 너로 큰 민족을 이루고 네게 복을 주어 네 이름을 창대하게 하리니 너는 복이 될지라"(창 12:2)라고 하시며 축복의 약속을 주셨다. 그런데 자식이 있어야 가문이든 민족이든 이룰 텐데 아브라함에게는 자식이 없었다. 이후 하나님의 말씀이 환상 중에 아브라함에게 임해 "아브람아 두려워하지 말라 나는 네 방패요 너의 지극히 큰 상급이니라"(창 15:1)라고 말씀하셨다. 당시도 아브라함에게는 자식이 없었다. 아브라함은 "여호와여 무엇을 내게 주시려 하나이까 나는 자식이 없사오니 나의 상속자는 이 다메섹 사람 엘리에셀이니이다…주께서 내게 씨를 주지 아니하셨으니 내 집에서 길린 자가 내 상속자가 될 것이니이다"(창 15:2-3)라고 말했다. 그러자 하나님은 "그 사람이 네 상속자가 아니라 네 몸에서 날 자가 네 상속자가 되리라"(창 15:4)라고 말씀하셨고, 그를 이끌고 밖으로 나가 "하늘을 우러러 뭇

별을 셀 수 있나 보라…네 자손이 이와 같으리라"(창 15:5)라고 말씀하셨다. 아브라함은 하나님의 말씀에 주저하지 않고 "아멘" 하고 받아들였다. 그 모습을 보신 하나님은 아브라함에게 "나를 믿고 따르니 착하구나" 하며 의롭다고 칭해 주셨다. 성경은 "아브람이 여호와를 믿으니 여호와께서 이를 그의 의로 여기시고"(창 15:6)라고 기록하고 있다.

왜 하나님은 아브라함의 선한 행위들은 전혀 눈에 담지 않으시고, 하나님을 믿는다는 대답만 의롭다고 인정해 주셨을까? 하나님이 아브라함을 의롭다고 칭하신 창세기 15장 6절을 영어 성경으로 보면 'count'라는 단어가 나온다. '의롭다고 간주해(count) 주셨다', 또는 '의롭다고 인정해(credit) 주셨다'라는 표현이다.

만약 하나님이 아브라함의 선한 행위를 기준으로 삼으셨다면 이해하기가 좀 더 쉬웠을 것이다. 하지만 선한 행위로 의를 말한다면 악한 행위도 언급할 수밖에 없다. 잘한 것을 드러내어 평가받기를 원한다면 잘못도 숨겨서는 안 되기 때문이다. 우리의 온갖 행위를 평형저울에 올려놓으면 선한 행위와 악한 행위 중 어느 쪽이 더 무거울까? 몇 가지의 선한 행위로는 악한 행위의 상대조차 되지 않는다. 그래서 하나님이 직접 해결해 주겠다고 하신 것이다.

행위가 아닌 믿음으로

아브라함이 하나님을 믿으니 하나님이 이를 그의 의로 여기셨다. 아브라함이 의롭게 된 것은 할례를 받았기 때문이 아니다. 그런데도 이스라엘 사람들은 할례가 이스라엘의 의를 입증한다고 해석했다. 육신의 거룩함, 위생, 영적 거룩, 구별, 그리고 선택의 의미를 복합적으로 뒤섞어 생각했다. 아기가 세상에 태어난 지 8일째 되는 날에 할례를 주는 족속은 유대인뿐이다. 그들은 그만큼 위생적인 면에서 우월하다고 자부했다. 동시에 그들은 하나님이 할례를 통해 자신들을 거룩하고 의롭다고 인정하셨다며 혼동된 해석을 했다.

그렇다면 하나님은 언제 할례를 명하셨는가? 창세기 17장을 보면, 아브라함의 할례가 나온다. 하나님이 아브라함을 의롭다고 칭찬하신 때 그의 나이는 89세였다. 이후 10년이 지나는 동안에 아무런 말씀이 없으시다가 99세 때 나타나셔서 "사라가 네게 아들을 낳아 줄 것이다"라고 말씀하셨다. 아브라함은 깜짝 놀랐다. 그는 엎드려 웃으며 '100세 된 사람이 어찌 자식을 낳을까? 사라는 90세니 어찌 출산하리요' 하고 생각했다. 이어지는 창세기 18장에서 같은 말씀을 들은 사라 역시 놀라서 속으로 웃었다. 너무나 황당하고 비현실적인 이야기처럼 느껴졌기 때문이다.

그런데 하나님이 그 증표로 보여 주신 것이 할례였다. 하나님은 아브라함의 집안 남자들은 모두 할례를 받으라고 명하시면서 "이것이 나와 너희와 너희 후손 사이에 지킬 내 언약이니라"(창 17:10)라고 말씀하셨다. 그때 아브라함과 집안의 남자들은 모두 할례를 받았다.

여기서 증명된 사실은 아브라함이 의롭다 하심을 받은 때가 할례받기 이전이라는 사실이다. 그렇다면 의롭다 여기심을 받는 것은 할례가 아닌 믿음 때문인 것이다. 바울은 이렇게 설명했다.

"그런즉 이 복이 할례자에게냐 혹은 무할례자에게도냐 무릇 우리가 말하기를 아브라함에게는 그 믿음이 의로 여겨졌다 하노라"(9절).

아브라함은 혈통이나 행위 또는 그가 받은 할례로 의롭게 된 것이 아니다. 하나님을 믿는 믿음을 하나님이 의로 여기신 것이다.

바울은 아브라함에서 멈추지 않고 다윗으로 시선을 옮겼다. 아브라함이 믿음으로 의롭다 하심을 받았다면 다윗은 무엇으로 의롭다 하심을 받았을까?

"일한 것이 없이 하나님께 의로 여기심을 받는 사람의 복에 대하여 다윗이 말한 바 불법이 사함을 받고 죄가 가리어짐을 받는 사람들은 복이 있고 주께서 그 죄를 인정하지 아니하실 사람은 복이 있도다 함과 같으니라"(6-8절).

어떤 행위가 아닌, 하나님의 선물로 의롭다 하심을 받는 사람은 복이 있다. 의롭다 칭하심을 받는 것은 전적으로 하나님이 주시는 은혜다. 죄가 없는 것이 아니라 죄를 인정하지 않겠다는 하나님의 선이기 때문이다. 하나님이 정죄하지 않고 넘어가신다는 의미다. 하나님께 정죄당하면 심판받아야 한다. 그런데 우리는 하나님이 죄를 묻지 않고 통과시켜 주시는 은혜를 받았다. 굉장한 복이다. 심판이 아닌 용서, 거절이 아닌 용납의 은혜다.

아브라함이 할례를 받지 않았음에도 불구하고 의롭다 하심을 받았다면 무할례자인 우리도 의롭다 하심을 받을 수 있다. 아브라함이 행위가 아닌 믿음으로 의롭다 하심을 받았다면 우리도 믿음으로 의롭다 하심을 받을 수 있다. 다윗은 자신이 지은 죄를 용서받고 그 죄를 껴안아 주시는 하나님의 은혜를 힘입은 자가 복되다고 고백했다. 그렇다면 우리 역시 부족하지만 하나님이 용서하시고 껴안아 주시는 은혜의 복을 누릴 수 있게 되었다. 하나님은 이 은혜를 그리스도를 통해 우리에게 주셨다. 내가 지불해야 하는 금액보다 넘치는 지불을 하셨다.

아브라함과 다윗처럼

"아브라함이 하나님을 믿으매 그것을 그에게 의로 정하셨다 함과 같으니라 그런즉 믿음으로 말미암은 자들은 아브라함의 자손인 줄 알지어다 또 하나님이 이방을 믿음으로 말미암아 의로 정하실 것을 성경이 미리 알고 먼저 아브라함에게 복음을 전하되 모든 이방인이 너로 말미암아 복을 받으리라 하였느니라 그러므로 믿음으로 말미암은 자는 믿음이 있는 아브라함과 함께 복을 받느니라"(갈 3:6-9).

우리도 하나님을 믿고 의지하면 아브라함의 반열에 서서 아브라함과 같은 행복을 누리고, 다윗처럼 용서받은 자가 누리는 은총을 경험하게 된다. 하나님은 우리의 죄를 잊어버리시거나 눈이 어두워 못 보시는 것이 아니다. 무한한 사랑으로 껴안아 주셔서 우리가 하나님의 품에 들어갈 수 있게 된 것이다.

우리가 무언가 잘못을 저질렀을 때 "어머니, 잘못했습니다. 용서해 주십시오" 하고 사죄하면 어머니는 내가 어떤 착한 일도 안 했는데도 내 머리를 쓰다듬으며 "그래, 네가 엄마를 이렇게 이해하게 되었으니 참 착하구나" 하시는 것과 같다. 내가 선하고, 아름답고, 괜찮은 존재여서가 아니다. 내 의는 내 불의가 드러날 때 하나도 보이지 않는다. 오직 하나님의 자비와 사랑이 우리를 감동시키고 녹이는 것이다.

아브라함이 믿음으로 의롭다 하심을 얻었듯이 우리가 의롭다 하심을 얻는 이유도 믿음이다. 다윗도 "하나님으로부터 죄 용서를 받고 하나님이 죄를 인정하지 않으시는 은혜를 힘입은 자는 행복하다"고 고백했다. 하나님이 죄를 모르시는 것이 아니다. 우리는 예수 그리스도로 인해 용서를 받았다. 우리는 우리의 죄를 주님께 맡기고 하나님을 의지하며 나아가는 행복을 힘입은 자들이다.

유대인들은 아브라함을 위대한 분기점으로 본다. 아브라함이 조상이 된 순간, 자신들이 택하심을 받은 백성으로서 세상으로부터 완전히 분리되었다고 생각하기 때문이다. 그러나 그리스도인들은 그렇게 보지 않는다. 아브라함은 우리를 믿음으로 이어 주는 완벽한 직결점이다. 이방인이든 유대인이든, 할례자든 무할례자든, 누구든지 믿기만 하면 의롭다 하심을 받게 한 구원의 선구자인 것이다.

우리는 진정한 평화를 원한다. 인간이 줄 수 없는 마음속 진정한 기쁨을 찾아 여기저기 방황한다. 그러나 평화는 내 행위로 얻을 수 없다. "자비로우신 하나님, 제가 하나님을 믿습니다. 하나님을 의지합니다"라고 진심으로 고백할 때 얻을 수 있다. 그때 하나님이 나를 껴안아 주시고 내 어깨를 두드리며 이렇게 말씀하신다. "그래, 착하다, 내 자녀야. 네가 하나님을 알고, 하나님을 의지하고, 하나님께 맡기니 참으로 선하구나." 결국 우리는 그분을 믿고 의지하는 만큼 평화를 누릴 수 있다.

3장
우리가 믿는 분

4:13-17

하나님은 우리의 어떤 선한 면을 보고 선물을 주신 것이 아니다.
그야말로 사랑하시기 때문에 주셨다.

믿음의 의로 세상의 상속자가 된 아브라함

로마서를 묵상할 때마다 아주 신비로운 세계로 발을 내딛는 것처럼 설렌다. 잘 짜인 옷감의 조직처럼 정교하고 아름답기조차 해서 내 마음을 묘하게 뒤흔들어 놓는다.

모든 사람이 로마서에 담긴 메시지를 충만하게 이해하지는 못할 것이다. 하지만 성경을 계속 보면 내용을 더 깊이 이해할 수 있다. 그래서 우리에게는 성경을 반복해서 읽는 태도가 필요하다. 또한 성경 통독을 하다가 로마서로 돌아와서 로마서를 읽고 다시 통독으로 넘어가는 방식이 좋다. 그렇게 읽다 보면 평범한 관객과 영화 평론가가 영화를 이해하는 개념에 차이가 나듯, 초등학생과 미술 비평가가 빈센트 반 고흐의 그림을 보는 수준이 다르듯 로마서를 통해 성경을 보는 시야가 확장되고 깊어질 것이다.

바울은 로마서 4장에서 아브라함을 향한 하나님의 의에 대해 완벽한 논리와 논증을 펼치면서 우리를 설복시켜 진리의 세계로 이끌어 간다. 우리가 믿음의 의미를 제대로 인식하고 아브라함의 믿음을 바르게 본다면 신앙의 원천과도 같은 샘을 소유하게 될 것이다. 사실 성경이 말하는 것은 'to do'(방법적인 면)가 아니고 'to be'(상태적인 면)다. 'to be'가 되면 'to do'는 자연스럽게 이루어진다.

본문은 믿음에 대한 3가지 논리를 제시한다.

첫째 논리는 아브라함이 의롭게 된 것은 율법이 아니라 믿음 때문이라고 말한다. 그 근거로, 율법이 아브라함이 의롭다 하심을 받고 나서 훨씬 뒤에 주어진 사실을 제시한다. 그래서 아브라함을 표현할 때 우리는 하나님이 주신 언약을 믿음으로써 의롭다 하심을 받았다고 한다. 아브라함이 후사를 받은 축복은 믿음으로 된 것이지 율법이나 율법적 행위, 혹은 혈통으로 이루어진 것이 아니다.

부연설명을 하면 이렇다. 하나님이 아브라함에게 의롭다고 말씀하신 것은 창세기 15장 6절에 나오는데, 이때는 이스라엘이 율법을 받기 최소 600년 전이었다. 생각해 보자. 아브라함이 의롭다 하심을 받은 다음에 이삭이 태어났는데, 이삭은 180년을 살았다. 그리고 몇십 년이 지나서 이삭의 아들 야곱은 기근을 피해 아들 요셉의 요청을 따라 애굽으로 이주했다. 그 후손들은 애굽에 거주하면서 종살이를 했다. 그리고 430년 후에 애굽을 탈출해 가나안 땅으로 가던 중에 시내산에서 율법을 받았다. 계산해 보면 적어도 600년 이상의 세월이 흘렀다는 것을 알 수 있다. 그러므로 아브라함이 의롭게 된 것은 율법과 무관하며, 하나님과 하나님의 약속을 믿었기 때문이라는 사실이 분명해진다.

14-15절에서 바울은 만일 율법을 받은 자 혹은 율법을 지키는 자가 상속자라면 아브라함의 믿음은 무슨 의미가 있느냐고 반문했다. 하나님의 언약은 율법이 주어지기 훨씬 이전에 있었는데, 그렇다면 아무런 의미가 없느냐는 물음이다. 율법으로는 모두가 하나님의 심판대 앞에 설 수밖에 없다. 율법이 없으면 죄로 판단될 것이 없지만, 율법을 내세우면 모두가 죄인이다. 누구도 율법 앞에서는 죄 없다고 할 수 없다.

이어서 둘째 논리가 전개되었다. 바울은 "그러므로 상속자가 되는 그것이 은혜에 속하기 위하여 믿음으로 되나니"(16절 상)라고 말했다. 우리가 아브라함의 후손이 되는 것도 혈통이 아닌 믿음으로 말미암는다는 것이다. 그 이유는 아브라함이 믿음의 조상이기 때문이다. 그는 믿음으로 의롭게 된 첫 번째 사람이므로, 우리도 믿음으로 하나님 앞에 나가면 아브라함의 후손이 된다. 혈통이나 율법을 지킴으로써 되는 일이 아니다.

셋째 논리는 16절 중반에 나오는데, "이는 그 약속을 그 모든 후손에게 굳게 하려 하심이라 율법에 속한 자에게뿐만 아니라"라고 말한다. 우리도 믿음으로 나온다면 확실하게 아브라함의 후손이 된다는 것을 보여 준다. 율법에 속한 유대인뿐 아니라 아브라함의 믿음에 속했다면 이방인도 포함된다. 아브라함은 하나님 앞에서 모든 믿는 사람의 조상이다.

3가지 논리를 다시 한 번 간단하게 정리해 보면 이렇다. '아브라함은 믿음으로 후손을 얻었다', '오늘날 아브라함의 후손은 믿음의 사람이다', '아브라함은 내 조상이 된다.'

이어서 믿음에 대한 중요한 표현이 나온다.

> "기록된바 내가 너를 많은 민족의 조상으로 세웠다 하심과 같으니 그가 믿은바 하나님은 죽은 자를 살리시며 없는 것을 있는 것으로 부르시는 이시니라"(17절).

하나님은 아브라함을 많은 민족의 조상으로 세우셨다. 믿음으로 나오는 자는 모두 아브라함의 후손이 된다. 그런데 아브라함은 무엇을 믿었다는 것일까? 자식을 낳을 수 없는데 자식을 낳을 것을 믿었다는 뜻일까?

오늘날 우리가 믿음을 말할 때 종종 오해하거나 혼동하는 부분은 '믿는다는 것이 무엇이냐?'라는 것이다. A에서 B로 변하는 것을 사실로 믿는 것을 의미하는가? 그것은 단지 염원을 사실로 확인하려는 것일 뿐이다. 또한 우리는 마음속으로 '나는 할 수 있어. 나는 믿어. 믿을 거야' 하면서 자기 최면을 걸어 자기 각성이나 도취에 빠지기도 한다. 혹은 자기 격려나 적극적 사고방식을 믿음으로 오해하는 사람도 있다. 아브라함이 '나는 이제 자식을 낳을 수 있다. 할 수 있다' 하면서 스스로를 세뇌시킨 것을 과연 믿음이라고 할 수 있을까? 성경이 말하는 믿음은 이런 것들이 아니다. 그렇다면 믿음의 실체는 무엇인가?

17절에 의하면, 아브라함은 하나님을 믿었다. 전능하신 하나님, 약속을 신실하게 이루어 가시는 하나님을 믿었다. 나는 불가능(impossible)하다. 하지만 하나님은 가능(possible)하시다. 아브라함은 자신을 보면서 가능하다고 생각한 것이 아니라 하나님의 능력을 믿었다. 이것이 성경이 말하는 믿음에 관한 핵심이다. 아브라함은 내년 이맘때 자식을 낳을 것이라는 하나님의 말씀을 믿었기 때문에 의롭다 칭하심을 받은 것이 아니다. 하나님을 믿었기 때문에, 하나님이 해 주실 것을 신뢰했기 때문에 하나님이 그를 의롭다고 하신 것이다.

하나님의 은혜의 선물

아이가 한밤중에 울음을 터뜨렸다. 울음소리를 들은 어머니가 아이 방으로 뛰어갔다. 이유를 묻자 아이가 울먹이며 자기 물건이 없어졌다고 했다. 어머니가 아무리 달래도 아이는 울음을 그치지 않았다. 그런데 어머니가 "걱정하지 마. 엄마가 내일 사 줄게"라고 말하자 아이는 울음을 그쳤다. 그러자 어머니는 아이의 머리를 쓰다듬으며 착하다고 칭찬했다. 누가 착한 것일까? 울음을 그친 아이인가, 아니면 아이에게 잃어버린 물건을 다시 사 주겠다고 약속한 어머니일까? 당연히 어머니가 착하다. 그런데 오히려 아이가 착하다는 말을 들었다. 그렇다면 어머니는 왜 아이에게 착하다고 칭찬했던 것일까? 단지 울음을 그쳤기 때문일까? 아니다. 아이가 어머니를 믿고 신뢰했기 때문이다.

마찬가지로 우리가 의로운 것이 아니다. 내 믿음이 탁월한 것도 아니다. 단지 하나님을 믿고 그분이 우리에게 하신 말씀을 믿었기 때문에 하나님이 "그래, 착하다" 하시면서 우리를 인정해 주신 것이다. 이처럼 우리에게 의를 드러내시고, 우리를 보살피시고, 이끄시는 하나님의 은혜는 정말 경이롭다. 그 앞에서 누구든 설득당하지 않을 수 없고, 감동하지 않을 사람이 없다.

"그러므로 상속자가 되는 그것이 은혜에 속하기 위하여"(16절 상)라는 말씀처럼 구원은 하나님이 은혜로 주신 것이지, 우리의 어떤 행위나 조건으로 주신 것이 아니다. 하나님이 주신 사랑과 자비의 선물이다. 우리가 할 일은 그 하나님을 신뢰하고 받아들이는 것이다. 이를 가장 이해하기 쉽도록 설명한 성경 구절이 에베소서에 나온다.

"너희는 그 은혜에 의하여 믿음으로 말미암아 구원을 받았으니 이것은 너희에게서 난 것이 아니요 하나님의 선물이라"(엡 2:8).

은혜는 하나님이 주신다. 그리고 '믿음으로 말미암아'라는 행위는 내가 하는 것이다. 오해하지 말라. 이는 하나님을 내 능력으로 믿는다는 말이 아니라 하나님을 바라보고 하나님이 주신 은혜의 선물을 받아들이고 믿는 것을 의미한다. '구원은 우리에게서 난 것이 아니라 하나님의 선물이고 은혜다'라는 사실이 핵심이다. 쉽게 말하면 하나님은 약속하시고, 우리는 약속하신 하나님을 바라보고 믿는다. 그리고 하나님은 믿는 자에게 은혜를 베푸시고, 믿는 자는 축복을 받는다. 이처럼 성경이 말하는 약속, 믿음, 은혜, 축복은 한 축이다. 이 사실은 매우 중요하다.

내게는 잊을 수 없는 추억이 있다. 어릴 적 동네 신작로 맨 마지막 집에는 외국에서 온 선교사님이 사셨는데, 친구들과 가끔씩 그 집 앞에서 놀곤 했다. 그런데 나는 그 집 앞에서 노는 것이 자꾸 마음에 걸렸다. 주로 야구를 하면서 놀았는데 야구공이 담장을 넘어 문을 두드려야 하는 일이 빈번했고 간혹 유리창을 깬 적도 있었기 때문이다. 그런 상황에서는 공을 주면서 싫은 내색을 비치는 것이 당연한데, 외국인에게 그런 반응을 받을 생각을 하자 어린 마음에 굉장히 싫었다.

그러던 어느 날 크리스마스 무렵이었다. 친구들이 자꾸 선교사님 집 앞으로 가자고 했다. 다른 데서 놀자고 했더니 좋은 일이 생길 것이라며 신나게 뛰어갔다. 친구들이 다 가니까 어쩔 수 없이 따라갔다. 한참을 노는데 대문이 열리고 선교사님이 큰 자루를 들고 나오셨다. 그리고 서툰 한국말로 줄을 서라고 말씀하셨다. 그러자 친구들이 들고 있던 야구 방망이, 공, 글러브를 죄다 내팽개치고 쪼르르 달려가 줄을 섰다. 나 혼자만 뛰어가지 않고 가만히 서 있었다. 뭐 하러 저렇게 뛰어가나 싶었기 때문이다.

그런데 선교사님이 "메리 크리스마스!" 하면서 친구들에게 조그마한 자루를 하나씩 나눠 주셨다. 아이들은 자루를 받더니 풀어 보지도 않고 신나게 집으로 달려갔다. 어떤 아이는 글러브도 내버려 두고 뛰었다. 나는 속으로 '왜 거지처럼 줄을 서서 저런 것을 받고 자존심을 버리지?' 하면서 못마땅해했다.

그런데 집에 가면서 친구가 전봇대 밑에서 자루를 풀어서 보여 주었는데, 그 순간 너무 놀라서 나도 모르게 "아!" 하고 외마디 탄식이 새어 나왔다. 자루 안에는 미제 껌 몇 통과 사탕, 비스킷, 초콜릿, 젤리, 잼 같은 것들이 잔뜩 들어 있었다. 당시는 국산 껌 한 개도 굉장히 귀한 때였다. 껌 하나를 일주일간 씹고, 식구들이 돌아가면서 씹던 시절이었다. 껌 하나 때문에 가정에 분란이 일어나기도 했다. 그런데 국산 껌도 아니고 미제 껌이, 하나도 아니라 여러 통이 들어 있었던 것이다!

내가 너무 충격을 받아서 아무 말도 못한 채 멍하게 있자 친구가 껌 하나를 뜯어서 주었다. 나는 너무 고마워서 조심히 들고 집으로 갔다. 그런데 밤에 도무지 잠이 오지 않았다. 눈앞에 선물 자루가 아른거리고 심장이 쿵쾅거렸다. 친구들이 그 맛있는 것을 식구들과 나눠 먹었을 생각을 하니 한없이 부럽고 속이 상했다. 나는 무언가 받으려고 줄을 서는 것이 거지처럼 느껴졌고 자존심을 꺾는 굴욕이라고 여겼다. 그러나 선교사님은 가난한 한국 아이들을 불쌍히 여기셨던 것이다.

우리 중에도 어릴 적 나 같은 사람이 있을 것이다. '내가 의롭게 살면 되지, 예수 그리스도를 믿고 주님 앞에 무릎을 꿇는 것은 자존심이 허락하지 않는다. 왜 내가 예수 그리스도를 받아야 하는가?' 하지만 친구가 받은 선물 자루 안을 들여다보고 내가 그랬듯이, 하나님이 주시는 선물 자루를 들여다보면 선물을 받지 않은 것을 후회하며 어둠 속에서 이를 갈고 슬피 울게 될 것이다. 우리를 의롭다 하시는 하나님의 은혜는 크리스마스 선물 자루와는 비교할 수조차 없는, 우리가 만들어 낼 수 없고 구할 수도 없는 것이다. 오직 하나님의 자비와 사랑으로 주시는 선물이다.

자신을 점검해 보자. '나는 오만하고, 어리석고, 방자해서 하나님이 주시는 선물에 믿음으로 손 내미는 것을 거부하지는 않았는가?' 그렇다면 진정 어리석은 것이다. 자존심이 강한 사람 같지만 가장 큰 과오를 범한 것이다. 오늘날 사람들은 예수 그리스도 하면 풀어 보기도 전에 비하하고 비아냥댄다. 하지만 받아 보면 마음에 큰 충격을 받아 까무러치고 말 것이다.

하나님은 선지자들을 통해 메시아를 보내 주겠다고 약속하셨다. 마치 아브라함에게 이삭을 약속하셨듯이, 우리는 메시아 예수 그리스도를 하나님의 선물로 받았다. 그분이 나의 죄를 짊어지고 십자가에 못 박혀 죽으셨고, 믿는 자를 구원하는 은혜를 베푸셨다. 그분이 피 흘리심으로 내가 자유를 얻었고, 그분이 죽으심으로 내가 살아났다. 우리는 그리스도의 죽음의 대가로 찬란한 축복을 받았다. 하나님은 이 은혜를 우리에게 선물로 주셨다. 우리는 믿음의 손을 펴서 그 선물을 받기만 하면 된다. 받으면 영생이요, 거절하면 죽음이다. 받으면 축복이요, 거절하면 저주다. 받으면 기쁨이요, 거절하면 슬픔 속에서 한탄하며 살 수밖에 없다.

죽음의 대가로 얻은 찬란한 축복

우리는 하나님의 자비와 의를 내 수준으로 끌어내려 생각하곤 한다. 하나님의 자비를 함부로 판단하고 격하시킬 때도 많다. 아브라함은 자기 능력으로 이삭을 낳을 수 없었다. 그러나 하나님이 "네 몸에서 태어날 후손을 주겠다"고 하셨을 때 "나는 할 수 없는데 어떻게 가능합니까?"라고 묻지 않았다. "제가 하나님을 믿습니다. 하나님의 전능하심도 믿고, 하나님의 신실하심도 믿습니다"라고 답했다. 그러자 하나님은 "착하다", "의롭다" 하시며 아브라함에게 은혜를 내리셨고, 그는 축복을 받았다.

아브라함이 하나님이 주신 약속의 말씀을 믿은 것처럼, 우리는 하나님이 주신 선물인 예수 그리스도를 믿는다. 아브라함이 축복받은 것처럼 우리는 그리스도 안에서 역사하시는 하나님의 손길을 느끼며 은혜를 누린다. 나 혼자 아무리 '그럴 줄 믿는다. 그렇게 되면 좋겠다' 하며 자신을 북돋우며 격려해 봐야 아무 소용없다. "하나님을 믿습니다. 그러므로 하나님이 약속하신 말씀을 이루어 주실 것을 믿습니다"라는 고백이 있는지가 중요하다.

하나님은 우리의 어떤 선한 면을 보고 선물을 주신 것이 아니다. 그야말로 사랑하시기 때문에 주셨다. 하나님은 세상을 사랑하사 독생자를 주셨고, 그분을 믿는 자마다 멸망하지 않고 영생을 얻게 하셨다(요 3:16). 그뿐 아니다. 아브라함이 믿음 가운데 축복을 얻은 것처럼 그리스도를 믿는 자에게도 아브라함의 축복을 주셨다. 하나님의 의, 하나님의 자비하심, 하나님의 전능하심, 하나님의 신실하심이 얼마나 큰지 깨닫게 되면 우리는 그분 앞에 무릎을 꿇을 수밖에 없다.

단지 교회에 나오는 것으로 하나님을 믿는다고 말할 수 없다. 진실로 예수 그리스도를 영접해야 한다. "하나님, 저는 죄인입니다. 제 의지로는 절대 의로워질 수가 없습니다. 하나님의 의를 의지합니다. 하나님의 자비하심과 선하심을 찬양합니다. 하나님이 저를 사랑하사 독생자를 주심을 감사합니다. 저는 믿음의 손으로 받습니다"라는 진실한 고백이 있을 때 하나님의 자녀가 되어 아브라함의 축복을 누릴 수 있다. 하나님의 은혜 속에 사는 믿음의 사람이 바로 당신이기를 바란다.

4장

믿음인가, 행위인가

4:18-25

행함으로 믿음에 이르는 것은 아니지만,
믿음이 생기면 행동이 자연스럽게 변화되기 때문이다.

구원은 믿음인가, 행위인가?

우리는 믿는다고 하면서도 믿음의 정의를 쉽게 내리지 못한다. 충분히 이해하는 경우도 드물다. 예를 들어, 다음과 같이 상반된 말씀을 어떻게 이해해야 할까? 갈라디아서 2장 16절은 구원은 행위가 아닌 믿음으로 받는다고 말한다. 행위로 구원을 받는다면 구원받을 사람이 아무도 없다는 데우리는 동의할 수밖에 없다. 그러나 야고보서 2장 17절은 행함이 없는 믿음은 죽은 것이라고 말한다. 한쪽은 믿음의 조건이 행함이 아닌 믿음이라 말하고, 다른 쪽은 행함이 없이는 믿음이 온전히 설 수 없다고 말한다. 그렇다면 '믿음으로 구원을 받는다'라는 말은 온전하지 않은 것일까?

가령 세상에서 온갖 나쁜 짓을 저지르고 죽기 전에야 "제가 예수님을 믿습니다"라고 고백하는 사람이 있다면, 그는 과거의 행함과 상관없이 구원받는 것일까? 믿음으로 구원받는다면 당연히 그렇다. 그러나 행함이 없는 믿음은 믿음이 아니라는 관점에서 볼 때는 문제가 생긴다.

또한 사도행전 2장 21절은 "누구든지 주의 이름을 부르는 자는 구원을 받으리라"라고 말한다. 그러나 마태복음 7장 21절에서 예수님은 "나더러 주여 주여 하는 자마다 다 천국에 들어갈 것이 아니요 다만 하늘에 계신 내 아버지의 뜻대로 행하는 자라야 들어가리라"라고 말씀하셨다. 그런데 실제 믿음으로만 구원받은 사람이 있다. 예수님이 십자가에 못 박히실 때 예수님 옆에 선 십자가에 못 박혔던 강도를 기억해 보자. 그가 성경에 등장해서 예수님께 한 말은 "예수여 당신의 나라에 임하실 때에 나를 기억하소서"(눅 23:42)라는 한마디뿐이었다. 그러자 예수님은 "내가 진실로 네게 이르노니 오늘 네가 나와 함께 낙원에 있으리라"(눅 23:43)라고 답하셨다. 강도는 단 한 번의 고백으로 천국에 간 것이다. 이처럼 예수님의 생애 가운데서도 서로 다른 대응 방법을 볼 수 있다.

그렇다면 이 문제를 어떻게 정리해야 할까? 물론 하나님은 실수하지 않으시며, 성경에는 절대 오류가 없다. 러시아의 문호 레프 톨스토이는 러시아 정교회에 속해서 신앙생활을 했다. 그는 격심한 내적 변화를 경험하고 하나님을 믿었는데, 얼마나 열정적으로 믿었던지 자신이 쓴 작품의 말미마다 독자들이 하나님이 주시는 의미를 생각하도록 설정해 놓았다. 많은 작품을 통해 신앙을 고백했고, 심지어 사복음서를 정리하기도 했다.

그러나 톨스토이는 성경이 인간의 관점에서 쓰였으며 수많은 사본이 있으므로 무조건 믿을 수는 없다고 여겼다. 그래서 성경 내용을 전부 믿기보다는 성경 속 예수님의 교훈이나 박애 사상만 받아들여야 한다는 철두철미한 기준을 세워 행동했다. 하지만 그러한 시선으로 바라보면 기독교는 그저 하나의 사상이 되어 버린다. 신앙을 사상으로만 받아들이면 성경이 가져다주는 엄청난 의식의 대전환이 일어나지 않는다. 삶의 양식과 인품에 다소 변화가 있을지는 몰라도, 마음의 색깔만 바뀔 뿐이지 완전히 변화되지는 않는다.

우리는 각 사람의 믿음과 행위를 판단할 수 없다. A라는 사람의 믿음이 아주 대단해 보여도 하나님이 어떻게 보실지는 알 수 없고, B라는 사람의 행위가 못마땅하게 보여도 하나님이 그를 어떻게 생각하시는지는 아무도 모른다. 모든 것은 하나님의 판단에 달려 있다. 내가 하나님을 믿는 것은 사실이고, 또 하나님을 믿는 가운데 행하며 나아가려는 것도 사실이다. 하지만 최종 판단은 하나님이 하실 것이다. 그러나 행함이 아닌 믿음으로 구원받는다는 것은 분명한 사실이다. 진정한 믿음을 가지면 바르게 행하려는 거룩한 욕망이 생긴다. 행함으로 믿음에 이르는 것은 아니지만, 믿음이 생기면 행동이 자연스럽게 변화되기 때문이다. 이것은 중요한 진리다. 우리의 행함을 통해 하나님이 영광을 거두시고 우리를 더 큰 믿음의 자리로 인도하신다는 점을 주목해야 한다.

믿음으로 견고하여져서

아브라함은 하나님과 하나님이 주신 말씀을 신뢰함으로 하나님께 의롭다 여기심을 받았다. 그런데 그의 믿음을 이처럼 단순하게 이해해서는 안 된다. 바울은 18절에서 "아브라함이 바랄 수 없는 중에 바라고 믿었으니 이는 네 후손이 이 같으리라 하신 말씀대로 많은 민족의 조상이 되게 하려 하심이라"라고 말했다. 바랄 수 없는데도 바라고 믿음을 가졌다는 말은 세상 기준으로 볼 때 황당할 만큼 믿지 못할 일을 믿었다는 뜻이다. 사실 아브라함이 자식을 낳는다는 것은 전혀 바랄 수 없는 일이었다. 약속을 받은 당시 아브라함의 나이는 99세였고, 아내 사라는 89세였다. 89세와 99세의 노부부가 자식을 낳기를 바라는 것은 노욕이지 정상적인 상황이 아니다.

그러나 아브라함이 가진 믿음은 막연한 환상이 아니었다. 그는 불가능한 현실을 잘 알면서도 믿었다. 아브라함은 어떻게 이러한 믿음을 가질 수 있었을까? 믿음의 동기가 자기가 아닌 하나님께 있었기 때문이다. 우리는 "믿습니다" 하면서 하나님 앞에 부르짖지만, 사실은 하나님보다는 스스로의 힘으로 설정해 놓은 청사진이나 꿈을 바라볼 때가 많다. 자신을 향해 '믿는다, 믿는다' 하면서 최면을 걸기도 한다. 그러나 성경은 하나님이 약속을 이루어 주실 줄 아브라함이 믿었다고 말한다.

사실 일반적으로 믿음은 그렇게 단순하지 않고 우리에게 혼란을 준다. 아무런 흔들림 없이 "무조건 믿습니다!" 하며 밀어붙이기에는 이성의 관습과 환경이 우리를 가로막고 있다. 우리는 현실이 힘들면 아픔을 느끼고, 고난을 당하면 고통스러워한다. 아픈데도 '안 아프다, 안 아프다' 하는 것은 자기최면일 뿐이다. 그러나 아프고 고통을 느낄지라도 하나님을 바라보고 역사를 믿는 것이 믿음이다.

우리는 순도 100%의 믿음을 결코 가질 수 없고 스스로 믿음을 만들어 낼 수도 없다. 육신의 한계를 지닌 죄인이기 때문이다. 우리 주 예수 그리스도 외에는 순도 100%의 믿음을 가진 존재가 없다.

마태복음 14장에는 예수님이 밤중에 물 위를 걸으신 사건이 나온다. 거센 풍랑에 노를 젓던 제자들은 어찌할 바를 몰랐다. 그런데 어두움 속에서 누군가가 걸어왔다. 제자들은 그렇지 않아도 불안한 상태에서 두려움과 공포가 극에 달했고 혼비백산했다. 그때 예수님이 "안심하라 나니 두려워하지 말라"(마 14:27)라고 말씀하셨다. 그러자 베드로가 흥분해서 "주여 만일 주님이시거든 나를 명하사 물 위로 오라 하소서"(마 14:28)라고 요청을 드렸다. 예수님이 물 위로 걸어오라고 명령하시자 베드로는 배에서 내려 물 위로 걸었다.

이때 베드로는 배에서 단번에 폴짝 뛰어내렸을까, 아니면 발을 살금살금 내밀고 덜덜 떨며 내려갔을까? 아마도 물 위로 첨벙 내려가지는 못했을 것 같다. 주님이 물 위를 걸어오시는 모습을 보면서도, 자신이 물 위를 걸을 수 있을지에 대해서는 현실적으로 재고 따지는 것이 인간의 본능이기 때문이다. 베드로는 조심스레 발을 내딛고 물에 서게 되자 감격해서 걷기 시작했을 것이다.

그러다가 한 줄기 바람이 불자 정신이 번쩍 든 베드로는 물에 빠져 버렸다. 베드로가 살려 달라고 소리를 지르자 예수님은 즉시 손을 내밀어 베드로를 붙잡으시면서 "믿음이 작은 자여 왜 의심하였느냐"(마 14:31)라고 말씀하셨다. 믿음이 없다고 하지는 않으셨다. 믿음이 작다고 하셨다. 이처럼 신앙은 한 번의 고백으로 끝이 아니라 물로 그릇을 채우듯 점점 채워 가야 하는 것이다.

아브라함에게도 현실적인 한계가 있었다. 그럼에도 하나님이 그에게 의롭다고 말씀하셨던 것이다. 아브라함도 처음에는 하나님의 말씀과 현실 사이에서 갈등했을 것이다. 하지만 그는 불가능의 호소, 불가능의 속삭임, 불가능의 윽박지름에도 하나님을 바라보고 하나님의 말씀을 놓지 않았다. 우리가 하나님을 의지할 때 온갖 잡다한 의심이 축소된다. 믿음은 "네, 제가 믿겠습니다!"라는 시인으로 단번에 끝나는 것이 아니다. 그렇다고 해서 '나는 예수님을 믿는데, 왜 믿음에 대한 응답이 확신으로 다가오지 않지? 나는 하나님을 전혀 부인하지 않는데, 왜 삶을 하나님께 드리는 기쁨을 누리지 못하지?' 하며 지나치게 심각하게 고민하는 것은 바람직하지 않다. 이것은 믿음이 없는 것이 아니라 믿음이 작은 것이다. 믿음은 일시적으로 조금 올라가기도 하고, 조금 내려가기도 한다. 하지만 점점 채워 나가야 한다.

성경은 "그가 백 세나 되어 자기 몸이 죽은 것 같고 사라의 태가 죽은 것 같음을 알고도 믿음이 약하여지지 아니하고"(19절)라고 말한다. 여기서 '약하여지지 아니하고'라는 표현에 주목해 보자. 아브라함에게는 믿음이 약해지는 상황이 수없이 벌어졌다. 아브라함은 늙은 자신의 몸과 아내 사라가 임신할 수 없다는 사실을 한 번만 생각하지 않았을 것이다. 온종일 떠올렸을 것이다. 믿음을 약화시키는 수없이 많은 공격이 있었을 것이다. 사탄은 앉아서 구경만 하지 않고, "이 바보야, 바랄 것을 바라야지. 네 나이가 몇이냐?" 하며 아브라함의 마음을 들쑤셨을 것이다. 아무리 아브라함이 하나님의 말씀을 붙들고 하나님이 하실 것을 믿겠다고 결심했을지라도 사탄은 수없이 속삭였을 것이다. 현실적으로 불가능하게만 보이는 것이 사실이다.

그렇다고 단지 "믿습니다!" 하고 선언하기만 하면 아이가 바로 태어나는가? 그렇지 않다. 노부부는 육신으로 아이를 낳아야 했다. 노쇠한 할머니가 임신을 하게 되면 과연 건강하게 출산할 수 있을지 또 다른 걱정거리가 생긴다. 믿음이 약해질 수밖에 없는 온갖 문제가 줄줄이 발생하는 것이다. 하지만 그렇게 믿음이 약해질 수밖에 없는 상황에서도 아브라함의 믿음은 약해지지 않았다고 성경은 말한다. 그 비결이 무엇인가?

아브라함은 하나님의 약속을 상기하고, 붙들고, 또 하나님 앞에 엎드려 기도하면서 믿음을 북돋웠다. 마치 그릇에 물을 점점 채워 나가듯 믿음의 수위를 올린 것이다. 그렇게 자신의 믿음을 견고하게 만들었다. 사라의 배 속에 10개월 동안 아이를 품고 있으면서도 아이가 잘 자라 줄지, 건강하게 탄생할 것인지 불안과 고민이 있었을 것이다. 하지만 아브라함은 그마저도 하나님이 인도하실 줄 믿고 기도하면서 믿음을 키워 갔다.

아브라함의 믿음의 위대한 특성 또 하나가 이어지는 20절에 나온다.

"믿음이 없어 하나님의 약속을 의심하지 않고 믿음으로 견고하여져서 하나님께 영광을 돌리며"(20절).

우리는 목적한 것을 얻은 후에 하나님께 영광을 돌린다고 생각하지만, 아브라함은 자식을 낳기도 전에 하나님께 영광을 돌렸다. 하나님이 주실 것과 인도하심을 믿은 것이다. 현실적인 어려움과 불신이 싹을 틔우고 엉 경퀴를 낼 때 그가 한 일은 하나님을 바라보고, 찬양하고, 하나님께 영광을 돌린 것이었다.

믿음은 예수 그리스도를 의지하면서 시작된다. 하지만 그것만으로는 온전할 수 없다. 믿음의 순수성은 인정하지만, 역사하는 믿음으로 점점 키워 가야 한다. 기도하고, 말씀을 보고, 찬양하는 과정이 필요하다. 그러면서 현실 가운데 계속해서 발생하는 불순물을 걸러내야 한다. 이것이 바로 마음을 북돋우고 믿음을 점점 키워 나가는 작업이다.

믿음의 열매를 맺을 때까지

또한 아브라함은 하나님의 약속을 확실히 믿고 붙잡았다. 21절은 "약속하신 그것을 또한 능히 이루실 줄을 확신하였으니"라고 말한다. 아브라함은 그냥 믿은 것이 아니라 확신했다. 믿음에 믿음을 더하고, 그 믿음에 또 믿음을 더하며 나아간 결과였던 것이다. 영어 성경에는 "being fully persuaded", 즉 '믿음을 가득하게 만들어 나갔다'라고 표현되어 있다. 마치 자신을 향해 격려하고 믿음을 부추기는 표현 같다. "하나님은 능히 이루시는 분이다"라며 자신을 향해 격려하는 표현처럼 느껴진다. 아브라함은 그렇게 믿음을 키워 나갔다.

믿음의 열매를 눈으로 보았을지라도 거둘 때까지 믿음이 없어도 되는 것이 아니다. 불신의 싹을 제거하고 엉겅퀴를 쳐 내면서 믿음을 키워 나가는 작업이 필요하다. 아브라함은 100세에 아이를 낳았기 때문에 의로워진 것이 아니라, 믿음으로 나아갔기 때문에 의로워진 것이다. 믿음에는 받아들이는 믿음, 마음에 간직하고 동행하는 믿음, 그리고 역사하는 믿음이 있다. 어느 것 하나도 빼놓을 수 없는 믿음의 조건이다.

아브라함이 이와 같이 믿음으로 의롭다 하심을 받았다면 우리도 그렇지 아니한가? 하나님은 우리를 위해 독생자 예수 그리스도를 보내셨다. 예수님은 우리의 죄로 말미암아 대속의 죽음을 당하셨고 우리를 구원하셨다. 아브라함이 믿음으로 의롭다 하심을 받았다면, 우리는 예수 그리스도를 믿음으로 의롭다 하심을 받았다.

아브라함은 믿음을 세워 나가 결국 아들이라는 선물, 그리고 하나님의 약속의 성취라는 선물을 받았다. 그리고 하나님이 말씀하셨듯이 바다의 모래처럼, 하늘의 별들처럼 자손이 많아졌다. 그가 낳은 이삭을 통해 아브라함을 조상으로 인정하는 유대인들이 퍼져 나갔다. 나아가 오늘날 아브라함의 믿음의 후손에 속한 사람들은 전 세계로 확산되었다. 그렇게 하나님은 약속을 이루셨다. 하나님의 약속의 성취는 믿음으로 시작되었고 믿음으로 완성되었다.

우리도 예수 그리스도로 말미암아 아브라함처럼 믿음으로 의롭게 된다는 사실을 확실하게 인식하고 한 걸음씩 나아가자. '아무래도 나는 믿음이 좀 부족해'라는 생각은 정상이다. '왜 이렇게 믿음이 안 자랄까?' 하고 고민하는 것도 정상이다. 그러나 여기서 멈추면 하나님이 주신 약속의 열매를 볼 수 없다.

아브라함이 약속을 받은 후 믿음이 약해지지 않도록 계속해서 믿음의 불씨에 불을 지폈던 사실을 기억하라. 그는 하나님 앞에서 찬양하고, 하나님의 말씀을 듣고, 하나님을 의지하고, 하나님께 기도했다. 그러면서 하나님이 능히 역사하실 것을 확신하고 나아갔다(being fully persuaded). 우리도 아브라함과 같은 믿음으로 나아가면 우리 믿음의 선배이자 조상인 아브라함이 받은 축복을 받게 될 것이다. 하나님은 자라 가는 믿음 속에 그분의 역사와 은총을 풍성하게 베풀어 주신다.

아브라함의 믿음은 무엇이 달랐는가

하나님은 우리를 심판하는 것을 기뻐하지 않으셨다. 그래서 우리가 만든 의가 아니라 새로운 의를 주셨다. 그것은 하나님의 의로서, 독생자 예수 그리스도를 이 땅에 보내 우리의 죗값을 대신 갚게 하시고, 우리가 그분을 믿고 의롭게 하시는 의다. 그러므로 우리에게 주어진 최고의 선물은 하나님의 의를 받아들이는 믿음이다.

어쩌면 '인간은 하루에도 행동뿐 아니라 마음으로 수백 번, 수천 번의 죄를 짓는데, 예수를 믿음으로써 의롭게 된다는 하나님의 의 하나로 과연 완전히 죄 사함을 받을 수 있는 것인가? 믿음으로 의롭게 된다는 말씀은 너무 가볍지 않은가?'라고 생각하는 사람이 있을 수 있다. 여기에는 두 가지 문제가 있다. 첫째, 아직도 행함으로 의롭게 된다는 원칙에서 벗어나지 못했다. 둘째, 의가 '나로부터'(from me)라고 생각한다는 것이다. 성경이 말하는 의는 나로부터가 아니라 하나님으로부터(from God)다. 우리는 이 사실을 명심해야 한다.

아브라함은 하나님으로부터 율법의 행위가 아니라 믿음으로 의롭다 하심을 받았다. 하나님은 아브라함이 하나님을 믿은 것을 그의 의로 여기셨다. 그도 처음부터 하나님으로부터 믿음을 인정받은 것은 아니다. 창세기 12장을 보면 하나님께서 어느 날 갑자기 아브라함에게 나타나셨다. 그러시고는 그에게 고향과 친척과 아버지의 집을 떠나 내가 보여 줄 땅으로 가라고 하셨다. 아브라함은 그 약속 하나를 붙들고 길을 떠났다.

하나님은 아브라함에게 또 하나의 약속을 주신다. 자손이 없었던 아브라함에게 "이 땅을 네 자손에게 주리라"라고 하신 것이다. 86세가 되던 해에 하갈에게서 이스마엘을 얻었지만, 하나님은 아브라함을 더 기다리게 하셨다. 그리고 아브라함이 100세가 될 때 비로소 이삭을 주셨다. 아브라함은 아이를 낳을 수 있는 가능성이 희박한 상황에서도, 하나님의 약속을 믿었다. 나로부터가 아니라 하나님으로부터 상황을 바라보았다. 하나님께서는 그것을 의로 여기셨다.

그렇다면 왜 하나님은 의로운 행동을 하지 않았는데도, 아브라함의 믿음을 의롭다고 해 주셨는가? 그것은 믿음을 가진 모든 자들의 표상이 되게 하려는 것이다. 아브라함은 할례자의 조상이었으나, 그는 할례와 상관없이 믿음의 조상이기도 하다. 아브라함을 의롭다고 인정하신 것은 그의 후손에게 믿음으로 의롭게 된다는 것을 보여 주시려는 하나님의 뜻이었다. 하나님은 아브라함을 유대 민족뿐 아니라 우리 모두의 조상으로 삼으신 것이다.

아브라함은 바랄 수도 없고, 믿어지지도 않는 것을 하나님의 약속으로 믿었다. 아브라함에게는 그런 믿음이 있었다. 환경이 아닌 하나님을 바라보았기 때문에, 하나님께서 능히 그렇게 하실 줄을 믿었기 때문에 그는 하나님께 영광을 돌렸다. 이것이 하나님이 그를 의롭다 하신 이유다. 하나님은 자신의 행위가 아니라 하나님의 의를 믿고, 하나님의 능력을 의지하는 사람을 의롭게 여기신다.

5장

기쁨의 원천

5:1-11

예수 그리스도의 은혜가 있으므로
내 영혼에 미소가 지어지지 않을까?

예수 그리스도로 말미암은 화평

아브라함은 믿음으로 의롭다 하심을 받고 하나님의 축복을 받았다. 우리도 예수 그리스도를 믿어 의롭다 하심을 받고 축복의 자리에 임한다. 일반적으로 학자들은 의롭다 하심을 받는 것, 즉 '칭의'(稱義)에 대해서 3가지 견해를 내놓는다. 첫째는 하나님과 화평을 누리는 은혜이고, 둘째는 믿음으로 서 있는 은혜이며, 셋째는 영광을 바라보는 은혜다. 또 어떤 학자는 시제로 설명하기를, 화평을 누리는 것은 과거이고, 믿음으로 서 있는 것은 현재이며, 영광을 바라보는 것은 미래라고 설명한다.

이를 본문과 연관시켜 우리의 믿음에 빗대어 볼 때 다음과 같이 덧붙여 정리할 수 있다. "예수 그리스도를 믿음으로 의롭게 되면 하나님과 화평을 누리고, 하나님의 은혜 안에서 영광을 바라보며, 환난 중에도 즐거워하는 축복을 얻는다." 정리하면, 하나님과 화평, 하나님의 은혜 안에서 영광을 바라봄, 환난 중에 즐거워함이다.

첫째, 예수 그리스도를 믿음으로 하나님과 화평을 누리게 되는 은혜에 대해 살펴보자.

> "그러므로 우리가 믿음으로 의롭다 하심을 받았으니 우리 주 예수 그리스도로 말미암아 하나님과[하나님으로 더불어, 개역한글] 화평을 누리자"(1절).

이 말씀을 원문 그대로 직역하면 '우리는 하나님과 함께 평화를 가졌다'라는 뜻으로, 영어 성경을 보면 대동소이하게 "We have peace with

God"으로 번역되어 있다. 그런데 개역한글 성경에는 '하나님과 함께'가 아니라 "하나님으로 더불어"라고 표현되어 있다. 개역한글 성경 및 개역개정 성경은 '평화'가 아닌 '화평'을, '가지다'가 아닌 '누리다'라는 단어를 사용하고 있다. 우리는 보통 '누리다' 하면 영어 표현 중에 'enjoy'나 'be blessed with' 등 축복받는 뉘앙스를 떠올린다. 이역(異譯)이지만 의미를 매우 잘 살린 것 같다.

하나님과 평화를 얻게 된 것은 큰 축복이다. 사람들은 누구나 죄를 지으면 괴로워한다. 죄지은 사건은 시간이 지난다고 삭감되는 것이 아니고, 다른 사람도 저지른다며 합리화할 문제도 아니다. 내 양심이 분명히 잘못을 느끼고 있다. 그런데 온 우주 만물을 창조하신 하나님이 예수 그리스도의 대속의 죽음으로 우리를 죄에서 구원하셨다. 그 결과 인간은 하나님과 원수 관계에서 화목 관계로 완벽하게 변했다. 친구끼리도 원수로 지내다가 화해하면 기쁘고, 부모와 자식 간에도 그렇다. 양심의 속박에서 벗어나 진정한 해방을 얻고 하나님과의 관계에서 평화를 누리게 된 것은 기뻐 뛸 수밖에 없는 일이다.

게다가 하나님과의 평화는 내가 쟁취하거나 획득한 것이 아니다. 나는 무능한 사람이었고, 여전히 약한 사람이고, 무언가를 할 수 있는 존재가 아니다. 그러나 하나님이 나를 긍휼히 여겨 잡아 주신 것이다. 내가 하나님을 잡은 것이 아니다. 만약 내가 얻은 것이라면, 내 능력이 약해지면 누군가에게 빼앗길 수 있다. 하지만 전능하신 하나님이 나를 잡고 껴안아 주신 것이기에 그 누가 떼어 놓을 수도, 깨뜨릴 수도 없다. 그야말로 완벽한 화목이다. 그렇다면 평화를 가졌다고 말할 것이 아니라 평화를 누린다고 해야 옳지 않을까?

예수 그리스도로 말미암은 영광

예수 그리스도를 믿고 받는 축복은 또 있다. 2절은 "또한 그로 말미암아 우리가 믿음으로 서 있는 이 은혜에 들어감을 얻었으며 하나님의 영광을 바라고 즐거워하느니라"라고 말한다. '믿음으로 이 은혜에 들어갈 수 있다'와 '그래서 이제 하나님의 영광을 바라고 즐거워한다'라는 두 문장이 합해졌다. 의롭다고 인정받은 사람이 얻게 되는 둘째 축복은 하나님의 은혜 안에서 영광을 바라보게 되는 것이다.

비유를 들어 보겠다. 길거리를 배회하면서 소매치기를 하는 아이가 있었다. 아이는 양심이 있기에 자기 행위가 죄이고 남에게 피해를 준다는 사실을 알고 있었다. 그러나 쉽게 그만둘 수가 없었다. 그러던 어느 날, 아이를 딱하게 여긴 왕이 왕궁으로 초대했다. 아이는 '세상에는 착한 아이들이 많은데 왕이 왜 나를 부르셨을까? 죽이려고 부르신 것일까?' 생각하며 혼란에 빠졌다. 왕궁에 들어가서도 심판에 대한 두려움에 사로잡혀 덜덜 떨었다.

왕은 신하들을 좌우에 착석시키고 보좌에 앉았다. 그리고 신하들이 지켜보는 앞에서 다음과 같이 약속했다. "나는 너의 왕이다. 내가 너를 불쌍히 여겨서 네 죄를 용서하겠다. 앞으로 어려움이 생기면 언제든지 나를 찾아오너라. 내가 너를 끝까지 돌보겠다." 그 순간, 아이는 황홀감에 사로잡혔다. 왕으로부터 용서받았을 뿐 아니라 돌보아 주겠다는 약속까지 얻었으니 말이다. 아이는 왕궁에서 나와서 어떻게 살았을까? 아마도 마음속에 큰 자부심이 생겼을 것이다. 살면서 어떤 어려움을 당하더라도 왕의 약속을 생각하면서 왕의 은혜를 받았다는 마음으로 기쁘게 살지 않았을까?

우리도 마찬가지다. 잘나서 구원받은 것이 아니다. 하나님이 보좌를 내어놓고 직접 이 땅에 오셔서 우리를 은혜 안으로 끌고 가셨다. 그리고 우리로 하여금 영광을 보게 하셨다. 예수 그리스도를 믿는 자로서 "웬 말인가, 웬 은혜인가!"라는 고백이 저절로 나올 수밖에 없다. 하나님의 큰 자비하심에 감격하기 때문이다. 그래서 셋째 축복이 주어진다.

예수 그리스도로 말미암은 기쁨

3절 상반 절은 "다만 이뿐 아니라 우리가 환난 중에도 즐거워하나니"라고 말하며 예수 그리스도를 믿음으로 의롭다 인정을 받은 사람이 받는 셋째 축복을 우리에게 소개한다. 은혜의 약속을 받았다면 비록 세상에서 환난을 당할지라도 하나님을 생각하며 즐거워하지 않겠냐는 것이다. 환난을 좋아하고 즐거워한다는 의미가 아니다. 환난 속에서도 즐거워한다는 뜻이다. 즐거울 수밖에 없는 배경이 있기 때문이다.

세상 사람 중에 환난이 없는 사람은 없다. 사람은 누구나 태어나 죽음에 이르기까지의 여정 가운데 수많은 환난을 겪는다. 중요한 것은 그리스도인인 우리는 환난 가운데서도 즐거워하는 자가 되었다는 것이다. 이어지는 말씀은 우리가 환난 중에도 즐거워할 수 있는 이유를 다음과 같이 밝힌다.

"이는 환난은 인내를, 인내는 연단을, 연단은 소망을 이루는 줄 앎이로다"(3절 하-4절).

하나님의 자녀에게 환난은 그저 어려움을 당하는 것을 의미하지 않는다. 우리는 하나님이 환난을 통해서 나에게 인내를 요구하시고, 인내를 통해 연단받게 하시고, 결국 하나님의 소망의 자리로 인도해 주실 줄 알고 믿는다. 고생하고 눈물을 흘리는 데서 그치는 것이 아니라 이후에 하나님의 역사하심이 있을 것을 믿기 때문에 환난 중에도 즐거워한다.

그뿐 아니라 성경은 "소망이 우리를 부끄럽게 하지 아니함은 우리에게 주신 성령으로 말미암아 하나님의 사랑이 우리 마음에 부은 바 됨이니"(5절)라고 하면서 환난 중에 깨뜨릴 수도, 빼앗을 수도, 무너뜨릴 수도 없는 마음의 평안과 즐거움에 대해 말한다. 특히 학자들은 "성령으로 말미암아 하나님의 사랑이 우리 마음에 부은 바 됨이니"라는 구절을 성령을 통해서 하나님이 감화와 감동을 주시는 것으로 해석한다. 사실 우리는 빈 들에 마른 풀같이 시든 영혼에 불과하다. 하지만 하나님은 그런 우리에게 마치 단비를 내리시듯 은혜를 주셨다. 메마른 땅에 비가 흡족히 내리면 식물이 생기를 얻고 깨어나는 것처럼, 내 영혼이 피어나는 것을 보니 이것이 하나님의 은혜가 아니고 무엇이겠냐는 해석이다.

이에 대해 나는 다른 관점을 제시하고 싶다. "하나님의 사랑이 우리 마음에 부은 바 됨이니"라는 말씀은 예수 그리스도를 가리키고 있는 듯하다. 요한복음 3장 16절은 "하나님이 세상을 이처럼 사랑하사"라고 말한다. '이처럼'이란 쏟아부었다는 뜻이다. '하나님이 세상을 너무나 사랑해서 독생자를 주셨으니 이는 그를 믿는 자마다 멸망하지 않고 영생을 얻게 하려 하심이라'라고 해석할 수 있지 않을까? 하나님의 사랑은 이처럼 풍족하다. 찔끔 주는 사랑이 아니다. 또한 사도 요한은 요한일서 4장 10절에서 "사랑은 여기 있으니 우리가 하나님을 사랑한 것이 아니요 하나님이 우리를 사랑하사 우리 죄를 속하기 위하여 화목 제물로 그 아들을 보내셨음이라"라고 말했다. 사랑이 어디에 있다는 뜻일까? 사랑은 바로 '예수 그리스도'를 말한다.

예수 그리스도를 주신 하나님의 사랑이 우리에게 부은 바 되었다. 그 하나님의 사랑을 생각하면 비록 오늘 환난으로 눈물을 흘린다 해도 내 눈물을 보아 주시고 나를 살피시는 하나님을 생각하면서 마음속에 평화가 넘치지 않을까? 오늘 망한다 할지라도 하나님이 내 하나님이 되시고 주 예수 그리스도의 은혜가 있으므로 내 영혼에 미소가 지어지지 않을까? 우리에게는 이 사랑의 감격이 있다.

하나님과 화목한 사람

본문에서 사도 바울이 아주 강조하는 표현이 있다. 먼저, '즐거워한다'라는 말인데, 2절, 3절, 11절 등에 반복해서 나온다. 사실 1절의 '하나님과 화평을 누리자'라는 표현도 즐거움과 연관된다. 또한 '우리'라는 단어다. 로마서에서 바울이 지금까지 한 번도 쓰지 않았던 단어로, 4장 24절부터 사용하기 시작했으며 5장에 계속해서 나온다. '우리'는 '예수 그리스도를 믿어 하나님으로부터 의롭다 하심을 얻은 사람들'을 말한다. 자격이나 능력이 있어서가 아니라, 하나님이 사랑하시고 부르셔서 예수 그리스도를 믿게 하시고 믿음으로 하나님 앞에 의롭다 하심을 받은 사람들이다.

언젠가 아들에게 이런 편지를 쓴 적이 있다. " '그대는 내가 그대를 얼마나 사랑하는지 모를 것입니다. 그대는 내가 그대를 얼마나 보고 싶어하는지 모를 것입니다. 자다 깨면 그대 생각을 하다 다시 잠들고, 몸이 불편해질 때면 나도 모르게 그대를 생각합니다. 나는 그대를 궁전에서 살게 하고 싶습니다. 그러나 그러지 못해 아쉽습니다. 궁전에서 살지는 않는다 해도 큰 포부를 가지고 살았으면 좋겠습니다. 내게 무슨 일이 생겨도 그대는 가야 할 길을 가라고 말하고 싶습니다. 나는 오늘 입원합니다. 지난밤 열과 몸살로 신음하다가 결국 내린 결론입니다. 집중 치료를 받아서 그대 올 때는 건강하게 맞으러 갈 것입니다.' 너무 연애편지같이 썼는지 모르겠구나. 하지만 이것이 아버지의 마음이다. 건강하렴." 아들이 시험을 치르는 바쁜 시기를 보내고 있을 때라 격려차 쓴 편지였다.

그리고 얼마 후 아들로부터 답장이 왔다. "저는 일주일에 한 번 아버지께 문안인사를 올립니다. 그리고 아버지를 위해 기도합니다. 기도가 짧았다는 죄책감에 다시 눈을 감고 손을 모읍니다. 그러나 몇 분을 가지 못합니다. 이내 '저녁에 무얼 먹을까? 무엇이 맛있지?' 하며 친구와의 약속을 만듭니다. 제가 저녁 식사 시간으로 쓴 시간은 한 시간입니다. 사랑은 받을 자격과는 상관없는 것일까요? 왜 저는 아버지의 사랑을 받을수록 작아지는 것인가요? 정말 이기적이고 받을 자격이 없다고 생각할 때, 기도의 응답이 와 있었습니다. 아버지의 편지가 도착한 것입니다. 그리고 아버지는 저에게 이야기하십니다. '너는 내 아들이잖아.' 오직 아버지가 주시는 사랑이 저를 움직일 따름입니다. 다른 것이 어떤 가치가 있겠습니까? 제가 드리는 사랑은 언제나 심플하지요. 하지만 아버지가 주시는 사랑은 결코 심플하지 않습니다. 그러므로 나는 심플하지 않습니다."

여기에 아들과 주고받은 편지를 공개한 이유는 비록 하나님 아버지의 사랑에 비할 바 없지만 아버지와 아들의 관계처럼 우리가 하나님의 사랑과 은혜를 알면 우리의 삶에서도 하나님과 아름다운 관계를 갖게 된다는 점을 말하기 위해서다. 나를 위해 자기 몸을 버리신 하나님의 아들, 예수님을 믿음으로 내가 의롭게 된 것을 생각하면 이 세상 전부를 잃어도 기쁘지 않을까? 그때 내가 당하는 환난이 소망을 이루는 것임을 확신하게 될 것이다. 그리고 그 안에서 하나님의 영광을 바라볼 수 있다는 사실에 감격하는 삶을 살게 될 것이다.

로마서를 읽다 보면 예수 그리스도를 믿는 자에게 주시는 하나님의 은총과 축복에 뜨겁게 감격하는 바울의 기쁨이 본문 전체에 흐르고 있다는 것을 알 수 있다. 이처럼 예수 그리스도를 믿어 하나님의 자녀가 되고 의롭다 칭하심을 받았다면 즐거워해야 한다. 하나님의 사랑이 얼마나 크고 애틋한가? 믿는 자에게 즐거움이 없다면 문제가 있다고 할 수 있다. 우리는 눈앞의 현실이 잠시 힘들다고 낙망하는 사람들이 아니다. 하나님과 화목한 사람인 우리에게는 그리스도로 말미암아 주어지는 평화, 영광, 기쁨이 있기 때문이다. 물질이 주는 기쁨과는 비교할 수 없는 하나님의 은총이 우리의 영혼을 붙들어 준다.

우리는 진정 마음속 깊이 예수 그리스도로 말미암아 즐거워하는 삶이 있는지, 빼앗길 수 없는 기쁨과 평화가 있는지 물어야 할 것이다.

6장
사망에서 생명으로

5:12-21

아담을 통해서 온 것은 심판이요,
예수 그리스도를 통해서 온 것은 선물이다.

아담의 범죄로 세상에 들어온 죄

이 장에서는 '한 사람' 그리고 '또 한 사람'이 상징하는 대표성과 그 절대적 의미를 생각해 보고자 한다.

"그러므로 한 사람으로 말미암아 죄가 세상에 들어오고 죄로 말미암아 사망이 들어왔나니 이와 같이 모든 사람이 죄를 지었으므로 사망이 모든 사람에게 이르렀느니라"(12절)에서 '한 사람'은 인류의 시조인 아담을 가리킨다. 그의 범죄로 이 땅에 죄가 들어왔고, 그 결과 모든 사람이 사망에 이르렀다. '아담이 죄지은 것이 나와 무슨 상관인가? 왜 내가 그의 죄를 덮어써야 하는가?'라는 생각이 들 수 있다. 어떤 사람은 '하나님이 아담이 죄를 짓지 못하도록 막으셨다면 우리가 죽음의 심연에 이르는 결과도 초래되지 않았을 텐데, 왜 하나님은 선악과를 만들어서는 우리를 심판하시고 죽음에 이르도록 하셨을까? 그렇다면 오히려 죄의 제공자는 하나님이 아니신가?'라는 불만을 품기도 한다.

그러나 원인 제공의 책임을 하나님께 돌리는 것은 옳지 않다. 하나님은 동산에 선악과만 두지 않으셨다. 생명나무 열매도 나란히 두셨다. 또 동산에는 생명나무 열매와 선악과뿐 아니라 무수히 많은 열매가 각기 종류대로 있었다. 선악과는 전체 열매의 극히 일부분이었을 뿐이다.

하나님이 선악과든 아담을 유혹한 뱀이든 다 없애시고 인간이 오로지 하나님만 섬기도록 창조하셨다면, 우리는 자유의지로 하나님을 섬긴다고 말할 수 없다. 로봇이 될 뿐이다. 하나님이 인간에게 모든 것을 허락하시면서, "이것 하나만큼은 범하지 말라" 하고 명령하신 이유는 그 명령을 지킴으로써 하나님을 섬기는 법을 가르쳐 주시기 위해서였다. 따라서 하나님께 책임을 물어 따지는 것은 자기 의지로 하나님을 섬기지 않겠다는 선언과 같다.

아담의 범죄가 우리에게 얼마나 큰 영향을 미쳤는지는 인간이 가지고 태어나는 원죄에서 알 수 있다. 우리는 아담의 혈통을 따라 태어났기 때문에 아담을 모방하거나 같은 성향의 죄를 짓게 되어 있다.

성경에는 "죄의 삯은 사망이다"라는 죄에 대한 평결이 구약 성경부터 신약 성경까지 일관되게 나온다. 그런데 문제는, 우리가 아담의 죄의 성향을 가지고 태어났든 자기 선택으로 죄를 짓든 그 죄에 대한 판단이 율법이 주어지기 전과 율법이 주어진 후가 다르게 적용된다는 것이다. "죄가 율법 있기 전에도 세상에 있었으나 율법이 없었을 때에는 죄를 죄로 여기지 아니하였느니라"라는 13절 말씀처럼, 율법이 주어지기 전에는 죄를 지으면서도 죄인 줄 몰랐다. 누군가가 내 친구를 괴롭혀서 그를 죽였다 해도 죄책감을 전혀 갖지 않았다. '상대가 우리에게 피해를 입혔으니까'라는 나름의 명분을 앞세운 합리화가 가능했다. 그러나 율법이 주어지면서 "살인하지 말라"라는 죄에 대한 하나님의 분명한 기준을 명령으로 받았다. 이제 아무리 정당한 이유가 있다 해도 사람을 죽이면 하나님의 율법에 저촉되고 살인자가 된다.

중앙차선이 노란색인 곳에서 불법으로 유턴을 시도하는 운전자는 하나같이 주위를 살핀다. 혹여 교통경찰이 있을까 봐 두려운 것이다. 그러나 유턴 금지선이 없는 길에서는 유턴을 하면서 별다른 가책을 느끼지 않는다. 율법도 그렇다. 율법이 주어지기 전에는 각자의 기준에 따라 양심의 가책 없이 죄를 지었다. 하지만 이제 율법으로 인해 '죄의 결과는 사망'이라는 확실한 기준이 생겼다. 율법의 기능에는 징계의 요소도 있고, 경고의 의미도 있다. 동시에 보호의 기능도 있다. 율법은 경고를 줌으로써 범죄를 저지르지 못하도록 차단한다. 그러나 그보다 앞선 요소는 '죄를 지으면 사망에 이른다'는 확실한 근거를 세운 것이다.

율법이 있든 없든 상관없이 '아담이라는 한 사람의 후손은 죄를 물려받았고 그 때문에 죄 가운데 살다가 죄의 결과로 죽음에 이른다'는 것이 성경이 말하려는 의도다. 앞서 언급했지만, 아담의 범죄로 인해서 왜 내가 벌을 받아야 하는지 항변할 수 있다. 그러나 우리가 세상을 살다 보면 누군가가 뿌린 씨앗 때문에 내 뜰에 싹이 트고, 줄기가 자라고, 가지에서 열매가 맺히는 상황을 겪게 된다. 그것이 세상 이치라는 것은 부정할 수 없다.

예를 들어, 우리나라가 일본의 압제를 당한 36년간을 떠올려 보자. 우리는 그 사건을 국치(國恥)로 기억한다. 그런데 한편으로 일본에게 압제를 당하게 된 이면을 들여다보면, 당시 지도층이었던 양반들이 서로 싸우느라 제대로 대처하지 못했던 탓이 크다고 할 수 있다. 몇몇 사람의 어리석음으로 온 백성이 36년간 고통 속에서 신음해야 했고, 오늘날까지도 상처의 여운이 남아 있다. "우리 탓이 아닌데 어떻게 그럴 수 있나!" 하고 아무리 따져도 현실을 부인할 수는 없다. 마찬가지로, 인간도 범죄로 죄성을 가지고 태어나 죄를 모방하고, 죄짓는 일에 동참하며, 사망의 열매를 먹게 되었다.

대표성을 가진 죄와 의의 전가

"그러나 아담으로부터 모세까지 아담의 범죄와 같은 죄를 짓지 아니한 자들까지도 사망이 왕 노릇 하였나니 아담은 오실 자의 모형이라"(14절).

이 말씀은 아담의 죄를 지적하고 우리의 현실을 깨우치는 데서 끝나지 않는다. '오실 자의 모형'이 예수 그리스도를 의미하기 때문이다. 이에 대해 바울은 "그러나 이 은사는 그 범죄와 같지 아니하니 곧 한 사람의 범죄를 인하여 많은 사람이 죽었은즉 더욱 하나님의 은혜와 또한 한 사람 예수 그리스도의 은혜로 말미암은 선물은 많은 사람에게 넘쳤느니라"(15절)라고 이어서 설명했다. '한 사람'과 '또 한 사람'을 대칭하며 비교했다. 한 사람으로 인해서 사망에 이르렀다. 그러나 또 한 사람으로 인해서 생명 선고를 받았다. 한 사람으로 인해 죄의 동참자가 되었다. 그러나 또 한 사람으로 인해서 은혜의 수혜자가 되었다. 이처럼 한 사람과 또 한 사람은 전혀 다른 상징의 대표성을 띠고 있다.

사실 아담을 부정적으로만 볼 일은 아니다. 따져 보면 아담은 하나님의 엄청난 축복을 받은 존재다. 하나님은 만물을 창조하신 후 아담에게 "생육하고 번성하여 땅에 충만하라, 땅을 정복하라, 바다의 물고기와 하늘의 새와 땅에 움직이는 모든 생물을 다스리라"(창 1:28)라고 말씀하셨다. 우리 역시 아담 안에서 이 축복을 함께 물려받았다. 하지만 아담은 죄를 지었고, 아담의 후손인 우리도 그 죄 가운데 들어가고 말았다. 그래서 성경은 '아담 안에서'와 '그리스도 안에서'의 상반된 결과를 본격적으로 비교하면서 그리스도의 사랑을 부각시킨다.

첫째, "또 이 선물은 범죄한 한 사람으로 말미암은 것과 같지 아니하니 심판은 한 사람으로 말미암아 정죄에 이르렀으나 은사는 많은 범죄로 말미암아 의롭다 하심에 이름이니라"(16절)라는 말씀대로 아담을 통해서 온 것은 심판이요, 예수 그리스도를 통해서 온 것은 선물이다.

둘째, 17절의 "한 사람의 범죄로 말미암아 사망이 그 한 사람을 통하여 왕 노릇 하였은즉 더욱 은혜와 의의 선물을 넘치게 받는 자들은 한 분 예수 그리스도를 통하여 생명 안에서 왕 노릇 하리로다"라는 말씀에 의하면, 아담으로 인해 사망이 선고되었고, 예수 그리스도로 인해 생명을 얻었다.

셋째, "그런즉 한 범죄로 많은 사람이 정죄에 이른 것같이 한 의로운 행위로 말미암아 많은 사람이 의롭다 하심을 받아 생명에"(18절) 이르렀다. 정죄와 생명이 대비되고 있다.

넷째, "한 사람[아담]이 순종하지 아니함으로 많은 사람이 죄인 된 것같이 한 사람[그리스도]이 순종하심으로 많은 사람이 의인이"(19절) 되었다. 불순종과 순종이 비교되고 있다.

이처럼 본문은 아담과 예수 그리스도를 비교하면서 '범죄와 은혜', '심판과 선물', '사망과 생명', '정죄와 생명', '불순종과 순종'을 말한다. 바울은 고린도전서에서 이 부분을 명확하게 정리했다.

> "아담 안에서 모든 사람이 죽은 것같이 그리스도 안에서 모든 사람이 삶을 얻으리라"(고전 15:22).

여기서 강조는 아담에게 있지 않다. 그리스도를 강조하려는 것이 목적이다. 어두움, 죄, 사망에 무게를 두는 것이 아니라, 생명과 구원에 집중하고 있다. 따라서 이것은 단순한 비교가 아니다. 자신이 죄에 속한 자라는 인식이 명확한 사람이라면 그만큼 하나님의 은혜에 대한 감동이 클 수밖에 없다. 반면에 자신이 죄인임을 바르게 인식하지 못하면 하나님의 은혜가 감동으로 다가오지 않는다.

넘치는 은혜와 사랑

본문에는 예수 그리스도의 속성을 강조하는 중요한 표현이 많이 나온다. 먼저, 15절에 나오는 '넘치다'라는 단어를 살펴보자. 바울은 '예수 그리스도로 말미암아 은혜를 주셨다'고 하지 않고 '예수 그리스도로 말미암아 은혜가 넘쳤다'고 표현했다. 이후에도 "은혜와 의의 선물을 넘치게 받는 자들"(17절), "율법이 들어온 것은 범죄를 더하게 하려 함이라 그러나 죄가 더한 곳에 은혜가 더욱 넘쳤나니"(20절) 등 이 단어를 몇 번이고 사용했다.

'넘치다'는 영어로 'overflow'로서, 홍수처럼 범람하는 것을 말한다. 예수 그리스도를 믿음으로 죄 용서를 받는 정도에서 그치지 않는다. 아담이 무너뜨린 것이 복구된 정도가 아니라 넘쳤다. 만약 죄 용서만 받았다면 우리에게 은혜는 없다. 단지 아담의 과거 상태로 돌아간다면, 여전히 죄 지을 가능성이 남아서 또다시 죄인이 될 수밖에 없다. 그러나 은혜가 넘쳤기 때문에 우리는 확고한 영생의 자리에 이르게 된다. 이를 위해 바울이 '넘치다'라는 표현을 사용했던 것이다. 예수 그리스도가 주시는 은혜는 언제나 넘친다.

주님은 보리떡 5개와 물고기 2마리에 축사하신 후 성인 남성만 5,000명이나 되는 사람들을 배불리 먹이셨다. 그런데 음식을 실컷 먹은 것으로 끝이 아니었다. 배불리 먹고도 남은 조각이 12광주리나 되었다. 그야말로 넘쳤다. 베드로는 밤새도록 그물을 던졌다. 이쪽저쪽 아무리 던져도 물고기가 잡히지 않았다. 그때 주님이 그물을 오른쪽으로 던지라고 말씀하셨고, 베드로는 말씀에 순종해 그물을 던졌다. 그는 어부 출신이기에 물고기가 움직이는 습성도 잘 알았고 방금까지 사방으로 그물을 던졌었다. 그럼에도 그는 예수님의 말씀을 따라 그물을 던졌다. 그러자 그물이 찢어질 정도로 고기가 잡혔다. 이처럼 주님의 은혜는 넘치는 것이다. 가나 혼인 잔치에 포도주가 다 떨어졌다. 예수님은 하인들에게 빈 항아리에 물을 채운 다음에 그 물을 떠서 연회장에게 갖다 주라고 명령하셨다. 그 물은 최상의 포도주가 되었고, 모든 사람이 만족했다. 넘쳤던 것이다.

한 사람, 아담이 가져온 것은 사망이었다. 닫힘이었고, 끝이었으며, 멸망이었다. 그러나 또 한 사람, 예수 그리스도가 주신 것은 단순한 회복을 넘어서서 차고 넘치는 회복과 은혜였다.

다음으로, 바울은 "한 사람의 범죄로 말미암아 사망이 그 한 사람을 통하여 왕 노릇 하였은즉 더욱 은혜와 의의 선물을 넘치게 받는 자들은 한 분 예수 그리스도를 통하여 생명 안에서 왕 노릇 하리로다"(17절), "이는 죄가 사망 안에서 왕 노릇 한 것같이 은혜도 또한 의로 말미암아 왕 노릇 하여 우리 주 예수 그리스도로 말미암아 영생에 이르게 하려 함이라"(21절)라는 말씀에서 볼 수 있듯이, '왕 노릇'이라는 표현을 자주 사용했다. 영어 성경에는 '다스리다', '통치하다'라는 의미의 'reign'이 쓰였다.

'왕 노릇'은 한글 성경에서만 사용된 번역인데, 기가 막힐 정도로 적절한 단어인 것 같다. 그만큼 무엇인가가 나를 지배하고, 온전히 다스리며,

사로잡고 있다는 의미이기 때문이다. 우리는 아담으로부터 물려받은 사망의 굴레에서 벗어날 수 없었다. 그런데 예수 그리스도가 넘치는 은혜를 우리에게 부어 주셨다. 그분의 은혜는 사라지는 것이 아니다. 예수님이 내 마음속의 왕이 되시어 무엇도 침범할 수 없도록 만들어 주셨다.

강조점은 아담도, 죽음도 아니며, 예수 그리스도이시다. 생명이다. 예수님은 단순히 우리의 죄로 인해 뚫린 부분을 메우고 복구시키시는 수준이 아니다. 예수님은 넘치게 하셨고, 그것이 내 속에서 왕이 되어서 나를 지배하도록 해 주셨다.

사도 바울이 왜 이 이야기를 하게 되었는지는 본문에 앞선 10-11절에 나온다.

> "곧 우리가 원수 되었을 때에 그의 아들의 죽으심으로 말미암아 하나님과 화목하게 되었은즉 화목하게 된 자로서는 더욱 그의 살아나심으로 말미암아 구원을 받을 것이니라 그뿐 아니라 이제 우리로 화목하게 하신 우리 주 예수 그리스도로 말미암아 하나님 안에서 또한 즐거워하느니라"(5:10-11).

우리는 하나님과 원수였을 때 하나님의 아들이신 예수 그리스도로 말미암아 하나님과 화목하게 되었고 하나님의 백성이 되었다. 그리스도로 인해 하나님의 품 안에서 살게 되었다. 이 신나는 사건을 이야기하면서 더욱 기억해야 할 것은, 사실 우리는 왕 노릇 하는 사망 아래서 숨죽인 채 지내는 존재들이었다는 점이다. 이 사실은 하나님이 그리스도로 인해 주신 은혜가 얼마나 넘치는 것인지를 상기시켜 준다. 이러한 하나님의 은혜를 안다면 오늘 당하는 여러 어려운 일 앞에서 그저 우울하게 주저앉아 있지만은 않을 것이다. 하나님의 은혜로 인한 즐거움이 있고 기쁨이 넘치면 사망에서 생명으로, 절망에서 하나님의 은혜와 의로 나아가게 된다. 하나님께 "하나님, 제가 그렇게 좋으세요?" 하고 한번 물어보면 어떻겠는가?

우리는 스스로 도저히 구원에 이를 수 없는 죄악의 자리에 처해 있었다. 그런데 하나님이 자기 아들을 보내 그 죄의 대가를 치르셨다. 단순히 죄를 용서해 주시는 데서 그치는 것이 아니라 우리의 모든 것이 회복되는 넘치는 은혜까지 주셨다. 그 누구도 구원을 침범하지 못하도록 그리스도의 의가 왕이 되도록 만드신 것이다. 얼마나 사랑하면 이 일이 가능할까? 사실 "하나님, 제가 그렇게 좋으세요?"라는 질문의 답은 명백하다. 로마서를 통해 계속 확인하게 되는 내용이 '하나님이 우리를 얼마나 사랑하시는가!'이기 때문이다.

신학교에 들어갈 무렵 요한복음 8장 32절, "진리를 알지니 진리가 너희를 자유롭게 하리라"라는 말씀이 참 좋았다. 진리 되신 예수 그리스도를 알 때 하나님의 은혜가 심령에 넘치고 그리스도의 의가 마음에 왕이 되어서 지배하는 삶, 그리스도의 은혜의 날개를 달고 즐거워하고 참회하는 삶, 그리스도의 즐거움 가운데 거하는 삶, 그 자유를 진정으로 누리는 삶을 살게 되기 때문이다. 그러나 지금은 요한복음 3장 16절, "하나님이 세상을 이처럼 사랑하사 독생자를 주셨으니 이는 그를 믿는 자마다 멸망하지 않고 영생을 얻게 하려 하심이라"라는 말씀을 들으면 머리끝부터 발끝까지 하나님의 무궁한 은혜와 사랑에 전율을 느낀다. 이 말씀이야말로 우리를 자유하게 하는 진리다.

우리는 하나님이 나를 사랑하신다는 진리를 알고 죄의 속박에서 자유함을 얻었다. 이 진리를 알면 하나님이 예수 그리스도 안에서 은혜가 왕 노릇 하게 하시는 손길을 힘입게 된다. 슬픔과 고통에서 벗어나 하나님이 주시는 자유를 얻게 된다. 하나님의 말씀, 그 진리를 알면 오늘 우리는 방황하는 자리에 머무르지 않을 수 있다. 하나님이 우리를 붙드시고, 날개를 펼쳐 주시고, 성장시키시고, 이끌어 주시는 능력의 은총을 입기 때문이다.

복음으로 누리는 축복은 무엇인가

아브라함은 죽은 자 같은 자신에게 후손을 주시고, 그 후손이 모래처럼 많을 거라는 하나님의 말씀을 믿고 의롭게 되었다. 우리도 마찬가지다. 우리는 예수 그리스도가 우리의 죄의 대가를 치르기 위해 인간으로 이 땅에 오시고, 십자가에 못 박혀 죽으시고, 죽음에서 부활하신 것을 믿으면 아브라함처럼 의롭다 하심을 받게 된다.

그렇다면 의롭게 된 자가 누리는 놀라운 은혜와 축복이 무엇인가? 예수 그리스도를 통해 하나님 앞에 나갈 수 있게 되었고, 그분과 화목하게 되었다. 값없이 받은 은혜지만 그 안에서 엄청난 죄의 대가가 지불되었다. 이런 은혜를 입은 사람은 진정으로 하나님의 영광을 바라보고 그 영광을 즐거워하게 된다. 과거에는 감히 하나님 앞에 가까이 갈 수 없었지만 이제는 예수 그리스도를 통해 하늘 문을 여시고, 내게 손을 내미시는 하나님께 나아갈 수 있다.

그리고 한 걸음 더 나아간다. 예수 그리스도 안에서 환난당하는 것은 인내를 낳고, 인내는 소망을 이룬다. 그 소망은 쉽게 무너지지 않는다. 하나님이 예수 그리스도 안에서 성령으로 사랑을 부어 주셨기 때문이다. 이제 하나님이 그 소망 가운데 역사하시고 우리를 인도하신다.

예수 그리스도는 죄인이었던 우리를 위하여 죽으셨다. 선한 사람을 위하여 죽는 경우는 있어도 악인을 의롭게 만들기 위해 대신 죽는 이는 없다. 그런데 예수 그리스도는 우리가 아직 죄인 되었을 때, 죄인인 우리를 대신해 죽으셨다. 그것으로 하나님은 우리를 얼마나 사랑하시는지를 확증해 보이셨다. 우리는 죄로 인해 하나님과 원수 된 자였지만 예수 그리스도의 죽음으로 하나님과 화목해졌고, 하나님 앞에 나갈 수 있게 되었다. 또한 그리스도 안에서 하나님의 역사를 바라보고 모든 일에서 소망으로 즐거워하는 사람이 되었다.

그렇다면 또 하나의 질문이 있다. '율법이 없을 때 죄지은 자는 어떻게 되는 가?' 율법이 있기 전에도 죄가 있었으나, 죄의 잣대와 경계성을 가질 수 없다 보니 죄에 무감각하거나 죄의식이 없었다. 그러나 자신이 아무리 죄인이 아니라고 우겨도 그 인생의 열매는 결국 사망이었다. 죽음을 피할 수 없었던 것이다. 이것이 인간이 죄 아래 놓여 있음을 증명하는 대목이다.

아담은 죄의 시조이자 예수 그리스도를 대망하게 하는 예표였다. 아담이 범죄함으로 모든 사람이 정죄를 받았다. 그러나 예수 그리스도를 믿는 모든 사람은 정죄에서 벗어나 의롭다 하심을 인정받게 되었다. 인간은 아담의 후손으로 그를 따를 수밖에 없는 죄의 습관을 가졌지만, 동시에 우리를 죄에서 구원할 예수 그리스도를 바라게 되었다.

아담은 모든 사람을 죄 아래 놓이게 했다. 반면 예수 그리스도는 그분을 믿는 모든 사람을 생명 아래로 인도하셨다. 한 사람 아담은 순종하지 않아서 죄인이 되었고, 또 한 사람 예수 그리스도는 순종함으로 의인이 되셨다. 율법이 있는 곳에는 정죄가 넘칠 수밖에 없으나 구원받은 사람에게는 예수 그리스도의 은혜가 더욱 넘칠 것이다. 죄가 사망으로 왕 노릇 한 것처럼, 은혜도 우리에게 왕 노릇 하여 예수 그리스도의 영생 안으로 들어가게 한다. 이제 우리는 죄의 종에서 의의 종으로, 사망의 노예에서 영생에 들어가는 신분으로 바뀌었다.

7장

흔들 수 없는 구원

6:1-14

우리의 죄는 이미 죽었기 때문에
아무리 사망이 위협하고 협박해도 의미가 없다.

세례를 통한 그리스도와의 연합

6장에 들어오면서 바울은 논쟁하기 좋아하는 사람들에게 자칫 빌미를 줄만한 질문을 던졌다. "하나님의 크신 자비를 드러내도록 우리가 계속 죄를 지어야 하는 것이 아닌가?" 하고 물은 것이다. 이 질문의 진의를 생각해 보자.

우리는 율법으로 인해 죄가 얼마나 큰지를 깨달았다. 동시에 예수 그리스도로 인해서 죄인인 내가 얼마나 큰 은혜를 입었는지도 알게 되었다. 죄를 많이 깨달은 사람일수록 하나님의 은혜 앞에 더 크게 감동한다. 하지만 하나님 앞에서 계속 죄를 지으면서 더 큰 은혜의 감동을 느끼려고 하는 것은 궤변적 사고다. 자신의 의가 아니라 예수 그리스도의 의로 은혜의 자리로 들어갔다면 마땅히 변화해야 하고, 새롭게 얻은 나의 정체성이 무엇인지를 분명히 알아야 한다.

그런 의미에서 사도 바울은 우리가 절대 잊지 말아야 할 신앙의 정의를 내렸다. "나는 그리스도와 연합해 죽었고 또 그리스도와 함께 살았다"라는 것이다. 바울은 2-10절에서 이 사실을 중복해서 강조했다. 이는 앞서의 질문에 그럴 수 없다고, 가당치도 않다고 말한 것이다. 바울은 "죄에 대하여 죽은 우리가 어찌 그 가운데 더 살리요"(2절) 하며 목소리를 높였다.

이후 바울은 죽음과 삶을 비교하면서 신앙인의 정체성을 계속 이야기했다. "무릇 그리스도 예수와 합하여 세례를 받은 우리는 그의 죽으심

과 합하여 세례를 받은 줄을 알지 못하느냐"(3절), "그리스도를 죽은 자 가
운데서 살리심과 같이 우리로 또한 새 생명 가운데서 행하게 하려 함이
라"(4절), "만일 우리가 그의 죽으심과 같은 모양으로 연합한 자가 되었으
면 또한 그의 부활과 같은 모양으로 연합한 자도 되리라"(5절), "만일 우리
가 그리스도와 함께 죽었으면 또한 그와 함께 살 줄을 믿노니"(8절), "그가
죽으심은 죄에 대하여 단번에 죽으심이요 그가 살아 계심은 하나님께 대
하여 살아 계심이니"(10절).

예수 그리스도가 나를 대신해 죽으신 것은 내가 그분 안에서 죽은 것
과 같다. 주님이 나 대신 대가를 치르셨다. 같은 원리로, 예수 그리스도가
사신 것은 예수 그리스도가 사실 때 나도 함께 살았음을 뜻한다. 그래서
예수 그리스도를 믿는 자는 영원히 죽지 않고 산다. 우리의 육신은 죽어
서 무덤 속으로 들어가지만 우리의 영혼은 파멸의 자리인 지옥에 떨어지
지 않고 하나님의 은혜 속으로 나아간다.

이 지점에서 우리는 혼돈에 빠진다. '그러면 나는 죄를 초월하는 존재
로 변화되었으니 아예 죄를 짓지 않아야 하는 것 아닌가?' 여기서 우리가
오해하지 말아야 할 것이 있다. 신앙인은 죄를 짓지 않는 자가 아니다. 죄
가 우리 안에서 왕 노릇 하지 못하는 것이다. 예수 그리스도를 믿기 전에
는 죄가 왕 행세를 하기에 사망이 우리를 삼켰지만, 이제 예수 그리스도
를 믿음으로 예수 그리스도의 의가 나의 왕이 되었음을 의미한다. 우리가
신분적으로 죄의 통치에서 벗어났고, 사망의 권세에서 분리되었음을 뜻
한다. 예수 그리스도가 그 대가를 치르셨다.

죄에 대해 죽고 하나님께 대해 살아 있는 자

이어서 5절에는 사도 바울이 자주 언급한 단어인 '연합하다'라는 말이 나온다. 예수 그리스도의 죽음은 그분의 죽음으로 끝나는 것이 아니다. 예수님은 하나님의 아들로서 인류의 죄를 끌어안고 십자가에서 대속의 죽음을 치르셨다. 그로써 죄가 왕 노릇 하지 못하게 하셨고, 그리스도가 왕 노릇 하시는 자리로 우리를 옮겨 주셨다. 우리의 주인이 바뀐 것이다.

죄에 대해서는 죽고 그리스도와 함께 산 것, 그리스도와 함께 죽고 그리스도와 함께 산 것에 대해 성경은 무엇이라고 말하는가? "무릇 그리스도 예수와 합하여 세례를 받은 우리는 그의 죽으심과 합하여 세례를 받은 줄을 알지 못하느냐"(3절), "우리가 알거니와 우리의 옛 사람이 예수와 함께 십자가에 못 박힌 것은 죄의 몸이 죽어 다시는 우리가 죄에게 종노릇 하지 아니하려 함이니"(6절), "이는 그리스도께서 죽은 자 가운데서 살아나셨으매 다시 죽지 아니하시고 사망이 다시 그를 주장하지 못할 줄을 앎이로라"(9절)라고 말한다. 여기 '알다'라는 단어가 반복해서 나온다. 바울은 이제 우리는 옛 사람이 아니며, 죄가 왕 노릇 하는 권세 속에 살지 않는다는 것을 잘 알지 않느냐고 물은 것이다(3, 6절). 9절의 '앎이로라'라는 말은 '알아라'(know)라는 명령을 의미한다.

결론을 내리면, 우리는 죄의 대가를 더 이상 치를 이유가 없다. 예수님이 우리가 죄지을 때마다 죽고, 죽고, 또 죽으실 수 없기 때문이다. 끝없이 죽음을 반복하는 것이 죄의 대가라면 예수님의 죽음의 의미가 훼손되고 만다. 예수님의 죽음은 단번에 완벽하게 죄를 정복한 죽음이었다. 과거의 죄, 현재의 죄, 미래의 죄까지 다 짊어진 죽음이었다.

우리는 두 가지 딜레마에 빠질 수 있다. 먼저 "예수님이 완벽하게 죗값을 치르셨으니 우리는 앞으로 어떤 죄를 짓든 괜찮지 않나?"라는 의문을 가질 수 있다. 또한 "예수님이 내 죄를 완전히 씻어 주셔서 사망의 종이 아니라 그리스도의 종의 자리로 옮겨 왔는데, 왜 나는 여전히 죄를 짓는가?" 하는 것이다.

재판 용어 중에 '일사부재리의 원칙'이란 한 번 내려진 판결을 번복하지 않는다는 원칙이다. 예수님은 우리의 죄를 위해 십자가에서 돌아가셨다. 이것은 우리의 모든 죄, 즉 앞으로의 죄까지 포함해 판결한 재판이었다. 그런데 우리가 죄를 또 지어 예수님이 다시 죽으셔야 한다면 예수님의 죽으심은 불완전한 것이 되고, 그것은 법리에도 맞지 않다. 일사부재리의 원칙은 로마에서 나온 것으로, 성경에서 말하는 죄의 정의와 매우 밀접한 관계가 있다.

우리는 예수 그리스도로 말미암아 죄 사함을 얻었고 이제는 예수 그리스도의 휘하에 들어왔다. 그러나 과거에 죄짓던 습관을 뿌리칠 수가 없어서 종종 사탄의 유혹을 받아 죄를 짓는다. 따라서 예수 믿으면 죄짓는 것 자체가 불가능하다는 말은 옳지 않다. 그러나 예수 그리스도의 은혜를 힘입은 사람에게는 죄짓는 일이 부적합하며 어울리지 않는 행동이다. 마찬가지로, 예수 그리스도를 믿어서 하나님의 자녀가 되고 이제 예수님이 내 삶의 인도자가 되셨다면, 죄짓는 삶이 더 이상 어울리지 않는다.

순간적으로 죄를 지을 수는 있다. 과거에는 죄가 습관이었고 자연스러운 버릇이었다면, 이제는 전혀 맞지 않는 신분으로 격상되었다. 그래서 바울은 '그리스도 안에서 죽었고, 그리스도 안에서 살았다'라는 점을 거듭 강조했다. 혹시 죄에 대한 가책이 전혀 없고, 자기 마음대로 사는 사람이 있다면 그는 성경을 제대로 모르는 것이다. 은혜를 받은 자라면 죄의 자리에 계속 머물 수가 없다. 죄의 폭군에게서 벗어나 새 신분을 얻은 우리에게는 어울리지 않는 행동이다.

> "그가 죽으심은 죄에 대하여 단번에 죽으심이요 그가 살아 계심은 하나님께 대하여 살아 계심이니 이와 같이 너희도 너희 자신을 죄에 대하여는 죽은 자요 그리스도 예수 안에서 하나님께 대하여는 살아 있는 자로 여길지어다"(10-11절).

죄는 죽었다. 우리는 죄와 결별한 것이다. 물론 죄의 습관이 희미하게 남아서 불쑥불쑥 나타나고 유혹을 받는 것도 사실이지만, 이제는 완전히 하나님 나라에 속한 사람이 되었다. 따라서 '죄에 대하여 죽었다'라는 말은 곧 '하나님 앞에서 살았다'라는 말이다. 바울은 '살았다'라는 말을 '살아 있는 자로 여길지어다'라고 표현했다.

사도 바울은 어떤 의도로 이 말을 했을까? '죽었다'라는 표현을 생각해 보자. 채권자와 채무자가 있다고 하자. 약속한 기한이 지났으나 아직 돈을 돌려받지 못한 채권자는 채무자에게 돈을 갚으라고 재촉할 것이다. 그런데 더 이상 요구하지 못할 때가 있는데, 채무자가 죽었을 때다. 죽은 사람에게 돈을 내놓으라고 할 수는 없다. 재판정에서 판사가 형을 언도할 때도 피고가 죽으면 모든 판단을 취소한다. 마찬가지로, 우리의 죄는 이미 죽었기 때문에 아무리 사망이 위협하고 협박해도 의미가 없다. 이 일은 우리의 능력이 아니라 그리스도의 은혜로 이루어졌다.

성 어거스틴과 관련된 예화가 있다. 어거스틴은 로마의 주교이자 성인으로서 고대 교부 가운데 최고의 사상가이며 교부 철학의 대성자로, 중세 사상계에 큰 영향을 준 인물이다. 저서로는 《참회록》, 《삼위일체론》 등이 있다. 그는 한때 문란하고 방탕한 삶을 살았으나 회개하고 하나님께로 돌이켰다. 어느 날, 길거리를 가는데 과거에 같이 어울리던 여인이 달려와서 어거스틴에게 "애, 나야, 나" 하며 말을 걸었다고 한다. 여기에 대한 어거스틴의 대답은 유명하다. "너는 너지만 나는 내가 아니다." 옛날의 내가 아니라는 말이다. 외관상 그대로이지만 더 이상 과거의 죄에 얽매여 살던 자신이 아닌 것이다.

예수 그리스도 안에 들어오면 신분이 확실히 달라진다. 하지만 아직 완전히 천국에 이른 상태가 아니고 성화 과정이므로 과거로부터 영향을 받기도 한다. 이에 관한 사도 바울의 인상적인 표현이 11절, "너희 자신을 죄에 대하여는 죽은 자요 그리스도 예수 안에서 하나님께 대하여는 살아 있는 자로 여길지어다"라는 구절이다. 여기서 '여기다'(reckon)라는 표현은 '간주하다'(count)라는 의미를 내포하고 있다. 나를 어느 영역으로 분리할지 결정해야 한다면 그리스도 쪽으로 놓으라는 말이다. 그리고 그 영역에 맞게 실천 목록을 정하고 노력해야 한다는 뜻이다. 나 자신이 느끼든, 느끼지 못하든 개의치 않고 그 사실 자체를 인정하고 받아들이는 것이 '여기다'라는 말의 분명한 의미다.

하지만 사람에게는 이미 경험을 통해 습득된 고집스런 의식의 흐름과 반복되는 행동 양식이 있다. 신분이 달라졌으면 다르게 살아야 하는데, 하루아침에 바뀌지 않는 것이다. 과거에 우리는 세상에 속해서 죄인들과 어울려 함께 죄를 짓고 살았다. 그러다가 예수 그리스도를 믿고 일시에 신분이 바뀌어 과거의 모든 죄를 용서받았다. 하지만 죄의 추억이 완전히 사라진 것은 아니다. 이제 우리는 더 이상 죄에 연연해서는 안 된다. 바울은 바로 이 점을 지적하면서 "이제 죄는 죽었다는 사실을 알고 하나님으로 인해 산 줄로 알라. 그렇게 믿으라"라고 말한 것이다.

죄가 아닌 은혜 아래 있는 자

그리스도의 은혜 속에 들어온 감격을 우리 안에서 더욱 활발하게 누릴 수 있는 방법이 있다. "그러므로 너희는 죄가 너희 죽을 몸을 지배하지 못하게 하여 몸의 사욕에 순종하지 말고 또한 너희 지체를 불의의 무기로 죄에게 내주지 말고 오직 너희 자신을 죽은 자 가운데서 다시 살아난 자같이 하나님께 드리며 너희 지체를 의의 무기로 하나님께 드리라"라는 12-13절 말씀에서 찾을 수 있다.

우리는 죄인에서 권력자인 왕의 자녀가 되었지만, 그 감격을 누리기보다는 '정말 사실일까?' 하며 불안할 때가 많다. 고아원에 살다가 입양된 아이를 예로 들어 보자. 양아버지는 아이를 사랑하는 마음으로 "이 집이 네 집이니 여기에서 마음껏 살아라" 하며 안심시켰다. 그러나 아이는 아버지가 들어올 때마다 '혹시 나를 야단치지 않을까?' 하며 눈치만 보았고, 아버지가 "내가 너의 아빠다"라고 말하면 과연 그 말이 진심일지 계속 의심이 들었다. 신분이 바뀌었다는 사실은 인정했지만, 아무 연고도 없는 고아인 자신을 큰 은혜로 불러 준 아버지의 사랑과 감사는 느끼지 못했다.

이때 아이가 해야 할 일은 아버지를 믿는 것이다. 동시에 과거 삶의 습관을 버리고 아버지가 기뻐하는 삶을 살고자 노력해야 한다. 이것을 성경적으로 말하면, '하나님과의 사귐'이다. 그렇게 아버지와 함께 오랜 시간 지내다 보면 점차 아버지의 사랑을 체감하고 확실한 믿음이 서게 된다.

바울이 말하는 요점은 3가지다. 첫째, 우리는 예수 그리스도로 말미암아 죄가 사라진 자다. 이 사실을 분명히 알라. 둘째, 이렇게 된 것은 우리가 이미 하나님 앞에서는 산 자가 되었다는 의미다. 그 사실을 믿으라. 셋째, 그러므로 하나님이 기뻐하시는 삶에 자신을 드려라. 그러면 은혜가 마음속에 충만해질 것이다.

《왕자와 거지》라는 유명한 동화가 있다. 미국의 소설가 마크 트웨인이 1881년에 발표한 장편 소설인데, 얼굴이 닮은 왕자와 거지가 서로 신분이 바뀌어 겪게 되는 여러 사건을 줄거리로 하고 있다. 비참한 삶을 살던 거지 아이는 우연히 왕궁의 왕자와 신분이 바뀌어 왕자의 신분으로 살아가게 된다. 그러나 아침이면 아이는 궁궐 밖으로 뛰쳐나가려고 한다. 그는 자주 씻는 것, 격식을 갖춰 옷을 입는 것이나 식사하는 것을 몹시 거추장스럽게 느낀다. 심지어 밤이 되어 궁궐에 잠자리를 준비해 놓으면 '나는 다리 밑이 편한데' 하면서 과거를 그리워한다. 우리는 이 아이처럼, 예수 그리스도를 믿고 그 은혜 가운데 들어왔지만 여전히 궁궐에서의 삶보다 지난날 어둠에서 살았던 익숙한 삶을 그리워할 수 있다.

다리 밑에서의 삶이 지속되는 것은 불행이다. 그리스도가 죄 가운데서 우리를 건지셨다. 이제 우리는 죄 앞에서 죽은 자가 되고, 하나님 앞에서 산 자가 되었다. 그렇다면 하나님과 동행하고 하나님의 세계의 영광을 누리면서 사는 법을 훈련해야 한다. 자신을 죄의 무기로 쓰지 말고 하나님께 의의 무기로 드려야 하는 것이다. 하나님의 은혜가 얼마나 큰지를 점점 깨닫고, 지극히 자기중심적이던 삶을 하나님이 원하시는 방향으로 일치시켜 나가야 한다.

우리에게는 하나님의 은혜가 주는 감격이 있다. 그 사실은 성경에서도 확인할 수 있다. 1절은 "그런즉 우리가 무슨 말을 하리요 은혜를 더하게 하려고 죄에 거하겠느냐"라고 말하며, 14절은 "죄가 너희를 주장하지 못하리니 이는 너희가 법 아래에 있지 아니하고 은혜 아래에 있음이라"라고 말한다. 은혜는 죄를 짓게 방조하는 작용을 하는 것이 아니라 우리를 감동시켜서 죄를 짓지 않도록 하는 하나님의 강력한 도우심의 방편이다. 우리는 의도 없고 공로도 없지만 예수 그리스도로 말미암아 이제 하나님 앞에서 산 자가 되었다. 그러면 그곳으로 주민등록을 옮겨야 한다. 죄의 습관을 버리고 하나님과 교제하는 사람으로 자라 가야 한다.

8장

그리스도 안에서
누리는 생명

6:15-23

하나님 안에 들어가서 그분의 종이 되면
하늘로부터 쏟아지는 영생의 환희가 우리를 채운다.

의의 종으로 사는 거룩한 삶

사도 바울은 "죄가 많은 곳에 은혜가 많다"라고 고백했다. 하나님과 우리 사이를 갈라놓은 죄악의 심연에서 구원받은 사람만이 부를 수 있는 환희의 송가와도 같다. 대수롭지 않은 죄로 감옥에 간 사람과 돌이킬 수 없는 죄를 짓고 감옥에 갇힌 자가 동시에 석방된다면 어느 쪽이 더 감격할까?

그런데도 우리는 하나님의 용서를 감사하며 순수하게 받아들이기보다는 의혹에 찬 질문들을 쏟아낸다. "더 큰 은혜를 받기 위해서 앞으로는 더 큰 죄를 짓는 것이 좋겠다" 하며 궤변을 늘어놓는다. 하나님이 나를 사랑하셔서 예수 그리스도를 주셨다는 사실에 감사하기보다 "왜 나한테 주시지? 무언가 받아 내려고 하시는 것인가?" 하면서 의심한다. 그런 우리에게 사도 바울은 "은혜를 더하게 하려고 죄에 거하겠느냐"(6:1) 하며 꾸짖듯 말했다. 비슷한 구절이 15절에도 나온다. 바울은 "그런즉 어찌하리요 우리가 법 아래에 있지 아니하고 은혜 아래에 있으니 죄를 지으리요 그럴 수 없느니라"(15절)라고 말했다. '이제 은혜 안으로 왔으므로 실컷 죄지어도 괜찮다'는 어리석은 생각 따위는 버리라고 일갈한 것이다.

앞 장에서 살펴보았듯이, 바울은 '죽었다'라는 말을 강조하면서 '왕'이라는 표현을 사용했다. 본문에는 '살았다'와 '종'이라는 단어가 나온다. 약간 달리해서 설명한 것인데, 함축적이면서도 의미를 잘 담아낸 표현이라고 할 수 있다. 성경에서 '순종'과 '종'이라는 단어가 얼마나 자주 쓰이는가를 찾아보면 바울이 전하려는 핵심을 짐작할 수 있다.

본문에는 이외에도 몇 가지 비교가 더 나오는데, 바울은 먼저 "그런즉 어찌하리요 우리가 법 아래에 있지 아니하고 은혜 아래에 있으니 죄를 지으리요 그럴 수 없느니라"(15절)라고 말하면서 율법과 은혜를 비교했다. 그리고 16절 중반 절에서는 "혹은 죄의 종으로 사망에 이르고 혹은 순종의 종으로 의에 이르느니라"라고 하며 죄와 순종을 비교했다. "하나님께 감사하리로다"라는 대반전으로 시작하는 17절 이후에도 비교는 계속된다. '죄의 종'과 '의의 종'(18-19절), '전에'와 '이제는'(19절), '죄의 종'과 '하나님의 종'(22절)을 대비시킴으로 이야기를 전개해 나갔다.

전체 내용을 간략하게 4가지로 정리하면 다음과 같다. 첫째, 바울은 우리가 어떤 일을 하는 것은 그 일의 종이라는 뜻이라고 말했다. 죄에 순종하면 죄의 종이고 하나님께 순종하면 하나님의 종이다. 그는 두 영역을 완전히 구분했다. 둘째, 과거에 우리는 죄에 순종해서 죄의 종이었지만 하나님이 예수 그리스도로 말미암아 우리를 구원하셔서 그리스도께 순종함으로 의의 종이 되었다. 셋째, 그러므로 이제 우리는 의의 종으로서 자신을 의에 드려 거룩에 이르도록 해야 한다. 넷째, 죄의 종이었을 때는 의에 대해 자유했다. 하지만 그 결과는 사망이었다. 이제 우리는 하나님의 종이 되어서 죄에 자유로워졌다. 그 결과 하나님이 영생을 주셨다. 이것이 본문의 전반적인 줄기다.

세상의 종인가, 하나님의 종인가?

사도 바울이 말한 4가지 진리를 하나씩 자세히 살펴보도록 하자.

첫째, 죄와 하나님은 상반되며, 우리는 반드시 죄 아니면 하나님 편에 속할 수밖에 없다. 이분법적이라고 생각할지 모르지만, 세상을 살아 보면 삶의 대부분의 영역이 철저하게 이분되어 있음을 인정할 수밖에 없다. 그런데 바울은 왜 하나님과 사탄을 비교하지 않고, 사탄의 작용으로 나타나는 죄를 거론했을까? 그는 감히 하나님이 사탄에 비교당하시는 것조차 싫었던 것이다. 또한 우리가 일반적으로 사탄보다 죄를 더 익숙하게 여기기 때문이기도 하다.

자신을 점검해 보라. '나는 죄의 영역에 속한 사람인가, 하나님의 영역에 속한 사람인가?', '비록 죄를 짓는 부분이 있다 할지라도 하나님의 영역에 속했을까, 아니면 그리스도인임에도 불구하고 죄를 주인으로 섬기는 죄의 영역에 머문 자일까?' 우리는 분명 어느 한쪽에 속해 있다.

따라서 바울이 말한 둘째 진리는 죄의 종노릇에서 자유한 것은 곧 하나님의 종임을 뜻한다는 것이다. 반대로 하나님의 종노릇에서 자유하면 죄의 종이 된다.

이와 관련해 바울은 '가짜 자유'와 '진짜 자유'를 설명했다. 죄가 우리의 주인이 되어 우리를 다스리고 통치할 때 하나님에 대해 우리는 자유하다. 그러나 그 자유는 허망과 슬픔, 그리고 사망을 가져온다. 가짜 자유다. 반대로 죄에서 자유하고 하나님의 종이 되는 것은 속박처럼 보인다. 그러나 그 자유에는 영생과 은총이 있고, 하나님의 능력을 경험할 수 있다. 우리는 진짜 자유를 누려야 한다. 이것이 사도 바울의 논지다. 죽음으로 몰고

가는 가짜 자유와 생명을 가져다주는 진짜 자유 중 당신은 무엇을 택할 것인가?

인간은 하나님의 속박에서 벗어나면 마음껏 즐거움을 누리면서 성취욕을 달성할 수 있으리라고 기대한다. 그러나 이것은 헛되고, 헛되며, 헛된 일이다. 자신을 기만하는 자유이지, 진정한 자유가 아니다.

예수님은 누가복음 15장에서 탕자의 비유를 말씀해 주셨다. 아버지 밑에서는 자기 마음대로 살 수 없으니 유산을 미리 달라고 조른 둘째 아들의 이야기다. 아버지는 집에 있는 것이 행복이라고 타일렀지만 그는 고집을 굽히지 않았고, 결국 유산을 가지고 타국으로 떠나서 향락에 빠졌다. 많은 친구가 생겼고, 먹고 마시고 즐기며 온갖 세상 즐거움을 만끽했다. 그러나 그 자유는 오래가지 못했다. 그것은 진짜 자유가 아니었고 엄청난 패망을 가져왔다. 돈이 다 떨어졌을 즈음, 머물고 있는 나라에 기근이 찾아왔고 아버지를 떠나 즐거움의 열매를 먹기 원했던 그는 결국 돼지 밥인 쥐엄 열매조차 얻어먹지 못하는 신세로 전락하고 말았다. 죄와 친구가 되는 줄 알았지만 죄의 속박에서 벗어날 수 없는 형편없는 자리로 곤두박질치고 말았다. 세상에서 자유를 얻을 것 같았지만 멸망의 종이 되고 말았던 것이다.

아들은 처참해진 자신을 보며 고민 끝에 품꾼으로 지내더라도 아버지 집이 낫겠다고 생각했다. 아들로 지내는 것이 싫다고 뛰쳐나왔던 그가 종도 아닌 품꾼을 생각했다. 품꾼은 일용직으로, 주인이 써 주지 않으면 일도 할 수 없는 처지의 사람이다. 하지만 그는 다짐하고 아버지에게 돌아갔다. 그런데 아버지는 그런 그를 끌어안았다. "아버지 내가 하늘과 아버지게 죄를 지었사오니 지금부터는 아버지의 아들이라 일컬음을 감당하지 못하겠나이다"(눅 15:21)라는 말밖에 못 했는데, 다음 말을 꺼내기도 전에 아버지는 그를 위한 잔치를 베풀었다.

세상과 친밀해진 것을 세상의 친구 된 것으로 믿었건만, 실상 그는 세상의 종이었다. 아버지로부터 자유로운 것은 곧 세상의 종으로 가는 길이었다. 결국 그는 세상에서 벗어나 아버지에게 돌아옴으로써 진짜 자유와 평화를 누릴 수 있었다.

나는 세상의 종인가, 하나님의 종인가? 우리는 '하나님의 종'이라는 표현에 종종 부담을 갖는다. '하나님의 아들', '하나님의 백성'이라는 표현도 있는데, 왜 하필 바울은 종이라는 부담스러운 표현을 썼을까? 하지만 탕자의 비유를 보면 종이라는 표현조차 얼마나 호사스러운지를 깨닫게 된다.

여기에는 중요한 교훈이 하나 더 있는데, '종노릇'의 바른 이해로, 죄의 종노릇이든 하나님의 종노릇이든 정적인 상태가 아니라 역동성을 갖는다는 것이다. 이것이 바울이 말하려는 셋째 진리이기도 하다. 하나님의 종 된 사람은 거룩에 이르도록 힘써야 한다. 왜냐하면 종노릇은 단순히 종이 된 상황만 뜻하지 않고 점점 발전되기 때문이다. 죄에게 종노릇하는 사람은 처음에는 조그만 죄를 짓는다. 그러나 그것으로 그치지 않고 다음에 더 큰 죄를 짓고, 점점 무감각해지면서 죄를 다양하게 저지른다. 나중에는 그조차도 성에 차지 않아 심각한 죄에 빠진다. 이것이 죄의 역동성이다.

반면에 하나님의 종 된 사람은 하나님의 은혜를 느끼고, 하나님과 교제하고, 하나님의 인도하심을 받는다. 하나님의 자녀라는 사실 자체에 멈추지 않고 점점 은혜의 자리로 나아간다. "하나님, 저는 하나님 앞에 더 가까이 가고 싶어요. 하나님과 동행하면서 살고 싶어요" 하며 하나님과의 사귐을 갈망하게 된다. 결코 본성 자체로 멈춰 있지 않는다. 죄의 종이 가지는 역동성의 결과는 사망이다. 그러나 하나님의 종이 가지는 역동성의 결과는 영생이다.

넷째 진리는, 죄는 반드시 삯을 지불한다는 것이다. 죄는 마치 친구처럼 유혹하고 살갑게 다가오지만, 결국 반드시 대가를 요구한다. 그 대가는 사망이다. 그러나 우리가 하나님 앞에 순종하면서 하나님의 종으로 살면 하나님은 영생을 선물로 주신다. 엄청난 은혜의 세계로 우리를 초청하시는 것이다.

의의 종으로 맺은 열매

미국 농무부 식물 균류학자이자 농업 경제학 교육자 조지 워싱턴 카버는 미국의 노예해방령이 선포된 다음 해인 1864년에 태어났다. 그는 흑인이었고 일찍 부모님이 돌아가셔서 다른 집에 맡겨졌다. 하지만 곧 양부모까지 세상을 떠났다. 게다가 그는 병약했다. 근근이 남의 집 정원 청소를 하고 화단을 가꾸면서 푼돈을 벌어 공부했다. 노예제도로부터 해방되기는 했지만 사회 관습과 사람들의 안목은 여전히 바뀌지 않았고 경제적 해방을 얻은 것도 아니었다. 그는 흑인이 무슨 학교를 다니냐는 조롱과 멸시를 무수히 당했지만 꺾이지 않고 묵묵히 공부했다. 그리고 끊임없이 노력한 결과, 흑인 최초로 박사가 되었다. 식물학 박사였다.

당시 미국 경제는 심각한 어려움에 직면해 있었다. 흑인 대대로 노예 생활을 하던 미국 중남부 지역의 토지에서 심각한 문제점이 발견되었던 것이다. 그곳은 목화의 주생산지였는데, 땅에서 엄청난 양분을 끌어당기는 목화 농사로 땅이 박토가 되어 버렸다. 박토에 또다시 목화를 심자 생산량이 급격히 떨어졌고, 이로 인해 발생한 손실이 노예해방에 대한 원성으로까지 번졌다. 정치, 사회, 경제 등 총체적 난국에 직면했다.

그런데 이처럼 보잘것없어 보였던 흑인인 카버가 목화밭을 살려 내는 획기적인 연구를 해 냈다. 땅에 땅콩을 심으면 영양분이 다시 공급되어 양질의 목화를 생산해 낼 수 있다는 해법을 내놓은 것이다. 이후 모든 목화밭에 땅콩을 심었다. 하지만 또 다른 문제가 생겼다. 아침에도 땅콩, 점심에도 땅콩, 저녁에도 땅콩을 먹어 댔지만 땅콩이 다 소비되지가 않았다. 그러자 땅콩 박사 카버는 다시 연구해 땅콩으로 만들 수 있는 105가지 이상의 음식물과 200가지 이상의 제품을 만들어 냈다. 버터나 잼 같은 식품뿐 아니라 비누, 샴푸, 오일 등 다양한 상품을 만들어 획기적인 대안을 제공했고 사람들은 열광했다.

당시만 해도 흑인은 미국 의회 근처에는 얼씬도 못했다. 여전히 흑인이 짐승 취급을 받던 때였다. 그런데 미 의회가 조지 워싱턴 카버를 초청했다. 그가 의회에서 자신의 삶과 걸어온 길을 이야기하자 의원들 전원이 기립해서 환영과 감사의 박수를 보냈다.

흑인으로서 최초로 미 의회에 들어가 연설한 흑인에게 한 상원의원이 "당신이 한 일들은 정말 놀랍습니다. 그렇게 할 수 있었던 원동력이 무엇입니까?"라고 물었다. 그때 카버는 웃으면서 가방에서 책을 한 권 꺼냈다. 성경이었다. 그러고는 이렇게 말했다. "저는 이 구절을 아주 좋아합니다. "너는 범사에 그를 인정하라 그리하면 네 길을 지도하시리라"(잠 3:6). 저는 꽃을 보아도 하나님의 손길을 느꼈고, 하늘을 보아도 하나님의 마음을 생각했습니다. 모든 것에서 역사하시는 하나님의 손길을 깨달았습니다." 카버는 백인의 노예도, 흑인의 노예도 아닌 하나님의 종이었던 것이다. 그는 노예제도의 굴레에 얽매여서 끌려가는 나약한 종이 아니라 위대하신 예수 그리스도의 종이었다. 이처럼 그리스도의 종, 하나님의 종이 된다는 것은 인간으로서 감히 느끼기 어려운 하나님의 무한한 감격의 손길을 경험하게 한다.

아버지와 아들 사이는 마치 하나님과 우리 사이와도 같다. 우리는 하나님의 종이라고 하면 은근히 마음에 부담을 갖는다. 그러나 인생을 살아갈 때 하나님과 교제하며 그분의 은혜를 깨닫게 되면, "하나님, 저는 하나님의 종이 아니라 품꾼이라도 감사합니다. 저는 하나님의 나라에서 신발끈을 푸는 일도 감당하지 못합니다"라고 고백하게 된다.

하나님의 종, 그 아름다운 은총

루트비히 판 베토벤의 교향곡 9번 "합창"은 우리에게 많은 감동을 준다. 이 곡은 베토벤이 프리드리히 실러의 시에 감동해서 만든 것이다. 실러는 독일의 시인이자 극작가로서, 요한 볼프강 폰 괴테와 더불어 독일 고전주의 문학의 2대 거성으로 꼽히는 인물이다. 베토벤은 24세에 실러의 시를 읽고 나서 실러의 부인에게 음악으로 만들고 싶다는 편지를 보냈다.

그러나 그가 교향곡 9번을 완성한 시점은 그로부터 30년 후로, 삶의 온갖 애환을 경험한 후였다. 그에게는 즐거움도, 고통도, 절망도 있었다. 심지어 음악가로서 치명적인 약점인 청각 장애를 얻기도 했다. 많은 음악가가 수많은 교향곡 가운데 이보다 훌륭한 곡은 없다고 입을 모은다. 전무후무하다고 말한다. 베토벤의 교향곡 9번은 아무리 음악에 무지한 사람일지라도 알 수 없는 경외감과 전율을 느끼게 만드는 곡이다. 어떤 음악가는 만약 볼프강 아마데우스 모차르트가 살아나서 베토벤의 교향곡 9번의 1악장 도입부만 들었어도 다시 졸도했을 것이라고 익살스럽게 말했다.

교향곡 9번을 듣노라면 마치 베토벤의 생애를 엿보는 것 같다. 그는 보잘것없는 마을에서 미미하게 태어났다. 그러나 청년기를 맞이하면서 온 정열을 다해 음악을 작곡했다. 그것은 투쟁이기도 했고, 노력이기도 했으며, 분투이기도, 열정이기도 했다. 그러나 그는 나이가 들면서 회한에 사로잡힌 채 스스로를 향해 "진정한 인생의 즐거움, 인생의 환희는 과연 무엇인가?"라는 근원적인 질문을 던지곤 했다.

교향곡 9번에는 그 고뇌에 대한 답처럼 격렬한 선율의 흐느낌이 등장한다. 하지만 어느새 첼로와 콘트라베이스가 나와서 그것이 아니라고 속삭인다. 그러고는 또 하나의 열정적 선율이 꿈틀거리면서 아름다움에 대한 갈망을 드러낸다. 다시 첼로와 콘트라베이스가 등장해 그것도 아니라고 일러 준다. 그 후 우아함, 사랑과 동경처럼 사람의 마음을 감싸고 이끌어 가는 듯한 부드러운 선율이 흘러나온다. 하지만 그것도 부정당하다면서 미세하고도 꿈 같은 선율이 살며시 스미듯 흐른다. '이 느낌이 대체 무엇일까?' 하고 생각하는 순간, 첼로와 콘트라베이스뿐 아니라 모든 악기가 일제히 앞을 다투어 연주한다.

그런데 그 순간 바리톤 솔로가 웅장하게 터져 나온다. 인간의 소리인 것이다. 교향곡에 찬양이 접목된 것은 이 곡이 최초였고, 일대 사건이었다. 베토벤이 전하고자 한 메시지는 다음과 같다. "하늘의 문이 열렸다. 보좌 앞에 하나님이 앉아 계신다. 환희는 이 세상의 어떤 투쟁과 분투와 열정과 사랑의 우아함에 있는 것이 아니다. 하나님 앞에 나아갈 때만 얻을 수 있다."

베토벤은 귀가 완전히 멀어 전혀 들을 수 없었다. 그런데도 교향곡 9번을 청중 앞에서 직접 발표했다. 연주가 끝났는데도 연신 허공을 향해 지휘봉을 움직였다. 그때 알토 독창자가 나와서 베토벤을 관중석으로 돌려놓았고, 기립 박수를 5회나 받았다. 당시는 왕이 나오면 백성이 환호하고 박수하는 것이 3회로 규정되어 있을 때였는데, 그의 연주가 얼마나 감동적이었는지를 짐작할 수 있다.

우리가 하나님의 종이 되어 하나님 앞에 온전히 자신을 드릴 때 얼마나 아름다운 은총이 쏟아질까? 죄의 삯은 사망이요, 하나님의 은사는 예수 그리스도 안에서 하나님이 주시는 영생이다. 죄의 속임수에 빠지지 말자. 그 찬란함에 속지 말자. 하나님 안에 들어가서 그분의 종이 되면 하늘로부터 쏟아지는 영생의 환희가 우리를 채운다. 하나님의 종이 된 자, 은총의 삶을 누리는 자가 부르는 환희의 송가인 것이다.

어떻게 죄의 습관에서 벗어날 수 있는가

우리는 죄의 종이 아니라 은혜의 종으로 호적이 바뀌었다. 그러나 삶을 들여다 보면 여전히 죄의 습관이 남아 있고 사탄의 유혹 가운데 있다. 무엇이든지 거기에 끌려다닌다면 그것의 노예다. 날마다 돈만 생각하고 산다면 돈의 노예, 쾌락만 추구하고 쫓아다닌다면 쾌락의 노예다. 마찬가지로 그리스도 안에서 의의 종이요 영생에 속한 사람이 되었지만 과거의 습관을 버리지 못하고 그 죄의 습관을 따른다면 죄는 '너는 여전히 내 종이다'라고 여긴다.

그러나 우리가 예수 그리스도를 믿어 의에 이르고 죄에서 해방되어 의의 종이 되었다면 의의 열매, 곧 영생을 누려야 한다. 죄의 삯은 사망이지만 하나님이 주시는 선물은 예수 그리스도 안에서 주시는 영생인 것이다. 그것은 우리가 만들어 낸 것이 아니다. 그러므로 우리는 자신이 아니라 내게 의로움을 주신 새로운 의, 예수 그리스도를 의지해야 한다. 이 은혜의 감격이 있다면 '나는 죄의 종이 아니야. 계속 그렇게 살 수 없어. 그렇게 살기 싫어'라며 단단히 마음을 먹고 죄에서 단호하게 돌아설 것이다.

하나님이 그리스도를 통해 주신 이 은혜의 가치가 얼마나 큰지 알고 있는가? 하나님은 우리를 판단하지 않고 독생자 예수 그리스도를 이 땅에 보내 십자가에서 죽게 하심으로, 그분의 의로 우리를 이끄시고 깊은 사랑을 확증하셨다. 따라서 우리는 하나님의 그 사랑이 부끄럽지 않도록 살아야 한다.

하나님은 의만 주고 우리를 버려두시는 분이 아니다. 우리에게 그 의를 주심으로 하나님의 영광을 바라보며 즐겁게 살게 하셨고 지금도 우리를 영생으로 이끌고 가신다.

3부

복음은
무엇을
주는가

복음과 율법의 관계
7:1-8:39

1장

율법을 넘어 자유 가운데로

7:1-12

하나님은 율법의 노예로 살던 우리를
예수 그리스도를 통해 은혜 안으로 완전히 불러 놓으셨다.

율법으로부터의 자유

우리는 죄와 율법에 대해서는 죽고 하나님께 대해서는 산 자가 되었다는 사실을 앞서 충분히 살펴보았다. 사도 바울은 이 점을 결혼한 남녀에 비유했다. 알다시피 비유는 풍유적으로만 해석해서는 안 된다. 모든 요소가 비유로 설명되지는 않기 때문이다. 비유를 통해 말하려는 주된 핵심 요소를 놓쳐서는 안 된다. 비유에서 바울이 말하려는 의도를 보지 않고, 단지 정서적으로 반응하거나 자기가 처한 상황을 대입하면서 못마땅한 감정을 갖지 않도록 경계해야 한다. 이 점을 기억하며 바울의 비유에 접근해 보자.

보통 한 남자와 한 여자가 사랑해서 결혼식을 올리면 주례자로부터 이런 질문을 받게 된다. "병들 때나 어려울 때나 기쁠 때나 슬플 때나 광야 같은 이 세상에서 상대만을 사랑하고 대의의 정조를 유지하겠습니까?" 어떤 의미에서 서약을 통해서 상대에게 얽매인 존재가 되는 것이다. 그런데 배우자가 죽으면 서약은 무효가 된다. 서약을 지킬 상대가 없어졌기 때문이다.

대부분의 사람들은 결혼할 당시 부유하고 넉넉한 환경에서 시작하기보다는 젊음이 주는 무한한 사랑, 또는 풋풋한 소망의 힘으로 소박하게 출발한다. 시간이 흐르면서 서로의 노력과 희생으로 힘든 삶을 통과하고 상대에 대한 정조를 지키며 살아간다. 그래서 배우자가 세상을 떠나기 전에 다른 이성을 취하거나 가까이하면 바람둥이라고 부른다. 그러나 배우자가 사망한 후 재혼은 일반적으로 문제 될 것이 없다.

예수 그리스도로 말미암아 율법에서 해방되어 은혜로 나온 우리 역시 마찬가지다. 율법의 종노릇을 할 때 우리는 율법에 얽매여 있었다. 마치 율법과 결혼한 사람처럼 말이다. 그러나 이제 그리스도로 말미암아 그리스도와 연합한 사람이 되었다. 율법에 죽고 그리스도께 대해 산 자가 된 것이다. 그러면 이제 더 이상 율법에 얽매일 이유가 없다. 물론 옛 추억이나 흔적을 가질 수는 있다. 그러나 분명히 율법으로부터 자유해졌다.

문제는 새 가정을 꾸렸는데도 계속 과거를 잊지 못하고 얽매이는 경우다. 그러면 모두가 불행해진다. 예수 그리스도와 결혼해 그리스도의 은총 속에 살게 되었는데도 율법에 매여 끌려다니는 것은 정말이지 어리석은 일이다. 그래서 바울은 "이제는 율법에 대해서 죽었다. 너희를 지배하던 상대자가 죽었다"라고 말했다.

죄를 지어서 감옥살이를 하고 나온 한 사람이 있다고 가정해 보자. 형량을 마치고 나왔으니 죗값을 다 치른 것일까? 사회 규범상 죗값을 치렀다고 이야기할 뿐이지, 다른 사람에게 피해를 입힌 사실이 없던 일이 되거나 죄지은 기억으로 인한 양심의 가책을 완전히 지울 수는 없다. 그런데 하나님이 은혜로 죄의 값을 치르고 우리를 그 감옥에서 건져 주셨다. 그러므로 우리는 우리를 구해 주신 하나님의 은혜를 생각하면서 자신의 감정이야 어떻든 늘 감사한 마음으로 살아야 한다. 이 단계를 넘지 못하면 더 이상 앞으로 나아갈 수 없다. 예수 그리스도를 믿어 죄와 율법의 굴레에서 벗어나 하나님의 사람으로서 은혜의 자리에 나온 것은 분명 우리가 느끼는 감정과 무관하다. 정서적으로 이해하고 감동받는 사람도 있지만 반드시 필요한 과정은 아니다.

율법의 즐거운 용도

그러면 또다시 '이제부터는 죄를 지어도 아무 상관이 없다는 것인가?' 하는 의문이 고개를 치켜든다. 율법으로부터 자유로워졌고 예수님이 또 죽으셔야 하는 것도 아니므로 다시 죄를 지어도 된다는 말은 과연 옳은가? 확실히 우리는 새 주인에게 속해 있다. 그렇다면 과거의 주인에게는 죽은 자가 된다. 그리고 그로부터 자유하다. 반면 새 주인에게는 산 자가 된다. 그렇다면 이 말은 율법이라는 과거의 주인과 상관없어졌으니 이제는 율법에 저촉되는 어떤 일이든 행해도 된다는 뜻일까? 우리는 이렇게 율법을 오해한다.

먼저, 율법의 용도를 생각해 보자('율법', '율례', '계명'은 동의어다). 하나님이 이스라엘 백성에게 율법을 주신 목적은 그들을 축복하시기 위해서였다. 이스라엘 백성은 다른 민족이 아닌 자신들이 율법을 받았다는 사실에 기뻐했고, 대단한 자부심을 가졌다. 그런데 문제는 율법을 온전히 지키지 못했다는 확실한 죄명도 갖게 되었다는 것이다. 율법 시대에 사람들은 철저하게 율법의 지배 아래 살았다. 그래서 살면 살수록 죄의 항목이 점점 더 불어났다. 인간은 선보다 악을 훨씬 더 많이 행할 수밖에 없는 존재이기 때문이다. 결국 죄의 삯은 사망이다(6:23). 사람들은 "오호라 나는 곤고한 사람이로다 이 사망의 몸에서 누가 나를 건져 내랴"(7:24)라는 무력감에 빠져 탄식할 수밖에 없었다. 그런데 하나님이 독생자 예수 그리스도를 보내 율법의 대가를 대신 치르게 하셨기에 우리는 율법의 자리에서 은혜의 자리로 나오게 되었다.

그러자 "이제 율법은 우리와 상관없어졌다"라고 주장하는 율법폐기론이 등장했다. 이단 중에서 특히 구원파가 이 점을 강조한다. 그들은 "당신은 언제 예수 그리스도를 믿어 구원을 받았는가? 육신에 생일이 있듯이 당신이 새 생명을 얻은 생일이 있을 것 아닌가? 생일을 분명히 알고 있다면 당신은 예수 그리스도로 말미암아 새롭게 태어난 것이고 이제는 율법과는 전혀 상관없다. 율법이 무의미해졌다" 하고 단도직입적으로 묻고 주장한다.

당연히 성경은 율법폐기론을 말하지 않는다. 율법을 전부 폐기해야 한다면 근본적인 모순이 생긴다. 하나님이 예수 그리스도를 보내 율법을 폐기하시려 했다면 애초에 왜 율법을 주셨겠는가? 그러면 하나님은 오히려 인간으로 하여금 죄를 짓게 하는, 즉 그들을 죄인으로 만드는 일에 선봉장이신 셈이 되지 않는가? 그리고 율법에서 자유로워지고 예수 그리스도께로 가는 것으로 끝인가? 성경은 그 이후에 대해 이렇게 말한다.

> "그러므로 내 형제들아 너희도 그리스도의 몸으로 말미암아 율법에 대하여
> 죽임을 당하였으니 이는 다른 이 곧 죽은 자 가운데서 살아나신 이에게 가
> 서 우리가 하나님을 위하여 열매를 맺게 하려 함이라"(4절).

신앙인은 하나님을 위해 열매를 맺는 삶을 살아야 한다. 그것이 우리가 율법에 대해 죽임을 당하고 예수 그리스도께로 간 목적이다. 이어지는 6절 말씀처럼 "이제는 우리가 얽매였던 것에 대하여 죽었으므로 율법에

서 벗어났으니 이러므로 우리가 영의 새로운 것으로 섬길 것이요 율법 조문의 묵은 것으로 아니"해야 한다. 우리는 이제 율법에 끌려다니는 것이 아니라 성령으로 말미암아 하나님이 주신 은혜의 말씀으로 섬긴다.

성경이 말하는 율법에서 해방되는 자유는 방임이나 방종을 의미하지 않는다. 이제 예수 그리스도 안으로 들어와서 진정으로 하나님의 말씀을 이루는 삶을 살게 되었다는 것을 뜻한다. 이것을 가리켜 '율법의 제3용도'라고 말한다. 율법의 제1용도는 축복과 의를 가르쳐 주는 것이고, 제2용도는 율법을 어겼을 때 그것이 죄라는 사실을 알려 주는 것이며, 제3용도는 율법을 즐겁게 이루어 가게 하는 행동 지침서의 역할을 하는 것이다. 우리는 이 사실을 성경에서 확인할 수 있다.

> "생명에 이르게 할 그 계명이 내게 대하여 도리어 사망에 이르게 하는 것이 되었도다 죄가 기회를 타서 계명으로 말미암아 나를 속이고 그것으로 나를 죽였는지라 이로 보건대 율법은 거룩하고 계명도 거룩하고 의로우며 선하도다"(10-12절).

혹시 이 말씀을 읽으면서 '결국 율법은 선이라는 말인가? 도대체 바울은 무슨 말을 하려는 것일까?' 하며 다시 혼란에 빠질 수 있다. 정리해서 말하면 이렇다. 율법의 조문은 우리를 생명에 이르게 하려는 목적을 가지고 있었으나 오히려 사망에 이르게 하는 것이 되었다. 그 이유는 죄가 율법의 명령을 이용해 우리를 속이고 오히려 죄를 짓게 해 죽음에 이르게 했기 때문이다. 그러므로 율법의 조문이나 명령이 문제가 아니라 죄가 문제인 것이다.

하나님은 율법의 노예로 살던 우리를 예수 그리스도를 통해 은혜 안으로 완전히 불러 놓으셨다. 그런데 은혜 안에서 무위도식하도록 우리를 부르신 것이 아니다. 하나님이 주신 율법에 얽매이는 삶을 살아가지 않고 율법을 능가해 능히 이루어 가는 사람으로 만들어 놓으신 것이다. 이제 율법은 즐겁게 지키는 용도가 되었다.

"이는 다른 이 곧 죽은 자 가운데서 살아나신 이에게 가서 우리가 하나님을 위하여 열매를 맺게 하려 함이라"(4절)라는 말씀은 하나님이 우리에게 주신 율법의 열매가 실현되게 하신다는 뜻이다. 그러나 율법으로 다시 돌아가는 것은 아니다. 우리는 "영의 새로운 것으로 섬길 것"(6절)이다. 여기서 섬긴다는 것은 하나님의 말씀을 지킴으로써 섬기는 것을 의미한다. 중요한 것은, 우리 스스로가 아니라 영의 새로운 것, 성령으로 감동되어서 자연스럽고 기쁘게 섬길 수 있게 되었다는 것이다. 율법의 속박에서 벗어났지만 율법과 상관없는 것이 아니라 율법을 능가하는 그리스도의 사람이 되었다는 의미다.

율법의 한계

예를 들어 보자. 십계명 중에서 제10계명은 "네 이웃의 집을 탐내지 말라"다. 율법이 주어지기 전에 사람들은 죄가 죄인지 몰랐기에 이웃집에 탐나는 물건이 있으면 슬쩍 가져와도 별 문제없다고 여겼다. 그러나 율법을 받은 후에는 남의 것을 은근슬쩍 가지고 오는 것은 도적질이며, 탐내는 것 자체가 죄악이라는 사실을 알게 되었다.

그런데 반어적으로, 율법의 금기는 반짝이는 장신구처럼 오히려 죄인들을 자극하고 충동질한다. "하지 말라" 하면 '안 해야지' 하면서 마음을 다잡는 것이 아니라 '하면 재미있을까?' 하며 호기심을 유발하는 것이다. 사탄은 그 상황을 철저하게 이용한다. 우리는 왜 잘못인 줄 알면서도 잘못을 저지르는 것일까? 죄악에 대한 호기심 때문이다.

또 하나, 율법은 착각을 불러일으키는 기능을 하기도 한다. 유대인들, 서기관과 바리새인들은 '나 정도면 매우 거룩하다. 내가 천국에 못 가면 천국에 갈 사람이 없다'라고 생각하며 자신들이 거룩하다고 자부했다. 전부 자기 착각이었다. 율법은 홀로 존재하면 이처럼 미묘하게 혼란을 주는 상황을 연출한다.

그런데 예수 그리스도를 믿어서 은혜 가운데 들어온 사람은 율법과 무관해지는 것일까? 신기하게도, 하나님의 은혜와 그리스도의 사랑이 있으면 죄악의 마음이 정리된다. 죄를 짓지 않으려고 발버둥치는 것이 아니라 자연스럽게 죄짓기가 싫어진다. 성령의 역사를 경험하기 때문이다.

과거에는 "이웃을 사랑하라" 하면 기분이 내킬 때만 사랑하고 싫으면 모른 척했다. 다른 사람의 선한 행위를 보고 분발해 그 기준을 따르려고 하면서도 마음속으로는 '내가 이렇게까지 해야 되나?'라고 생각했다. 또 선을 행했다고 해도 자기 의로 돌렸다. 그러다가 율법이 주어진 후 이웃을 사랑하지 않으면 죄라는 사실을 알게 되었고, 살면서 그 점을 의식하기는 했다. 그런 우리가 예수 그리스도를 믿고 은혜 가운데 들어오면 이웃 사랑을 실천하는 일이 즐겁고 진정 보람 있게 느껴진다. 진심으로 이웃을 사랑하고 싶다는 마음이 자연스럽게 스며든다.

율법의 속박에서 자유함

예수 그리스도를 믿음으로 율법에 대해 죽었다는 말은 율법의 속박에서 죽었다는 뜻이다. 그래서 우리는 예수 그리스도 안으로 나왔다. 그런데 예수 그리스도 안으로 나왔다는 것은 율법을 무시하고 폐기하라는 의미가 아니다. 율법을 능가하면서 기쁘게 이루어 가라는 뜻이다. 이 일은 우리를 하나님께 영광을 돌리고 더 깊은 은총 속으로 들어가게 하시는 성령의 역사로 가능하다.

율법은 악하지 않다. 그러나 율법만 있을 때는 모순이다. 은혜 안에 들어가야만 율법은 진정한 의미를 갖게 된다. 그전에 율법은 우리를 속박하고, 협박하고, 으름장을 놓았다. 마치 우리가 율법의 눈치를 보면서 질질 끌려가는 것만 같았다. 그러나 우리가 완전히 은혜의 자리로 옮겨진 후에 율법은 더 이상 문제가 되지 않는다. 우리가 살면서 종종 경험하듯이, 율법은 홀로 존재하면 그 속에 은혜가 없고 우리에게 엄청난 부담으로 다가올 뿐이다.

세상 사람들은 예수 그리스도를 믿는 사람들이 교회에 나와서 눈물을 흘리는 모습을 보면서 이해가 안 된다고 한다. 우리가 흘리는 눈물은 자신이 지은 죄에 대한 비통한 마음과 우리의 죄를 용서해 주신 하나님에 대한 감사의 눈물이다. 그뿐만이 아니다. 예수 그리스도의 은혜가 매우 커서 그 생각을 할 때마다 감격하고 감동해 눈물이 흐른다. "나 같은 죄인을 구원해 은혜의 자리에 놓으신 하나님의 사랑은 정말 놀랍다!"라는 고백이 넘친다.

은혜 안에 있는 자로서 율법을 보면 우리의 삶에 역사하시고 우리를 인도하시는 성령의 손길이 보인다. 그러므로 율법이나 계명, 율례는 결코 나쁜 것이 아니며, 오히려 선한 것이다. 은혜의 삶에 거한 자에게 율법은 은혜의 역사로 살고자 하는 의지에 힘을 더해 주는 선한 작용을 한다. 예수 그리스도를 믿기 전에는 율법에 얽매여 사는 삶이 너무 힘들고 도저히 그렇게는 살고 싶지 않았지만, 예수 그리스도를 믿고 은혜 안에 완벽히 들어오자 성령으로 말미암아 기쁨으로 섬기며 살아가게 된 것이다.

만약 은혜가 없고 율법만 있다면 종의 자리에서 벗어날 길이 없다. 그러나 예수 그리스도의 은혜 가운데 하나님의 품 안에 들어오면 과거에 나를 괴롭히고 하수 역할을 했던 율법과 율법 시대의 흔적이 비록 아프지만 은혜의 촉매제로 작용한다. 예수 그리스도를 믿고 그리스도의 품에 안기자. 내 모든 약함과 부족함이 오히려 그리스도의 은혜로 승화되는 기적을 체험하게 될 것이다. 그때 내 과거의 흑암이 오늘의 밝음을 더 밝히는 은혜로 다가올 것이다.

2장
곤고한 사람

7:13-25

우리는 약하다.
우리를 은혜 속에 살도록 만드시는 분은
우리 주 예수 그리스도뿐이시다.

마음속에 거하는 죄

예수 그리스도를 믿고 하나님의 자녀가 되었는데도 여전히 자기 연민에 빠질 때가 있다. 왜 이런 곤고함에 빠지는 것일까?

먼저, 예수 그리스도를 믿어 율법을 떠나 은혜의 품 안에 들어왔지만 현실에서는 은혜받은 자녀답게 행동하지 않기 때문이다. 그때 우리는 '내가 정말 구원받은 사람이 맞나? 예수 그리스도를 믿고 은혜 속에 들어온 것이 확실한가?' 하는 회의가 든다. 교회에서 말씀을 듣고 찬양을 할 때는 분명 은혜의 사람 같은데, 교회 밖에서는 죄의 종처럼 사는 모습을 보면서 무력함을 느낄 수밖에 없는 것이다. 이런 마음조차 들지 않는다면 둘 중 하나다. 정말로 은혜의 자리에 들어갔거나, 아직까지 죄 아래 있는 경우다. 죄인은 죄의 문제를 심각하게 고민하지 않기 때문이다.

또한 우리는 죄의 기준을 하나님께 두지 않고 세속 윤리나 다른 사람들의 평가에 둔다. 따라서 모처럼의 선한 의지도 쉽게 무너뜨린다. 그러면서 양심의 가책도 별로 없고 '다들 그렇게 하는데 뭐' 하면서 대수롭지 않게 넘어간다.

그러나 이상하게도 예수 그리스도를 믿은 후에는 하나님이 기뻐하시는 삶을 살고 싶어진다. 자꾸 넘어지는 자신의 모습을 보면서 심각한 고민에 빠진다. 그러면서 '내가 예수님을 믿지 않았다면 속 편하게 살았을 텐데, 괜히 예수님을 믿고 양심이 예민해져서 스스로를 괴롭히고 있는 것은 아닌가?' 하며 갈등하기도 한다. 바울은 이런 우리의 심리를 꿰뚫어보기라도 한 듯, "내 속사람으로는 하나님의 법을 즐거워하되 내 지체 속에서 한 다른 법이 내 마음의 법과 싸워 내 지체 속에 있는 죄의 법으로 나를 사로잡는 것을 보는도다"(22-23절)라고 말했다. 하나님의 법을 즐거워하지만 행동으로는 죄의 법을 따른다면 괴로운 일이다.

예수님을 진짜로 믿는지, 아닌지를 간단히 알 수 있는 방법이 있다. 구원의 수혜자로서 하나님을 섬기는 일을 즐거워하고 하나님의 말씀을 들을 때 기쁨과 감동이 있다면 진정 예수님을 믿는 것이다. 이 일은 믿음으로 말미암은 성령의 역사 없이는 일어나지 않기 때문이다. 하지만 정작 삶 가운데서는 죄를 못 이긴 채 죄에 끌려다니는, 난처하고도 고개를 갸우뚱하게 하는 상황을 어떻게 설명할 수 있을까?

본문 13-25절에는 '나'라는 단어가 자주 나오는데, 잘 보면 '나'가 둘로 나뉘어 있다. 대부분의 학자들은 '율법을 받기 이전의 나'와 '은혜 속에 있는 나'로 구분한다. 본문에서는 율법과 죄의 종노릇을 하는 쪽은 '율법에 있는 나'이고, 예수 그리스도를 믿고 은혜 가운데 나와 "죄지으면 안 돼"라고 말하는 나는 '은혜 속에 있는 나'다. 또 다른 견해도 있다. 예수 그리스도를 믿어 은혜 속에 들어왔지만 은혜 속에 두 자아가 있다는 해석이다. 이 견해에 의하면, 한 사람 안에 과거에 죄의 종노릇하던 습관을 가진 자아인 '나'와 하나님의 뜻을 따르고 성령의 역사에 감응하는 '나'가 있다.

이에 대해 영국 의사 출신으로서, 20세기 최고의 강해 설교자이자 탁월한 복음주의 지도자인 마틴 로이드 존스 목사의 견해는 다음과 같다. "하나님의 법을 기뻐하는 사람이라면 거듭나지 않은 사람일 수 없고, 또한 자신을 놓고 죄의 종이라 부르는 사람은 완전히 거듭난 사람일 수 없다." 쉽게 말하면, "하나님의 율법을 기뻐하고 하나님의 은혜를 즐거워하는 사람치고 거듭나지 않은 사람은 없다. 자신이 죄의 종이라는 사람치고 거듭난 사람은 없다"는 것이다. 거듭난 사람은 자신을 죄의 종이라고 하지 않는다.

예수님을 믿음으로써 우리의 신분은 확실히 바뀐다. 하지만 체감은 다를 수 있다. 은혜의 사람이 되어서 영화로운 몸이 되는 성화의 과정에서 어떤 사람은 직선으로 가고, 어떤 사람은 꼬불꼬불 돌아서 간다. 나는 후자에 속한다. 믿는 가정에서 태어났고, 어릴 적 누군가 "예수 믿느냐?" 하고 물으면 "믿는다"라고 대답했다. 실제로 예수를 믿었다. 열심히 교회에 나갔고 문제가 생기면 하나님께 기도했다. 그러나 늘 신앙에 대해 의심했고 회의를 느꼈다. 왜냐하면 교회 안에서 일어나는 여러 가지 사건을 보면서 '믿는 자가 저럴 수는 없다'라고 느끼며 흔들렸기 때문이다. 그러다 25세 되던 해에 진심 어린 회심을 경험했다.

여느 때와 같이 주일 예배를 마치고 집에 돌아가서 성경을 보았는데, 말씀 한 구절이 나를 사로잡았다. "영접하는 자 곧 그 이름을 믿는 자들에게는 하나님의 자녀가 되는 권세를 주셨으니"라는 요한복음 1장 12절 말씀이었다. 이 말씀은 주 예수 그리스도가 진정한 구원자요 하나님이시며, 그분으로 말미암은 구원 외에 다른 길은 있을 수가 없다고 말한다. 예수님은 하나님이 주신 최고의 선물이며, 내가 예수 그리스도를 믿는다는 것은 그저 교인이 된다는 의미가 아니라 하나님의 자녀가 되는 권세를 주는 것이라고 이야기해 준다. 이 진리가 내 영혼을 관통하자 강한 확신이 들었다. 그때 얼마나 감격했던지! 하나님께 정말 감사했고, 마음속에 찾아드는 은혜가 어찌나 큰지 말로 표현할 수 없을 정도였다. 이 세상의 어떤 음악보다 아름다웠고, 어떤 서사나 영화보다 감동적이었다. 그 진리는 완벽한 온전함이었다.

선을 행하기 원하는 나, 악이 함께 있는 나

그런데 문제는 그다음이었다. 예수 그리스도를 믿어서 구원받고 은혜의 품에 안긴 후 삶의 많은 부분이 수정되고 변했다. 하지만 여전히 많은 부분이 구습을 좇아 죄의 삶을 살기를 원했다. 죄의 유혹이 여전히 매력적으로 다가왔고, 세상과 합류하는 편이 훨씬 쉽고 편하게 느껴졌다.

'나는 하나님의 은혜 가운데 살고 싶은데 왜 세상을 좋아하는 것일까? 나는 하나님의 은혜에 감격하고 그분의 말씀에 순종하기를 바라는데 왜 유혹을 이기지 못하는 것일까?' 하는 고민에 빠졌다. 혹시 나의 구원 자체에 문제가 있는 것은 아닌지, 아직 구원받지 못하고 은혜의 자리에 들어오지 못했는데 혼자 착각한 것은 아닌지 혼란스러웠다. 급기야 예수님이 나를 밀전병 뒤집듯이 확실히 변화시키는 능력은 없으신 것이 아닌지 의심하면서 양심의 가책을 받고 몸부림쳤다. 갈등과 탄식이 터져 나왔다.

본문에서 사도 바울도 그런 인간의 속성을 지적했다. 그의 말을 쉽게 풀어서 설명해 보겠다. 율법이 악이 아니라 죄가 악한 것이다. 그러나 우리는 율법으로 인해 정죄받고, 율법으로 인해 사형언도를 받았다. 결국 율법은 우리의 죄를 심각하게 드러내는 일을 하고 만 것이다. 율법은 신령한데 우리는 죄 아래 허덕이고 있다. 스스로도 이유를 설명할 수 없지만, 자신이 원하는 행동은 하지 않고 하지 말아야 한다고 생각하는 그 일을 행한다(14절). 그와 같은 나의 행동은 율법이 선하다는 것을 역으로 증명해 주는 것이다(16절). 은혜받은 내가 이제 행하는 것은 바람직한 나 자신이 아니라 내 속에 역사하는 죄의 자아다(17절). 이상하게도, 내 속에는 선한 것이 없다. 선을 원하는 마음은 있으나 행동은 악하다(18절). 아니, 원하는 선은 행하지 않고 도리어 원하지 않는 악을 행한다(19절). 원하지 않는 악을 행하는 것은 나 자신이 아니라 내 속에 있는 죄다(20절).

나는 이 부분에서 사도 바울이 자신의 감정을 이입시켰다고 생각한다. 또한 믿는 우리도 자신과 같은 혼란을 겪게 될 것을 전제하며 서술해 나간 것 같다. 분명 우리에게는 두 종류의 '나'가 있다. 문제는 우리의 신분은 완전히 바뀌었지만 본질은 죄로 오염되어 있고 그로부터 받는 영향력이 적지 않다는 것이다. 예수 그리스도 안에 살고 있지만 과거에 죄 아래 살았기 때문이다. 때로는 치명적이기도 하고, 때로는 구원을 송두리째 뒤엎어 버리는 듯한 위기감을 느낀다. 사도 바울은 두 가지 내적 갈등 상황을 비교해서 보여 주었다.

> "그러므로 내가 한 법을 깨달았노니 곧 선을 행하기 원하는 나에게 악이 함
> 께 있는 것이로다"(21절).

'선을 행하기 원하는 나'와 '악이 함께 있는 나'다. 이어지는 22-23절에서는 "내 속사람으로는 하나님의 법을 즐거워하되 내 지체 속에서 한 다른 법이 내 마음의 법과 싸워 내 지체 속에 있는 죄의 법으로 나를 사로잡는 것을 보는도다"라고 말하면서 '하나님의 법'과 '한 다른 법'을 비교했다.

한 다른 법이 내 마음의 법, 즉 이성의 판단과 절제를 무너뜨리고 이상하게 나를 죄의 법 아래로 끌고 내려간다는 것이다.

그러면서 바울은 "우리 주 예수 그리스도로 말미암아 하나님께 감사하리로다 그런즉 내 자신이 마음으로는 하나님의 법을 육신으로는 죄의 법을 섬기노라"(25절)라고 말했다. 내 마음이 무엇을 섬기기를 좋아하는지를 비교했다. 마음으로는 하나님의 법을 섬겨서 '하나님의 말씀대로 살아야지' 하지만, 이미 우리에게 익숙한 악의 습관을 따라 '죄의 법'을 섬기게 된다는 것이다.

이유가 무엇일까? 우리는 하나님의 은혜를 알고, 주님의 사랑도 안다. 또한 어떻게 살아야 할지도 알고, 그렇게 살기를 원한다. 그럼에도 세상의 유혹을 받는다. 물론 은혜 속에 깊이 잠겨 있고 예수 그리스도 안에 강하게 거하는 사람은 유혹에 쉽게 빠지지 않는다. 하지만 그래도 죄의 유혹이 찾아와 문을 두드리며 아주 쉽고 매력적인 방법을 제시한다.

과거의 나였다면 그 길을 따라가는 데 별 문제가 없었다. 큰 죄책감을 갖지도 않았다. 심지어 짜릿한 쾌감을 느끼고 신이 날 때도 있었다. 그러나 예수 그리스도를 믿고 난 뒤에는, 은혜가 항상 내 속에 있지 않으면 나도 모르게 유혹을 받고 끌려가면서도 주저하게 된다. '안 되는데' 하면서 한 발짝 가고, '안 될 텐데' 하고 또 한 발짝 뗀다. 그러다가 '에라, 모르겠다. 한 번 유혹을 따라간다고 내가 받은 구원이 무효가 되겠나?' 하고는 죄를 따라가 버린다.

이것은 초대교회 시대부터 아주 민감한 문제였다. 그래서 초대교회 성도들은 예수 그리스도를 믿기 이전과 믿고 난 이후를 완전히 다른 신분,

다른 상황, 다른 정서로 구분했다. 예수 그리스도의 은혜의 종이 되었으면 절대 죄의 종이 될 수 없으며 둘 사이를 오락가락하는 일은 첩자로서, 있을 수가 없다고 딱 잘라 말했다.

교회를 개척한 지 얼마 안 되었을 때다. 예배를 마치고 교회 문을 나가면서부터 다투는 집사 부부가 있어서 싸우는 이유를 물어보았다. 문제는 남편이 자신은 바르게 앉아서 설교를 듣는데 아내는 팔짱을 끼고 다리를 꼬고 듣는다면서 어떻게 하나님의 말씀을 그렇게 예의없는 자세로 들을 수 있냐고 화를 냈고, 아내는 집중하기 위해서라고 반박하면서 언쟁이 불거진 것이었다.

왜 이러한 일이 일어난 것일까? 은혜를 받으면 영혼이 정화되고, 전보다 영적으로 예민해진다. 죄가 더 민감하게 보이고 잘못된 행동에 다소 급하게 반응하게 되기도 한다. 은혜가 그야말로 차고 넘쳐서 무언가 들어올 자리가 없어지면 가장 좋은데, 인간의 속성은 쉽게 바뀌지 않는다.

이러한 문제가 초대교회 성도들 사이에서도 계속해서 제기되었다. 예수를 믿는지, 아닌지를 판단하는 객관적 근거가 있어야 하는데, 당사자의 고백만으로는 단정 지을 수 없다고 생각했다. 그래서 내놓은 기준이 '예수 그리스도를 믿는 사람은 절대로 죄를 지을 수 없고, 죄의 종노릇을 할 수 없다'라는 것으로서, 그들은 그 기준에 맞춰 마치 두부 자르듯이 잘라 냈다. 그러자 성도들은 고민에 빠졌다. 예수 그리스도를 믿는데도 이상하게 죄의 싹이 올라오고 자꾸 죄를 짓게 되자 번민과 갈등이 생겼던 것이다. 물론 예수님을 믿고 격렬하게 그 속에 들어가 날마다 넘치도록 은혜를 받으면 괜찮은데, 그렇지 않은 경우가 많기 때문이다.

그래서 당시 성도들은 머리털로 짠 속옷을 입기도 했다. 몸을 움직여서 따끔거릴 때마다 죄가 많다는 것을 상기하고 회개하기 위함이었다. 기독교 초기부터 중세까지 많은 사람이 죄에서 벗어나려면 세상을 떠나야 한다고 믿었고, 실제로 사막에 가서 굴을 파서 살기도 했다. 굶는 일은 태반이었다. 어떤 사람은 죄의 욕망이 끓어오를 때마다 손가락을 하나씩 자르기도 했다. 종교개혁자 마르틴 루터는 자기 속에 있는 죄악을 소멸시키기 위해서 바티칸 성당 계단을 무릎으로 오르내렸다. 그러던 중 아무리 인간이 탁발적인 행동을 해도 죄를 없앨 수는 없다는 사실을 깨닫게 되었다.

사망의 몸에서 우리를 건져 내신 분, 예수 그리스도

우리도 이러한 고민에 공감한다. 두 자아가 있고, 두 법이 있고, 마치 두 주인을 섬기는 것 같은 모습에 갈등한다. 사도 바울 역시 이 고통이 견딜 수 없어서 "오호라 나는 곤고한 사람이로다 이 사망의 몸에서 누가 나를 건져 내랴"(24절) 하고 외쳤다. "아, 나라는 인간을 도저히 못 봐 주겠다. 나는 왜 하나님을 기뻐하면서도 하나님의 뜻에 순종하지 못하고 죄를 짓는 것일까? 죄의 삯은 사망이다. 사망에 빠질 수밖에 없는 나를 누가 여기에서 건져 내 주겠는가?"라는 바울의 괴로운 외침이 들리는가?

나는 바울의 절규 속에서 두 가지를 발견했다. 첫째, 내 자아의 능력으로는 절대 불가능하다는 것이다. 둘째, 그러나 '이 사망의 몸에서 누가 나를 건져 내랴'라는 그의 말은 절망의 부르짖음이 아니라 소망의 외침이라는 사실이다. 그 이유는 바로 이어서 답을 제시하기 때문이다.

"우리 주 예수 그리스도로 말미암아 하나님께 감사하리로다"(25절).

사도 바울이 보여 준 곤고함이 내게는 있는가? 만약 곤고함 자체가 없다면 아직까지 은혜의 자리로 들어오지 못한 것이다. 사도 바울처럼 죄에 대해 몸부림치는 영혼의 절규가 있다면 문제 해결을 위해 바울이 제시한 방법을 따라야 한다.

첫째, 예수 그리스도를 바라보고 의지하는 것이다. 죄의 유혹은 끊임없이 우리를 두드린다. 그때마다 갈보리 언덕 십자가에 매달려 우리를 위해 자기 몸을 버리신 그리스도의 대속의 은총을 바라보라. 새롭게 보고, 또 보고, 또 보라. 우리는 하나님의 은혜 속에 들어왔으므로 은혜의 감격을 날마다 새롭게 키워야 한다.

둘째, 하나님께 감사하는 것이다. 우리는 대속의 은혜로 죄의 굴레에서 벗어나 은혜의 자리로 나왔다. 그러나 이 모든 일의 주관자는 하나님이시다. 하나님이 하나님의 계획과 섭리 가운데 이루어 주신 것이다. 그러므로 하나님께 감사하는 마음을 갖고, 또 그 마음이 항상 새로워진다면 우리는 죄의 습관을 떠나 은혜의 자리로 나올 수 있게 된다. 신분만 바뀌는 것이 아니라 취향, 습관, 정서도 바뀌어야 된다. 그러기 위해서 우리는 예수 그리스도를 계속 새롭게 보고 하나님께 감사하고 찬양해야 한다.

하나님이 베푸신 사랑을 생각하면 세상 무엇에도 비할 수 없는 감사의 고백이 터져 나온다(요일 3:1). 때로 우리는 누군가가 못마땅하게 보이면 그가 잘했던 일들은 다 잊고 현재의 잘못만 생각하며 기분 나빠한다. 그러나 그때 그가 이전에 베풀었던 은혜를 되짚어 보면 우리의 마음이 다시 새로워진다. 부부 사이도, 부모 자식 관계도 마찬가지다.

셋째, 하나님의 뜻을 곧바로 기쁘게 순행하는 것이다. 지금 우리가 은혜 속에 들어왔다고 해서 사탄이 "아, 이제 끝이구나" 하면서 우리에게서 손 떼는 일은 없다. 사탄은 항상 우리 근처를 맴돌며 때로는 옥박지르고, 때로는 보암직한 것으로 유혹하고, 때로는 자존심을 살살 건드리면서 온갖 수단을 동원해 우리를 다시 끌어내리려고 애쓴다.

그렇다면 하나님의 은혜 가운데 온전한 사람으로 성화되기 위해서는 어떻게 해야 할까? 성경이 그 답을 제시한다. 먼저 에베소서 5장 8절은 "너희가 전에는 어둠이더니 이제는 주 안에서 빛이라 빛의 자녀들처럼 행하라"라고 말하고, 갈라디아서 5장 16절은 "내가 이르노니 너희는 성령을 따라 행하라 그리하면 육체의 욕심을 이루지 아니하리라"라고 우리에게 이야기한다. 죄악 된 땅에 몸담은 채 죄인들과 어울려 사는 우리는 갈등을 겪을 수밖에 없다. 그럼에도 우리가 예수 그리스도의 은혜를 새롭게 되새기고, 하나님의 사랑에 감사하고, 하나님이 기뻐하시는 순종의 삶을 한 걸음씩 걸으며 살다 보면 마침내 하나님의 영광과 은총 아래로 온전히 들어가게 된다. 물론 우리는 이미 예수 그리스도로 말미암아 하나님의 은혜에 속한 자들이다. 하지만 정서와 습관 등 모든 것이 온전히 하나님의 은혜 속으로 옮겨 가서 어떤 죄의 유혹에도 흔들리지 않으려면 이러한 노력이 필요하다.

사도 바울의 표현을 보면서, 우리는 은혜의 힘으로 살 수밖에 없는 존재임을 절실히 깨닫는다. 순전히 의지만으로 자신을 의의 사람으로 바꿀 수 있을까? 과연 내 노력으로 가능할까? 한마디로, 불가능하다. 그것은 내가 주체가 되어 노력해서 이루어 낼 수 있는 일이 아니다. 우리가 할 수 있는 것은 은혜의 감격으로 하나님께 순종하면서 나아가는 일뿐이다.

영적 장엄함이 이끌어 가는 삶

20여 년 전 미국 그랜드캐니언을 방문했을 때였다. 당시는 LA에서 그랜드캐니언까지 이동하는 동안 쉴 만한 처소가 별로 없었다. 며칠간 버스를 탄 채 볼거리가 전혀 없는 사막과 민둥산을 달렸다. 그렇다 보니 차에 탄 사람들 모두가 잠에 빠졌다. 그런데 나는 차에서는 깜빡 조는 일은 있어도 깊이 잠들지 못한다. 혼자 멀뚱히 눈을 뜨고 가면서 '이제 나오겠지, 이제는 나오겠지' 하는데, 아무리 가도 무언가 나올 기미가 전혀 보이지 않았다. 예고편처럼 저 멀리 산자락이라도 보여야 '아, 저 산인가 보다!' 할 텐데 아무것도 없었다. 그때 마음속에 불현듯 '무엇을 하러 가나? 무엇을 보겠다고 가나?' 하는 갈등이 솟아올랐다. 그런데 그랜드캐니언에 도착해서 전망대에 올라선 순간, 오는 길 내내 들었던 생각이 씻은 듯이 사라졌다. 입이 쫙 벌어지도록 장엄한 광경에 경탄할 수밖에 없었다.

우리는 삶에서 사막처럼 이어지는 척박한 자신의 모습을 수없이 목격한다. 예수 그리스도를 믿고 하나님의 은총 속에 있는데도 왜 날마다 환상적인 삶을 살지 못할까 실망한다. 그렇게 내 속의 자아가 서로 싸우고, 고뇌하고, 번민하고, 갈등하고, 탄식하는 가운데 절망감에 사로잡힌다. 그래서 사도 바울처럼 견디지 못해 "오호라 나는 곤고한 사람이로다 이 사망의 몸에서 누가 나를 건져 내랴"(24절) 하며 절규한다.

그런데 바울은 그 질문을 던지자마자 곧바로 자기 앞에 펼쳐진 영적 장엄함을 목격했다. 그러고는 "우리 주 예수 그리스도로 말미암아 하나님께 감사하리로다"(25절)라고 외쳤다. 마치 게오르크 프리드리히 헨델이 1741년, 그의 나이 56세에 자선협회 음악회를 위해 만든 "메시아"(헨델이 찰스 제넨스의 대본에 곡을 붙인 오라토리오로, 2부의 '할렐루야 코러스'가 가장 유명하다)에 나오는 "할렐루야"를 듣는 듯하다.

우리는 하나님의 자녀들이다. 그러나 바람이 불면 바람을 맞고, 비가 오면 비에 젖는다. 사탄이 유혹하면 나도 모르게 영향을 받으며 질곡 같은 인생을 살아간다. 자신을 보면 곤고할 수밖에 없다. 그때 하나님은 우리에게 이렇게 말씀하신다. "예수의 십자가를 보아라. 예수의 은혜를 기억하고 그 은혜에 의지하라. 내가 너를 얼마나 사랑하는지, 네게 얼마나 많은 은총을 베풀었는지 기억하고 그 사랑에 감사하라. 그리고 한 걸음, 한 걸음 내 뜻을 기쁘게 순행하라. 그리하면 네 영혼에 할렐루야의 찬양, 그리스도의 은혜의 영광, 나의 축복의 손길이 넘칠 것이다."

우리는 약하다. 스스로 구원할 수 없다. 율법도 약하다. 율법은 거룩이 무엇인지를 우리에게 가르쳐 주고 거룩하지 않은 것을 정죄하기도 하지만, 우리를 거룩하게 만들 수는 없다. 우리를 죄에서 해방시키고, 거룩하게 하고, 은혜 속에 살도록 만드시는 분은 우리 주 예수 그리스도뿐이시다. 그러므로 힘들면 주님께 말씀드리고 그분의 사랑 앞으로 나아가라. 그리고 또다시 새로운 감격으로 일어서서 은혜의 삶을 살아가라. 주 예수 그리스도를 바라보고, 하나님을 찬양하고, 주의 말씀을 따르며 은혜 충만한 삶을 살아갈 때 그리스도의 새로운 능력이 채워진다. 우리는 결코 곤고한 인생으로 마칠 수 없다.

내가 받은 구원을 어떻게 확신할 수 있는가

마음 깊은 곳에서부터 죄인이 아니라고 자신 있게 큰소리칠 사람은 아무도 없다. 우리는 율법을 잘 지켜서 율법을 만족시킬 수도 없다. 역설적이게도 율법은 오히려 "너는 죄인이야" 하고 확증시켜 주는 거울처럼 되어 버렸다. 율법 앞에 놓고 봐도, 양심 앞에 놓고 봐도 인간은 죄인임이 틀림없다. 하나님은 그런 우리를 심판하기를 원하지 아니하시고 사랑을 베푸시기 원했다. 따라서 자신의 의를 주시고 우리가 그 의를 받아들임으로 의롭다 하심을 얻도록 하셨다. 새로운 의, 독생자 예수 그리스도를 이 땅에 보내 우리의 죗값을 대신 치르기 위해 죽게 하심으로 율법의 요구를 완벽하게 충족시키셨다.

그러면 이렇게 질문할 수 있다. "나는 예수 그리스도를 진심으로 믿지만, 여전히 죄를 짓고 있다. 이런 내가 율법의 저촉을 받지 않고 새로운 의이신 예수 그리스도 안에서 은혜 가운데 산다고 할 수 있을까? 나는 율법의 저촉과 정죄를 받지 않고 율법에서 떠난 사람이라고 할 수 있을까?"

우리는 율법의 종이었다. 율법은 우리가 하는 모든 일을 정죄하는 감시자 역할을 했고 마치 왕처럼 군림했으나, 하나님이 예수 그리스도를 보내 율법의 요구를 들어주셨다. 과거, 현재, 미래의 요구를 한꺼번에 들어 주셨다. 독생자 예수 그리스도를 주신 것으로, 율법에 묶인 우리를 끄집어내서 은혜의 자리로, 생명의 법으로 옮겨 놓으셨다. 이제 우리는 율법의 사람이 아니라 은혜의 사람이다. 또 그리스도의 사람으로서 은혜의 지배, 생명의 지배를 받는다.

그렇다면 율법은 잘못된 것일까? 율법은 중요한 두 가지 역할을 한다. 첫째, 죄와 죄가 아닌 것을 구분 짓는 잣대의 역할이다. 둘째, 죄를 짓지 말라는 경계의 역할을 하는데, 마치 사이렌과 같다. 율법의 역할은 매우 중요하다. 율법이 없으면 자기 마음의 정욕과 생각대로 살게 된다. 하나님은 율법을 통해 명령을 지킴으로써 축복받는 다는 것을 보여 주기 원하셨다. 그런데 사람들은 율법 앞에서 정죄를 받아 죽을 수밖에 없는 죄인이 되었다. 도대체 무엇이 문제인가? 율법이 아니라 죄가 문제다. 율법이 죄를 드러나게 했기 때문이다.

예수 그리스도는 두 가지 중요한 역할을 하신다. 하나는 우리를 율법에서 건진 새로운 의로 우리를 변화시키신 것이고, 또 하나는 우리 속에서 일어나는 수 없는 갈등에서 우리가 이길 수 있도록 성령을 우리 안에 둔 것이다. 예수 그리스도 안에 있는 사람은 그리스도가 죄의 대가를 치르셨기 때문에 정죄에서 벗어난다. 그리스도가 오심으로써 무감각했던 정죄 앞에서 흔들리며 괴로웠던 자리에서 새로운 희망의 자리로 나아갈 수 있게 되었다. 하나님의 뜻과 선한 일에 대한 자극이 계속 일어난다면 그는 성령의 사람이다. 육신의 생각은 사망으로 향하지만 성령의 생각은 생명으로 우리를 이끈다. 성령의 사람은 하나님의 영, 그리스도의 영이 계시기에 하나님의 말씀에 순종한다.

우리는 얼마나 은혜에 빚진 사람인가! 나를 사랑하사 자기 몸을 아끼지 않고 버리신 예수 그리스도의 은혜에 빚진 자들이다. 우리는 하나님의 자녀가 되었다. 하나님이 우리를 택하셨는데 누가 우리를 고발할 수 있으며, 하나님이 우리를 의롭다고 하셨는데 누가 우리를 정죄할까? 우리를 위해 죽으시고 부활신 예수 그리스도, 오늘도 우리를 변호하시는 성령이 계신데 누가 우리를 심판할까? 누구도 하나님의 사랑에서 우리를 끊을 수 없다.

3장
육신의 신분에서
영의 신분으로

8:1-11

과거에는 육신의 정욕의 지배를 받았지만,
이제는 예수 그리스도를 믿음으로 성령의 인도하시는 손길을 따른다.

날마다 샘솟는 은혜의 원천

종종 TV 뉴스에서 법조인이 고발당해 죄인이 되는 보도를 접하곤 한다. 법을 잘 아는 사람이 왜 법을 어겼는지 일반인으로서는 잘 납득이 가지 않는다. 모든 사람은 법 아래 있다. 법을 다루는 사람도 마찬가지다. 그러나 법을 다룬다고 해서 인격 수준이 완벽한 것은 아니며, 단지 법을 다루는 기술을 배우고 터득했을 뿐이다.

세상 법의 기준으로 보면, 이 땅에는 선인과 죄인(악인)이라는 두 부류가 있다. 하지만 드러나는 죄를 짓지 않았다고 해서 법 앞에서 전혀 문제가 없다고 자신 있게 말할 사람은 어디에도 없다. 법에 저촉된 사람과 아직 저촉되지 않은 사람일 뿐, 법 앞에서는 모두 죄인일 수밖에 없다.

몇 해 전 세무서에서 우리 교회에 조사를 나왔다. 그동안 우리 교회는 납세의 의무에 충실해 꾸준히 세금을 내 왔다. 교회 건물을 짓고 사고파는 모든 과정에서도 세금을 냈다. 그러나 요즘 탈세하는 사람들이 많아서인지 자료를 아주 철저하게 조사했다. 조사 결과, 교회의 돈을 사적으로 쓰지 않았고 탈세도 없다는 보고가 나왔다. 그 과정을 경험하면서 '법이란 참 무서운 것이구나. 작심해서 누군가를 걸려들게 하려면 할 수 있겠구나'라는 생각을 하게 되었다.

법은 해석하기에 따라 판결이 달라진다. 재판 과정을 살펴보면, 먼저 검사가 고발해 기소를 시키고 변호사가 피고인을 변호한다. 검사는 검사 입장에서, 변호사는 변호사 입장에서 법을 해석하고 각자에게 유리한 법을 적용시키려고 노력한다. 그리고 판사(물론 정의로운 판사라고 가정할 때)는 공정한 입장과 정당한 원칙 아래 법의 정신을 살려서 재판하고자 애쓴다. 그런데 재미있는 조사 결과가 있다. 판사들에게 "당신의 재판에 오류가 없다고 생각하는가? 지금도 과거에 내렸던 재판 결과가 정상적인 판결이었다고 자신하는가?"라고 질문하자 판사들의 75%가 자신의 지난 재판에 문제가 있었다고 시인했다.

이 세상의 법은 인간이 만들었다. 인간은 법과 관련된 문제를 완벽하게 다룰 수 없기 때문에 정반합의 원리에 따라 검사와 변호사, 그리고 판사를 두었다. 그것도 부족해서 일반법원, 고등법원, 대법원이 있고, 헌법재판소까지 있다. 이 사실은 법이 온전하지 못하며, 인간의 판단 역시 온전하지 않다는 점을 인정한 것이다.

하나님은 인간에게 율법을 주셨다. 인간이 계속 죄를 짓자 무엇이 죄인지 확실하게 가르쳐 주시려는 목적이었다. 그로써 죄를 구분할 줄 알게 하셨고, 죄를 짓지 않는 자에게는 축복을 주겠다고 약속하셨다. 그런데 사람들은 율법 중에서 하나를 지키면 열을 범했고, 둘을 지키면 스물을 범했다. 물론 하나님은 결과를 알고 계셨다. 그리고 인간으로 하여금 메시아를 사모하고 대망하도록 만드셨다. 때가 되어서 하나님은 자기 아들에게 육신의 몸을 입혀 우리가 받아야 할 정죄를 대신 받도록 하셨다. 인간이 해결한 것이 아니라 주관자이신 하나님이 죄 문제를 자기 아들에게 덮어씌우고 재판을 받게 하신 것이다. 그로써 우리에게 예수 그리스도를 믿음으로 말미암아 정죄함에서 해방되는 은혜를 베푸셨다. 이것은 꿩

장한 축복이다. 그리스도를 믿는 사람들에게 핵심 내용인 이 교리는 듣고 또 들어도 감격적인 진리다.

어린 시절 잊지 못할 기억이 있다. 내가 살았던 시골에는 수리조합이 라는 곳이 있었다. 강물을 빨아들여서 둑에 저장하고 때마다 논에 물을 대 주는 일을 하는 곳이었다. 엄청난 양의 강물이 둑으로 급격하게 빨려 들어가는 모습이 매우 장엄하고도 매력적으로 느껴졌다. 그러던 어느 날, 무슨 용기가 생겼던지 그 물을 가로질러 헤엄쳐 보자는 마음이 들었다. 비록 개헤엄이었지만 갓 수영을 배운 터라 의욕이 솟아오를 때였다. 당연 히 강을 건널 수 있으리라고 확신했다.

하지만 물속에 뛰어들자마자 잘못된 판단임을 깨달았다. 팔을 제대로 뻗어 보기도 전에 엄청난 압력에 휩쓸렸다. 열심히 움직일수록 점점 빨려 들어갈 뿐이었다. 다행히 수리조합에서 일하시는 분이 나를 발견해 서둘 러 둑의 문을 내려 주셨다. 조금이라도 차단 문이 늦게 내려왔다면 나는 그때 죽었을 것이다. 문이 닫히면서 빨려 들어가던 물이 문에 부딪혀 튕겨 나갔고 그 반동에 나도 같이 튕겼다. 그리고 그분이 던져 주신 줄을 붙잡 고 간신히 살아 나왔다. 정말 생각만 해도 오싹한, 기억조차 하고 싶지 않 은 일이다. 그런데도 나는 가끔 힘들고 어려울 때마다 그 순간을 떠올린 다. '그때도 살았는데' 하면서 마음을 다잡는다.

누구나 어머니를 생각하면 마음이 촉촉해진다. '어제 생각한 어머니, 오늘은 생각하지 말자', '어제 한 어머니 이야기, 더 이상 하지 말자' 하지 않는다. 예수 그리스도의 은혜도 마찬가지다. '다 아는 이야기인데 왜 또 하나?' 해서는 안 된다. 우리는 그리스도의 대속의 죽음, 그로 말미암아 우리가 죄와 사망의 몸에서 해방되었다는 사실을 생각할 때마다 감사와 기쁨과 은혜가 샘솟아야 한다.

죄와 사망의 법으로부터 해방

사도 바울 역시 같은 이야기를 반복했다.

> "그러므로 이제 그리스도 예수 안에 있는 자에게는 결코 정죄함이 없나니 이는 그리스도 예수 안에 있는 생명의 성령의 법이 죄와 사망의 법에서 너를 해방하였음이라 율법이 육신으로 말미암아 연약하여 할 수 없는 그것을 하나님은 하시나니 곧 죄로 말미암아 자기 아들을 죄 있는 육신의 모양으로 보내어 육신에 죄를 정하사"(1-3절).

이 말씀을 하나씩 짚어 보자. 우리는 무엇으로부터 해방되었는가? 죄와 사망의 법으로부터다. 어떻게 해방되었는가? 하나님의 은총으로 하나님이 하셨다. 율법도 할 수 없고, 인간도 할 수 없었다. 율법도 연약하고, 인간도 연약하기 때문이다. 율법은 죄인에게 죄인이라고 정죄할 수는 있지만 죄인을 선하게 만들지는 못한다. 마치 법조인이 죄인을 판결하지만 그에게 죄인을 선인으로 바꾸는 능력은 없는 것과 같다. 또한 인간은 연약하기 때문에 아무리 노력해도 결국 법 앞에서는 죄인일 수밖에 없고, 율법을 극복할 만한 능력도 부족하다. 오직 하나님만이 우리를 죄와 사망의 법에서 해방하실 수 있다.

이스라엘 백성이 애굽에서 탈출하던 때를 떠올려 보자. 한참을 도망하던 그들은 막다른 골목에 봉착했다. 홍해였다. 뒤에는 바로의 군대가 쫓아오고 있었다. 이스라엘 백성은 잡히면 어떤 미래가 닥칠지 아주 잘 알고 있었다. 당시 그들에게 전진은 홍해에 빠져 죽는 일을, 후진은 군대에 잡혀 죽는 것을 의미했다. 이러나저러나 죽을 수밖에 없었다.

그런데 하나님은 그 누구도 상상조차 못했던 초월적인 방법으로 그들을 건져 내셨다. 홍해를 가르셔서 이스라엘 백성이 마른 땅으로 건너게 하셨다. 마치 우리가 죄 가운데서 예수 그리스도의 길로 지나가듯이 말이다. 이스라엘 백성이 모두 홍해를 건넜을 때 물이 다시 하나로 합쳐져 흐르기 시작했다. 이제 이스라엘 백성은 애굽의 반대편에 섰다. 더 이상 애굽으로 돌아갈 수 없었다. 그야말로 애굽과 완벽하게 단절, 해방되었던 것이다. 이스라엘 백성은 완전히 달라진 신분이 되었다. 바로 이것이 죄와 사망의 법에서 우리를 해방하신 하나님의 은혜다.

육신에 속한 신분에서 영에 속한 신분으로

사도 바울은 비록 우리는 부족하지만 예수 그리스도를 믿어서 하나님의 사람이 되었다고 설명했다. 이것은 근본적인 변화로서, 사탄이 아무리 뒤집으려 애써도 결코 바뀔 수 없는 일이고 우리로서는 굉장히 행복한 일이다. 바울은 듣고 또 들어도 감격적인 이 이야기를 반복해서 알려 주었다.

"율법이 육신으로 말미암아 연약하여 할 수 없는 그것을 하나님은 하시나니 곧 죄로 말미암아 자기 아들을 죄 있는 육신의 모양으로 보내어 육신에 죄를 정하사 육신을 따르지 않고 그 영을 따라 행하는 우리에게 율법의 요구가 이루어지게 하려 하심이니라"(3-4절).

과거에 우리는 육신을 따라 살았기에 율법이 규정한 항목들의 요구를 지키지 못했지만 이제 그리스도로 말미암아 영을 따라 행하는 사람이 되었다. 예수님이 육신의 모양으로 이 땅에 오신 이유는 우리에게 율법의 요구가 이루어지게 하시려는 것이었다. 이후 바울은 '육신'이라는 단어를 '정욕', '옛 자아', '부패한 자아', '죄의 종'이라는 단어로 바꾸어 표현했다. 다각적인 방향에서 이해하도록 다양한 표현을 사용했던 것이다. 또한 여기서 '영'은 성령을 말한다. 본문을 얼핏 봐도 '육신'과 '영'이라는 단어가 자주 언급되고 있다는 것을 알 수 있는데, 바울은 둘을 계속해서 대조했다.

예수 그리스도를 믿기 전에 우리는 육신에 속했다. 물론 우리의 몸인 육신은 지금도 존재한다. 하지만 본문이 의미하는 것은 단순히 몸의 개념이 아니라, 육신의 정욕을 따르며 사는 삶을 뜻한다. 그러나 우리는 예수 그리스도를 믿은 후 성령을 따르는 사람이 되었다. 과거에는 육신의 정욕의 지배를 받았지만, 이제는 예수 그리스도를 믿음으로 성령의 역사, 성령의 보호, 성령의 인도하시는 손길을 따른다.

하지만 그리스도를 믿음으로 죄와 사망의 몸에서 해방되었으면 육신의 정욕이 깨끗하게 사라지고 온전히 성령의 지배 아래 살면 좋은데 그렇지 못하다. 육신의 정욕이라는 바탕에 성령이 들어오셔서 우리를 주장하시게 되었다. 이에 대해 사도 바울은 갈라디아서에서 우리에게는 두 개의 소욕, 즉 육체의 소욕과 성령의 소욕이 있다고 말했다(갈 5:17, 개역한글). '소욕'은 영어로 'desire'인데, '원하다', '갈망하다'라는 뜻이다. 육신은 정욕을 따르기 원한다. 하지만 성령은 그와 반대 방향으로 우리를 견인하고 권고

한다. 따라서 우리 안에서 두 개의 소욕이 서로 갈등하는 것이다. 과거에는 육신의 소욕만 있었지만 이제는 두 개가 되었기 때문이다.

그렇다면 우리는 육신에 속한 신분일까, 영에 속한 신분일까? 예수 그리스도를 믿는 우리는 당연히 영에 속한 신분으로 바뀌었다. 성경은 성령에 대해서 이야기하면서 "만일 너희 속에 하나님의 영이 거하시면 너희가 육신에 있지 아니하고 영에 있나니 누구든지 그리스도의 영이 없으면 그리스도의 사람이 아니라 또 그리스도께서 너희 안에 계시면 몸은 죄로 말미암아 죽은 것이나 영은 의로 말미암아 살아 있는 것이니라"(9-10절)라고 말한다. 여기서 '하나님의 영', '그리스도의 영', '그리스도'는 모두 같은 의미다.

예수님은 이미 부활, 승천하셔서 영으로 우리 가운데 계신다. 재림하실 때는 영으로 계신 주님이 부활의 몸을 입고 형태로 볼 수 있게끔 오실 것이다. 하지만 우리 속에는 이미 그리스도가 계신다. 예수 그리스도의 영이신 성령이 우리 안에 계신다.

성령이 하시는 3가지 일

그렇다면 성령이 하시는 일이 무엇인가? 본문은 3가지를 설명한다.

첫째, 성령은 우리를 죄와 사망의 법에서 구원하셨다. 바울은 2절에서 예수 그리스도를 믿어 죄에서 해방되는 것은 성령이 역사하신 것이라고 분명히 말했다.

둘째, 성령은 우리가 영의 생각을 하도록 유도하신다. 과거에는 죄를 지으면서도 양심의 가책을 별로 느끼지 않았는데, 예수님을 믿고 난 후에는 이상하게 마음에 걸린다. 성경은 "육신을 따르지 않고 그 영을 따라 행하는 우리에게 율법의 요구가 이루어지게 하려 하심이니라"(4절)라고 말한다. 또한 육신을 따르는 자는 육신의 일을 생각하지만 영을 따르는 자는 영의 일을 생각한다(5절). 육신의 생각은 사망이다. 반면 영의 생각은 생명과 평안이다(6절). 또한 육신의 생각은 하나님과 원수 되는 것으로, 하나님의 법에 굴복하지 않고 굴복할 수도 없다(7절). 그래서 육신에 있는 자들은 하나님을 기쁘시게 할 수 없다(8절).

그러므로 "나는 예수 그리스도를 믿는다. 세상의 어떤 것보다 주님 앞에서 찬양하고 주님의 말씀을 듣는 것이 좋다"라는 고백은 성령의 은혜가 아니면 일어날 수 없다. 성령의 역사가 없이는 교회에 앉아 있을 수조차 없다. 성령의 역사가 없는 사람에게는 예배의 모든 요소가 마치 쇼처럼 위선적으로 보일 것이다. 성령의 도우시는 은혜가 있어야만 받아들여지고 이해된다.

이처럼 성령이 내 속에 역사하셔서 영의 생각을 하면 자연적으로 갈등이 생기기 마련이다. 과거 육신을 따라 살다가 이제 영의 인도하심을 받게 되었는데 사탄이 호락호락 내어 줄 리가 없지 않은가? 그래서 우리는 고민에 빠진다. 육신이 시키는 대로 따르면 육신은 좋아하지만 성령이 우리 속에서 탄식하신다. 성령의 탄식하시는 소리를 들어 본 적이 있는가? 탄식이라는 표현이 그야말로 적절하다. 반면에 우리가 성령의 음성을 따라 성령이 기뻐하시는 길로 가면 육신은 성질을 부린다. '이렇게는 답답해서 살 수가 없다. 대체 무슨 재미가 있나? 이렇게 사는 것은 바보의 삶이 아닌가?' 하고 불평하고 짜증을 낸다.

이 문제를 어떻게 해결해야 할까? 중요한 것은 우리는 육신의 신분에서 영의 신분으로 옮겨졌다는 것이다. 과거 육신의 정욕대로 살다가 예수 그리스도로 말미암아 성령의 소욕에 속한 사람으로 바뀌었다. 그러나 육신의 소욕이 여전히 우리의 습관 속에 남아 있고 사탄은 그것을 이용해 우리를 공격한다. 따라서 이 문제로 갈등하고 있다는 사실 자체로 괴롭고 고민이 된다면 그럴 필요 없다. 지극히 당연한 현상이다. 분명한 것은 내가 휘청거리고 넘어져도, 때로 유혹에 이끌려 성령이 탄식하시는 소리를 듣고, 지저분한 생각에서 헤어나지 못해 괴로워해도 결국에는 우리 속에 계신 성령이 그 모든 일에서 이기게 해 주실 것임을 믿으라.

바울은 본문을 통해 우리에게 "성령의 일은 생명과 평안이다. 육신의 생각은 하나님을 기쁘시게 할 수 없지만, 성령의 생각은 하나님을 기쁘시게 하므로 자기 마음에 진정한 기쁨이 찾아온다"라고 말했다. 그러므로 마음속에 갈등이 있다면, 성령이 인도하실 뿐 아니라 도와주실 줄 믿고 성령의 손길을 따라 살아가는 것이 필요하다. 그러면 마음속에 평안이 오고, 하늘의 기쁨이 임하고, 생명이 살아 약동하는 것을 느끼게 된다.

간혹 예수님을 믿는 사람들 중에 주일에 예배를 드리지 않고 놀러 가면서 예배에 빠졌다는 죄책감에 괴로워하는 이가 있다. 육신을 따랐기에 성령이 탄식하시는 소리가 내면에서 들려온다. 좀처럼 잊히지가 않고 성령이 계속 말씀하시기에 마음이 아주 심란해진다. 그런데 영의 사람이 되면 한두 번은 가능할지 몰라도 더 이상은 못 한다. 결국 성령이 이기신다. 이처럼 하나님은 놀라운 은혜를 베푸셔서 우리를 로봇처럼 강제로 하나님을 섬기도록 만들지 않으셨다. 성령을 우리 속에 보내 주셔서 우리를 인격적으로 다루신다. 비록 넘어지더라도 회개하면서 스스로 갈 수 있도록 이끄신다.

셋째, 성령이 하시는 중요한 일이 11절, "예수를 죽은 자 가운데서 살리신 이의 영이 너희 안에 거하시면 그리스도 예수를 죽은 자 가운데서 살리신 이가 너희 안에 거하시는 그의 영으로 말미암아 너희 죽을 몸도 살리시리라"라는 말씀에 나온다. 즉 성령은 우리의 죽을 몸을 살리신다. 이 문장을 간단히 분석하면, 주어는 '하나님'이다. '하나님'을 받는 동사는 '살리다'이다. 하나님이 무엇을 살리시는가? '너희 죽을 몸'이다. 그 일은 누구로 인해 가능한가? 그리스도의 영으로 말미암아 가능하다.

우리는 오늘을 살면서 고통받고 걱정한다. 성령의 은총 속에 살지만, 사탄은 육신의 몸을 입고 있는 나를 여전히 괴롭힌다. 하나님이 사탄을 다 쓸어버리신다면 좋겠는데 사탄은 여전히 살아서 나를 협박하고, 유혹하고, 힘들게 한다. 하지만 우리가 두려워하지 않을 수 있는 이유는 성령이 내 안에 계셔서 나를 견인하시기 때문이다. 또한 성경이 예수 그리스도를 죽은 자 가운데서 살리신 하나님이 우리의 죽을 몸도 살리실 것이라고 말하기 때문이다. 큰 은혜가 아닐 수 없다. 단순히 몸을 살리시는 것이 아니라, '죽을 몸도 살리신다'라는 표현에는 성령이 모든 것에서 우리를 부활시키시고, 승리하게 하시고, 살리신다는 의미가 담겨 있기 때문이다.

현실을 살아가는 우리에게는 걱정과 갈등이 있다. 내가 부족해서 고통을 겪거나 슬픔을 맛보는 경우도 적지 않다. 하지만 하나님이 죄에서 나를 옮기셨고, 하나님의 영으로 나를 도우시고 살리신다. 모든 일에서 하나님을 의지하고 나아가면 죽을 몸까지도 살리실 하나님의 능력의 손길을 체험하게 되리라고 믿는다. 사도 바울의 감격적인 고백과 찬양이 우리 속에서도 살아 춤추기를 소망한다.

4장

우리에게 주신 성령

또 다른 보혜사이신 성령은
우리로 예수 그리스도를 믿게 하시고,
우리를 권고하시고, 이끄시고, 치료하신다.

세상의 유혹 때문에 느끼는 고통

예수 그리스도를 믿은 후 우리에게 성령이 들어오셨다. 그렇다면 내 속에 계신 성령이 나의 모든 일을 주관하시고 해결해 주시면 좋겠는데, 그렇지 않다고 느껴지는 경우가 사실 많다. 우리는 예수님을 의지하고 그분의 뜻 가운데 살아가기를 원하지만, 육신의 힘이 더 강렬하게 이끄는 바람에 잠깐 혹해서 따랐다가 후회하는 일을 반복한다.

성경은 그런 우리에게 "그러므로 형제들아 우리가 빚진 자로되 육신에게 져서 육신대로 살 것이 아니니라 너희가 육신대로 살면 반드시 죽을 것이로되 영으로써 몸의 행실을 죽이면 살리니"(12-13절)라고 말하며 경고한다. 육신을 입은 사람으로서 육신의 신세를 지고 살지만, 육신의 정욕대로 살아서는 안 된다는 것이다. 우리는 육신의 몸을 입고 있기 때문에 육신의 정욕이 작동하고, 그 결과 내적 갈등을 겪는다. 그 갈등이 고통으로 이어지는 경우가 많은데 그것을 '내적 고난'이라고 하겠다. 그런데 성경은 또 이렇게 말한다.

"자녀이면 또한 상속자 곧 하나님의 상속자요 그리스도와 함께한 상속자니 우리가 그와 함께 영광을 받기 위하여 고난도 함께 받아야 할 것이니라"(17절).

우리는 고통의 멍에를 벗기 위해 주님 앞에 나간다. 그래서 예수 그리스도를 영접하고 성령을 모시면 하늘로부터 내려오는, 혹은 심연으로부터 샘솟는 샘물 같은 기쁨과 평안이 있다. 그러나 동시에 색다른 고통이 찾아오는데, 거룩함과 정결을 지키기 위해서 거짓 유혹과 세상적인 정욕에 끌려가지 않고 버텨 내야 한다는 것이다. 유혹 때문에 고통이 찾아오는 것이다.

때로 예수 그리스도를 믿으면 가난이 물러가고, 부유해지고, 풍족한 삶을 기대하지만 꼭 그렇지만은 않다. 물론 하나님은 가난한 자를 부요하게 하시고, 무능한 자를 능력의 손길로 인도하시고, 홍해를 가르는 놀라운 역사도 베푸신다. 신앙인이라면 하나님이 그 모든 일을 능히 하실 수 있다고 확신한다. 하지만 하나님을 잘 섬기는데도 불구하고 원하지 않는 고통이 자리한다. 힘든 일이 하나 지나가면 또 다른 어려움이 다가오고, 지나가면 또 찾아온다. 심지어 고난이 겹쳐서 오기도 한다. 남편의 직장에 문제가 생겼는데 자녀는 자녀대로 학교생활로 힘들어하고, 심지어 자신 또한 질병에 걸리는 등 삼중, 사중으로 고난이 발생할 때가 있다. 그럴 때면 '하나님은 무엇을 하시는 분인가? 하나님은 예수 그리스도를 믿는 사람에게 성령을 주신다고 하셨는데 성령은 어디 계시는 것인가? 하나님은 정말 계시는가?' 하는 회의가 든다. 그리고 곧 이어서 "이 사망의 몸에서 누가 나를 건져 내랴"라는 탄식이 절로 나온다. 그러다 보면 앞서 로마서 7장에서 살펴본 것처럼, 선을 행하고 싶지만 바라는 선은 행하지 않고 원하지 않는 악을 저지르는 악순환이 반복되는, 이해하지 못할 현상이 벌어진다.

우리를 도우시는 보혜사 성령

여기서 성령에 관해 생각해 볼 필요가 있다. 먼저, 성령은 하나님의 영, 곧 그리스도의 영이시다. 성부와 성자와 성령, 삼위일체 가운데 한 위를 차지하시는 영이다. 삼위일체 하나님은 본질로는 한 하나님이신데, 동시에 각각 구분되는 인격을 가지신다. 그러므로 성령은 하나님이시다.

또한 예수님은 성령을 말씀하시면서 "내가 아버지께 구하겠으니 그가 또 다른 보혜사를 너희에게 주사 영원토록 너희와 함께 있게 하리니"(요 14:16)라고 말씀하셨다. 여기서 '또 다른 보혜사'가 바로 성령이시다. 첫 번째 보혜사는 예수 그리스도로서, 우리를 죄악에서 건져 내시고 말씀으로 이끌어 가신다. 또 다른 보혜사이신 성령은 우리로 예수 그리스도를 믿게 하시고, 우리를 권고하시고, 이끄시고, 치료하신다.

'보혜사'란 '돕는 자'라는 뜻이다. 중요한 것은, 하나님은 성령을 주관자나 지배자로 우리에게 보내신 것이 아니라 보혜사로 주셨다는 점이다. 성령은 우리를 도우시는 분으로서, 영적인 눈을 열어 주고, 깨닫게 하고, 감동하게 하시며, 행하게 하신다. 하지만 강압적이시지는 않다.

우리는 자기중심적으로 성령을 판단할 때가 많다. '성령이 내 안에 들어오셨다면 어떤 강력하고 탁월한 능력과 전능한 힘으로 환난을 물리쳐 주셔야 하는 것이 아닌가? 환난의 불길이 아무리 강력해도, 어려움이라는 파도가 아무리 높아도 강하고 담대하도록 나를 이끄셔야 하지 않을까?' 하면서 말이다. 그러면서도 이기적인 우리는 마음속 한편에 다른 생각을 품는다. 무언가 내 마음대로 하고 싶을 때는 성령이 간섭하시지 않고 모른 척 고개를 돌려 주시기를 바라는 것이다. 우리는 하나님이 성령을 통해서 인격적으로 역사하신다는 사실을 잊어서는 안 된다. 성령은 폭군이 아니시다.

이제 바울이 말하고자 하는 정확한 요지를 이해하기 위해서 13절을 분석적으로 살펴보자.

> "너희가 육신대로 살면 반드시 죽을 것이로되 영으로써 몸의 행실을 죽이면 살리니"(13절).

이 말씀의 주어는 '너희'이며, 동사는 '죽이다'이다. 그렇다면 누가 죽인다는 것일까? 당연히 주어인 '너희'가 죽인다. 이 말씀이 좀 이상하게 여겨질 수 있다. 하나님이 우리에게 성령을 부어 주셨으면 우리 몸의 정욕을 죽이는 일도 주도적으로 해 주시면 좋겠는데 우리에게 그 일을 직접 하라고 하신 것이다.

또 하나 의아한 것은 '너희'라는 단어다. 이는 예수 그리스도를 믿는 사람들을 가리킨다. 우리도 알고 있듯이 예수 그리스도를 믿는 사람은 하나님이 택하신 사람으로, 예수 그리스도를 믿어 구원을 받았기 때문에 누구도 하나님의 손에서 빼앗을 수 없다. 또한 믿는 우리는 역사하시는 성령을 통해서 모든 육신의 정욕에서 승리하게 된다. 그런데 죽는다니, 이 말씀을 어떻게 해석해야 할까?

이 말씀은 예수 그리스도를 믿고 성령을 모셔 들인 사람이라면 계속해서 육신의 행실을 따를 수 없다는 뜻이다. 만약 계속해서 육신을 따른다면 그의 믿음은 잘못되었다고 지적한 것이다. 예수 그리스도를 믿어서 성령이 내 안에 들어오셨다고 해서 인간 편에서 아무 일도 하지 않아도 되고 성령이 모든 문제를 처리해 주시는 것은 아니라는 말이다.

물론 하나님은 특별한 순간에 강권하시는 카리스마적 사역(charismatic work)을 일으키기도 하시지만, 매일 홍해를 가르시지는 않는다. 하나님의 카리스마적 사역은 특별한 은총과 역사다. 그러나 하나님이 우리에게 일반적으로 보여 주시는 사역은 보혜사 성령이 우리 속에 계셔서 우리를 권고하시고, 우리가 그분의 음성을 듣고 따름으로써 하나님이 기뻐하시는 뜻 가운데로 나아가는 것이다. 그러므로 우리는 성령을 좇아 몸의 행실을 죽이는 일을 계속해야 한다.

그렇다면 성령의 역사는 어떻게 일어나고, 얼마만큼 일어날까? 성령은 내 믿음의 분량대로 역사하신다. 또한 성령은 "그 일은 좋지 않으니 하지 마라" 하고 권면하실 때 성령의 음성에 순종하면 잘했다 칭찬하시고 우리에게 평안과 기쁨, 생동감을 주신다. 반면에 순종하지 않으면 내 속에서 근심하신다. 또한 우리에게 계속 변화가 없으면 탄식하신다. 이처럼 성령은 강압적이시지 않고 인격적이시며, 내가 믿고 순종하는 만큼 역사하시는 경우가 많다.

신생아는 생후 1년 즈음 일어나 걷기 시작한다. 몇 발자국 떼다가 넘어지기를 반복한다. 그런데도 부모는 기뻐하고 칭찬한다. 그런데 아이가 더 자라서 자연스럽게 걷고 뛰어야 하는데도 여전히 자꾸 넘어지면 부모는 근심하며 아이를 어떻게 도울까 고민한다. 바로 성령이 그러하시다. 그래서 사도 바울은 에베소서 4장 30절에서 "하나님의 성령을 근심하게 하지 말라"고 했다.

만약 성령이 사탄이나 악한 영처럼 우리를 다루셨다면 그분은 우리를 벌써 엄벌에 처하시고도 남았을 것이다. 그런데 성령은 근심하시고 탄식하신다. 그러므로 우리는 나를 격려하시고 이끄시는 성령의 음성에 순종해 자신을 드리고 따라가야 한다.

양자임을 확인시켜 주시는 보혜사 성령

그런데 성령이 역사하시는 과정에서 우리가 알아야 하는 중요한 사항들이 있다. 14-15절에서 찾을 수 있는데, 바울은 "무릇 하나님의 영으로 인도함을 받는 사람은 곧 하나님의 아들이라 너희는 다시 무서워하는 종의 영을 받지 아니하고 양자의 영을 받았으므로 우리가 아빠 아버지라고 부르짖느니라"라고 말했다. 성령은 우리가 하나님의 아들이요, 양자요, 후사요, 상속인이라는 사실을 깨달아 알도록 해 주신다. 예수님이 십자가에서 돌아가심으로 우리를 대속하셨다는 진리를 받아들이고 예수님을 의지하게 되는 것이 바로 성령의 역사인 것이다.

그러나 우리는 하나님의 양자가 된 것이 얼마나 큰 축복인지를 종종 잊는다. 우리의 정서로는 양자가 그다지 매력적으로 여겨지지 않기 때문이다. 하지만 성경이 기록된 주후 1세기 로마 시대에 양자 개념은 대단했다. 로마인 가운데 부자나 저명한 사람들은 일반적으로 양자를 받아들였다. 자식이 있어도 가문의 이름과 대를 잇기에 부족하다고 여겨지면 마음에 드는 아이를 양자로 들여 교육과 훈련을 시키고 재산과 명예를 주었다. 그러니까 어찌 보면 양자가 되는 것은 아들보다 더 큰 특권이자 영광이었다고 할 수 있다.

그런데 성경은 예수 그리스도를 믿어 하나님의 자녀가 된 우리에게 하나님의 아들이요, 양자요, 상속자라고 말한다. 하나님이 우리에게 모든 특권을 다 주신 것이다. 얼마나 엄청난 영광인가! 우리로 하여금 이 사실을 깨달아 알게 하시고 감동시키시는 분이 성령이시다.

우리나라는 과거에 사람의 신분을 양반, 상민, 천민으로 나누었다. 그런데 양반 신분을 가진 사람들은 갓이 다 해어지고 옷이 낡았다 해도 끝까지 양반이라는 긍지와 자존심을 붙들고 인생을 살았다. 내 신분이 무엇이며, 내가 누구의 자녀인지에 대한 긍지가 있다면, 내가 하나님의 양자라는 확신이 있다면 우리는 세상에 질질 끌려가거나 무릎 꿇고 벌벌 떠는 삶을 살 수 없을 것이다.

자신에게 질문해 보자. "나는 진정 하나님의 양자인가?" 때로 넘어지고, 때로 육신의 소욕의 유혹을 받는다 해도 성령은 우리에게 그럼에도 하나님의 양자이며 하나님이 많은 사람 가운데 우리를 선택하셨다는 확신을 주신다.

신앙의 성장을 도우시는 보혜사 성령

성령이 우리 속에서 하시는 또 하나의 일은 13절, "너희가 육신대로 살면 반드시 죽을 것이로되 영으로써 몸의 행실을 죽이면 살리니"라는 말씀에서 찾을 수 있다. '너희', 즉 우리는 스스로 주체적으로 몸의 행실을 죽여야 한다. 여기서 중요한 표현이 '영으로써'다. 성령으로써 우리가 우리 몸의 행실을 죽인다는 것이다. 내가 주체가 되어서 죽이지만, 수단은 성령이시다.

그렇다면 내가 몸의 행실을 죽인다는 말인지, 성령이 죽이신다는 뜻인지 구분하기가 어렵다. 여기에는 중요한 의미가 담겨 있다. 하나님은 오늘 우리가 육신의 소욕, 몸의 행실, 사탄의 역사 앞에서 승리하기를 원하신다. 그런데 하나님은 이 사역이 성부 하나님, 성자 예수 그리스도, 성령 하나님, 그리고 우리가 함께 사역해서 이루어 가는 것이라고 말씀하신다.

이는 마치 아이에게 자전거를 가르치는 아버지와 비슷하다. 자전거를 사 준 사람도 아버지이고, 자전거를 잡아 주면서 가르쳐 주는 사람도 아버지다. 자전거를 타고 달릴 때 잘했다고 격려하고, 넘어지면 괜찮다고 타이르면서 계속 권면해 자전거를 타게 만드는 사람도 아버지다. 그런데 결국 자전거를 타는 사람은 아이다. 아버지는 "내가 사 주고, 내가 가르치고, 내가 다 도와주어서 네가 자전거를 탈 수 있게 된 거야"라고 말하지 않고 "우리 아들, 자전거 잘 타는구나"라고 말한다.

우리의 의지와 노력만으로는 몸의 사욕을 절대로 이길 수가 없다. 성령이 아닌 내 능력과 감정으로 하기 때문이다. 그래서 우리는 종종 실망감에 빠진다. 그러나 하나님이 주관하시고, 예수 그리스도가 앞서 가시며 먼저 사탄의 머리를 치셨다. 성령이 나를 도와주시니 내가 성령을 의지해 따라가기만 하면 그분이 모든 몸의 행실에서 이기게 해 주실 것이라 믿는 것이 바로 신앙이다.

성령은 우리가 몸의 행실을 죽일 수 있도록 도와주신다. 우리는 성령을 따르기만 하면 된다. 그런데 성령은 "사실은 네가 했단다" 하며 우리를 격려하신다. 몸의 행실을 잠시 멈추는 정도에 그쳐서는 안 된다. 몸의 행실을 완전히 죽여야 한다. 죄는 고질적인 문제다. 어떤 사람은 예수님을 믿고 하나님의 은혜를 알지만 오랫동안 반복해서 저지르는 죄의 행실을 도저히 못 고친다. 누구에게 털어놓지도 못한 채 '왜 이렇게 해결이 안 되지' 하면서 혼자 끙끙 앓는다. 물론 하나님은 아신다. 그의 문제는 성령을 의지해 한 걸음씩 따라가면서 성령의 능력으로 해결하려 하지 않는다는 데 있다. 어떤 때는 죄를 밀어 봤다가, 또 어떤 때는 쓱 당기는 과정을 되풀이한다. 그래서 죄가 밀려가면서도 "나중에 다시 끌어당길 거지?" 하며 우리를 농락한다. 이것은 죄를 죽이는 것이 아니다.

하지만 성령을 의지하면, 성령이 우리 속에 역사해 몸의 행실을 죽이신다. 이것이 바로 성령이 하시는 일이다. 그러나 성령은 우리 안에 오셔서 죄를 단번에 죽이시지 않고, 우리가 믿음으로 성령을 따르도록 인격적으로 인도하신다. 이처럼 성령은 보혜사로서 우리가 하나님의 양자임을 계속 확인시켜 주시고, 몸의 행실을 죽이는 역할을 하신다.

그리고 보혜사로서 성령이 하시는 중요한 일이 있다. 15절, "너희는 다시 무서워하는 종의 영을 받지 아니하고 양자의 영을 받았으므로 우리가 아빠 아버지라고 부르짖느니라"라는 말씀에서 찾을 수 있다. 여기에는 '아빠 아버지'라는 재미있고 정감 어린 표현이 나온다. 왜 하나님을 '아빠 아버지'라고 부르짖을까?

사실 당시 사람들에게 하나님을 '아빠 아버지'라 부른다는 것은 획기적이고 혁명적인 일이었다. 도저히 있을 수 없는 일이었다. 당시 유대인들은 하나님을 '아도나이'라고 불렀다. 이 말은 '주여'로 해석할 수 있다. 그들은 '우리 같은 죄인이 어떻게 하나님의 이름을 부를 수 있는가?' 하며 하나님의 이름을 부르는 것을 불경건하고 망령된 행위로 여겨 벌벌 떨었다.

그런데 하나님을 아버지로 부른 최초의 한 사람이 계셨다. 바로 예수님이시다. 그러니 유대인들의 입장에서는 예수님이 무례하기 짝이 없었다. 심지어 예수님은 제자들에게도 하나님을 아버지로 부르라고 말씀하셨다. 마태복음 6장 9절에서 예수님은 "하늘에 계신 우리 아버지여"라고 기도하라고 가르치셨다. 당시 사람들에게 하나님의 호칭은 아득히 먼 '하늘에 계신 주'인데 아버지로 부르라고 하신 것이다.

사도 바울은 예수님의 '아버지'라는 표현을 더 친근하게 바꾸었다. 물론 예수님이 먼저 사용하신 말이다. '아빠 아버지'라는 말로서, 요즘으로 말하면 '아빠'다. 몇 해 전 딸이 이제부터 아빠가 아니라 아버지라 부르겠다고 한 적이 있다. 이유를 물었더니 나이가 들자 아빠라고 호칭하는 것이 실례처럼 느껴져서 격식을 갖추기로 했다는 것이었다. 그 말을 들었을 때 좀 섭섭했다. 아버지 입장에서는 자녀가 아버지를 친근하게 부르는 것이 훨씬 좋다. '하늘에 계신 주여'와 '하늘에 계신 아버지여'는 감흥이 전혀 다르지 않은가? 더 나아가 '하늘에 계신 아빠'라니, 더욱 친근감 있게 느껴진다. 하나님이 우리로 애정과 확신에 차서 하나님 앞으로 나오도록 선처를 베푸신 것이다. 우리가 종으로서 눈치 보면서 벌벌 떨며 나오는 것이 아니라 예수 그리스도의 보혈의 은총으로 말미암아 하나님의 사랑을 듬뿍 받는 양자로 나오기를 원하셨다.

5장
장차 올 영광

8:18-27

하나님이 주실 영광이 상상조차 할 수 없는 엄청난 영광이라면
우리는 현실을 인내하고, 그 영광을 사모하고,
성령과 더불어 기도하면서 살아가야 하지 않을까?

영광뿐 아니라 고난도 함께

우리의 삶에는 고난도, 유혹도 있다. 어려움이 겹쳐서 다가오기도 한다. 그러나 예수 그리스도를 믿는 사람에게는 성령이 "그래도 걱정하지 마라. 성령을 의지해 몸의 행실을 죽일 수 있어. 그리고 이제 하나님의 양자가 되었으니 하나님 앞에 나아와 아빠 아버지라고 부르면서 기도해" 하고 말씀하신다. 그리고 우리가 성령의 음성에 순종할 때 하나님이 역사하시고 도와주신다. 이것이 성령이 보혜사로서 하시는 일이며, 성령이 역사하실 때 우리는 영광의 자리로 들어간다. 하나님은 일회성 승리만 주시는 분이 아니라 우리를 궁극적인 영광의 자리로 이끄신다.

물론 유혹을 물리치고 주님의 뜻을 따르는 과정에서 어려움이 있을 수 있다. 세상 쾌락을 즐기지 않고 살아왔으니 별일 없이 평안할 것 같은데, 고통이 찾아올 수 있다. 그러나 그 순간 하나님 앞에 나와 하나님의 성령의 은총을 힘입으면 하나님의 자녀라는 확신이 점점 더 강렬해진다. 또 성령으로 말미암아 죄에서 이기는 역사가 계속해서 일어난다. 동시에 하나님 앞에 기도하면서 하나님과 더 친밀해지고 그분의 능력을 의지하는 자리로 나아가게 된다. 그뿐 아니다. 궁극적으로 하나님이 우리에게 엄청난 영광을 주시는데, 성경은 그 영광을 이렇게 설명한다.

"생각하건대 현재의 고난은 장차 우리에게 나타날 영광과 비교할 수 없도다"(18절).

'비교할 수 없는 영광'이라는 말이 무엇인지 짐작되는가? 다윗이 골리 앗을 무찌른 것은 단순히 그의 의욕 때문이 아니라 성령의 감동으로 인해 서였다. 그런데 하나님의 뜻을 따라 성령으로 골리앗을 쓰러뜨린 후 모든 일이 형통하기는커녕 오히려 감당할 수 없는 고난이 닥쳤다. 자신을 칭찬 하고 사랑해 주어야 할 사울이 오히려 끈질기게 죽이려 들어 허허벌판을 헤매고 광야 동굴을 숨어 다녀야 하는 시련의 세월을 살았다. 다윗은 고 난을 당하는 중에 앞으로 얻게 될 영광을 상상이라도 했을까? 아마도 다 윗은 '내가 어찌하여 이런 어려움을 당할까? 하나님의 뜻대로 살려고 했 는데 왜 나에게 고난이 있을까?' 하면서 고통스러웠을 것이다. 하지만 그 는 하나님과의 끈을 놓지 않았고, 늘 하나님을 부르며 기도하고 의지했 다. 그렇다면 이후에 다윗이 왕으로 세워져 영광의 자리에 섰을 때 받은 영광과 그가 그동안 당했던 고난을 평형 저울에 각각 올려놓으면 무게가 비슷할까? 절대 아니다. 그 영광은 비교할 수 없는 엄청난 영광이다.

우리는 길바닥에 버려진 사람들이 아니다. 고난 속에 홀로 있지도 않 다. 그리스도와 함께 고난을 받는다. 때로는 내 잘못으로 고통을 겪는다 할지라도 내 안에 계신 그리스도가 떠나지 않고 우리와 함께 계신다. 하 나님이 내게 주실 영광을 본다면 오늘 당하는 고난 앞에 기죽지 않을 것 이다. 또한 지금의 어려움에 울기만 하면서 낙오자가 되지는 않을 것이 다. 우리 속에는 하나님의 양자임을 각인시켜 주시고, 몸의 행실을 죽이 도록 이끄시고, 하나님을 '아빠 아버지'라고 부르며 보좌 앞으로 담대하게 나가게 하시는 보혜사 성령이 역사하시기 때문이다.

모든 피조물이 고대하는 종말의 날

고난과 영광의 무게는 엄청난 차이가 있다. 고난이 아무리 커도 받을 영광에 비하면 아주 가볍다. 그러므로 우리는 고난을 잘 이겨서 영광의 자리로 나갈 생각을 해야 한다. 사도 바울은 격려하는 마음을 담아서 두 단어를 대조해서 보여 주었다.

"피조물이 고대하는 바는 하나님의 아들들이 나타나는 것이니"(19절).

이어지는 말씀에서 '피조물'과 '하나님의 아들들'을 대조시키고 있는데, '하나님의 아들들'은 '하나님의 자녀', '우리'(인간) 등으로 약간씩 바꾸어 가며 표현했다. 우리 역시 피조물이다. 그런데 여기서 말하는 피조물은 인간을 제외하고 창조주가 만드신 세상 모든 것을 가리킨다.

사도 바울이 전하려는 핵심은 피조물의 상태다. 세상 만물이 우리와 어떻게 연관되며, 어떻게 영광의 자리로 나아갈지를 설명했다. "피조물이 허무한 데 굴복하는 것은 자기 뜻이 아니요 오직 굴복하게 하시는 이로 말미암음이라"(20절)라고 말하면서 피조물이 굴복된 상태에 놓여 있다고 했다. 그런데 자기 스스로 굴복한 것이 아니라 굴복하게 하시는 이로 말미암아 굴복되었다. 그분은 바로 하나님이시다. 그렇다면 하나님은 왜 피조물을 굴복시키셨을까? 여기서 말하는 굴복의 대상은 전도서 1장 2절에 기록된 전도자의 "헛되고 헛되며 헛되고 헛되니 모든 것이 헛되도다"라는 고백의 대상과 같은 것으로, 피조물이 허무한 데 굴복했다는 의미다.

그렇다면 전도자가 이 세상을 향해 헛되고 헛되다고 한 이유를 살펴보자. 하나님은 인간을 위해서 천지만물을 창조하셨다. 그러나 인간은 하나님 앞에 범죄했다. 하나님은 인간을 징계하셔야만 했는데 인간만 징계하시는 것은 진정한 징계가 될 수 없었다. 왜냐하면 피조물이 인간에게 필요한 모든 것을 제공하기 때문이었다. 그래서 하나님은 피조물에게도 징계를 내리셨다. 땅에서 엉겅퀴가 났고, 남자는 땀 흘려 노동을 해야만 양식을 얻을 수 있게 되었으며, 여자는 해산의 고통을 갖게 되었다. 한마디로 고통스러운 처지에 빠졌다.

만약 자연이 말을 할 수 있다면 "우리가 왜 인간들 때문에 이런 어려움을 당해야 합니까?" 하고 물을 것이다. 하지만 하나님은 인간에게 자연을 주셨고, 자연을 다스리는 인간이 벌을 받아야 했기에 자연 역시 허무한 데 굴복한 상태가 될 수밖에 없었다.

예를 들어, 삶의 모든 의미를 자식에게 둔 부모가 있다고 하자. 그들은 아이가 매우 사랑스러워서 아이에게 필요한 것이라면 무엇이든 사 주었다. 그런데 갑자기 아이가 세상을 떠나 버렸다면, 아이가 사용하던 물건들은 어떻게 될까? 옷, 가방, 책, 가구, 장난감 등 아이의 방에 있던 모든 물건이 허무에 빠져 버리고 말 것이다. 하나님은 우리에게 만물을 주셨다. 그런데 우리가 범죄함으로 사망의 늪에 빠지자 세상 만물도 허무에 빠져 버렸고 무의미해졌다.

그런데 여기서 끝이 아니다. 피조물이 고대하는 바는 "하나님의 아들들이 나타나는 것"(19절)이다. 이어지는 21절 역시 "그 바라는 것은 피조물도 썩어짐의 종노릇한 데서 해방되어 하나님의 자녀들의 영광의 자유에 이르는 것이니라"라고 말한다. 피조물이 고대하는 것은 빨리 하나님의 아들들이 나타나는 것이다. 즉 인간이 예수 그리스도를 믿고 회복되어 온전한 자리로 나아가는 것이다. 그러면서 그들도 영광과 자유에 동참하려는 것이다.

허무에 빠진 자연은 우리가 속히 회복되기를 고대한다. 인간이 징벌을 받아서 세상에 엉겅퀴를 내게 되었기 때문에, 인간이 회복되면 자신들도 회복되리라는 기대를 가지고 있다. 이 세상 만물이 잘못된 것이 아니다. 인간이 잘못되면서 모든 세상이 잘못된 것이다. 그래서 그들은 탄식한다. 바울은 "피조물이 다 이제까지 함께 탄식하며 함께 고통을 겪고 있는 것을 우리가 아느니라"(22절)라고 말했다.

인간은 아름다운 자연을 보며 감탄한다. 그러나 영적인 눈으로 바라보면, 사실 자연이 탄식하고 있다고 해도 과언이 아니다. 예를 들어, 비가 와서 사막에 풀이 나면 사슴 같은 초식동물이 모여든다. 그러면 그들을 호시탐탐 노리는 맹수도 찾아든다. 사슴은 불안에 떨며 풀을 뜯는다. 주변을 두리번거리고 귀를 쫑긋 세워 긴장하며 살핀다. 그러다 굶주린 사자가 공격해 오면 겁에 질려 도망친다. 하지만 달리기에 약한 사슴은 언제나 사자의 먹이가 되고 만다. 곱게 죽는 것도 아니고 갈기갈기 찢겨 죽는다. 이 과정에서 냄새를 맡은 하이에나들이 주변을 빙글빙글 돌다가 은근슬쩍 입을 갖다 댄다. 사자가 쫓아내려 하지만 계속 달라붙으면 먹이를 버려두고 떠난다. 먹이 사슬 과정과 더불어 영역 싸움도 존재하는 것이다. 치열하게 물어뜯고, 물리치고, 쫓고, 도망치는 치열한 싸움이 자연 속에서 끊임없이 회전하고 있다. 자연은 단순히 아름답지만은 않다. 먹고 먹히는 싸움의 연속이다.

이사야 11장을 보면, 메시아가 오고 하나님의 영광이 임하면 자연이 서로 싸우는 일이 사라질 것이라고 말한다. 맹수와 어린 양이 뛰놀고, 젖

뗀 어린아이가 독사의 굴에 손을 넣어도 상하는 일이 없을 것이다. 이러한 장면은, 하나님이 처음 창조하신 세상이 먹고 먹히고 치열하게 싸우는 곳이 아니었음을 우리에게 알려 준다. 자연은 인간 때문에 이처럼 힘겨운 상황에 빠졌고, 그로부터 벗어나기를 고대하고 있다.

그렇다면 인간은 어떠한가? "그뿐 아니라 또한 우리 곧 성령의 처음 익은 열매를 받은 우리까지도 속으로 탄식하여 양자 될 것 곧 우리 몸의 속량을 기다리느니라"(23절)라는 말씀에 잘 나타나 있다. 우리도 탄식하고 몸의 구속을 기다린다. 여기서 '우리'는 성령의 처음 익은 열매를 받은 이들인데, '성령의 처음 익은 열매'는 바로 예수 그리스도이시다. 즉 예수 그리스도를 믿는 이들이 탄식하고 있다고 말한 것이다.

그리스도를 믿기 전에도 우리의 영혼은 탄식했지만 느끼지 못했다. 하지만 그리스도를 믿고 난 뒤에는 하나님의 진정한 영광이 속히 이루어지기를 갈망하게 된다. 물론 예수 그리스도로 말미암아 받은 구원의 은총 자체는 온전하다. 하지만 이 땅에서는 육신의 정욕을 따라 사는 경우가 많기 때문에 구원의 은총을 온전하게 누리지 못한다. 따라서 우리의 몸도 온전히 영광의 자리로 나아가기를 간절히 바라는 것이다.

세상도, 자연도 우리가 속히 회복되기를 원하고 우리 역시 원한다. 그래서 성경은 '피조물도 탄식하고, 우리도 함께 탄식한다'고 표현하고 있다. 탄식이란 그저 한숨 정도가 아니다. 산모가 아이를 낳으면서 지르는 비명 소리를 가리킨다. 곧 있으면 아기가 태어나고, 가정이 행복해지는 순간을 목전에 두고 있다. 그러나 지금은 산고로 신음하는 것이다.

피조물이나 예수 그리스도를 믿는 우리는 저 앞에 하나님의 영광이 있다는 사실을 확실히 안다. 그러나 오늘의 삶에는 육신의 질병과 갈등이 있다. 연약함과 유약한 판단력, 부족함, 시련, 유혹도 있다. 그 때문에 우리는 탄식한다. 하지만 성경은 하나님이 주실 영광이 놀라울 만큼 굉장하다고 말한다. 얼마나 대단한지 "비교할 수 없도다"(18절)라고 말한다. 상대가 안 된다.

> "우리가 소망으로 구원을 얻었으매 보이는 소망이 소망이 아니니 보는 것을 누가 바라리요"(24절).

우리는 소망으로 구원을 얻었다. 하나님은 예수 그리스도라는 기가 막힌 섭리로 나를 부르셨다. 도저히 상상할 수 없는 일이 일어났다. 마찬가지로, 하나님은 우리를 감히 상상할 수 없는 영광의 자리로 인도하실 것이다. 만약 짐작할 만한 수준의 영광이라면 굳이 하나님께 간구할 필요가 있을까? 하나님이 주시는 영광은 우리가 기대하는 소망과 바람을 초월한다. 예수 그리스도를 믿고 하나님의 영광을 약속받았다면 자신에게 물어보라. "나에게는 이러한 하나님의 영광이 있는가? 그 영광을 믿는가?"

성령도 우리의 연약함을 도우시나니

24절은 하나님의 영광을 약속받은 사람이 해야 할 일에 대해서 말한다. 보는 것을 소망하지 말라는 의미가 아니라 말씀 가운데 소망하라는 뜻이다. 곧 하나님의 영광을 간절히 바라라는 것이다. 하나님의 은혜 안에서 살고 싶다는 소망, 그 영광 속에 들어가고 싶다는 소망, 하나님의 온유한 품에 안기고 싶은 간절한 갈망이다. 물론 하나님이 주관하시고 성령이 도우신다. 하지만 스스로가 열망하지 않으면 삶 속에서 은총을 힘입을 수가 없으며, 하나님 앞에 면류관을 기대할 수도 없다.

예를 들어, '이번 시험에는 꼭 10등 안에 들 거야'와 같은 목표를 가진 학생과 '시험을 친다니까 그냥 치는 거지'라고 생각하는 학생이 있다고 하자. 후자의 경우, 시험을 잘 볼 확률은 확 줄어든다. '주일에 교회에 가서 예배드리고 믿으면 하나님이 복 주시겠지' 하고 막연히 교회에 나오는 사람과 '나는 하나님의 은혜와 능력 가운데 살고 싶다. 하나님이 내 생애를 통해 역사하시기를 원하고, 그리스도의 빛을 내는 사람이 되고 싶다'라고 생각하며 기도하는 사람에게 성령의 역사는 다르게 임한다.

하나님은 우리가 하나님의 영광에 집중하고 그 영광을 간절히 사모하기를 원하신다. 하나님의 약속을 믿고, 매 순간 하나님의 영광을 맛보고, 점점 은총 가운데 살아가면 우리의 삶은 분명히 달라지게 되어 있다. 문제는 그러한 믿음의 열정과 하나님의 영광을 사랑하는 마음이 있는가다.

또 해야 할 일이 있다. 참고 기다리며 인내하는 것이다. 25절은 "만일 우리가 보지 못하는 것을 바라면 참음으로 기다릴지니라"라고 이야기한다. 눈에 보이는 것이 아니라 엄청난 하나님의 축복을 바라본다면 인내는 당연하다. 중도에 인내심을 잃거나 참다가 기대를 상실하는 일도 없어야 한다. 끝까지 인내하고 나아가야 한다. 하나님 나라에 이를 때까지, 영광의 자리에 도달할 때까지 가야 한다. 그 과정에서 성령이 우리를 도와주신다.

"이와 같이 성령도 우리의 연약함을 도우시나니 우리는 마땅히 기도할 바를 알지 못하나 오직 성령이 말할 수 없는 탄식으로 우리를 위하여 친히 간구하시느니라"(26절).

그런데 이상하게도, 예수님을 믿고 하나님의 자녀가 되면 하나님이 우리를 강한 사람으로 만드셔야 할 것 같은데 성경은 하나님이 우리의 연약함을 그대로 두고 성령으로 도우신다고 말한다. 이때 성령은 탄식으로 우리를 위해 친히 간구하신다. 성령은 간절한 마음으로 우리를 위해 간구하시고, 또 우리를 이끌어 기도하게 하는 일을 계속하신다. 그러므로 우리는 성령을 의지해 기도해야 하는 것이다.

우리는 이 사실을 인정해야 한다. 영광의 약속을 받았다면 그것을 앙망하면서 현실 가운데 다가오는 고난을 인내하고, 성령 앞에서 기도하면서 영광의 자리를 향해 전진해야 한다. 교회만 왔다 갔다 하는 사람과 하나님의 성령과 더불어 기도하는 사람은 하나님의 은혜와 성령의 역사하시는 능력, 또한 현재 누리는 평안이 절대로 같을 수 없다.

처음 것들이 다 지나갔음이러라

그렇다면 하나님의 주실 영광이 도대체 무엇일까? 성경은 우리의 상상을 초월한다고 말한다. 우리 중에는 천국을 확실하게 본 사람이 없고, 앞으로 누리게 될 영광을 생생하게 체험한 사람도 없다. 단지 요한계시록을 통해 짐작할 뿐이다. 요한계시록 21장 4절에는 "모든 눈물을 그 눈에서 닦아 주시니 다시는 사망이 없고 애통하는 것이나 곡하는 것이나 아픈 것이 다시 있지 아니하리니 처음 것들이 다 지나갔음이러라"라고 기록되어 있다.

마태복음에는 우리가 천국에서 보고 누리게 될 것을 예수님이 살짝 보여 주신 사건이 나온다. 변화산에서 예수님은 제자들 앞에서 변형되사 그 얼굴이 해같이 빛나며 옷이 빛과 같이 희어졌다. 그때 모세와 엘리야가 예수님과 함께 이야기를 나누었다. 그 모습을 본 베드로는 얼마나 황홀하고 좋았던지, "주여 우리가 여기 있는 것이 좋사오니 만일 주께서 원하시면 내가 여기서 초막 셋을 짓되 하나는 주님을 위하여, 하나는 모세를 위하여, 하나는 엘리야를 위하여 하리이다"(마 17:4)라고 말했다. 감격스러워하는 베드로의 모습을 통해 이 세상 무엇과도 바꿀 수 없는 엄청난 영광을 간접적으로 느낄 수 있다.

또 예수님이 부활하신 후 모든 사람이 보는 앞에서 승천하시는 모습을 본 사람들은 두려워하지 않았다. 황홀감에 도취되었다. 그들은 얼마나 감동적이었던지 죽음과 박해가 있어도 무릎 꿇지 않았고, 죽어도 좋다는 결심을 했다. 그 원동력은 결국 영광의 자리로 갈 것이라는 확신이었다. 그로 인해 그들은 세상이 감당할 수 없는 자들이 되었던 것이다.

많은 사람이 좋아하는 영화 중에 〈사운드 오브 뮤직〉을 소개하고자 한다. 이 영화는 오스트리아 출신의 마리아 폰 트라프의 자서전 《트라프 가문의 가수들 이야기》(The Story of the Trapp Family Singers)를 원작으로 한 뮤지컬 영화다. 영화는 수녀 마리아가 수녀원을 나와 군대처럼 딱딱한 가풍을 가진 어둡고 침울한 가정에 들어가면서 시작된다. 마리아는 아이들과 옥신각신하면서 가정교사로 지내는데, 그 과정에서 가정을 밝은 분위기로 만들고 혼자 된 아이들의 아버지와 결혼하면서 그 가정의 어머니가 된다.

그런데 시련이 찾아온다. 제2차 세계대전이 발발하고 정부가 군인인 남편을 전쟁에 끌어들이려고 한 것이다. 가족은 모든 것을 버리고 떠나기로 결정한다. 감시의 틈을 피해 알프스산을 향해 떠난다. 많은 장면 가운데 그 부분이 참 인상적이었다. 그들이 밤새도록 알프스산을 통과해 드디어 목적한 곳을 넘었을 때 아침이 찾아오고 광대한 알프스의 자연이 눈앞에 펼쳐진다. 새로운 아름다운 세계에 도착한 것이다. 그때 주제곡, "저 산들은 노래와 함께 생동하고 있네"(The hills are alive with the sound of music)가 울려 퍼진다.

영화 속 그들이 부른 노래는 이미 인류를 통해 오랫동안 불려 온 것이었다. 나는 그 아름다운 노래가 이렇게 들렸다. "아! 내 영혼이 간절히 소망합니다. 자연의 탄식으로 가득한 이곳에 수천 년 동안 끝없이 부르는 천사들의 노래가 들려옵니다. 우리는 하나님의 영광의 나라로 나아갈 것입니다."

한때 '하나님의 영광'이라는 의미가 막연하고 모호하게 느껴졌다. 그저 '천국에 가면 하나님이 주시겠지' 하고 생각했다. 그러다가 하나님이 신학교에 보내셨을 때는 현실의 어려움 앞에 그리스도인으로서 현세의 영광에 대한 기대조차 사라져 버렸다. 오히려 '고통이 내 운명인가?'라고 생각할 수밖에 없는 상황에 연신 처하기도 했다. 그러나 하나님은 내 생각을 초월해 넘치게 역사하셨다. 그러고는 "네가 소망하는 정도의 소망만 이루어진다면 소망이겠느냐? 네가 예상하는 정도만 이루어진다면 내가 하나님이겠느냐?"라고 말씀하셨다.

하나님이 주실 영광이 상상조차 할 수 없는 엄청난 영광이라면 우리는 현실을 인내하고, 그 영광을 사모하고, 성령과 더불어 기도하면서 살아가야 하지 않을까? 성령이 우리를 도우시고, 천사들이 우리를 향해 노래 부른다. 그러면 우리는 비록 어두운 산길을 가더라도 주님과 함께 전진하며 온전한 세계로 나아갈 것을 믿게 된다. 주님과 함께 성령과 더불어 기도하면서 영광의 나라로 전진해 가는 것이다. 하나님은 그리스도 안에서 우리에게 영광과 영광을 받을 자격을 주시고, 그 영광을 이루어 나가도록 보혜사 성령을 주셔서 우리를 거두어 주신다. 우리의 삶은 결코 여기가 끝이 아니다.

6장

더이상 정죄함이 없으니

8:28-39

그리스도가 보증이 되어 주셨기에
누구도 나를 고발할 수 없고 정죄할 수 없다.

하나님의 주권

이 본문은 복음을 이야기하는 마지막 부분이다. 이 부분을 세 문단으로 나누고 각각 주제를 붙이면, 첫째, "하나님의 자녀로서 우리의 신분"(28-30절), 둘째, "하나님의 은총을 받은 우리의 자격"(31-34절), 셋째, "이렇게 행하신 하나님의 사랑을 찬미"(35-39절)라고 할 수 있다.

먼저 28절은 "우리가 알거니와 하나님을 사랑하는 자 곧 그의 뜻대로 부르심을 입은 자들에게는 모든 것이 합력하여 선을 이루느니라"라고 말한다. 이 말씀은 우리에게 꽤 친숙하다. 우리가 잘 알고, 즐겨 반복하며 묵상하는 구절이다. 한마디로, 하나님이 사랑으로 부르신 사람, 하나님을 사랑하는 사람에게는 모든 것이 협력하여 선을 이루는 은총이 있다는 말이다. 여기서 주체는 '나'도 아니고, '모든 것'도 아니며, '하나님'이시다.

하나님을 섬기는 사람이라면 살면서 이 말씀에 공감하게 될 때가 많다. 하나님은 하나님이 부르신 사람의 인생에 우연한 사건이 발생하도록 내버려 두시거나 그가 이유 없는 일을 당하도록 방치하지 않으신다. 하나님 앞에서 우연은 존재할 수 없고, 아무리 좋지 않은 일이라 할지라도 하나님은 반드시 그 일을 선으로 이끌어 가신다. 이 사실을 믿는 신앙인은 때로 낙심되고 억울한 일을 만나더라도 하나님의 인도하시는 손길을 사모한다.

그렇다면 이렇게 질문할 수 있다. "하나님은 왜 이러한 은혜와 축복을 베푸시는 것일까? 과연 나는 합력하여 선을 이루는 약속을 얻을 만한 자격이 있는 사람인가?" 여기에 대해 사도 바울은 분명하게 답을 주었다.

> "하나님이 미리 아신 자들을 또한 그 아들의 형상을 본받게 하기 위하여 미리 정하셨으니 이는 그로 많은 형제 중에서 맏아들이 되게 하려 하심이니라 또 미리 정하신 그들을 또한 부르시고 부르신 그들을 또한 의롭다 하시고 의롭다 하신 그들을 또한 영화롭게 하셨느니라"(29-30절).

이 말씀은 하나님이 우리를 어떻게 구원하셨는가를 5단계로 나누어 설명한다. 첫째, 하나님은 우리를 미리 아셨다. 둘째, 하나님은 우리를 미리 정하셨다. 셋째, 정한 것으로 끝내지 않으시고 때가 되어 예수 그리스도를 보내시고 그분을 믿게 하시면서 우리를 부르셨다. 넷째, 우리를 부르시면서 의롭다 하시는 '칭의'를 주셨다. 다섯째, 결국 우리를 영화롭게 하셨다.

사도 바울은 지금 우리가 하나님의 사랑과 구원을 얻은 것은 우리의 노력이나 행위로써 쟁취한 것이 아니라 전적으로 하나님의 주권적인 역사라고 말한 것이다. 그런데 이처럼 주권적인 역사를 베푸실 때 하나님이 내리신 선택은 단순한 결정이 아니었다. 하나님은 우리가 죄인이라는 사실을 아셨음에도 불구하고 우리를 택하셨다. 또 이미 창세전에 우리가 어느 시대에 태어나서 살아갈지도 아셨다. 때가 되어서 하나님은 예수 그리스도를 보내 우리로 하여금 예수 그리스도를 믿게 하셨다. 그리스도가 오시기 전에는 오실 그리스도를 믿게 하셨고, 그리스도가 오신 이후에는 오신 그리스도를 믿게 하셨다. 또한 하나님은 예수 그리스도로 말미암아 우리를 의롭고 거룩하다고 칭해 주셨고, 영화롭게 완성시켜 주셨다. 오직 그리스도로 가능하게 만드신 것이다.

사실 우리가 합력하여 선을 이루는 하나님의 은혜를 입었음을 확신할 수 있는 이유는 하나님이 확실한 증거이신 예수 그리스도를 통해 우리를 부르셨기 때문이다. 하나님은 1단계가 아니라 5단계라는 복잡한 과정을 거쳐서 확실한 논리적 근거를 두고 우리를 하나님의 자녀로 부르셨다.

구원의 확신

그런데 여기서 특이한 점은 문장들이 전부 과거형으로 귀결된다는 것이다. '미리 아시고, 아신 자를 미리 정하시고, 정하신 자를 부르시고, 부르신 자를 의롭다 칭하시고, 칭하신 자를 영화롭게 하셨다.' 이는 확실한 사실이기 때문이다. 성경은 확고부동한 약속을 이야기할 때면 주로 과거형을 사용한다. 결론적으로, 바울은 하나님이 우리를 "영화롭게 하셨다"라고 확실히 선언했다.

하나님은 구원을 베푸실 때 어떤 사람에게는 1단계를 주시고, 다른 사람에게는 2단계를 주시지 않는다. 전부(package)를 주신다. 구원받는 사람은 5단계에 해당하는 전부를 받는다. 우리는 아직 영화로운 자리에 가지는 않았지만 이미 영화롭게 되었다. 예를 들어, 대입 시험을 친 아이가 합격을 확인했다고 하자. 그러면 아이는 합격 증서를 손에 쥐지는 않았지만 당연히 "나, 합격했어" 하며 기뻐할 것이다. 또한 선거일이면 오후 6시에 투표가 마감된 후 바로 출구조사 결과가 뜬다. 그리고 개표한 지 2-3시간 정도가 지나면 당선 유력자를 가리키는 '유력' 표시가 개표 방송에 뜬다.

이후 1-2시간이 더 지나면 '확정'이라고 뜬다. 아직 개표 중이지만 당선이 확실하기 때문이다. '확정'이라는 글자가 떴는데도 "아직 몰라. 끝까지 가봐야 돼"라고 말하는 사람은 없다. '확정'이라는 표시를 본 당사자들은 당연히 일어서서 박수하며 "이겼다!" 하고 환호한다.

하나님이 우리에게 주신 구원은 '확정'이다. 우리의 구원은 내가 아니라 하나님으로 말미암은 것이고, 그리스도라는 확실한 보증이 계신다. 그래서 비록 우리는 부족하지만 구원받았음을 확신하고 기뻐할 수 있다. 하나님이 영화롭게 하셨다는 말씀을 믿고, 감사하고, 누리는 것이 바람직한 신앙인의 모습이다. 그럼에도 마음에 결정적인 감흥이 있어야만 영화를 누릴 수 있다고 생각하는 사람이 있다면 그는 지극히 현실만 바라보는 회의론자다. 사도 바울은 하나님이 구원을 주셨으면 자신이 부족할지라도 구원받아서 하나님 안에 들어갔다는 사실을 확신하고, 또 구원의 절정인 영화로움이 자신에게 있음을 믿어야 한다고 말했다. 이 모든 것이 하나님으로부터 이루어진 일이기에 우리는 믿을 수 있다.

28절에서 '합력하여 선을 이룬다'라는 말은 영어로 "All things were together for good"(모든 것이 함께 작용해서 결과적으로 좋게 된다는 뜻)이다. 예수 그리스도를 믿고 하나님의 자녀가 되면 이 말씀을 실제로 경험하고 하나님의 역사와 섭리를 보게 된다.

그런데 우리 주변에는 믿는 사람 중에 병이 드는 사람이 있다. 그는 원하지 않은 질병에 걸린 상황에서 '하나님이 어떻게 자기 백성에게 이처럼 힘든 상황을 허락하실까? 모든 것이 우연이 아니라 하나님의 주권 속에 있다면 왜 이런 일이 닥칠까?' 하며 의심이 생길 것이다. 만약 그가 하나님의 주권을 신뢰한다면 그 문제를 가지고 하나님께 간절히 기도해야 한다. 하나님을 더 의지하고 열심히 기도하면서 하나님께 자신을 맡기면 그것만으로도 합력하여 선을 이룬 것이라고 할 수 있다.

간혹 믿는 사람 중에 사업이 망하는 경우도 있다. 하지만 그가 그 일로 인해 더 겸손해지고, 하나님의 인도하심을 받아 다른 길을 모색해 나간다면 그것 역시 합력하여 선을 이루시는 하나님의 손길을 힘입은 것이라고 할 수 있다. 우리는 살면서 실수를 저지를 때가 많다. 부족하기 때문에 어려움에 빠지기도 하고, 계속 자충수를 두면서 고난을 가중시킬 수도 있다. 그러나 하나님이 사랑해서 그 뜻대로 부르신 자들은 모든 것을 합력하여 선으로 인도해 주실 줄 믿는다.

독생자, 예수 그리스도

젊은 날, 하나님 앞에 더러 부끄러운 일들을 행했던 적이 있다. 물론 예수 그리스도 안에 들어와 그리스도의 보혈로 완전히 용서받았고 죄 사함의 은총 속에 살고 있음을 믿는다. 그러나 과거를 다 잊지는 않았다. 그때 그 일이 지금의 내 삶에 얼마만큼 영향을 미쳤는지 되돌아보면, 오히려 하나님의 사랑에 더 가까이 갈 수 있도록 촉매제 역할을 했다는 것을 알 수 있다. 그 일을 통해 하나님을 더 잘 섬기고, 하나님을 사랑하게 되었기 때문이다. 나를 인도하신 하나님의 사랑은 어느 누구도 빼앗아 갈 수 없다는 확신을 갖게 되었다.

누구나 자신의 과거를 돌아보면 실패한 것처럼 보인다. 그러나 하나님은 성공하셨고, 합력하여 선을 이루어 오셨다. 우리에게는 하나님의 이같은 은혜가 있다. 게다가 이 은혜로 끝이 아니다. 하나님은 우리에게 한 가지를 더 보여 주셨다.

"자기 아들을 아끼지 아니하시고 우리 모든 사람을 위하여 내주신 이가 어찌 그 아들과 함께 모든 것을 우리에게 주시지 아니하겠느냐"(32절).

이 말씀은 누구나 쉽게 이해할 것이다. 그러나 이 말씀이 얼마나 마음 속 깊이 와 닿는지와 얼마나 확신하며 경험하는지는 개인차가 있다. '하나님이 자기 아들을 아끼지 아니하시고 우리에게 주셨다'라는 말은 절대로 포기할 수 없는 것, 가장 아끼는 것을 내어 주셨고 포기하셨음을 의미한다. 그만큼 하나님은 우리를 사랑하셨고, 우리를 품에 안고 붙잡기를 원하셨다.

나는 하나님이 독생자 예수 그리스도를 내어 주셨다고 할 때 두 가지 동기를 유발하는 원천을 통해 생생하게 공감한다. 먼저, 내 아들이다. 아들을 보면 나를 많이 닮은 것 같지는 않다. 그런데 그런 아들이 나는 참 좋다. 왜냐하면 내게는 좋은 점도 있지만 좋지 않은 점도 있기 때문이다. 만약 사랑하는 내 아들을 내어 주어야 한다고 상상하면 하나님이 예수님을 내어 주신 일이 얼마나 대단한 사건인지 확실하게 감동이 살아난다.

또 하나는 초등학생 시절 한 친구에 대한 기억이다. 친구는 당시로서는 매우 드문 삼대독자였다. 주관적인 입장에서 볼 때 친구는 탁월하게 똑똑하지도, 잘생기지도 않았다. 그런데 겨울이면 보통 학생들이 꽁꽁 언 도시락을 덜덜 떨면서 먹는 상황에서 그 친구만큼은 할머니나 어머니가 도시락을 들고 교실로 오셨다. 보통 4교시 중반쯤 되면 창문이 드르륵 열리면서 친구의 이름이 불렸다. 그러면 아이들이 다 웃었고 친구는 부끄러워서 고개를 숙이곤 했다. 또 방과 후에 친구들과 놀 때도 할머니나 어머니가 멀찌감치 서서 지켜보셨다. '누가 우리 아들 건드리지 않나' 하고 망을 보시는 것이었다. 좀 유별나다고 생각하기는 했지만 노는 데 정신이 없어서 크게 신경 쓰지는 않았다.

그런데 하루는 친구가 교실에서 뛰어놀다가 교탁에 놓인 꽃병을 깨뜨려 같은 분단 아이들이 모두 선생님께 손바닥을 맞았다. 추운 날이어서 손이 벌겋게 부어올랐다. 그 상태로 방과 후에 친구 집으로 우르르 놀러 갔다. 그런데 친구의 어머니가 친구의 손을 잡고는 금쪽같이 귀한 아들을 누가 때렸냐며 우셨다. 괜히 나도 집에 가서 "오늘 선생님께 맞아서 손이 부었어요" 하고 손을 내밀어 보여 드렸다. 하지만 우리 집은 자식이 많아서인지 "좀 있으면 낫는다" 하고는 끝이었다.

인간에게도 독자가 이처럼 소중한데, 하나님은 그 소중한 독자를 우리를 위해서 내 주셨다. 독자에 대한 사랑이 없어서가 아니다. 하나님은 우리를 품고, 용서하고, 사랑하고 싶어 하셨기 때문이다. "그렇게까지 우리를 원하시는 하나님이 우리의 기도를 들어주시지 않겠는가? 우리에게 모든 것을 은사로 주시지 않겠느냐?" 하고 바울은 물었던 것이다.

끊을 수 없는 하나님의 사랑

우리의 구원은 우리로부터 이루어진 것이 아니다. 하나님이 완성하셨다. 하나님은 우리가 죄인인 줄 모르고 부르신 것이 아니다. 다 아셨기 때문에 자기 아들을 죽여 대가를 치르고 우리를 부르셨다. 따라서 우리가 "그 사랑으로 우리를 부르신 하나님이 모든 것을 합력하여 선을 이루시지 않겠으며, 모든 것을 은사로 주시지 않겠느냐" 하며 장담할 수 있는 것이다.

그러면 우리의 마음속에는 "하나님이 정말 이런 나를 위해 그처럼 놀라운 일을 행하실까?" 하는 의심 하나가 고개를 치켜든다. 왜 이처럼 중요한 시점에 이 질문이 생기는 것일까? 양심 때문이다. 솔직히 여전히 죄를 짓기 때문에 합력하여 선을 이루시는 하나님이 주시는 선물을 받을 자격이 없다고 자책하는 것이다.

사도 바울은 그런 우리의 마음을 알고는 "누가 능히 하나님께서 택하신 자들을 고발하리요 의롭다 하신 이는 하나님이시니"(33절)라고 말했다. 재판장이신 하나님이 구원의 전부(1-5단계)를 통해서 우리를 감찰하시고, 정하시고, 부르시고, 품에 안으셨는데 누가 고발하겠냐는 것이다. 우리의 양심, 혹은 사탄이 고발할 수 있을까? 불가능하다. 모든 것의 주관자는 하나님이시기 때문이다. 우리는 여기서 하나님의 은혜가 얼마나 논리적이며, 빈틈이 없고, 기가 막힌 은총으로 이루어졌는지를 확인할 수 있다.

> "누가 정죄하리요 죽으실 뿐 아니라 다시 살아나신 이는 그리스도 예수시니 그는 하나님 우편에 계신 자요 우리를 위하여 간구하시는 자시니라"(34절).

이 말씀은 바울이 이사야서를 인용한 것이다. 이사야 50장 8-9절은 "나를 의롭다 하시는 이가 가까이 계시니 나와 다툴 자가 누구냐 나와 함께 설지어다 나의 대적이 누구냐 내게 가까이 나아올지어다 보라 주 여호와께서 나를 도우시리니 나를 정죄할 자 누구냐 보라 그들은 다 옷과 같이

해어지며 좀이 그들을 먹으리라"라고 말한다. 바울이 당시 사회 관습에 맞게 "누가 우리를 고발하리요? 누가 우리를 정죄하리요?"라고 표현을 새롭게 바꾼 것이다.

내 죄를 위해서 친히 죽으셨다가 살아나시고, 지금은 하나님 우편에서 우리의 산 증인으로서 변호하시는 당사자가 예수님이시다. 그러므로 우리더러 죄인이라고, 자격이 없다며 누가 정죄할 수 있겠는가? 죄인이 아니라고 부정하는 것은 아니다. 뻔뻔하게 모른 척하겠다는 말도 아니다. 재판장이신 하나님이 나를 부르셨고, 나를 위해 대신 죄의 대가를 치르시고 모든 것에서 해방시켜 준 당사자이신 예수 그리스도가 증인이 되신다. 그래서 더 이상 고발이나 정죄가 없다는 의미다.

우리는 자신의 연약함으로 낙심할 때가 있고, 죄인 된 모습에서 희망을 잃어버리기도 한다. 그러나 하나님은 나를 아시고, 부르시고, 붙드시고, 품에 안으셨다. 그 사랑이 오늘 있고, 내일도 우리는 그 사랑의 힘으로 살아간다.

그런데 본문을 읽다 보면 바울이 하나님의 감동에 점점 더 깊이 사로잡히기 시작했다는 느낌이 든다. 마침내 그가 엄청난 감동에 압도되어서 쓴 구절이 35절부터다. 붓을 들고 한순간도 멈춤 없이 단숨에 써 내려간 것 같다.

> "누가 우리를 그리스도의 사랑에서 끊으리요 환난이나 곤고나 박해나 기근이나 적신이나 위험이나 칼이랴 기록된 바 우리가 종일 주를 위하여 죽임을 당하게 되며 도살당할 양같이 여김을 받았나이다 함과 같으니라 그러나 이 모든 일에 우리를 사랑하시는 이로 말미암아 우리가 넉넉히 이기느니

라 내가 확신하노니 사망이나 생명이나 천사들이나 권세자들이나 현재 일이나 장래 일이나 능력이나 높음이나 깊음이나 다른 어떤 피조물이라도 우리를 우리 주 그리스도 예수 안에 있는 하나님의 사랑에서 끊을 수 없으리라"(35-39절).

그 무엇도 우리를 하나님의 사랑에서 떼어 놓을 수 없다. 떼어 놓으려면 하나님을 이겨야 한다. 하지만 그렇다고 해서 36절이 "기록된 바 우리가 종일 주를 위하여 죽임을 당하게 되며 도살당할 양같이 여김을 받았나이다 함과 같으니라"라고 말하듯이 우리가 고난에서 면제되었다는 의미는 아니다. 이 말씀은 시편 44편 22절을 그대로 인용한 것으로, 이를 통해 수천 년 전 믿음의 선배들도 고난을 면제받지 않았다는 사실을 알 수 있다.

고난은 피해 갈 수 있는 것이 아니다. 그리스도도 고난을 받으셨고, 오늘 우리에게도 고난이 있다. 하지만 우리를 사랑하시는 하나님의 사랑으로 말미암아 이 모든 것을 넉넉히 이길 수 있다. 중요한 것은 하나님의 사랑이다. 하나님의 사랑은 떼어 놓을 수도, 막을 수도 없으며 계속 공급된다. 아무리 끊으려 해도 끊을 수 없다.

바울은 하나님의 사랑을 한 단계 더 강하게 표현하고자 38절에서 "내가 확신하노니 사망이나 생명이나 천사들이나"라고 말했다. 그런데 여기서 '천사들'이란 무엇을 의미하는 것일까? 아마도 바울은 우리가 전혀 예상하지 못했던 일, 설령 천사들이 우리에게 악을 행하는 예상 밖의 일이 일어날지라도 하나님의 사랑에서 우리를 끊을 수 없다고 말한 것 같다.

사망이나 생명이나 천사들이나 이 세상의 온갖 것이라도 하나님의 주권 아래 있고, 하나님을 이길 수 없다. 그렇기에 그리스도 예수 안에 있는 우리를 하나님의 사랑에서 절대로 끊을 수 없다. 하나님이 나를 택해 품에 안으시고 그리스도가 보증이 되어 주셨기에 누구도 나를 고발할 수 없고 정죄할 수 없다. 그 하나님의 사랑이 오늘도 우리 속에 흐르고 있다. 이것이 복음의 본질이며 결론이다. 우리에게 이런 사랑이 있다.

그리스도의 고난은 내게 무슨 의미인가

우리는 육신의 정욕만 생각했던 육신의 사람이었다. 하지만 이제 성령의 사람으로 하나님의 뜻과 선한 일에 대한 의지가 일어난다. 육신의 생각은 사망을 향하지만 성령님의 생각은 생명으로 우리를 이끄신다. 육신의 생각은 하나님의 말씀에 순종하지 않고 순종할 수도 없어서 하나님을 기쁘시게 할 수도 없다. 그러나 성령의 사람은 하나님의 영, 그리스도의 영이 속에 있기 때문에 하나님의 말씀에 순종하며 하나님을 기쁘시게 한다.

우리는 우리를 사랑하사 자기 몸을 아끼지 않고 버리신 예수 그리스도의 은혜에 빚진 자이다. 하지만 내 속에 정욕이 완전히 사라진 것은 아니다. 육신의 몸으로 살고 있고 현실적으로 세상에는 사탄의 유혹이 많기에 완전히 정욕을 떠나 살 수는 없다. 하지만 신분은 완전히 은혜의 신분으로 바뀌었다. 하나님의 자녀가 된 것이다. 하나님은 우리에게 '종의 영'이 아니라 하나님의 자녀라는 '양자의 영'을 주셨다.

하나님이 우리를 부르셨고 예수 그리스도가 하나님의 영광의 상속자라면 우리도 하나님의 영광의 상속자가 된다. 그렇게 하나님께 영광을 받는다면 예수 그리스도와 함께 고난을 받는 것도 당연하지 않을까? 예수 그리스도 역시 영광을 얻기 전에 고난을 받으셨다. 그러므로 우리가 온전한 영광의 자리에 이르기 전에 이 땅에서 고난을 받는 것은 자연스러운 일이다. 그러나 세상의 것과 완전히 다른 점은 십자가 뒤에 영광이 있었던 것처럼, 지금의 고난이 헛되게 끝나는 것이 아니라 영광으로 나아간다는 점이다.

하나님은 만물을 창조하시며 기뻐하셨고 인간을 창조하신 후에는 더욱 기뻐하셨다. 하지만 인간이 죄를 짓자, 인간에게 벌을 주려고 그를 둘러싼 만물을 먼저 벌하셨다. 세상 만물이 풍요롭다면 인간에게 그 무엇도 벌이 되지 않기 때문이다. 그래서 세상 모든 피조물은 고통에 빠졌다.

하지만 우리는 예수 그리스도를 믿어 소망의 구원을 얻었다. 그 구원은 그저 눈에 보이는 권리 정도가 아니라 상상할 수 없을 정도로 놀랍고 아름다우며 영원한 것이다. 그러므로 그 소망이 온전히 이루어질 때까지 인내하고 참아야 하는 것은 당연하다. 우리 안에 수많은 갈등과 혼란이 있지만 하나님은 성령을 통해 우리를 도우시고 영광을 거두게 하실 것이다. 우리가 무엇을 기도해야 할지 모를 때도 우리 안에 계신 성령님은 말할 수 없는 탄식으로 우리를 위하여 기도하신다.

현실에서 환난과 고통은 여전하지만 확신할 수 있는 것이 있다. 하나님은 하나님을 사랑하는 자 곧 그 뜻대로 부르심을 받은 자에게는 모든 것을 합력하여 선으로 이루어 가신다는 점이다. 그 누구도 우리를 하나님의 사랑에서 끊을 수 없다.

이제 이 땅에 죄악이 없어야 한다고, 예수를 믿으니 고난당하지 말아야 한다고 단정하지 말기 바란다. 우리는 예수 그리스도를 믿으면서 새로운 '의'에 들어왔다. 그 '의'에 들어온 이상, 예수 그리스도는 그의 영으로 우리를 돕고 인도해 주실 것이다.

4부

복음은
무엇을
변화시키는가

1장

구원의 신비와 감격

하나님은 하나님이시기에
자신이 기뻐하는 사람을 택할 능력과 자격을 갖고 계신다.

이스라엘을 향한 바울의 슬픔

로마서 8장에서 바울은 감격적이고도 찬란한 사실을 선포했다. 이 세상의 어떤 것, 심지어 사탄이나 천사라도 예수 그리스도로 인해 누리게 된 하나님의 사랑의 품에서 우리를 떼어 놓을 수 없다는 놀라운 선언이었다. 성경 속 수많은 문장 중에 8장 마지막 구절처럼 하나님의 사랑을 장엄하면서도 감동적으로 드러낸 부분이 또 있을까? 바울이 느낀 은혜의 감격은 하나님이 우리에게도 주신 것이기에 더 벅찬 감동으로 다가온다.

그런데 9장으로 넘어오면서 바울은 갑자기 분위기를 전환했다. 상반된 두 단어를 사용하면서 깊은 내면에서 그가 진정 원하던 바를 강하게 드러냈다. "내가 그리스도 안에서 참말을 하고 거짓말을 아니하노라 나에게 큰 근심이 있는 것과 마음에 그치지 않는 고통이 있는 것을 내 양심이 성령 안에서 나와 더불어 증언하노니"(1-2절)라는 말씀을 보라.

왜 바울은 하나님의 놀라운 사랑을 말하다가 갑자기 근심과 고통이 있다는 우울한 분위기로 전환한 것일까? 우리의 생각에는 바울이 구원의 감격으로 로마서를 마무리하거나 구원의 기쁨을 자세히 설명하는 방식이라면 더 좋을 것 같은데 말이다. 바울은 하나님의 사랑을 선포하면서 강렬한 감격에 휩싸였지만, 한편으로 '나는 구원받아서 은혜의 진리 속에 들어와 큰 축복을 누리며 감격하는데 내 동족인 이스라엘은 그렇지 않다'라는 냉혹한 현실을 자각해 새삼 고통스럽고 절박해졌던 것이다. 성경은 양극단의 상황 앞에 폭발하듯 교차하는 그의 감정을 생생하고도 구체적으로 보여 준다.

> "나의 형제 곧 골육의 친척을 위하여 내 자신이 저주를 받아 그리스도에게서 끊어질지라도 원하는 바로라 그들은 이스라엘 사람이라 그들에게는 양자 됨과 영광과 언약들과 율법을 세우신 것과 예배와 약속들이 있고 조상들도 그들의 것이요 육신으로 하면 그리스도가 그들에게서 나셨으니 그는 만물 위에 계셔서 세세에 찬양을 받으실 하나님이시니라 아멘"(3-5절).

바울의 말 속에는 3가지 의미가 담겨 있다. 첫째, 바울 자신은 비록 하나님의 사랑에서 떨어져 나가더라도 동족이 구원받았으면 좋겠다는 것이다. 둘째, 이스라엘이 하나님으로부터 특별한 권한을 수없이 받았다며, 그중 8가지를 소개했다. 이스라엘은 하나님의 자녀로 살게 되었고, 하나님이 주신 축복과 영광과 언약을 누리게 되었으며, 하나님의 선택된 민족으로서 율법을 지키는 계시의 민족이 되었다. 잡다한 우상을 섬기는 것이 아니라 하나님을 섬기고 예배하는 특권과 약속을 받았다. 훌륭한 믿음의 조상을 가지고 있으며, 심지어 메시아 예수 그리스도가 이스라엘에서 태어나셨다. 이 말을 하면서 바울이 의도적으로 빼놓은 내용이 있는데, 이스라엘 백성이 이런 특권에도 불구하고 예수 그리스도를 믿지 않아 저주를 받게 되었다는 점이다. 셋째, 예수 그리스도는 영원히 찬양받기에 합당한 하나님이시라는 것이다.

바울의 마음이 이해되는가? 그는 이스라엘을 향한 사랑 때문에 이처럼 근심했다. 우리는 '사랑'이라는 단어를 아주 중시하고 좋아한다. 사랑은 홀로 존재하지 않으며 근심을 동반한다. 사랑하는 사람이 혹시 잘못되지는 않을까 염려한다. 그러한 근심이 없다면 진정한 사랑이 아니다. 바울은 하나님의 사랑을 깊이 깨닫자 자신의 동족은 이 귀한 사랑을 받아들이지 않고 있다는 현실이 뼈아픈 고통으로 다가왔던 것이다. 이는 지극히 정상적이고 귀한 마음이다. 부모의 마음을 헤아려 보자. 부모는 자녀를 깊이 사랑하기에 비행청소년들에 대한 뉴스만 봐도 내 자식이 혹시 영향을 받지는 않을까 근심한다. 또 자식이 비행에 휩쓸리면 말할 수 없는 고통을 느낀다. 바울의 마음이 그와 같았다.

그런데 바울은 이와 관련해 또다시 화제를 전환하듯 "그러나 하나님의 말씀이 폐하여진 것 같지 않도다"(6절)라고 말했다. 왜 갑자기 하나님의 말씀은 여전히 폐기되지 않았다고 강조한 것일까?

바울이 늘 증거했던 내용은 이렇다. "하나님은 율법을 주셨다. 율법을 지키는 자는 하나님의 축복을 받고, 율법을 지키지 않는 자는 하나님의 진노를 받을 수밖에 없다. 율법은 하나님을 영화롭게 하고 하나님을 섬긴다. 무엇이 좋고 나쁜지 모르는 인간에게 율법은 중요한 잣대를 주었다. 그러나 율법을 지킴으로 구원을 얻는 사람은 없다. 왜냐하면 인간은 죄악된 세상에 살고, 사탄의 유혹을 받으며, 본성이 타락해서 죄악 가운데 물들어 있기 때문이다. 따라서 하나님의 거룩한 율법을 온전히 지킴으로써 구원받을 사람은 없다. 그래서 하나님은 자기 자신 곧 자기 아들을 이 땅에 보내 대속의 죽음을 당하게 하셨다. 율법을 지킴으로써가 아니라 그분을 믿고 의지함으로써, 하나님의 은혜를 받아들임으로써 구원을 얻는 축복을 내려 주셨다."

그렇다면 하나님은 율법을 왜 주신 것일까? 첫째 이유는 율법을 지키라는 의도였고, 둘째 이유는 지키지 못하는 자신의 한계를 들여다보도록 하시기 위한 것이었다. 인간은 율법을 지킬 수 없는 연약하고 죄악 된 존재임을 스스로 보게 하신 것이다. 그러므로 하나님이 율법을 주신 셋째 이유는 하나님의 전적인 구원을 이루시는 메시아를 간절히 사모하게 하시기 위함이었다. 율법은 마치 헬라 시대의 양육 전문 노예인 몽학선생, 즉 아이의 어린 시절을 이끌어 주는 초등교사와 같다.

하나님은 예수 그리스도를 우리에게 보내 주셨다. 그때 유대인들이 예수가 그리스도가 아니라는 근거로 제시한 것은 다름 아닌 율법이었다. "하나님이 우리에게 율법을 주셨는데, 예수 그리스도를 믿어서 구원을 얻는다면 율법이 무슨 필요가 있는가? 하나님이 예수 그리스도를 주셨다면 이제 율법은 폐기된 것인가? 그렇다면 하나님이 자기 오류와 과실을 인정하신 셈이 된다" 하며 논쟁을 벌였던 것이다. 이에 바울은 하나님이 율법을 폐하시려는 목적이 아니라고 말했다. 하나님이 율법을 주신 이유는 율법의 한계를 느끼고 메시아를 더욱더 간절히 사모하게 하시기 위해서라고 주장했다. '그러나' 메시아를 주겠다는 하나님의 약속은 여전히 폐기되지 않았다.

하나님의 선택

이제 바울은 하나님의 주권적 선택에 대해 보충 설명을 했다.

> "또한 아브라함의 씨가 다 그의 자녀가 아니라 오직 이삭으로부터 난 자라야 네 씨라 불리리라 하셨으니 곧 육신의 자녀가 하나님의 자녀가 아니요

오직 약속의 자녀가 씨로 여기심을 받느니라 약속의 말씀은 이것이니 명년 이때에 내가 이르리니 사라에게 아들이 있으리라 하심이라 그뿐 아니라 또한 리브가가 우리 조상 이삭 한 사람으로 말미암아 임신하였는데 그 자식들이 아직 나지도 아니하고 무슨 선이나 악을 행하지 아니한 때에 택하심을 따라 되는 하나님의 뜻이 행위로 말미암지 않고 오직 부르시는 이로 말미암아 서게 하려 하사 리브가에게 이르시되 큰 자가 어린 자를 섬기리라 하셨나니 기록된 바 내가 야곱은 사랑하고 에서는 미워하였다 하심과 같으니라"(7-13절).

여기서 주요 인물은 이삭과 야곱이다. 일반적으로 하나님이 이스라엘 백성을 택하셨다고 할 때 언급되는 세 사람이 있는데 아브라함, 아브라함의 아들 이삭, 이삭의 아들 야곱이다. 그런데 하나님이 아브라함을 부르신 까닭은 그가 특별히 뛰어나기 때문이 아니었다. 당시 갈대아 우르에는 수많은 사람이 살고 있었는데, 하나님은 그분이 원하시는 대로 아브라함을 택해 가나안 땅으로 인도하셨다.

아브라함의 몸에서 태어난 자녀는 이삭만이 아니었다. 이삭의 형, 이스마엘이 있었고, 사라가 죽고 나서 재혼한 여인 그두라와의 사이에는 자녀를 6명이나 두었다. 그러므로 아브라함에게는 총 8명의 자녀들이 있었다. 이처럼 하나님이 이삭을 아브라함의 후사로 택하신 것은 능력이나 혈통이나 출생 순서 때문이 아니라 하나님의 약속 때문이었다. 하나님은 아브라함이 99세, 사라가 89세 때 그들에게 나타나셔서 내년 이맘때 아이를 낳을 것이라고 약속하셨고, 약속대로 이삭이 태어났다. 그러므로 이삭을 후사로 택하신 것은 하나님의 약속 때문이다.

이후 이삭은 리브가와 결혼해 에서와 야곱을 낳았다. 그런데 성경은 하나님이 야곱을 택하셨다고 말한다. 그렇다면 하나님은 왜, 언제 야곱을 택하셨을까? 하나님은 두 아이가 태어나기도 전, 잉태되었을 때 이미 큰 자가 작은 자를 섬기리라고 말씀하셨다. 태어나서 선을 행한다거나 어떤 사건을 통해서 평가된 결과를 놓고 선택하신 것이 아니었다. 이미 하나님은 야곱은 사랑하고 에서는 미워한다고 결정해 놓으셨다. 이것은 하나님이 야곱의 인간적인 측면이나 출생 순서나 능력 때문이 아니라 단지 그를 기뻐해 택하셨음을 뜻한다.

여기에 중요한 두 개의 키워드가 나오는데, 이삭을 이야기할 때 자주 쓰이는 '약속'과 야곱을 이야기할 때 자주 사용되는 '하나님의 주권적인 선택'이다. 주권적인 선택은 기독교의 중요한 교리다. 그런데 많은 사람이 이 교리에 모순이 있다고 수없이 공격한다. 하지만 만약 인간들의 합의를 통해서 야곱이나 이삭을 택하셔야 했다면 하나님은 하나님이 아니시다. 하나님은 하나님이시기에 자신이 기뻐하는 사람을 택할 능력과 자격을 갖고 계신다.

구원은 하나님의 주권

그러면서도 선택의 교리에는 이중적인 면이 있다. 교리의 수혜자는 한없이 좋지만, 혜택을 입지 못하는 사람의 입장에서는 매우 억울하다는 것이다. 아마도 에서는 야곱을 만나면 "도대체 왜 네가 하나님께 택함을 받은 것이냐?" 하고 따졌을 것이다. 이에 야곱은 뭐라고 대답했을까? "나도 모르겠어. 내가 하나님을 택한 것이 아니라 하나님이 나를 택하셨어" 하고는 뒤돌아서서 "하나님, 감사합니다. 힘도 없고, 배경도 없고, 서열도 낮고, 아무것도 아닌 저를 택해 주신 하나님은 정말 자비로우십니다. 일평생 하나님을 찬양하겠습니다"라고 고백했을 것이다.

하나님의 선택을 받은 수혜자는 말할 수 없이 감격스럽다. 바울은 이점을 설명하면서 유대인들의 문제점을 지적했다. "유대인들이여, 당신들은 아브라함의 하나님으로부터 선택을 받아서 은혜를 입지 않았는가? 하나님이 형편없는 당신들을 하나님의 주권과 은총으로 택하셨다. 그렇다면 택함의 완성을 이루는 예수 그리스도께로 나와야 하지 않겠는가? 하나님이 언약으로 당신들을 부르셨다면, 하나님은 오늘도 언약으로 그리스도를 주셨고, 그리스도 안에서 또한 우리를 부르셨다."

유대인들은 자신들에게만 쏟아졌던 하나님의 사랑과 축복이 다른 사람에게도 흘러가자 못마땅해했다. 타인이 끼어들어 하나님의 사랑을 빼앗는다고 여기며 싫어했다. 지금까지 그들은 하나님이 주신 율법으로 수많은 사람이 알지 못하는 특권을 톡톡히 누리며 살아왔다. 그런데 예수 그리스도로 말미암아 이방인들도 하나님의 자녀가 된다고 하자 율법을 지키며 힘들게 살아왔던 자신들이 어리석다는 생각이 들었다. 마치 동생이 태어나서 부모의 사랑을 빼앗겼다고 투덜거리는 만이와 같다. 가족이 점점 불어나서 함께 나누는 사랑이 커진다고 생각해 기뻐하지 않고 부모님이 자기를 배신했고, 나만을 향한 부모님의 사랑을 동생에게 빼앗겼다고 화를 내는 것이다. 이것이 유대인들의 문제였다.

하나님은 때가 되어서 예수 그리스도를 이 땅에 보내 주셨다. 이제 예언되었던 대로, 하나님의 약속의 절정이신 예수 그리스도가 오셨고 이스라엘 백성뿐 아니라 이방 사람들도 그분을 믿음으로 하나님 앞에 나와 서로 사랑을 나누며 한 형제가 되는 잔치가 벌어졌다. 그런데 이스라엘 백성은 축제의 마당에서 기뻐하기보다 화를 냈다. 인간은 이처럼 이기적이고, 편파적이며, 유아적이다.

정치인이나 최고경영자 같은 지도자들은 처음에 소수를 데리고 일을 시작한다. 그러다가 발전과 변화를 도모하기 위해 다른 사람들을 불러들인다. 그때 기존에 일을 돕던 사람이 "하나 되어 지도자를 돕자" 하고 리더십을 발휘하기보다는 토사구팽 운운하며 사기를 저하시킨다면 어떻게 되겠는가? 유대인들은 하나님의 입장을 헤아리기보다는 타인을 통해서 하나님이 역사하시는 모습을 보며 못마땅하게 여겼다. 그들은 하나님의 진정한 사랑의 마음을 이해하지 못했다.

이스라엘 백성에게는 금과옥조처럼 여기는 성경 구절들이 있다. "내가 너로 큰 민족을 이루고 네게 복을 주어 네 이름을 창대하게 하리니 너는 복이 될지라"(창 12:2)와 "내가 너와 네 후손에게 네가 거류하는 이 땅 곧 가나안 온 땅을 주어 영원한 기업이 되게 하고 나는 그들의 하나님이 되리라"(창 17:8)라는 말씀이다. 하나님이 아브라함에게 하신 말씀이다. 유대인들은 이 말씀에 기록된 축복이 아브라함의 후손인 자신들에게도 미친다고 생각해 소중히 여겼고, 하나님을 자신들만의 하나님으로 규정지었다. 그런데 바울은 믿음의 시조라는 아브라함의 후사는 아브라함 가문의 혈통을 이어받아서 되는 것이 아니라 오직 하나님의 약속과 그분이 기뻐하시는 선택으로 될 수 있다고 단언했던 것이다. 하나님은 오늘날에도 예수 그리스도를 믿음으로 말미암아 구원을 얻는다는 통로를 열어 놓고 그 안에서 모든 사람을 부르신다.

하나님의 은혜로 선택된 것이 아니라면 형 에서가 아닌 동생 야곱이 선택받은 이유를 어떻게 설명할 수 있을까? 또 장남 이스마엘이나 그두라에게서 태어난 자식이 아닌 이삭이 택하심을 받은 것은 어떻게 설명해야 할까? "기록된 바 내가 야곱은 사랑하고 에서는 미워하였다 하심과 같으니라"라는 13절 말씀은 하나님이 야곱을 사랑으로 택하시고 에서를 택하지 않으셨다는 뜻이다. 이 사실을 오늘날 우리에게 적용하면, "하나님은 예수 그리스도를 믿고 하나님 앞에 나오는 자들을 사랑하시고 예수 그리스도를 믿지 않는 자들을 미워하신다"라고 할 수 있다.

이유가 무엇일까? 유대인들이 하나님이 주신 선물인 예수 그리스도를 받아들이지 않고 거부하는 일은 어머니가 음식을 동생에게도 주는 것을 싫어하며 "안 먹어" 하고 떼쓰는 맏이와 같다. 자기에게만 음식을 주어야 먹겠다고 고집을 부리는 태도는 옳지 않다. 이방인의 입장에서 보면, 예수 그리스도를 믿어 하나님의 자녀가 된 것은 정말 황홀한 일이다. 내가 잘나거나 내 배경이 훌륭해서가 아니다. 하나님이 주권적으로 이삭과 야곱을 택하셨듯이 나를 그리스도 안에서 택해 주셨기에 가능한 일이었다.

옛 언약은 '아브라함의 후손'이라는 혈통을 강조하는 느낌을 주지만, 새 언약은 '믿음의 후손'이라는 서열을 따라서 받는 하나님의 부르심이다. 내가 하나님의 은혜 가운데 들어왔다면 덩실덩실 춤을 출 일이다. 하나님이 자신을 선택하셨다는 사실에 야곱이 기뻐 춤을 추었듯이 우리도 놀라운 혜택을 입은 신분이 되었다. 내게 아무것도 없었지만 하나님의 선택을 받아 예수 그리스도를 믿어 하나님의 자녀가 되었다는 이 사실은 세상 누구도 빼앗을 수 없는 절대적인 사랑이요, 하나님의 주권에서 비롯했다. 그러므로 하나님이 주권적으로 베푸신 은혜의 소유자가 된 우리는 예수 그리스도를 통해서 택하심을 받은 사람들과 함께 기뻐하면서 납작 엎드려 하나님을 경배하는 것이 마땅하다.

구원받은 자의 거룩한 근심

이처럼 깊고 큰 하나님의 주권적인 은혜의 혜택을 받아서 진심으로 감격하는 사람이라면 저절로 바울과 같은 근심을 갖게 된다. 직장 회식 자리에서 맛있고 특별한 음식을 맛보면 자신도 모르게 '가족도 함께 먹으면 얼마나 좋을까?' 하는 생각에 가슴이 아리고, 출장 간 장소에서 아름다운 경치를 보면 '가족도 함께 보면 얼마나 좋을까?' 생각하게 되는 것처럼 말이다.

예수 그리스도를 믿어 하나님의 은혜 속에 살면서 방황하던 삶을 졸업하면, 물론 조금의 흔들림은 있지만 평온과 소망을 향해 나아가게 된다. 지금까지는 내면에서 끓어오르는 인본주의적이고 육신적인 열정으로 살았지만, 이제는 거룩한 열정으로 하나님의 영광을 위해 살게 된다. 하나님이 불러 주셨기 때문에 가능했다는 사실을 생각하면 감사와 감격이 샘솟는다. 하지만 한편으로 내가 사랑하는 사람들이 하나님의 은혜 속에 들어오지 못했다는 안타까움이 일어난다.

바울의 마음이 그러했다. 바울은 아그립바 2세 앞에서 재판을 받을 때 자신이 왜 예수 그리스도를 증거할 수밖에 없는지, 왜 그리스도를 믿으면 구원받는다고 강조하면서 동족 유대인들을 인도하려 했는지를 절절하게 설명했다. 아그립바왕은 헤롯 왕가의 마지막 통치자로서, 예수님이 탄생하실 때 그분을 죽이려 했던 헤롯 대왕의 증손이다. 당시 바울이 변론하던 장소에는 아그립바왕 외에 베스도 총독과 버니게와 다른 사람들이 앉아 있었는데, 그중 베스도 총독은 바울의 이야기를 한참 듣다가 "바울아 네가 미쳤도다 네 많은 학문이 너를 미치게 한다"(행 26:24)라고 말했다.

베스도 총독은 바울을 잘 알고 있었다. 당시 바울은 가말리엘 문하의 탁월한 검사였기 때문에 꽤 유명한 인물이었다. 그런데 예수 믿는 자들을 쫓아다니며 핍박했던 그가 이제는 예수를 증거하는 데 목숨을 내놓았다는 사실이 믿기지 않았을 것이다.

"선지자를 믿으시나이까 믿으시는 줄 아나이다"(행 26:27)라는 바울의 말에 아그립바는 "네가 적은 말로 나를 권하여 그리스도인이 되게 하려 하는도다"(행 26:28)라고 응했고, 바울은 "말이 적으나 많으나 당신뿐만 아니라 오늘 내 말을 듣는 모든 사람도 다 이렇게 결박된 것 외에는 나와 같이 되기를 하나님께 원하나이다"(행 26:29)라고 말하며 변론을 마무리했다. 바로 이것이 마음에 예수 그리스도를 모신 자의 모습이다.

내게는 오래된 버릇이 하나 있다. 거리를 방황하는 아이들이나 불행한 표정을 한 사람들을 보면 반사적으로 '왜 저들은 예수님을 믿지 않을까?' 하며 안타까운 마음이 드는 것이다. TV 뉴스에 범죄자나 비윤리적인 행동을 해 국민의 공분을 산 사람의 모습이 나올 때도 내 반응은 한결같다. '예수님을 믿었다면 바르게 살았을 텐데' 하는 생각이 든다. 심지어 연예인에게 열광하는 사람들을 보면서도 '저들이 왜 교회에는 오지 않고 저기로 갈까?' 하며 마음이 착잡해진다. 내가 목사라서 유별난 줄 알았는데 성경을 보면서 바울과 비슷하다는 생각이 들었다. 바울은 하나님의 감격스러운 은혜를 받고 나서 다른 사람들도 이 좋은 은혜를 받아 누렸으면 좋겠다는 마음에 안타까웠던 것이다.

이것은 마치 좋은 음식을 정성스럽게 차려 놓았는데 군것질을 잔뜩 해서 먹지 않겠다고 거부하는 자녀를 보는 심정과도 같다. 부모는 자녀를 사랑하기에 건강을 걱정한다. 우리는 자녀가 인생에서 힘든 일을 겪지 않게 해 주고 싶은 마음이 강렬하다. 그래서 살면서 우리가 겪었던 실수나 후회에 대해 말하며 자녀의 삶에 조언을 하려고 한다. 하지만 자녀들은 부모의 말을 무시하고 마음대로 해 버리는 경우가 많다. 그렇다고 해서 포기하고 자녀에게서 등을 돌리는 부모는 없다. 자식 걱정에 그치지 않는 고통을 느낄 뿐이다.

그러므로 바울과 같은 마음이 없다면 하나님의 은혜에 대한 감격이 부족하든지, 내 신앙만 생각하는 철저한 이기주의자이든지 둘 중 하나일 것이다. 타인을 사랑한다면 길거리로 뛰쳐나가는 아이들을 잡아 주지 않을까? 하나님 안에서 인간의 존재 가치를 알게 되었는데 쓰러져 있는 사람을 외면할 수 있을까?

우리에게는 하나님의 충만한 사랑이 필요하다. 만약 하나님의 사랑, 무조건 선택해 주신 은혜에 대한 감격이 없거나 그로 인한 기쁨이 넘쳐흐르지 않는다면 자신이 엉터리 신앙인임을 고백하며 구원의 감격을 회복시켜 달라고 기도해야 한다. 하나님을 믿는 것은 짐이 아니라 특별한 권세다. 이제 우리는 긴 방황을 끝내고 하나님의 평화에 들어가게 되었고, 밑도 끝도 없는 앞날의 문제들을 전능하신 하나님의 능력의 손길에 맡겼다. 이 같은 구원의 감격을 체험하면 주변 사람들을 불쌍히 여겨 긍휼의 손길을 펼치게 하는 거룩한 근심이 싹튼다. 이것이 참 신앙인의 모습이다.

우리는 아무것도 아니다

9:14-18

우리는 나름대로 노력한다고 해서
하나님 앞에 나올 수 있는 존재가 아니었다.
단지 은혜의 감격으로 살아가는 사람들이다.

하나님의 긍휼과 주권

하나님은 우리에게 성경을 주셨다. 창세기부터 요한계시록까지 방대한 분량의 성경이 우리에게 전하려는 메시지는 아주 간단하다. "유일하신 하나님을 섬기고, 그분의 뜻을 따라 보내 주신 구원의 손길인 예수 그리스도를 믿고 축복 가운데 들어오라." 더 간단히 말하면, 하나님을 잘 믿으라는 것이다.

그런데 하나님은 왜 이 단순한 메시지를 성경 속 수많은 사건과 상황을 통해 반복해서 말씀하시는 것일까? 우리는 인격을 지녔고 이성적 사고를 할 수 있는 존재다. 그러므로 우리로 하여금 하나님을 더 바르게 믿고 더 잘 섬길 수 있도록 다양한 사례를 보여 주시고, 여러 측면에서 하나님의 음성을 듣게 해 논리적으로 납득할 수 있도록 이끌어 주시는 하나님의 배려다.

하나님이 주신 말씀은 완벽하다. 하지만 말씀을 받아들이는 우리는 부실하기에 말씀을 온전히 이해하지 못한다. 부모가 자녀에게 아무리 좋은 의도로 훈계해도 자녀는 그 말을 자기 판단대로 받아들인다. 물론 부모가 전적으로 옳다고는 할 수 없지만, 서로 이해하지 못하고 사이가 틀어져 버리는 경우가 많다. 부모는 전달 능력이 부족하고, 자녀는 이해 능력이 부족하다. 하지만 하나님은 완전하신 분이고, 하나님이 주신 말씀은 부족함이 없다.

우리는 앞 장에서 하나님의 선택은 하나님의 전적인 주권에 따른 것이라는 사실을 확인했다. 하나님은 하나님의 사람을 선택하실 때 다른 사람들에 비해 얼마나 위대한지, 얼마나 더 나은지를 기준으로 삼지 않으셨다. 오히려 불리하고 내세울 것 없는 자를 전적인 하나님의 주권으로 선택하셨다. 그래서 아브라함에게 많은 자녀가 있었지만 이삭을 택하셨고, 이삭의 장자인 에서가 아닌 야곱을 택하셨다. 13절은 "기록된 바 내가 야곱은 사랑하고 에서는 미워하였다 하심과 같으니라"라고 말한다. 이 말씀을 읽으면 하나님이 공평한 기준으로 택하시는 것이 맞는지, 혹시 하나님 마음대로 선택하시는 것은 아닌지 불안해진다. '하나님 마음대로'라는 표현에는 왠지 부당하다는 느낌이 살짝 담겨 있다.

그러나 하나님은 어떤 평가 자료를 종합해 더 나은 사람을 택하시지 않는다. 하나님이 하나님의 사람을 택하시는 주권은 하나님께 있지, 우리가 그 자료를 제공할 수 있는 것이 아니다. 내가 보기에 B보다 A가 훨씬 인격이 고매하고, 출중하고, 훌륭해 보여도 하나님은 B를 택하실 권한을 갖고 계신다. 또 B를 택해 그를 훌륭하고 아름답게 변화시키실 능력과 사랑도 하나님께 있다. 그러므로 하나님 앞에 택하심을 받은 사람은 하나님께 선택받은 당시의 모습 그대로 살아가지 않는다. 하나님은 택하신 자에게 놀라운 능력과 은혜와 사랑을 계속 공급하시며 그를 성장시키고 이끌어 가신다.

하나님은 하나님의 주권으로 불쌍히 여길 자를 불쌍히 여기시고, 내칠 자를 내치신다. 바울은 15절에서 하나님이 "내가 긍휼히 여길 자를 긍휼히 여기고 불쌍히 여길 자를 불쌍히 여기리라" 하셨다고 말했다. 우리는 여기에 수긍하지 못하고 우리가 납득할 수 있는 타당한 이유를 제시해 달라고 하나님께 요구한다. 하지만 만약 하나님이 인간의 동의를 얻으셔야만 하고 전부를 납득시켜 선택하셔야만 한다면 과연 하나님의 권한이 필요할까? 하나님은 우리와 같은 서열에 계신 분이 아니시다. 하나님은 하나님이시다. 이 사실을 인정하지 못하면 하나님은 우리 믿음의 대상이 되실 수 없다.

인간은 누구도 하나님 앞에 구원받을 만한 자격이 없다. 모두가 죄인으로서 심판받을 처지였다. 그런데도 하나님이 우리를 택하신 것은 그 기준이 하나님의 평가가 아니라 하나님의 긍휼이었기 때문이다. 그래도 우리는 종종 하나님의 주권과 선택 때문에 혼란에 빠진다. 우리의 이기적인 판단과 생각의 잣대를 하나님께 적용시키기 때문이다. 하나님은 인간을 능력으로 판단하지 않으신다. 하나님은 긍휼로 우리를 불러 주셨다. 원래 인간은 한 사람도 빠짐없이 심판받을 존재라는 사실을 자각한다면, 하나님의 긍휼로 택하심을 받는다는 것에 대해 결코 불평할 수 없다. 택하심을 받는 것 자체가 놀랍도록 풍성한 자비이기 때문이다. 우리는 "그런즉 원하는 자로 말미암음도 아니요 달음박질하는 자로 말미암음도 아니요 오직 긍휼히 여기시는 하나님으로 말미암음이니라"(16절)라는 말씀을 기억해야 한다.

이어서 바울은 하나님의 주권을 이야기했다.

"성경이 바로에게 이르시되 내가 이 일을 위하여 너를 세웠으니 곧 너로 말미암아 내 능력을 보이고 내 이름이 온 땅에 전파되게 하려 함이라 하셨으니 그런즉 하나님께서 하고자 하시는 자를 긍휼히 여기시고 하고자 하시는 자를 완악하게 하시느니라"(17-18절).

우리는 흔히 이 말씀을 읽을 때 하나님은 마음에 들지 않으시면 선한 사람도 강퍅하게 만들어 버리시고, 마음에 들면 악한 사람이라도 긍휼을 베푸신다는 뜻으로 오해하기 쉽다. 그렇지 않다. 우리는 모두 악인이었다. 전부 죄인으로, 하나님의 기준에 닿지 못하는 상태였다. 그런데도 하나님은 우리에게 긍휼을 베푸셨다.

애굽의 바로왕은 계속해서 죄를 짓고 하나님을 대적했다. 만물의 창조주이신 하나님을 무시하고 스스로 신이 되려 했고, 자기가 만든 형상들을 우상으로 섬기는 악한 행위를 거듭했다. '완악하게 하셨다'라는 말은 하나님이 그를 내버려 두셨다는 의미다. 한편 이스라엘 백성은 선하기 때문에 하나님이 건지신 것이 아니다. 하나님이 그들을 불쌍히 여겨 긍휼을 베푸셨기 때문이다.

이해를 돕기 위해 우리 교회의 사례를 소개하겠다. 우리 교회는 어려운 형편에 처한 청소년들을 돕는다. 청소년 가장이나 편부모 가정 또는 조손 가정에서 자라는 아이들, 병약한 부모나 조부모 밑에서 어렵게 살아가는 아이들 등 각양각색의 청소년들을 돕고 있다. 그런데 우리가 돕고 있는 아이들의 수는 어려움을 겪고 있는 청소년이라는 전체 범주에서 보면 지극히 일부에 불과하다. 이때 누군가가 "도움의 손길을 베풀려면 어려운 아이들 전체를 도와야지 왜 일부 아이들만 돕느냐?" 하며 힐난할 수 있을까? 그럴 수 없다. "교회가 참 좋은 일을 하는구나" 하고 말할 뿐이다. 국가가 재난을 당하면 우리 교회는 최선을 다해 기부한다. 그때 "왜 그 정도의 액수만 기부했지?" 하며 험담하는 사람은 없다. 관련 실무자마다

"교회에서 좋은 일을 하시네요" 하면서 고마워한다.

마찬가지로 생각할 때 하나님의 주권과 선택은 하나님의 긍휼의 관점에서 봐야 하지, 누군가에게 평가받을 일이 아니다. 만약 평가대로 결론짓는다면 우리는 전부 멸망의 자리에 처할 수밖에 없다. 하나님은 우리를 특별한 은혜로 불러 주셨다.

은혜의 감격으로 사는 사람

여전히 이러한 설명에 부정적으로 반응하는 사람들이 있다. 혹자는 "그래도 하나님이 부당하시다. 그런 모순이 어디 있는가!" 하며 고집을 부린다. 한편 "인간이 이해하기 어려운 부분이므로 따지지 말고 모른 척 넘어가자" 하는 사람들도 있다. 둘 다 바람직한 모습이 아니다. 신앙은 하나님을 믿고 하나님이 주신 말씀의 의도를 잘 파악해서 하나님 앞에 더 가까이 나아가는 것이다. 우리는 하나님을 비평하는 자리에 있는 것이 아니다.

하나님이 우리에게 하나님의 주권과 선택을 보여 주시는 이유는 하나님 자신이 얼마나 공정한가를 보여 주시려는 목적이 아니다. 나 같은 죄인도 불러 주신 하나님이 긍휼이 많은 분이시고 하나님이 구원으로 인도하시지 않았다면 우리는 결코 구원받을 수 없었다는 깨달음을 얻게 하셔서 하나님을 깊이 찬양하게 만드시기 위해서다. 만약 하나님의 주권적 선택의 손길에 감사한다면 선택의 은총을 힘입어 지금 이 자리에 있다는 사실을 잘 이해할 수 있을 것이다.

성경에 기록된 바울의 편지들을 살펴보면, 바울은 이런 고백을 했다.

"당신들과 내가 세상의 조건으로 키 재기를 하면 내가 더 나을 것이다. 그러나 하나님 앞에서 우리는 모두 아무것도 아니다. 우리는 오직 예수 그리스도의 은혜로 부르심을 받았고 그 은혜 가운데 사는 사람이 되었다. 그러므로 이제 내가 사는 것이 아니라 내 속에 그리스도가 사신다."

하나님의 주권을 놓고 인간적인 방법으로 해석하지 말아야 한다. 하나님의 주권은 멸망당할 인간을 건지신 긍휼의 손길이다. 따라서 이 사실을 알면 "웬일인가, 웬 은혠가 그 사랑 크셔라"라는 찬양이 절로 나온다(새찬송가 143장, 2절). 하나님이 나를 택하신 것은 하나님이 나의 죄를 모르거나 내가 다른 사람보다 월등하게 잘나서가 아니다. 하나님이 하나님의 은총으로 나를 주권적으로 택하신 것이다. 그 사실을 믿는다면 하나님이 오늘도 그리스도 안에 있는 나에게 힘 주시고, 나와 함께하시고, 모든 것을 이기게 해 주실 줄 믿어야 한다.

우리는 나름대로 노력한다고 해서 하나님 앞에 나올 수 있는 존재가 아니었다. 단지 은혜의 감격으로 살아가는 사람들이다. 하나님은 특별한 하나님의 주권적 은총으로 죄인인 나를 불러 주셨다. 우리를 그대로 내버려 두면 완악한 바로왕처럼 되고 말 것이기에, 하나님은 우리를 그 자리에서 딱 끊고 끌어내 주셨다. 그러니 그 감격이 넘쳐야 하지 않겠는가?

예수 그리스도를 믿고 하나님의 주권에 의해 선택받아 지금 은혜의 자리에 있다는 확실한 인식이 있는 사람의 인생은 세상에 휘둘리며 끌려가지 않는다. 그는 하나님이 이미 우리를 붙드셨고, 인도하시고, 우리를 통해 영광을 거두시리라 믿는다.

3장

하나님의 일,
사람이 해야 할 일

9:19-33

하나님의 은혜는
아무것도 하지 말고 가만히 있으라고 하지 않는다.
자랑할 수 없는 믿음의 은혜를 받았으니
그 믿음으로 예수 그리스도를 믿고
하나님 앞에 나오라고 요청한다.

토기장이와 진흙 한 덩이

신앙생활을 하면서 하나님의 주권과 선택의 의의를 제대로 이해하고 믿는다면 신앙의 견고한 바탕에 서 있는 것이라고 할 수 있다. "아직도 이해가 안 된다"라는 수준이라면 신앙의 온전한 자리에 들어오지 못한 것이다. "이해는 된다"라는 수준도 아직 미흡하다. "하나님의 주권과 선택을 인정은 한다"라는 입장이라면 좀 더 발전해야 한다. "성경이 말하는 하나님의 주권과 선택은 당연하다. 하나님의 주권은 최상이다"라고 이해하고 받아들여야 신앙인으로서의 바른 자세다.

하나님의 주권과 선택이라는 진리 앞에 대체적으로 우리는 두 가지 의문을 가지게 된다. 첫째, "하나님이 하나님의 주권과 선택으로 택하신다면 인간의 선함은 무시되어도 상관없는가?"라는 의문이다. 그러면서 우리는 만약 하나님이 우리의 선함을 무시하시는 분이라면 불의하다고 쉽게 단정해 버린다. 하나님이 하나님의 마음에 들면 악인이라도 택하시고, 아무리 선해도 마음에 들지 않으면 택하지 않으신다면 선택받는 사람의 입장에서는 부당하게 느낄 수 있기 때문이다. 아무리 훌륭한 일을 해도 소용없고, 반면 악한 사람이라도 하나님께 선택받기만 하면 아무 문제가 없다면 그야말로 문제가 있는 것이라고 해석한다. 이 문제는 어떻게 바라보느냐가 중요하다. 하나님의 입장에서 보느냐, 아니면 인간의 편에서 하나님을 보느냐의 차이다. 차이는 비슷해 보여도 결과는 엄청나다. 둘째,

"인간에게 인격과 의지가 있는데 그것마저도 하나님 앞에서 무시되는 것인가?"라는 질문이다.

두 가지 오해는 하나로 정리할 수 있다. 하나님의 선택 교리는 하나님의 사랑과 긍휼에 바탕을 두는 것이지, 인간의 자질과 같은 경쟁적인 시각에 근거하지 않는다는 것이다. 선택은 하나님으로부터(from God)이지, 나로부터(from me)가 아니다.

두 아이를 둔 아버지로 예를 들어 보자. 아버지는 두 아이를 사랑하지만, 늘 같은 때에 같은 물건을 사 주지는 않는다. 아이들의 필요를 판단해 한 아이에게 먼저 사 주고 다른 아이에게는 나중에 사 줄 수 있다. 아버지의 입장에서는 아버지니까 그렇게 할 수 있는 권한이 자신에게 있다고 생각한다. 그러나 자녀들의 입장에서는 아버지가 편애한다며 불공평하게 여길 수 있다. 만약 자녀들이 아버지에게 불평을 늘어놓는다면 아이들을 사랑하는 아버지는 노여워할 수 있다.

하나님의 주권을 이해하기 위해 더 깊이 접근해 보자. 본문에서 바울은 4가지 비유를 들어 설명했는데, 그중 하나가 토기장이와 진흙 비유다. 토기장이가 진흙 한 덩이를 손에 들고 있다. 진흙으로 어떤 그릇을 만들지는 토기장이의 권한이다. 장식장에 놓고 감상하는 용도로 아름다운 작품을 만들지, 가까이 두고 늘 쓰는 그릇을 만들지는 그릇에 달린 것이 아니라 토기장이의 마음이다. 피조물이 조물주에게 "왜 나는 천히 쓰도록 만들고, 다른 그릇은 귀히 쓰게 만들었습니까!" 하고 따질 수는 없는 노릇이다. 또한 만든 그릇에 금이 가고 형편없어질 때 내버릴지 계속 쓸지를 결정하는 사람도 토기장이, 또는 그릇의 주인이다.

이 비유를 읽으면서 어떤 사람은 토기와 인간을 비교한다는 것 자체에 불쾌감을 드러낸다. 토기는 물건이고 인간은 인격체이므로 비교 대상이 될 수 없다고 생각하는 것이다. 그런데 토기장이와 진흙 비유는 토기장이의 권한이라는 개념에 초점을 맞춰 생각해야 한다.

하나님은 우리의 의사나 항의, 혹은 그 어떤 것에 끌려가시는 분이 아니다. 온전하신 분으로, 긍휼을 베풀어 스스로 택하시고, 쓰시며, 영광도 그분이 거두신다. 자녀가 아버지의 권한이나 사랑을 인정하지 않으면 아버지의 모든 행위나 처신에 불만을 갖게 되고 사랑과 존경심이 떨어져 버린다. 그러면 부모와 자식 간에 갈등이 초래된다. 하지만 아버지를 신뢰하면 아버지가 아버지의 권한으로 행하는 모든 일에 뜻이 있고, 그 안에 헤아릴 수 없는 아버지의 사랑이 있다는 것을 인정하게 된다. 하나님은 토기장이 비유를 통해 주권적 권한을 말씀하신 것이다.

남은 자 구원 예언

바울은 호세아 1장 10절을 인용해 "내가 내 백성 아닌 자를 내 백성이라, 사랑하지 아니한 자를 사랑한 자라 부르리라"(25절)라는 하나님의 말씀을 전했다. 여기서 '내 백성', '내가 사랑하는 자'는 이스라엘 백성을 가리킨다. 그러나 하나님은 사랑하지 않은 이방 사람들도 불러 사랑하겠다는 것을 이미 호세아 선지자를 통해 예언하셨다.

여기에는 중요한 두 가지가 맞물려 있는데, 하나는 하나님의 긍휼이고, 또 하나는 끊임없이 이어지는 이스라엘의 범죄다. 하나님은 이스라엘이 하나님께 순종하는데도 이방인들을 불러들이겠다고 말씀하신 것이 아니다. 물론 하나님은 이방인의 구원을 이미 계획해 놓으셨다. 하지만 이 말씀을 하신 시대는 이사야, 예레미야, 호세아 선지자가 활동하던 때로, 당시 이스라엘은 하나님의 말씀을 거역하고 한없이 범죄하며 하나님을 떠나갔다. 그때 하나님은 "내가 너희를 불렀지만 앞으로는 내가 부르지 않았던 자들도 부르겠다"라고 공표하셨다.

하나님은 호세아를 통해 자신의 사랑을 직접 보여 주기도 하셨다. 호세아는 고멜이라는 부정한 여자와 결혼했다. 하나님이 명령하셨기에 이루어진 결혼이었다. 그런데 고멜은 자식을 낳고 집을 나가고, 또 자식을 낳고 집을 나가기를 반복했고, 결혼 전의 저속하고 방탕한 삶을 지속했다. 우리가 가진 의로 판단했을 때 고멜은 버림받고 심판받아야 마땅하다. 하지만 하나님은 호세아에게 고멜을 다시 불러서 살라고 말씀하셨다. 호세아가 고멜을 버리지 않은 이유는 그가 약하거나 비굴하기 때문이 아니었다. 하나님의 큰 사랑이 있었기에 가능한 일이었다.

하나님이 오늘 우리가 넘어진 자리에서 우리를 또다시 부르시는 이유는 우리에게 사랑을 구걸하시기 위해서가 아니다. 물론 하나님은 우리에게 무궁한 사랑과 긍휼을 보여 주신다. 어느 누구도 하나님의 사랑이 공의롭지 못하다고 비난할 수 없다. 오히려 하나님은 긍휼이 풍성하신 하나님이라는 찬양을 받기에 합당한 분이시다. 하나님은 이 사실을 호세아를 통해서 보여 주셨다. 하나님은 이스라엘 백성을 택하셨지만 앞으로는 이방인들도 자기 품으로 부르겠다고 하셨다. 바울은 이사야서를 인용하면서 그 방법을 우리에게 알려 주었다.

"또 이사야가 이스라엘에 관하여 외치되 이스라엘 자손들의 수가 비록 바다의 모래 같을지라도 남은 자만 구원을 받으리니"(27절).

여기서 중요한 표현은 '남은 자'다. 하나님은 이스라엘 백성이라면 아무리 그 수가 많아도 무조건 전부 살리시고 하나님의 주권적인 은혜 속에 들어오도록 택하시는 것이 아니라 남은 자만 부르신다는 것이다. '남은 자'는 영어로 'remnant'인데, 이 표현은 엘리야가 가장 먼저 사용했다. 열왕기상을 보면 엘리야가 갈멜산에서 홀로 바알의 선지자 450명과 대결하는 장면이 나온다. 엘리야는 하나님을 섬겼고 하나님이 역사하신다는 것을 믿었지만, 주위를 둘러보니 자기편은 아무도 없는 것 같았다. 세상 유행과 풍조를 따라 바알과 아세라를 섬기는 선지자들이 넘쳐 났고 백성도 전부 그들의 편이었다. 세상 모든 사람이 하나님을 외면하고 나 혼자 예수님을 믿는다고 생각해 보라.

특히 이세벨이 자기 목숨을 위협하는 상황이 되자 기가 막힌 엘리야는 광야로 피해 "내가 만군의 하나님 여호와께 열심이 유별하오니 이는 이스라엘 자손이 주의 언약을 버리고 주의 제단을 헐며 칼로 주의 선지자들을 죽였음이오며 오직 나만 남았거늘 그들이 내 생명을 찾아 빼앗으려 하나이다"(왕상 19:10) 하며 하나님께 하소연했다. 열왕기상 19장을 보면, 남은 자가 자기뿐이라는 표현이 여러 번 반복해서 나온다. 그런 엘리야에게 하나님은 세미한 소리로 "내가 이스라엘 가운데에 칠천 명을 남기리니 다 바알에게 무릎을 꿇지 아니하고 다 바알에게 입 맞추지 아니한 자니라"(왕상 19:18)라고 말씀하시며 위로해 주셨다.

남은 자란 끝까지 하나님께 믿음으로 붙어 있는 사람을 의미한다. 그러면 "하나님의 절대적인 주권 아래 인간은 아무것도 아닌가? 인간이란 하나님이 하나님 마음대로 택했다가 버렸다가 하실 수 있는 존재인가?" 라는 의문이 고개를 쳐든다. 잊지 말라. 하나님은 믿음을 기준 삼아 명확히 구분하셨다. 믿음으로 주님 앞에 나가는 것은 하나님과 우리 사이를 이어 주는 중요한 연결 고리다. 믿음으로 하나님 앞에 남은 자가 되는 것이다. 그러므로 믿음으로 나오기 위해서는 구원의 주체가 나 자신이 아니라 하나님이심을 반드시 인정해야 한다. 내가 쟁취하는 것이 아니라 하나님이 주신다.

사실 의로운 기준에 합격된 사람만 구원받는다면 우리는 선택 기준에 대해 혼란해하며 미궁에 빠지고 말 것이다. 각 사람의 출신, 배경, 성향, 능력 등이 전부 다르기 때문에 학교에서 시험을 치르듯 똑같은 문제로 평가할 수 없다.

바울은 29절에서 이사야서 말씀을 인용해 "또한 이사야가 미리 말한 바 만일 만군의 주께서 우리에게 씨를 남겨 두지 아니하셨더라면 우리가 소돔과 같이 되고 고모라와 같았으리로다 함과 같으니라"라고 말했다. '소돔과 같이 되고 고모라와 같았으리로다'라는 말은 소돔과 고모라처럼 멸망했을 것이라는 뜻이다. 죄악이 관영한 곳은 하나님의 유황불이 떨어져 심판받을 수밖에 없기 때문이다.

여기에 중요한 구절이 나오는데, '우리에게 씨를 남겨 두셨다'라는 말이다. 여기서 '씨'와 똑같은 단어가 27절에서 말한 '남은 자'다. 그런데 왜 앞에서는 '남은 자'라고 하고 여기서는 '씨'라고 말했을까? '남은 자'를 헬라어로 바꾸는 과정에서 다르게 표현된 것이다. 그렇다면 좋은 힌트를 얻을 수 있다. 소돔과 고모라에서도 구원받은 사람들이 있다. 그들은 바로 롯과 그의 가정이다. 그들이 의로웠기 때문에 유황불에서 구원받았던 것이 아니다. 하나님이 아브라함을 긍휼히 여기셔서 그들을 구원해 주신 것이다. 이처럼 믿음도 하나님의 은혜로 주어지며, 그때 비로소 하나님의 선택의 자리로 나오게 된다.

신앙생활을 하게 된 계기를 들어 보면 다양한 사연을 하나씩 갖고 있다. 친구 따라 별 생각 없이 교회에 왔다가 예수님을 믿은 사람이 있고, 절박한 심정으로 교회를 찾은 사람도 있다. 어릴 때부터 부모님과 함께 교회를 다녀 습관적으로 교회에 오는 사람도 있고, 인생의 어떤 결정적인 사건으로 예수님을 믿게 된 경우도 있다. 하지만 모든 배경에는 하나님의 은혜가 있다. 우리는 미처 느끼지 못하지만 하나님은 어려움을 당해 방황하는 우리를 오묘한 섭리의 손길로 인도해 주셨다. 은혜로 남겨 두지 않으시면 우리는 심판받을 수밖에 없다.

의를 얻은 이방인과 의를 얻지 못한 이스라엘

하나님께 주권이 있다. 하나님의 주권은 믿음으로 받는다. 그 믿음조차 내가 아니라 하나님의 은혜의 손길로 시작된다. 하나님은 타인을 통해서, 사건을 통해서, 수많은 다양한 방법으로 우리를 만지시고 이끄신다. 성경은 이 사실을 여러 가지로 보여 준다.

다시 한 번 탕자의 비유를 상기하며 하나님의 주권을 생각해 보자. 아버지에게 두 아들이 있었다. 둘째 아들이 가만히 생각해 보니 아버지가 돌아가시면 형이 있기 때문에 자신은 상속자가 될 수 없고 유산만 조금 받을 것 같았다. 그는 당장 즐기고 싶은 마음에 아버지를 찾아가 유산을 달라고 했다. 아버지는 자신이 죽으면 유산을 받을 텐데, 지금은 아버지 밑에서 사는 것이 행복하고 좋지 않겠냐고 말했다. 하지만 둘째 아들은 유산을 주면 먼 곳에 가서 사업을 하며 살겠다며 졸라 댔고, 결국 유산을 받아 냈다. 그 후 이국땅에 가서 자기 마음대로 즐기면서 허랑방탕한 삶을 살았다. 그러나 이내 가진 돈 전부를 탕진하고 말았다.

그런데 물주였을 때는 수없이 달라붙어 입 안의 혀처럼 굴었던 친구들이 돈이 떨어지자 모두 사라져 버리고 없었다. 설상가상으로 그 땅에 기근이 찾아왔다. 둘째 아들은 그 나라 백성 중 한 사람에게 얹혀살면서 돼지를 먹이는 일을 했는데, 돼지가 먹는 쥐엄 열매로 배를 채우려고 했으나 그마저도 주는 사람이 없었다. 아버지 집에서는 상상조차 못했던 일이었다. 하인들조차 살지 않던 삶을 살았던 것이다. 결국 그는 아버지에게 가서 잘못을 고백하고 아버지 집의 품꾼으로 살겠다고 결심했다.

그 시간 아버지는 아들이 언제든 돌아오지 않을까 싶은 마음에 늘 먼 곳을 바라보며 기다렸다. 마침내 둘째 아들이 멀리서 오는 모습을 본 아버지는 단번에 알아보고는 뛰어나가서 만신창이가 된 아들을 맞이했다. 그 아들에게 제일 좋은 옷을 입히고, 손에 가락지를 끼우고, 잔치를 베풀었다. 그런데 그 모습을 본 큰아들은 영 못마땅했다. 실컷 야단쳐서 다시 쫓아내야 마땅한데, 잔치를 베푸는 아버지를 이해할 수가 없었다.

우리는 이것을 하나님의 사랑으로 이해한다. 아버지의 사랑의 측면에서 볼 때 아버지가 둘째 아들을 맞이한 것은 불공평한 일이고 비난받아

마땅한 일일까, 아니면 긍휼이 풍성한 아버지라는 칭송을 받을 일일까? 큰아들의 잣대로 보면 세상 사람의 눈으로 평가하게 되고, 그러면 구원받을 사람은 아무도 없다. 아버지의 사랑은 아버지의 긍휼에 바탕을 두고 있으며, 아버지는 그 사랑으로 아들을 건졌다. 그 기준은 둘째 아들의 행실에 있는 것이 아니고, 맏아들의 판단 기준에 있지도 않다. 아버지의 사랑이 기준이다.

정리하면, 하나님은 우리가 아니라 하나님의 절대적인 주권에 기준을 두셔야만 한다. 그렇지 않으면 우리는 모두 죽을 수밖에 없다. 또한 선행 몇 가지로 구원받는 것이 아니라 하나님이 베푸신 은혜를 믿는 믿음으로 나올 때 그 길을 통해 하나님의 품에 안기게 된다.

그렇다면 우리는 무엇을 믿어야 하는 것일까? 하나님은 흔들리지 않는 반석, 예수 그리스도를 주셨다. 반석이신 예수님을 믿는 사람은 흔들리지 않는 반석 위에 집을 짓는 것이다. 예수님을 믿지 않는 사람에게는 반석이신 예수님이 오히려 부딪치는 돌, 거치는 돌이 된다. "의의 법을 따라간 이스라엘은 율법에 이르지 못하였으니"라는 31절 말씀은 하나님으로부터 율법을 받아서 그 율법을 행하면 된다며 따라간 사람조차도 율법을 온전히 이루지 못했다는 의미다. 그 이유에 대해 바울은 "어찌 그러하냐 이는 그들이 믿음을 의지하지 않고 행위를 의지함이라 부딪칠 돌에 부딪쳤느니라"(32절)라고 설명했다.

하나님이 이스라엘 백성에게 율법을 주신 이유는 지키라는 뜻과 율법 앞에서 인간이 얼마나 나약한가를 깨닫고 하나님이 베푸시는 은혜의 반석, 예수 그리스도를 믿도록 하시기 위해서였다. 하나님이 예수 그리스도를 보내신 목적은 이스라엘 백성을 힘들게 만드시려는 것이 아니었다. 오히려 그들이 율법을 지키면서 하나님의 긍휼의 손길의 필요성을 깨닫고 예수 그리스도를 믿음으로 구원받도록 하신 것이다.

하지만 믿음으로 전환하게 하신 하나님의 은총을 이스라엘은 거부했다. 이러한 이유로 믿음으로 들어오는 사람에게는 예수 그리스도가 견고한 반석이 되시고, 율법이라는 고정관념에 갇혀 요지부동하는 사람에게 예수 그리스도는 거치는 돌이 되신다. 하나님은 자비를 베푸셨고, 그 자비는 절대로 불합리하지 않다. 하나님의 주권적인 선택은 결코 모순이 아니다. 하나님은 절대적인 권한으로 우리에게 은혜를 베푸신다. 하나님의 은혜는 아무것도 하지 말고 가만히 있으라고 하지 않는다. 우리 자신을 자랑할 수 없는 믿음의 은혜를 받았으니 그 믿음으로 예수 그리스도를 믿고 하나님 앞에 나오라고 요청한다.

> "기록된 바 보라 내가 걸림돌과 거치는 바위를 시온에 두노니 그를 믿는 자는 부끄러움을 당하지 아니하리라 함과 같으니라"(33절).

이 말씀은 시편 118편 22절을 인용한 것으로, 예언된 구절이다. 이 시편 말씀은 하나님이 시온, 즉 예루살렘에 예수 그리스도를 보내겠다고 예언하신 말씀을 기록하고 있다. 아울러 예수님을 믿지 않는 자에게는 그분이 걸림돌이 되지만 믿는 자는 결코 부끄러움을 당하지 않을 것이라고 말한다.

여기서 '부끄러움을 당하지 아니하리라'라는 말은 무슨 의미일까? 이스라엘 백성을 떠올려 보자. 그들은 부끄러움을 당할 것이다. 율법을 지키지도 못하면서 그저 율법을 받았다는 습관에 매여서 예수 그리스도 앞에 나오기를 거부했기 때문이다. 율법도 이루지 못하고 구원의 은혜도 받지 못한 그들은 심판대 앞에 설 때 부끄러움을 당할 것이다.

한편 예수 그리스도를 믿는 사람은 하나님의 은혜의 선물을 받았기 때문에 구원에 참여하고 부끄러움을 당하지 않는다. 여기서 끝이 아니다. 하나님의 품에 안긴 다음부터는 하나님과 동행하기 때문에 부끄러움을 당하지 않는다. 하나님의 품에 안긴 나를 공격하는 일은 곧 하나님을 공격하는 일과 같기 때문이다. 내가 아이를 안고 있는데 누군가 내 아이를 때린다면, 그것은 곧 나를 공격하는 것과 마찬가지다.

예수 그리스도를 믿음으로 시온의 견고한 반석 위에 서게 되면 이제 우리는 하나님의 보호하심을 받는다. 이것이 바로 우리가 드리는 기도가 무의미하지 않고, 우리가 드리는 찬양이 허공으로 흩어지지 않는 이유다. 그리고 우리는 하나님이 인도하시기 때문에 부끄러움을 당하지 않는다. 낮의 해가 우리를 상하게 하고 밤의 달이 우리를 해치려 할지라도 하나님은 우리를 보호하실 뿐 아니라 인도해 주신다.

일방적인 자비와 긍휼

인생을 살면서 가장 괴로운 순간은 목적을 잃어버리고 방황하며 살 때다. 아무리 많은 물질을 소유한 채 호화스럽게 살지라도 인생의 목적을 잃어버리면 허무하다. 하나님은 마치 북극성을 의지하며 항해하는 선원처럼 우리가 하나님의 영광과 은혜와 축복의 궤도를 이탈하지 않도록 우리의 길을 인도해 주신다.

"율법의 행위로 그의 앞에 의롭다 하심을 얻을 육체가 없나니"(3:20), "모든 사람이 죄를 범하였으매 하나님의 영광에 이르지 못하더니"(3:23)라는 말씀처럼 모든 사람이 죄인이다. 그러므로 구원은 죄인인 우리가 해결할 수 있는 문제가 아니다. 오직 하나님의 긍휼로만 가능하다. 하나님의 주권적인 긍휼, 은혜, 보살피시는 손길을 믿는 사람이라면 이 사실을 전적으로 공감한다. 그렇지 않으면 우리는 구원받았다 해도 나보다 더 옳은 사람을 보면 기준이 흔들릴 수밖에 없다. 하나님이 나를 붙드시고 그리스도 안에서 견고히 세우셨다면 비록 내가 부족해도 하나님이 흔들리지 않는 온전하신 분이므로 나 역시 흔들리지 않는다.

대중가요 "굳세어라 금순아"의 첫 소절은 "눈보라가 휘날리는 바람 찬 흥남부두에"로 시작한다. 이전에는 그 노래를 무심히 들었는데, 최근 실화를 배경으로 한 노래라는 사실을 알게 되었다. 6·25전쟁 당시, 사람들이 다급하게 피난길에 올랐는데, 피난 부두 중 하나가 함경도 흥남부두였다. 당시는 너무 추운 겨울이었고, 흥남부두에는 수많은 사람이 몰려들었다. 그때 무역 중이던 미국 상선의 선장이 '우리가 가서 피난민들을 도와주어야겠다'라는 결단을 하고 그들을 구하기 위해 흥남부두로 향했다. 그러고는 피난민들 14,000명을 배에 실었다. 그 배의 이름은 '메러디스빅토리호'였는데, 피난민을 가장 많이 실은 기적의 배로 기네스북에 등록되어 있다. 놀랍게도 배의 탑승 정원은 약 60명이었다. 거의 배가 가라앉을 정도로 사람들을 많이 실었던 것이다.

그런데 그때 누군가가 선장에게 왜 어떤 사람은 태우고, 어떤 사람은 태우지 않았느냐며 따질 수 있을까? 또 배에 탄 사람은 이 배를 택한 것이야말로 탁월한 선택이었다고 자랑할 수 있을까? 당시 배에 탄 피난민들은 일방적인 자비와 긍휼과 배려를 받은 이들이었다.

마찬가지로, 하나님은 수많은 사람 중에 아무것도 아닌 나를 택하시고, 예수 그리스도의 은혜로 부르시고, 믿음으로 그분을 의지하게 해 주셔서 주권적인 선택 속에 들어오게 하셨다. 얼마나 감사한 일인가! 우리는 '예수 그리스도'라는 구원의 배를 타고 있다. 이 배에 탄 사람은 결코 부끄러움을 당하지 않는다. 구원의 자리에서 떨어지는 법이 없다. 그리스도라는 구원의 배는 흔들리지 않는 반석이다. 누구나 하나님의 품 안에서 그분의 은총과 보호를 받고, 기도의 응답과 인도하시는 손길을 받는다. 십자가의 도는 멸망하는 자들에게는 미련한 것이지만 구원을 받는 우리에게는 하나님의 능력이요 긍휼이다(고전 1:18).

하나님이 선택하시는 기준은 무엇인가

하나님의 후손은 혈통이 아니라 믿음에 근거한다. 하나님은 수많은 사람 중에서 아브라함을 택하셨다. 아브라함을 선택한 이유는 그가 의로웠기 때문이 아니었다. 하나님의 의를 드러내기 위함이었다.

그렇다면 아브라함의 후손도 혈통이 아니라 믿음에 근거한다. 아브라함의 자식은 이삭 말고도 여럿이 있었지만, 큰 민족을 이루리라는 하나님의 언약은 이삭을 통해 이어졌다. 그래서 이삭은 아브라함의 아들임과 동시에 믿음으로 낳은 아들이라는 중요한 의의를 지닌다. 이삭을 믿음의 후손이라고 부르는 이유는 이 때문이다.

이 같은 일은 그 아래, 세 번째 대에서도 반복된다. 이삭과 그의 아내 리브가는 아브라함과 사라처럼 오랫동안 자식이 없었다. 그러다 임신을 했는데, 그때 하나님께서는 "큰 자가 어린 자를 섬기리라"(창 25:23)라고 말씀하셨다. 그들은 에서와 야곱이라는 쌍둥이를 임신했는데 그 아이들이 태어나서 어떤 선한 행위를 하기도 전에 하나님은 이미 둘째를 선택하셨다.

이것을 보면 아브라함의 후손이라는 개념은 육신의 혈통이라기보다는 하나님의 선택과 약속을 뜻하는 것임을 알 수 있다. 그러면 이런 질문을 던질 수 있다. '하나님이 공정하시지 못한 것은 아닌가? 그의 행동을 보고 나서 의로운 자를 선택해야 하는 것 아닌가?'

이 질문에 관해 반대 방향에서 한 예를 생각해 보자. 출애굽하려는 이스라엘 백성을 탄압했던 이집트의 왕 바로의 경우다. 하나님은 중요한 순간마다 그의 마음을 완악하게 만드셨다. 그렇다면 왜 하나님은 누구는 선택하시고, 누구는 완악하게 하시는가? 이 문제에서 중요한 것은 인간은 다 죄인이며, 하나님은 선하시다는 것이다. 결국 하나님의 선택과 약속은 그분의 주권에 속한 문제다.

토기장이에게도 어떤 모양과 용도로 그릇을 만들지에 대한 권한이 있다. 하물며 전능하신 하나님은 어떠하시겠는가! 하나님은 인간의 의와 인간의 불의에 끌려다니는 분이 아니시다. 그리고 인간에게 은혜를 베풀 수 있는 충분한 권한이 있으신 분이다. 이러한 하나님의 주권을 고백한 호세아 선지자의 고백이다.

"내가 나를 위하여 그를 이 땅에 심고 긍휼히 여김을 받지 못하였던 자를 긍휼히 여기며 내 백성 아니었던 자에게 향하여 이르기를 너는 내 백성이라 하리니 그들은 이르기를 주는 내 하나님이시라 하리라 하시니라"(호 2:23).

4장

구원받은 자의 특권

10:1-15

그다음에 우리가 할 일은
하나님께 보내심을 받는 것이다.

인간의 의와 하나님의 의

오늘날 신앙인들은 부활절을 중요하게 여긴다. 미국이나 캐나다 등 서양에서는 부활절을 기념해 휴일로 지정했다. 그러나 예수님의 부활을 받아들이는 것은 예수 그리스도의 부활로 얻는 파편적인 유익만을 말하지 않는다. 신앙의 정체성을 점검하는 질문 가운데 첫 번째는 "당신은 예수 그리스도를 믿는가?"이다. 두 번째로 던져야 하는 중요한 질문은 "당신은 예수님의 부활을 믿는가?"가 되어야 한다. 그만큼 예수 그리스도의 부활은 기독교 신앙의 핵심 중 핵심이다. 역사적 인물로서 예수님의 존재는 믿지만, 예수님의 부활은 믿지 못하는 사람들이 있다. 그들은 예수님의 초월적인 능력은 믿지만, 예수님이 우리의 죄를 대신해 십자가에 못 박혀 돌아가시고 죄의 대가를 치르셨다는 증명인 부활은 믿지 못한다.

그렇다면 예수님을 믿는다는 것은 과연 무엇을 믿는다는 것인가? 크게 두 가지를 믿는 것인데, 첫째는 예수 그리스도가 나의 구세주로서 내 죄를 대신해 대속의 죽음을 죽으시고 나의 대속주가 되셨다는 사실을 믿는 것이다. 둘째는 예수님이 죽음에서 부활하신 사실을 믿는 것이다. 우리는 예수님의 부활로 인해 그분이 우리의 죄를 말끔히 씻으셨다는 증거를 갖게 되었다. 예수님을 믿는다고 할 때는 '예수님의 죽음'과 '예수님의 부활'을 분명히 붙잡고 있어야 한다. 예수님의 죽음이 내 죄를 대속한 죽음이라는 사실을 믿지 못하는 것은 온전한 신앙이 아니고, 예수님의 부활을 믿지 못해 하나님의 은총을 감사로 받아들이지 못하는 것 역시 진정한 신앙이 아니다.

때로 신앙생활을 하면서 과녁을 벗어난 열심을 보게 된다. 기도도 열심히 하고, 예배도 충실히 드리고, 어릴 적부터 교회에 다니고, 교회 일에도 많은 관심을 가지고 있지만 하나님이 말씀하신 신앙의 길에서 벗어나 나만의 열심을 내고 분위기를 따르며 신앙생활을 하는 경우다. 혹시 우리가 그런 사람은 아닌지 살펴봐야 한다.

대표적인 예가 유대인들이다. 그들은 하나님을 섬겼으나 하나님이 말씀하신 선 안으로 들어오지 않고 자기들의 방식으로 하나님을 열심히 섬겼다. 과연 그것은 옳은 신앙인가? 하나님이 그들의 열심이 가상하니까 받아주실까? 바울은 고린도교회에 보내는 편지에서 "내가 내 몸을 쳐 복종하게 함은 내가 남에게 전파한 후에 자신이 도리어 버림을 당할까 두려워함이로다"(고전 9:27)라고 말했다. 자신이 잘못된 신앙을 가지고 있을지 모른다는 암시가 아니라, 다른 사람에게 복음을 전해 구원받게 하고 자신도 구원에서 절대로 떨어져서는 안 된다고 강조한 표현이다.

바울은 이스라엘 백성이 하나님을 섬겼지만 하나님의 과녁에서 벗어난 열심을 가졌다고 지적하면서 "형제들아 내 마음에 원하는 바와 하나님께 구하는 바는 이스라엘을 위함이니 곧 그들로 구원을 받게 함이라 내가 증언하노니 그들이 하나님께 열심이 있으나 올바른 지식을 따른 것이 아니니라 하나님의 의를 모르고 자기 의를 세우려고 힘써 하나님의 의에 복종하지 아니하였느니라"(1-3절)라고 말했다. 그들은 하나님께 열심이 있었지만 하나님이 가르쳐 주신 하나님의 의를 따라 바른길로 간 것이 아니라 자기 의와 자기 방식, 자기가 좋아하는 길로 가면서 힘써 하나님의 의를 거부했다.

그렇다면 이스라엘의 과녁에서 벗어난 열심이 무엇인지 되짚어 보자. 하나님은 이스라엘에게 율법을 주셨고, 아브라함을 통해 그들을 택하셨다. 하지만 율법을 가지고 있다고 해서 구원을 이룬 것은 아니다. 하나님이 율법을 주신 이유는 율법을 지키는 자에게 은혜를 베푸시기 위함이요, 율법 안에서 자신의 실체를 깨닫고 하나님의 더 큰 은혜, 즉 메시아를 사모하라는 뜻이었다. 그러나 이스라엘 백성은 율법을 받았다는 점을 내세워 자신들을 다른 민족들보다 우월하게 여겼고, 일부 율법을 지키는 것으로 그 사실을 자부했다. 그들은 하나님의 기준으로 판단하지 않고 이방인들과 자신들을 늘 상대적으로 비교, 평가했다. 그리고 형식주의와 오만에 빠져서 자신들이 하나님을 열심히 섬기고 있다는 것만으로 흡족해했다. 동시에 우월의식을 가지고 이방인들을 멸시했다.

그렇다면 지금의 우리는 어떠할까? 바른 교회에서 신앙생활을 하는 것은 하나님의 말씀을 본질에 가깝게 배울 수 있는 중대한 기회를 준다. 바른 교회에 다닌다는 것은 분명히 축복이다. 하나님이 인도하신 특별한 은혜다. 그러나 바른 교회에 다닌다고 해서 은혜가 충만하다고 자부하는 것은 이스라엘의 착각과 같다.

율법의 의와 믿음의 의

이스라엘 백성은 율법을 받았다는 사실에 도취해 자기 식대로 율법을 해석하고 따르면서 자신들이 이방인들보다 훨씬 우월하다고 착각했다. 그리고 하나님이 인도하시는 선을 보지 못하고 자기중심적 신앙에 빠졌다. 예수 그리스도를 믿는다는 것이 진정 무엇인지 모르고, 예수 그리스도와 동행하면서 그분의 능력 아래 거하며 그분께 영광을 돌리며 사는 방법을 알지 못한다면, 우리의 열심도 과녁을 벗어난 엉뚱한 열심이 될 수밖에 없다.

> "모세가 기록하되 율법으로 말미암는 의를 행하는 사람은 그 의로 살리라 하였거니와 믿음으로 말미암는 의는 이같이 말하되 네 마음에 누가 하늘에 올라가겠느냐 하지 말라 하니 올라가겠느냐 함은 그리스도를 모셔 내리려는 것이요 혹은 누가 무저갱에 내려가겠느냐 하지 말라 하니 내려가겠느냐 함은 그리스도를 죽은 자 가운데서 모셔 올리려는 것이라"(5-7절).

이 말씀은 신명기 30장 11-14절, "내가 오늘 네게 명령한 이 명령은 네게 어려운 것도 아니요 먼 것도 아니라 하늘에 있는 것이 아니니 네가 이르기를 누가 우리를 위하여 하늘에 올라가 그의 명령을 우리에게로 가지고 와서 우리에게 들려 행하게 하랴 할 것이 아니요 이것이 바다 밖에 있는 것이 아니니 네가 이르기를 누가 우리를 위하여 바다를 건너가서 그의 명령을 우리에게로 가지고 와서 우리에게 들려 행하게 하랴 할 것도 아니라 오직 그 말씀이 네게 매우 가까워서 네 입에 있으며 네 마음에 있은즉 네가 이를 행할 수 있느니라"라는 구절을 인용한 것이다.

모세는 이스라엘 백성에게 하나님의 말씀을 가르쳐 주었다. 하지만 그들은 모세의 말을 받아들이지 않았고, 그를 하나님의 말씀을 대언하는 사람으로 수용하지도 않았다. 그러면서 "제발 하나님의 말씀을 한 번만이라도 직접 들어 봤으면 좋겠다"라는 말을 반복했다. 하나님의 말씀을 듣는다면 그대로 행하지 않겠냐는 주장이었다. 그러자 모세는 백성에게 그럴 필요가 없다고 말했다. 왜냐하면 하나님이 이미 말씀을 그들에게 주셨기 때문이다. 하나님의 말씀은 멀리 있는 것이 아니라 마음에 이미 있으므로 다만 그대로 행하면 된다고 설명했다.

바울이 모세의 말이 기록된 신명기 말씀을 인용한 이유는 구원을 얻기 위해 "하나님, 구원자를 보내 우리를 좀 건져 주십시오" 하며 조르지 않아도 된다는 사실을 말하기 위해서였다. 하나님이 이미 메시아 그리스도를 주셨기 때문이다. 하나님은 세상을 이처럼 사랑하사 독생자를 주셨다(요 3:16). 하나님으로부터 이 땅에 내려오신 독생자 예수 그리스도, 죽으시고 부활하사 오늘 우리 앞에 서신 분, 우리는 그분을 믿는다.

우리는 노력해서 의를 얻으려고 하지만 불가능하다. 하나님의 의는 우리를 긍휼히 여기사 믿음으로 얻을 수 있도록 하나님이 베푸신 은혜의 선물이다. 우리가 아무리 애써도 하나님께 갈 수 없다. 따라서 하나님은 "내가 너희에게 보낸 예수 그리스도를 믿으라"라고 하셨다. 그러므로 이것은 율법이 아니라 믿음으로 말미암은 의다.

그렇다면 성경은 우리의 노력을 무시하는 것일까? 그렇지 않다. 하나님은 우리가 노력하는 모습을 기특하게 여기신다. 그러나 노력만으로는 의롭게 될 수 없다. 만약 노력으로 의롭게 된다고 가정하면 많은 혼란이 따른다. 율법을 행하지 않았는데 의롭다 여기심을 받기란 불가능하고, 혹 율법을 지키지 못했음에도 하나님이 의롭다 하시면 하나님은 공의의 하나님이 되실 수 없다. 그래서 하나님은 아들이신 예수님을 보내 우리가 지은 죄의 대가를 대신 치르게 하셨다. 하나님은 친히 하늘로부터 내려오셔서 우리를 대신해 죽으시고 다시 살아나심으로써 우리를 향한 사랑을 보여 주시며 구원을 온전히 이루셨다. 그러므로 자랑할 것은 우리의 의가 아니라 하나님의 의이고, 율법의 의가 아니라 하나님의 의, 하나님의 자비가 핵심이다.

결국 인정할 수밖에 없는 것은 참 의, 구원은 하나님으로부터 주어지지 않으면 온전할 수 없다는 사실이다. 또 하나님으로부터 오신 그리스도가 이루어 주셔야만 한다. 인간의 힘으로는 아무리 노력하고 애써도 풀 수 없는 문제다.

초등학교 5학년 때 담임선생님은 하루에 10장씩 시험지를 주고 다음 날이면 시험을 봤다. 나는 받은 시험지를 보면서 '집에 가서 열심히 해 봐야지' 하고 마음먹고는 혼자서 열심히 참고서를 보며 풀었다. 그런데 밤 11시가 되도록 6-7장밖에 못 풀었다. 잠이 쏟아져서 정신을 못 차리겠고, 아무리 노력해도 힘들었다. 어머니는 "그럼 엄마가 답을 알려 줄게" 하시는 분이 아니었다. 모르는 문제를 물어보면 답을 알려 주셨지만 같이 풀어 주시는 법은 없었다. 그래서 혼자 열심히 8장을 풀고 다음 날 시험을 봤다. 아예 보지 못했던 문제는 상식으로 풀었다.

밤늦도록 열심히 공부했음에도 86점이 나왔다. 반에서 45등이었다. 문제를 미리 주고 시험을 보니까 대부분의 아이들이 90점을 넘었다. 그 날 밤 '세상에! 내가 이렇게 머리가 나쁜가?' 하는 걱정에 잠을 못 잤다. 정직하게 공부해서 시험을 쳤는데 겨우 45등이라니, 얼마나 충격을 받았는지 모른다. 패배의식까지 느낄 정도였다. 그런데 평소에 나보다 성적이 안 좋았던 친구는 여유만만하게 시험을 봤다.

하루는 친구에게 언제 그렇게 공부를 잘하게 되었냐고 물었더니 씩 웃으며 "나 공부하는 데 따라올래?" 했다. 알고 봤더니 과외 선생님에게 가는 것이었다. 나는 혼자 밤 12시까지 공부해도 10장을 다 못 풀었는데 과외 선생님에게 설명을 듣자 1시간 반 동안 10장을 모두 풀었다. 그다음 날 시험을 보자 100점이 나왔다.

구원에 관해서도 마찬가지다. 우리로서는 도저히 구원이라는 점수를 낼 수 없다. 그래서 하나님은 완벽한 가정교사를 붙여 주셨다. 그런데도 우리는 "난 필요 없어. 혼자 열심히 할 거야" 하는 것은 아닐까? 혹시 혼자 애써서 85점 받고도 '난 잘하고 있어' 하면서 만족하고 있는 것은 아닐까?

인간답게 탁월한 사람으로 살아 보겠다고 노력할수록 한계를 느끼고, 예수 그리스도를 주신 하나님의 긍휼과 자비로운 손길이 얼마나 감격스러운지를 깨닫게 된다. 그래서 믿음의 결론은 내 의가 아니라 하나님이 주신 의, 믿음의 의를 따르는 것이 자연스럽고 온당하다는 것이다. 혼자서 밤새도록 참고서를 펴 들고 노력해 봤자 안 되는 것과 같다. 예수 그리스도를 의지해야 한다.

주님으로 고백하고 마음으로 믿는 것

그런데 예수 그리스도를 의지한다는 것은 단순하지 않다. 예수님이 내 죄를 대속해 죽으시고 부활하심으로써 새 생명과 부활의 약속을 주셨고, 그분을 믿음으로써 우리가 하나님의 자녀가 되었음을 진실로 인정하고 고백해야 한다. 감사하게도, 이처럼 고백하고 믿는 데는 차별이 없다. 유대인이든 이방인이든 하나님이 주신 믿음의 의인 예수 그리스도를 믿을 수 있다.

"네가 만일 네 입으로 예수를 주로 시인하며 또 하나님께서 그를 죽은 자 가운데서 살리신 것을 네 마음에 믿으면 구원을 받으리라 사람이 마음으로 믿어 의에 이르고 입으로 시인하여 구원에 이르느니라 성경에 이르되 누구든지 그를 믿는 자는 부끄러움을 당하지 아니하리라 하니 유대인이나 헬라인이나 차별이 없음이라 한 분이신 주께서 모든 사람의 주가 되사 그를 부르는 모든 사람에게 부요하시도다"(9-12절).

'마음으로 믿고 입으로 시인하는 것'은 전인격을 다해 진심으로 고백하는 신앙을 뜻한다. 12절 '주를 부르는 사람'에서 '부르다'라는 말은 주님을 믿고 의지하라는 뜻이다. 어려운 일을 당한 아이가 "엄마!" 하고 부르듯이, 주님을 부르고 나의 구원자이심을 고백하고 의지하라는 것이다. 그때 하나님이 우리로 하여금 구원을 얻게 하시고, 부끄러움을 당하지 않게 하시고, 하나님의 부요하심이라는 은총을 내려 주신다. 예수 그리스도의 부활을 믿으면 이러한 은혜의 혜택 속으로 들어가게 된다.

사실 하나님이 우리의 무엇을 보고 기도를 들어주시겠는가? 교인이라서, 또는 예수 그리스도의 편에 섰다고 우리의 기도를 들어주시는 것일까? 이유는 단 하나, 하나님이 주신 의를 온전히 받아들였기 때문이다. 그래서 하나님은 이제 하나님의 자녀가 된 우리의 하소연을 들어 주신다.

그런데 바울은 하나님의 은혜를 힘입은 단계에서 끝이 아니라고 말했다. "그런즉 그들이 믿지 아니하는 이를 어찌 부르리요 듣지도 못한 이를 어찌 믿으리요 전파하는 자가 없이 어찌 들으리요 보내심을 받지 아니하였으면 어찌 전파하리요 기록된 바 아름답도다 좋은 소식을 전하는 자들의 발이여 함과 같으니라"(14-15절)라는 박진감 넘치는 표현 속에 단순하면서도 간결한 메시지를 담았다.

먼저, 믿는 않는 사람들이 어떻게 예수님을 "주여"라고 부를 수 있겠냐고 물었다. 믿으려면 먼저 들어야 한다. 오늘날에도 목회자가 설교하고 성도들은 말씀을 듣는 과정에서 믿음이 생기고 자라난다. 듣기 위해서는 먼저 어떤 일이 있어야 할까? 전하는 자가 있어야 한다. 그렇다면 전하는 자가 막연히 전할 수 있는가? 전하려면 보내심을 받아야 한다.

우리도 하나님이 보내신 종들을 통해 말씀을 듣고, 들음으로써 믿고, 믿음으로써 "주여, 나를 구원해 주옵소서. 나와 함께해 주옵소서" 하며 주님을 부르는 사람이 되었다. 그렇다면 그다음에 우리가 할 일은 하나님께 보내심을 받는 것이다. 내가 들은 복음을 전하면, 그 복음을 들은 사람에게 믿음이 생길 것이다. 그러면 믿음이 생긴 그 사람도 주님 앞에 나오게 된다. 나도 구원받고, 그도 구원받는다. 복음을 전하는 아름다운 발을 가진 자가 된다.

목사로서 내가 진심으로 기뻐하는 순간은 내가 전하는 복음을 들은 많은 성도가 예수 그리스도 앞에 나가고, 주 예수 그리스도의 보혈로 씻음 받고, 이제 하나님의 백성이 되어 기도하고 하나님을 찬미하는 모습을 보는 것이다. 예수 그리스도를 "주여"라고 부르짖는 자리에 나오도록 사람들을 인도한 자에게 '아름다운 발을 가진 자'라고 칭찬하신 하나님의 말씀을 떠올리며 큰 긍지로 삼고 있다.

어린 시절 보았던 영화들은 스토리 전개가 비슷한 경우가 많았다. 자주 등장하던 장면은 이러했다. 어떤 사람이 역적으로 몰려 귀양을 가서 사약을 받는다. 그런데 사약 사발을 들이키려는 순간 멀리서 타닥타닥 말 발굽 소리가 들려온다. "어명이요!"라는 호령과 함께 전령사가 급히 와서 처형을 중단시킨다. 왕이 역적으로 몰렸던 자의 진심을 알았다면서 급격한 반전이 이루어진다. 요즘 사람들은 그런 장면을 무덤덤하게 보지만 당시는 극장 관객들이 전부 일어나서 박수를 보냈다.

나는 전령사의 마음을 헤아려 보곤 한다. 달려오면서 어떤 감정이었을까? 좋은 소식을 들고 사람을 살리는 일을 담당한 그는 기쁜 마음으로 달리지 않았을까? 목숨을 구하겠다는 일념으로 전력으로 달리지 않았을까? 예수 그리스도의 부활을 믿는 사람은 하나님의 의에 속한 사람으로서, 복음을 전하는 일에 기쁨을 느낀다. 복음을 전하는 자의 발이 아름답다고 하면서 달려 나갈 것이다.

내가 부활을 증거할 수 있는 이유는 내게 부활이 있기 때문이다. 내가 받은 은혜를 나누고, 참 진리 되신 하나님의 품에 안겨서 주님과 동행하도록 누군가를 인도하는 것은 분명히 세상에서 가장 아름다운 일이다. 부활에 감격하고 복음을 전하는 기쁨은 구원받은 자의 은총이자 특권이다.

5장
그를 위한 한 걸음

10:16-21

내가 예수 그리스도의 은혜를 입었다면
나 역시 예수 그리스도를 전하는
아름다운 발이 되어야 하지 않겠는가?

복음 전파의 어려움

영화 〈뷰티풀 마인드〉로 우리에게 잘 알려진 천재 수학자 존 내시는 게임 이론에서 일반적으로 사용하는 '내시균형'을 정립했고 후에 노벨경제학상까지 수상했다. 그런데 너무 머리가 좋아서인지 정신 질환에 걸리고 말았다. 그의 전기를 다룬 책의 제목은 오랫동안 정신 질환으로 헤맨 존 내시를 버리지 않고 끝까지 돌봐 준 아내의 보살핌을 기리며 《뷰티풀 마인드》, 즉 '아름다운 마음'(Beautiful Mind)이라고 이름 붙였다. 재미있게도 이 책에는 '아름답다'(beautiful)라는 단어가 자주 나온다. 과학자나 수학자가 탁월한 원리를 만들어 낸다든지 어려운 문제를 기막히게 풀어 갈 때 '아름답다'라고 말한다. '아름답다'는 '멋지다'보다 훨씬 실감 나게 다가온다.

성경도 사람들에게 예수 그리스도를 증거하고 그들을 구원으로 인도하는 것을 '아름다운 발'이라고 표현한다. 이 일은 세상 그 무엇보다 가치 있는 도움이다. 물질을 베풀어 유익을 줄 수 있다. 또 인맥을 연결시켜 주거나 좋은 자료를 제공함으로써 도와줄 수도 있고, 위로의 말로 큰 힘과 기쁨을 줄 수도 있다. 하지만 그것들은 다 있다가 사라져 버릴 뿐이다. 한 사람이 예수님을 믿고 하나님의 품에 안기면 그의 인생 자체가 완전히 바뀐다. 따라서 그보다 아름다운 일은 없다.

그런데 성경 속 선지자들은 이렇게 항변했다. "복음을 전하는 자의 발이 아름다운 것은 인정한다. 그런데 우리가 아무리 전해도 사람들이 듣지 않는다. 무엇인가를 요구하는 것도 아니고, 억지로 끌고 가려는 것도 아니고, 전혀 강요하지도 않는데, 단지 진심 어린 자비와 아름다운 사랑으로 전할 뿐인데도 아무도 들어 주지 않는다." 복음을 전하는 사람과 복음을 듣는 사람 모두에게 긍정적인 열매는 복음을 전하고 순수하게 받아들여 구원을 얻어 같이 은혜 속에 사는 것이다. 그런데 상대가 받아들이지 않으면 전하는 자는 하나님 앞에 나가 하소연할 수밖에 없다.

복음을 듣지 못해서 불순종했다고 하는 자들

한편 복음을 거부한 사람들은 "저에게 복음을 말해 준 사람이 없었습니다. 저는 들은 적이 없습니다" 하고 되묻는다. 본문인 16절은 "그러나 그들이 다 복음을 순종하지 아니하였도다 이사야가 이르되 주여 우리가 전한 것을 누가 믿었나이까 하였으니"라고 적나라하게 말한다.

과거 선지자들이나 오늘날 복음을 증거하는 사람들이 토로하는 어려움이 이사야 53장 1절에 나와 있다. "우리가 전한 것을 누가 믿었느냐 여호와의 팔이 누구에게 나타났느냐"라고 한 것이다. 믿음은 들음에서 나고, 믿음이 생겨야만 예수 그리스도를 부르고 하나님 앞에 나올 수 있다. 그런데 전해도 듣지를 않으면 어떻게 하냐고 물은 것이다. 이에 대해 바울은 "과연 그들이 듣지 않았을까?" 하고 물었다. 그러고는 시편 19편 4절을 인용해 "그 소리가 온 땅에 퍼졌고 그 말씀이 땅 끝까지 이르렀도다 하였느니라"(18절)라고 설명했다. 충분히 전해 주었다는 의미다.

그런데 왜 이스라엘 백성은 알지 못한다고 주장했을까? 그들은 정말 알지 못했을까? 전혀 그렇지 않다. 하나님은 이미 신명기에서 모세를 통해 "나도 백성이 아닌 자로 그들에게 시기가 나게 하며 어리석은 민족으로 그들의 분노를 일으키리로다"(신 32:21)라고 언급하셨다. 하나님이 이스라엘 백성에게 계속 선지자를 통해 하나님 앞으로 다시 돌아오라고 전하셨음에도 그들이 듣지 않았다는 것을 알 수 있다. 그래서 하나님은 이방 사람들, 정작 기대도 하지 않고 있던 자들을 불러들여서 이스라엘 백성이 질투하고 속상하게 만들겠다고 하셨다.

하지만 그 속에는 하나님의 사랑과 자비가 담겨 있다. 궁극적으로는 이스라엘과 이방 사람들을 모두 하나님의 품에 안으시겠다는 선의의 의지인 것이다. 하나님은 애타는 마음을 품고 여러 방법으로 우리를 끌어안으려고 하셨다. 심지어 예수님을 통해 나타나셨고, 예수 그리스도 안에서 부르셨다. 비슷한 의미가 이사야 65장 1-2절, "나는 나를 구하지 아니하던 자에게 물음을 받았으며 나를 찾지 아니하던 자에게 찾아냄이 되었으며 내 이름을 부르지 아니하던 나라에 내가 여기 있노라 내가 여기 있노라 하였노라 내가 종일 손을 펴서 자기 생각을 따라 옳지 않은 길을 걸어가는 패역한 백성들을 불렀나니"라는 말씀에도 나온다.

이에 대해 바울은 "이사야는 매우 담대하여 내가 나를 찾지 아니한 자들에게 찾은 바 되고 내게 묻지 아니한 자들에게 나타났노라 말하였고 이스라엘에 대하여 이르되 순종하지 아니하고 거슬러 말하는 백성에게 내가 종일 내 손을 벌렸노라 하였느니라"(20-21절)라고 말했다. 여기서 '나'는 하나님을 가리킨다. 인간은 하나님을 찾을 줄 모르기 때문에 하나님이 먼저 자신을 드러내셨다. 하나님을 찾아 헤매지도 않았는데 하나님이 나타나 부르셨다. 따라서 하나님 앞에 나와 주의 말씀을 듣고 하나님을 의지하는 마음이 있다면 하나님이 그에게 나타나신 것이고, 하나님이 긍휼을 베풀어 주신 것이고, 하나님이 성령의 감동을 주셨다는 증거다.

하나님은 수없이 많은 믿는 사람을 보내 복음을 증거하라고 말씀하셨다. "이것이야말로 네가 구원받을 수 있는 일이다. 참 인간으로 살 수 있는 길이다. 참 평강을 얻을 수 있다. 순간의 위로가 아닌 하나님의 품에서 영원한 위로와 소망을 가지고 살게 된다. 그런데 내가 죄인인 너를 끌어안는 것은 불가능하다. 그래서 너희가 지은 죄의 대가를 치르도록 내 아들 예수 그리스도를 보냈다. 그러니 예수를 믿고 그리스도의 길로 들어와 내 품에 안겨라."

하지만 많은 사람이 하나님의 말씀을 거부했다. 인간은 스스로 하나님의 존재를 인식하고 그분 앞에 나올 수 없기에 하나님을 찾지도 않는다. 자신이 어려우면 신적인 힘을 의지하기는 하지만 그 순간이 지나면 무관심해진다. 그러면서 자신이 좋아하는 취향의 우상을 만들어 섬긴다. 인간은 참으로 하나님이 부르시는 길로 들어가기가 쉽지 않은 존재다. 죄인이기 때문에 아무리 하나님을 찾고자 노력해도 찾을 수 없다.

그런 점을 생각하면 우리가 주님 앞에 나온 것이 얼마나 큰 축복인지 모른다. 그리스도를 믿는다는 것, 하나님의 말씀을 정말 좋아하고, 찬양할 때 감동하고, 기도하는 일이 기쁜 것은 아무리 강조해도 지나치지 않을 만큼 특별한 축복이다. 하나님이 부르시지 않았다면 예배의 자리에 있을 수조차 없기 때문이다. 한때 죄인 되었던 우리는 세상 사람에게는 하나님의 말씀이 귓전에도 들리지 않는 것이 당연하다는 사실을 알고 있다.

말씀에 반응했다는 것은 하나님의 큰 은혜다. 수많은 사람이 이 엄청난 은혜의 축복을 거부한다. 그런데 그 말씀에 이상하게도 감동이 되어서 하나님 앞에 나왔다면 하나님의 역사임이 분명하다.

하나님의 음성을 가로막는 인간의 정욕

그런데 왜 사람들은 하나님이 무엇인가를 요구하거나 속박하시는 것도 아닌데 하나님께 나오는 것을 그토록 싫어할까? 정욕 때문이다. '정욕'은 성경적인 용어로서, 인간이 가지고 있는 모든 세상적인 욕망을 가리킨다. 탐욕, 명예욕, 세상 낙, 쾌락 등을 포괄해 정욕이라고 한다.

인간이 죄를 지어 죄인이 된 후 그 안에는 정욕을 추구하는 자아가 강하게 발달했다. 자신이 왕이 되고 싶고 속박받기를 싫어하게 되었다. 누군가에게 간섭을 받거나 지적당하는 것도 질색한다. 심판에 대한 불안을 마음에서 지워 버리기를 원한다. 이 모든 것은 하나님에 대한 역반응으로 나타난 것이다.

17세기 영국의 쾌락주의 시인이자 극작가 로체스터 백작은 당대의 천재로서 탁월한 웅변가이자 용사였다. 20대에 전투를 승리로 이끌면서 온갖 명예와 칭송을 받았고, 그가 쓴 시나 연극 작품에 수많은 사람이 열광했으며, 유럽 전역에서 로체스터 백작을 모르는 사람이 없을 정도였다. 하지만 그는 극도의 감각과 쾌락을 추구하는 탐미주의자이기도 했다.

하루는 찰스 2세가 로체스터 백작에게 한 가지 부탁을 했다. 역사적으로 찰스 2세는 백성과의 소통에 힘쓴 다소 선량한 왕이라는 평가를 받는다. 찰스 2세는 프랑스 대사와의 만찬 자리에 선보일 왕인 자신을 기념하는 공연을 로체스터에게 위임했다. 얼마든지 지원하겠다는 약속도 잊지 않았다. 그런데 로체스터는 자신이 적임자라고 장담하고는 엉뚱하게도 왕을 신랄하게 비판하고 조롱하는 저질적이고 퇴폐적인 연극을 연출했다. 그의 마음속에는 찰스 2세가 왕의 자리에 앉아 있지만 진짜 왕은 자신이라는 생각이 있었기 때문이다. 온 유럽이 자신에게 열광하기에 자신은 얼마든지 왕의 목을 칠 수도, 세울 수도 있다는 자만심으로 가득했다. 결국 그는 왕의 분노를 사서 쫓기는 신세가 되고 말았다.

로체스터는 도피 생활을 하면서도 세속적인 자아를 충족시키는 삶을 지속했다. 자신은 때를 못 만났을 뿐이지, 곧 최고의 때를 만나 최고의 위치로 다시 회복될 것이라고 자신했다. 하지만 계속된 방탕으로 지독한 성병에 걸렸고, 병이 악화되어 얼굴이 문드러지고 바지를 입은 채 소변을 흘리는 지경까지 되고 말았다. 병들고 힘이 없어지자 사람들로부터 받았던 칭송이 한순간 멸시로 바뀌었다. 모두 그를 외면했고 건강까지 악화되어 죽을 자리에 처했다.

아내를 버리고 삼류 연극배우에게 빠져 기고만장하게 사랑을 퍼부었던 로체스터가 마지막 순간에 갈 곳은 어머니 집이었다. 그렇게 희대의 방탕자로 살며 돌이킬 수 없는 길을 택했던 그는 결국 집에 돌아와 침대에 누워 죽을 날만 기다리며 하루하루를 보냈다. 어머니도 자식에게 쉽게 다가설 수 없었다. 과거 지저분한 생활을 하는 아들에게 그만 회개하고 돌아오라고 하자, "당신이나 회개하시오. 당신 죄도 다 회개하지 못해 놓고 내게 회개하라 하시오?" 하며 공격적인 말을 퍼부었기 때문이다.

하지만 죽음이 임박하자 그의 어머니는 교구 목사를 불렀다. 그때 로체스터는 원망 섞인 목소리로 "하나님이 계시다면 왜 내가 그분을 느끼지 못하게 하신 것입니까?" 하고 물었다. 그러자 목사가 이렇게 대답했다. "하나님은 당신에게 여러 번 말씀하셨습니다. 다만 당신의 이성이 당신의 귀를 막은 것입니다."

우리의 이성은 홀로 존재하지 않는다. 내 탐욕과 얄팍한 지식, 내 주장과 이기심이 함께 섞여 움직이며 작용한다. 탐욕에 물들었던 로체스터의 이성은 하나님의 음성을 막았고, 심지어 반발했다. 이제 그는 이성과 끝을 내야 했다. 어릴 때부터 천재 소리를 들으면서 뭇 사람의 열광을 받았지만 이제 33세의 나이로 일생을 마감할 때가 되었다. 그는 이성이 자신의 귀를 막았다는 목사의 말에 느낀 바가 있었는지, 이사야 53장을 읽어 달라고 부탁했다.

> "우리가 전한 것을 누가 믿었느냐 여호와의 팔이 누구에게 나타났느냐 그는 주 앞에서 자라나기를 연한 순 같고 마른 땅에서 나온 뿌리 같아서 고운 모양도 없고 풍채도 없은즉 우리가 보기에 흠모할 만한 아름다운 것이 없도다 그는 멸시를 받아 사람들에게 버림받았으며 간고를 많이 겪었으며 질고를 아는 자라 마치 사람들이 그에게서 얼굴을 가리는 것같이 멸시를 당하였고 우리도 그를 귀히 여기지 아니하였도다"(사 53:1-3).

목사가 여기까지 읽자 로체스터는 그다음 구절을 암송하기 시작했다.

"그는 실로 우리의 질고를 지고 우리의 슬픔을 당하였거늘 우리는 생각하기를 그는 징벌을 받아 하나님께 맞으며 고난을 당한다 하였노라 그가 찔림은 우리의 허물 때문이요 그가 상함은 우리의 죄악 때문이라 그가 징계를 받으므로 우리는 평화를 누리고 그가 채찍에 맞으므로 우리는 나음을 받았도다"(사 53:4-5).

로체스터의 귀에 하나님의 말씀이 안 들렸을까? 들렸기에 이사야 53장을 읽어 달라고 했을 것이다. 하나님의 말씀에 감동이 없었을까? 그렇지 않았다면 이사야 53장을 외우고 있지 못했을 것이다. 귀로 들었고 잠깐의 감동도 있었지만 그는 진심으로, 마음의 귀로 받아들이지 않았던 것이다.

혹시 자신이 로체스터와 같다고 생각한다면 하나님 앞에 기도해야 한다. "하나님, 저의 잘난 자아가 하나님의 음성에 귀를 막았습니다. 머리가 희어지고 힘이 빠지면 후회할 것들을 붙잡고 제 날개로 날아 보려고 하나님의 간섭을 외면했습니다. 지금이라도 저를 불러 주셨으니 주님 앞에 나갑니다. 온종일 팔을 벌리고 기다리셨던 주님 앞에 지금 나갑니다. 저를 골고다의 보혈로 씻어 주시고 주님의 자녀로 삼아 주시옵소서."

인간은 늘 무엇인가를 이루어 보고자 하는 욕망이 있기에 쉼 없이 날갯짓을 한다. 방해되는 것은 거부하고 도움이 될 만한 것들은 끌어들인다. 그것이 정욕의 방법인 줄은 모른다. 그렇게 실컷 날갯짓을 하면서 수십 번, 수백 번 날기를 시도한 후에야 불가능하다는 사실을 깨닫는다. 이상하게도 그제야 주님의 손짓이 보이고, 주님의 음성이 들리기 시작한다.

어떤 사람은 예수 그리스도를 믿으면 마치 세상 끝으로 몰린 채 어려움을 당할 것처럼 겁을 먹는다. 하지만 하나님은 인간의 반대편에 서 계신 분이 아니다. 선과 악의 개념에서 볼 때 하나님이 악의 반대편에 계신다고 할 수는 있다. 인간에게는 이편, 저편이 아니라 위편이다. 우리 위에 계신 하나님이시다. 우리는 하나님을 믿으면 세상 것이 줄어들고, 세상 것을 믿으면 하나님 것이 줄어든다고 생각하지만 그렇지 않다. 하나님을 믿으면 세상 것이 더 '아름답게' 나타난다. 내 정욕으로 인생을 사는 것이 아니라 하나님의 능력으로 인생을 살게 된다.

예수 그리스도를 전하는 아름다운 발

세기의 위대한 과학자라는 앨버트 아인슈타인이 나치 권력 아래 계속 머물렀다면 어떻게 되었을까? 아인슈타인의 과학적 지식은 원자폭탄을 비롯해 무기를 만드는 중요한 원리가 되었다. 아인슈타인이 있었다면 독일은 분명 원자폭탄을 만들었을 것이고, 선제공격을 했을 것이다. 만약 그러했다면 제2차 세계대전 후 그는 사형을 피할 수 없었을 것이다. 많은 사람이 그를 찾아가 설득했고, 반강제적으로 끌어내다시피 미국으로 데려왔다. 그러자 아인슈타인의 과학적 능력이 찬란하게 꽃피웠다. 마찬가지로 하나님은 우리를 사탄의 손에서 건져 내 하나님의 품으로 부르시고 은혜와 능력으로 이끄신다.

예수 그리스도를 믿고 하나님을 섬기면 무엇이 좋을까? 간단하게는 '교회에 나가니까 말씀을 듣는 것이 좋다. 찬송을 부르면 마음이 평안해지고 감동이 느껴진다'라고 느낄지 모른다. 하지만 그 수준에 멈춰 있다면 손톱만큼의 은혜를 맛보았을 뿐이다. 하나님을 믿으면 더 이상 정욕의 노예가 아니라 하나님의 종이 된다. 하나님은 나를 끌고 정처 없이 방황하게 하시는 것이 아니라 내가 어떤 자리에 있더라도 나의 중심을 붙드시고 목적을 향해 인도하신다. 또한 우리는 죄인 된 자리에서 하나님을 믿는 것이 아니다. 하나님이 우리를 붙드시는 방법은 우리의 죄를 완전히 갚는 확실한 방법이다. 우리는 예수 그리스도로 말미암아 하나님의 품에 안기는 자리로 들어간다.

이사야 1장 18절은 "여호와께서 말씀하시되 오라 우리가 서로 변론하자 너희의 죄가 주홍 같을지라도 눈과 같이 희어질 것이요 진홍같이 붉을지라도 양털같이 희게 되리라"라고 말한다. 우리를 죄의 더러움에서 씻어 주실 분은 하나님뿐이시다. 하나님을 믿을 때 개인이 인격적인 구원을 받을 뿐 아니라 그가 속한 가정도 은혜의 길로 들어오게 된다.

예수님은 우리에게 "수고하고 무거운 짐 진 자들아 다 내게로 오라 내가 너희를 쉬게 하리라"(마 11:28)라고 말씀하셨다. 여기서 '수고'는 주님만을 위해서 사는 삶뿐 아니라 자신의 죄 때문에 허랑방탕한 생활을 하는 것, 자기 몸을 괴롭히고 죽이는 노력을 뜻한다. 허탄한 일에 수고하는 모든 자에게 하나님이 진정한 쉼을 주신다는 말씀이다.

예수님을 알게 되었고 말씀이 마음에 들어왔다면 "주 예수 그리스도여, 저는 죄인입니다. 누구보다도 제가 더 낫다고 말하지 않겠습니다. 주님 앞에 저 자신을 맡기오니 저를 주님의 품에 안아 주옵소서"라고 고백해야 한다. 또한 예수 그리스도를 이미 믿고 있다면 믿지 않는 자들을 자신과 같은 수혜자로 만들어야 한다. 내가 예수 그리스도의 은혜를 입었다면 나 역시 예수 그리스도를 전하는 아름다운 발이 되어야 하지 않겠는가? 예수 그리스도 안에서 팔 벌리고 계신 하나님을 보고, 그분의 품에 안기고, 하나님이 주신 은혜를 함께 나누면서 은혜의 영광 속으로 들어가는 것, 이것이 복음의 목격자이자 수혜자인 우리가 할 수 있는 최선이다.

왜 이스라엘은 하나님의 의를 거부했는가

인생은 살 만할 가치가 있다. 그러나 우리는 살면서 종종 "왜 이렇게 세상이 악하고 혼란스러운가?" 하며 상심에 빠지곤 한다. 세상이 혼돈스러운 이유는 인간의 탓이다. 성경은 인간을 가리켜 죄인이라고 한다. 인간이 죄인인 이유는 모두 3가지다. 첫째, 하나님을 섬기지 않는 죄를 지었기 때문이다. 인간을 창조하신 하나님을 섬기지 않는 것 자체가 죄악이다. 둘째, 율법을 지키지 않기 때문이다. 하나님은 무엇이 죄인지를 알려 주고 바른길로 갈 수 있도록 우리에게 율법을 주셨다. 그러나 우리는 율법의 작은 조항조차 지키지 못하고 수없이 많은 죄를 짓는다. 셋째, 죽음 때문이다. 성경은 죄의 삯은 사망이라고 말한다(6:23). 인간은 죄의 결과 죽게 되었다는 의미다.

인간은 하나님이 주신 율법을 지킬 수 없는 무능력한 존재다. 율법 뿐 아니라 율법의 축소판이라 할 수 있는 십계명조차 제대로 지키지 못한다. 즉 행위로 의롭게 되는 것은 불가능했다. 그래서 하나님은 독생자 예수 그리스도를 이 땅에 보내 우리를 대신해 죗값을 치르고 대속의 죽음을 당하게 하셨다.

우리에게는 그리스도가 필요하다. 그리고 이미 그리스도는 이 땅에 오셔서 우리를 대신해 십자가에서 죽으시고, 부활하셨다. 바로 우리가 전파하는 예수 그리스도가 그분이다. 우리는 완벽하지 않지만 우리가 전하는 예수 그리스도는 하나님의 완벽한 의다. 그래서 우리가 불충분해도 예수 그리스도를 받아들이면 온전한 구원에 이르는 은총을 받는다. 예수님이 우리를 대신해 죽으시고 부활하신 사실을 믿고 그분을 구원의 주로 시인하면 구원을 얻는 것이다.

그런데 누군가 주의 이름을 부르며 전하지 않으면 그리스도를 들을 수도 없고, 그분을 알고, 믿을 수도 없다. 그러니 예수가 그리스도, 구원의 주라는 진리를 입으로 시인할 수도 없다. 결국 예수님을 믿으라고 전파하는 사람들의 행위와 수고가 있어야 하는 것이다. 하지만 그 과정은 결코 쉽지 않다.

한편 시편 19편 4절에서는 "그의 소리가 온 땅에 통하고 그의 말씀이 세상 끝까지 이르도다"라고 전한다. 즉 이스라엘 백성은 하나님의 복음을 듣고 그것이 어떤 의미인지 알아들은 것이다. 사실 그들은 수많은 랍비들과 선지자들을 통해 모세와 이사야가 예언했던 예언을 분석하고 풀어서 백성에게 설명까지 했다. 하지만 그들은 복음을 받아들이지 않았다.

그래서 하나님은 "나도 백성이 아닌 자로 그들에게 시기가 나게 하며 어리석은 민족으로 그들의 분노를 일으키리로다"(신 32:21)라고 말씀하셨다. 이스라엘이 이방인과 미련한 백성이라고 일컬었던 사람들이 구원받고 나오는 것을 보며 시기하고 속상해서 견디지 못하게 될 것이라는 의미다.

원래 이방인들은 하나님을 찾을 수도 없고 찾지도 못했다. 하지만 하나님은 그들에게도 예수 그리스도의 복음을 전하게 하셨고 그로써 그들은 예수 그리스도를 믿고 주님 앞에 나오게 되었다. 하나님이 "내가 종일 손을 펴서 자기 생각을 따라 옳지 않은 길을 걸어가는 패역한 백성들을 불렀나니"(사 65:2)라고 말씀하셨듯이, 이스라엘 백성은 이미 복음을 듣고 복음이 무엇인지도 알고 있었으나 마음이 강퍅하고 교만하여 복음을 받아들이지 않았다. 율법의 의를 추구하며, 예수 그리스도를 외면한 것이다.

6장

남은 자의 은혜

11:1-10

남은 자에게 주시는 하나님의 은총은 참으로 풍성하다.
길을 인도하시고, 안위하시며, 여호와의 집에 영원히 살게 하신다.

남은 자를 구원하시는 하나님

신앙인은 아니지만 나름대로 기독교를 좀 안다는 사람들은 "예수님은 이스라엘에서 태어나셨는데 왜 이스라엘 민족도 믿지 않는 예수를 우리에게 믿으라는 것인가?"라고 묻는다. 물론 이스라엘 민족 중 예수를 믿는 사람도 있지만 대부분은 믿지 않는다. 더구나 이역만리 타국에 살고 있는 이방인인 우리에게 예수를 믿으라는 것을 의아하게 여길 수도 있을 것이다. 하지만 성경을 제대로 안다면 큰 문제가 아니다.

성경은 하나님이 이미 구약 시대부터 이스라엘 백성에게 "너희는 목이 곧고, 완악하며, 교만한 자들이다. 그러므로 너희가 배척한 나의 사랑을 이방 사람들이 믿고 들어오게 해서 너희도 결국 내 품으로 돌아오도록 하겠다"라고 말씀하셨다고 명확히 대답해 준다. 이 예언의 말씀은 그대로 이루어졌다. 그러므로 이스라엘 백성이 하나님을 믿지 않는 이유는 하나님의 불성실함 때문이 아니며, 그분이 불의하시거나 모순이 있기 때문도 아니다. 하나님은 이스라엘 백성을 두 팔 벌려 부르셨고 계속 선지자를 보내셨지만 그들이 돌아오지 않았다.

그렇다면 하나님은 이스라엘 백성을 버리신 것일까? 하나님이 이스라엘을 버리셨다면 하나님은 모순을 갖게 되신다. '교만하고, 완악하고, 목이 곧은 사람들을 변화시킬 능력이 없으신 것인가? 어차피 버릴 사람들을 왜 택하셨을까?' 하는 의심이 든다. 반대로 하나님이 이스라엘 백성을 버리지 않으셨다면, 하나님이 그처럼 완악한 사람들을 내버려 두고 받아들여 주시는 나약한 분에 불과한지, 하나님의 공의까지 의심하게 된다. 이쪽으로 보아도, 저쪽에서 접근해도 딜레마에 빠질 수밖에 없는 상황이다.

바울은 이 문제를 열왕기상 18장에 나오는 엘리야의 경험으로 설명했다. 엘리야는 하나님으로부터 이스라엘을 위해 부르심을 받은 선지자였다. 당시 이스라엘은 유행병에 걸린 것처럼 너 나 할 것 없이 우상을 섬기는 일에 몰두했다. 대표적인 우상이 바알과 아세라였는데, 이는 타국에서 수입한 우상들로서 사람들이 마치 열병에 걸린 것처럼 몰려들었다.

엘리야는 이스라엘 백성의 행태에 기가 막혔다. "죽은 우상을 섬기지 말고 살아 계신 하나님 앞으로 돌아오라"고 외치고 외쳤지만 그들은 엘리야의 말에 귀 기울이지 않았다. 고민하던 엘리야는 바알과 아세라를 섬기는 제사장들을 모조리 제거하기로 했다. 그들에게 바알과 아세라가 진짜인지, 하나님이 진짜이신지를 가리자며 대결을 제안했다. 갈멜산에 제단을 쌓고 기도할 때 하늘로부터 불이 내려오면 그 신이 진짜 신이라고 선포했다. 목숨을 건 대결이었다.

이처럼 엄청난 사건이 벌어지자 당시 북 이스라엘의 왕이었던 아합과 그 신하들뿐 아니라 수많은 백성이 갈멜산에 모여들었다. 먼저 바알의 선지자 450명이 엎드려 기도하기 시작했다. 아침부터 진지하고 애통하게 부르짖으며 기도했지만 정오가 되어도 아무런 변화가 없었다. 그들은 점점 발악에 가까울 정도로 주문을 외우고 기도했다. 몸을 자해하면서 피를 흘린 채 부르짖었다. 하지만 어떤 일도 나타나지 않았다.

저녁이 되자 엘리야가 나섰다. 그는 무너진 여호와의 제단을 수축한 후 도랑을 만들고 나무를 벌여 그 위에 제물을 올린 후 도랑에 가득 차도록 물을 부은 다음 하나님께 기도를 드렸다. 그때 하늘로부터 불이 내려와 제단을 불살랐다. 그 불이 얼마나 강력했던지 번제물과 나무와 돌과 흙을 태우고 또 도랑의 물까지도 태워 버렸다. 백성은 모두 충격에 빠졌다. 그러고는 "하나님이야말로 진짜 하나님이시다. 진정한 신이시다" 하고 고백하기 시작했다. 엘리야는 일어나 사람들을 향해 "바알의 선지자를 잡되 그들 중 하나도 도망하지 못하게 하라"(왕상 18:40)라고 말했다.

하나님의 놀라운 승리를 본 엘리야는 갈멜산 꼭대기로 올라가 땅에 꿇어 엎드려 얼굴을 무릎 사이에 넣고 기도했다. 3년 6개월 동안 비가 오지 않았기 때문에 비를 달라는 기도였다. 잠시 후 하늘이 컴컴해지며 굵은 빗방울이 떨어졌다. 곧이어 폭우가 쏟아져 내렸고, 산에서 빗물이 도랑처럼 콸콸 흘러넘치기 시작했다. 얼마나 많은 비가 내렸던지 왕이 수레를 타고 급히 환궁해야 할 지경이었다. 승리감으로 가득 찬 엘리야는 이제 모든 일을 마쳤노라고 생각했을 것이다.

그런데 이렇게 해피엔딩이라면 좋은데, 그것으로 끝이 아니었다. 전령사가 찾아와 엘리야에게 편지를 내밀었다. 아합왕의 부인 이세벨이 보낸 편지였는데, "내가 내일 이맘때에는 반드시 네 생명을 저 사람들 중 한 사람의 생명과 같게 하리라 그렇게 하지 아니하면 신들이 내게 벌 위에 벌을 내림이 마땅하니라"(왕상 19:2)라고 적혀 있었다. 순간 엘리야는 덜컥 겁에 질려 버렸다. '이 정도면 끝이라고 생각했는데 여전히 끝나지 않았다니'라는 생각에 숨이 턱 막혔던 것 같다. 마치 공상과학 영화에서 괴물의 사지를 전부 잘라 죽였다고 안도했는데 잘린 자리에서 갑자기 무언가가 툭 튀어나온 장면과 같은 상황이었다.

예상하지 못했던 공격을 받은 엘리야는 놀라서 달아났다. 광야로 들어가 하룻길쯤 가서 한 로뎀 나무 아래에 앉아서 죽기를 기도한 후 누워 잠이 들었다. 그때 천사가 그를 어루만지며 "일어나서 먹으라"고 했고, 엘리야는 머리맡에 숯불에 구운 떡과 한 병 물을 먹고 마시고 힘을 얻어 40일 밤낮을 가서 호렙산 동굴에 숨었다. 더 이상 무언가를 하고 싶은 의욕도 없고, 할 수도 없는 상황이었다. 막막하고 어찌해야 될 줄 모르는 공황 상태에 빠진 엘리야는 하나님께 하소연했다. "하나님, 이스라엘 땅에는 하나님을 믿는 사람이 아무도 없습니다. 저밖에 남은 사람이 없습니다."

그때 하나님은 "그러나 내가 이스라엘 가운데에 칠천 명을 남기리니 다 바알에게 무릎을 꿇지 아니하고 다 바알에게 입 맞추지 아니한 자니라"(왕상 19:18)라고 말씀하셨다. 모든 이스라엘 백성이 완악하고 목이 곧아서 이방 신을 섬기는 데 미끄러졌지만 하나님이 그 자리에 7,000명을 남겨 놓으셨다는 것이다.

바울은 본문 4절에서 이 일을 인용해서 말했다. 지금도 그때와 같다. 자신만이 하나님 편에 남아 있는 것이 아니었다. 다 완악해져서 멸망받을 수밖에 없는 자리에 하나님이 긍휼의 손길로 7,000명을 남겨 두셨다. 그리고 "그러므로 내가 말하노니 하나님이 자기 백성을 버리셨느냐 그럴 수 없느니라 나도 이스라엘인이요 아브라함의 씨에서 난 자요 베냐민 지파라"(1절)라고 말하면서 그중 한 사람이 바울 자신이라고 했다. "하나님이 그 미리 아신 자기 백성을 버리지 아니하셨나니"(2절)라는 이어지는 말씀에서 '미리 아신 자기 백성'이란 하나님이 미리 예정하셨던 하나님의 백성으로, 그가 스스로 알든 모르든, 완악하든 그렇지 않든 하나님은 사랑으로 지정해 놓으신 사람을 버리지 않으신다는 뜻이다.

그러고 나서 바울은 남은 자를 설명했다. 그 수가 한둘이 아니라 무려 7,000명이나 되었다. 오늘날도 하나님은 하나님의 택한 자들을 남겨 두셨다. 이것은 하나님의 은총이자 자비다. 인간 가운데 자신의 능력으로 하나님을 발견하고, 이해하고, 섬길 수 있는 사람은 없다. 인간은 남보다 나은 재능을 가지기 원하며 하나님을 섬기기보다 누군가가 자신을 섬겨 주기를 원한다. 스스로를 높이고, 어떻게 하면 자신을 자랑할 수 있을지에 혈안이 되어 있다. 그렇다면 우리는 이스라엘과 다른가? 하나님은 이스라엘 백성에게 '목이 곧은 백성'이라고 하셨는데, 우리 또한 목이 곧은 백성은 아닐까?

은혜로 택하신 남은 자

앞서 밝혔듯이, 나는 신앙의 가정에서 태어났다. 따라서 예수님을 거부감 없이 받아들였을 것이라고 짐작하기 쉽지만 사실은 정반대였다. 성장하면서 예수님이 내게 엄청난 불편을 주신다고 생각했고, 나 자신도 온전하지 못하면서 바르게 행동하지 않는 그리스도인들을 보면 굉장한 불쾌감을 느끼며 그들을 비난했다. 내 의사를 드러낼 수 있는 나이가 되면서부터는 하나님에 대해 처음에는 장난삼아, 두 번째는 조금 노골적으로, 나중에는 강력한 방식으로 부인했다.

그러면서도 교회를 다닌 이유는 두 가지였는데, 어머니를 슬프게 해 드리고 싶지 않아서였고, 교회마저 나가지 않으면 벌을 받을까 봐 찜찜한 마음 때문이었다. 하지만 교회에 앉아 있으면서도 머릿속은 온통 다른 생각뿐이었다. 목사님의 설교를 들으면서 모순점을 발견하고는 속으로 비판했다. 불신앙이 눈덩이처럼 쌓여 갔다. 마음 한쪽의 얄팍한 양심은 '믿지도 못하면서 교회에는 왜 앉아 있느냐? 솔직하게, 믿지 않으면 교회에 앉아 있지도 말아야지' 하며 속삭였다. 인간의 양심은 한계를 지녔기에 이처럼 못된 행동을 할 때가 있다.

내 마음속에는 꼬리에 꼬리를 문 질문이 끊임없이 일어났지만 그 문제를 해결하지는 못했다. 왜 목사님들은 하나같이 믿으라고 강요만 할 뿐 하나님의 존재를 논리적으로 입증해 내지 못하는지 이해할 수 없었다. 갈수록 끝없는 불신만 비 온 뒤 버섯처럼 무성하게 솟아났다.

'왜 하나님은 공의롭다고 하시면서 악한 사람을 내버려 두시고 악인의 형통에 손을 못 대시는 것일까? 하나님은 전능한 능력이 있으신데 왜 그들은 온전히 고쳐 놓지 못하고 선지자들을 보내 하소연하는 것 같은 나약한 모습을 보이신 것일까? 하나님은 죄를 회개하고 용서받은 사람이 또 죄를 행할 때 왜 그대로 두실까? 하나님을 계속 놀려 대도 하나님은 손쓰실 수가 없는 것일까? 하나님은 왜 능력을 보란 듯이 보여 주시지 못할까? 갈멜산에서 불을 내려서 제단을 태우신 하나님이시라면 아예 처음부터 아세라 상과 바알 상을 싹 태워 버려 대결의 장소까지 갈 필요가 없도록 차단하실 수는 없었을까? 우상에 마음을 빼앗긴 사람들을 변화시켜서 하나님 앞으로 데려다 놓지는 못하시는 것일까?'

그러다가 인간의 능력을 뛰어넘는 하나님의 손길과 맞닥뜨리게 되었다. 그 사건은 군에 갔을 때 일어났다. 우연한 사고였는데 일어나 걸을 수도 없어 군 병원 중환자실에 누워 있어야만 하는 신세가 되고 말았다. 치명적이었지만, 처음에는 곧 나을 것이라고 생각했다. 하지만 한 달이 지나도 회복의 기미가 보이지 않았다. 통합병원으로 실려가서 여러 가지 검사를 받았는데 진단명이 황당하게도 '불치의 병'이었다.

처음에는 '의사가 군인이다 보니까 실력이 부족해서 오진을 했구나. 곧 있으면 낫는다'라고 생각했다. 그래서 하루는 검진했던 군의관에게 "제 병명이 확실합니까?"라고 물었더니 한 치의 망설임도 없이 확실하다고 했다. 믿을 수가 없어 얼마나 확실하냐고 재차 묻자, 정형외과 군의관 전체가 모여서 회의한 결과 나온 진단이라고 했다. 모두 결과에 동의한다는 뜻이었다. 그래도 도저히 믿어지지 않아서 "정말 믿어도 됩니까?" 하고 되물었다. 말단 졸병이 다그치자 군의관은 자신들을 어떻게 보느냐며 벌컥 화를 냈다. 그래도 내가 궁금한 것은 물어봐야 될 것 같아 줄기차게 물었더니 지금은 어쩔 수 없이 군 병원에서 요양을 하지만, 곧 이 상태를 인정해야 할 것이라고 했다. 그러면서 앞으로 어떻게 살지를 생각하며 현실을 받아들이는 마음가짐이 필요하다고 말했다. 충격이었다.

나는 퇴원을 하면 다른 전문가를 찾아가서 재진단을 받고 치료하리라고 단단히 마음먹었다. 혹시 그렇게 안 될 경우도 가정하면서 온갖 계획을 세웠다. 그리고 마침내 퇴원하자마자 내가 아는 의사들을 모두 찾아갔다. 하지만 찾아간 의사들은 모두 더 이상 스스로는 걸을 수 없을 것이라고 진단을 내렸다.

나의 모든 이성적 생각, 판단, 설계 등 모든 것이 막다른 골목에 부딪치고 말았다. 그때 내가 철저하게 깨달은 것은 인간의 유한성과 무능력이었다. 어쩔 수 없이 하나님 앞에 기도할 수밖에 없었다. 그런 비이성적 방식은 말도 안 된다고 말했던 내가 하나님 앞에 무릎을 꿇었다. 온갖 방법을 다 동원해 봤지만 그 길밖에 없었기에 정말 절박하게 기도드렸다. 그런데 인간이 할 수 없는 일을 하나님은 하셨다. 하나님이 나를 다시 일으켜 세워 주신 것은 병이 난 지 1년 만이었다. 나는 더 이상 하나님을 부인할 수 없게 되었다.

그런데 문제는 그 이후였다. 하나님을 이해하지도, 내 이성으로 증명하지도 못했기 때문에 하나님을 믿는다고 자신 있게 말할 수 있는 상태가 아니었다. 그래서 '하나님은 없다고 말할 수도 없게 되었고, 증명해 보일 수도 없으니 앞으로 그 영역은 건들지도, 언급하지도 말자'라고 마음먹었다. 인간인 내가 신을 결코 인식할 수 없다는 불가지론자가 되기로 했다. 어쨌든 해결이 된 것 같았다. 하지만 누가 예수를 믿느냐고 물으면 믿는다고 말하기도 그렇고, 안 믿느냐고 물으면 그렇다고 말할 수도 없는, 어중간한 처지가 되고 말았다. 직접 하나님의 역사를 체험했기에 부인할 수는 없었지만, 인격적으로 이해하고 하나님 앞에 엎드러져야 일치가 될 텐데 그렇지 않았기 때문에 내심 괴로웠다.

하나님을 믿는 것도 아니고, 안 믿는 것도 아닌 애매한 상황은 마치 냉면 가닥이 목에 걸린 것같이 너무 불편했다. 이런 상태로 계속 가는 것은 정신적으로 힘들고 유익하지 못하다는 생각에 결심했다. '지금까지는 내 경험과 지식으로 하나님을 이해하려고 했지만 불가능했다. 그렇다면 좋다. 하나님이 말씀하시는 방식의 길로 들어가서 그 길을 따라가 보자. 그 길에도 모순이 있으면 그때는 문제가 있다고 분명히 말할 수 있겠지.'

그래서 성경을 읽기로 작정했다. 그전까지는 한두 구절을 읽으면서 '뭐라 말할 수 없지만 좋은 말씀이네' 생각하고 넘어가는 수준이었다. 종종 어머니와 목사님들이 성경을 읽으라고 권유하시면 큰 결심을 하고 창세기를 폈다가 1장부터 막혀서 더 이상 진도를 나가지 못하고 끙끙대다가 덮어 버렸다. 신약부터 봐야겠다 싶어서 마태복음을 폈다가는 "누가 누구를 낳고, 누구를 낳고" 하는 이야기에 질려서 포기하곤 했다. 그래서 나는 항상 1장에서 머물렀다.

그래서 이번에는 창세기와 마태복음을 피해 요한복음부터 시작하기로 마음먹었다. 그런데 이번에도 1장을 넘기지 못했다. "하나님이신 예수님은 태초부터 계셨다. 그분은 이 땅에 구원을 주기 위해 빛으로 오셨다. 그러나 사람들이 그 빛을 받아들이지 않았다. 그러나 그분을 영접하는 자에게는 하나님의 자녀가 되는 권세를 주셨다"라고 말하는 요한복음 1장에서 무릎을 꿇고 말았던 것이다.

내 그릇에 하나님을 담으려고 하면 담기지 않는다. 그러나 오신 하나님을 영접하면 하나님의 자녀가 되는 은총을 내려 주신다. 인간적인 방식과 기준으로는 도저히 "예수님은 구세주이시다"라는 고백이 나올 수 없다. 하나님의 자녀는 혈통이나 육정으로 되는 것이 아니기 때문이다. 부모가 예수님을 믿는다고 자식이 당연히 예수를 믿지는 않듯이 말이다.

부모라면 누구나 자녀들에게 부모의 성격이나 성향, 천성적인 기질은 유전이 되어도 쌓은 지식이나 가진 명예는 수여가 안 된다는 것을 경험하곤 한다. 지식과 명예는 스스로 노력해서 배우고 획득해야 하는 것처럼, 예수 그리스도를 믿는 믿음도 당사자의 몫이다. 그런데 믿음이라는 것은 오직 하나님의 뜻으로만 가능하다. 그때 완벽하신 주님과의 일치감을 맛볼 수 있다.

엘리야 당시 모든 이스라엘 백성이 완악하고, 교만하고, 목이 곧았다. 엘리야가 푸념하자 하나님은 하나님을 섬기는 7,000명을 남겨 두었다고 말씀하셨다. 하나님은 하나님의 은혜로 그들을 뽑으셨듯이 오늘날에도 하나님의 은혜와 뜻으로 우리를 택하시고 예수 그리스도를 믿게 해 주셨다. 나는 이 사실을 깨달은 순간 얼마나 감사했는지 모른다. 내가 하나님의 미리 아신 백성이 되었다. 완악하고 목이 뻣뻣해서 세상적인 것으로 하나님께 대항하고 육정으로 덤벼들었던 자인데도 하나님은 나를 내치지 않고 남은 자로 삼아 주셨다. 그리고 때가 되어 나를 녹이시고, 하나님 앞에 무릎 꿇도록 은혜를 주셨다. 하나님의 은혜는 그런 것이다.

택하심을 따라 남은 자와 우둔한 자들

나의 회심 경험에 공감하는 사람들이 많으리라고 생각한다. 이해는 하지만 수용이 안 되는 사람도 있으리라고 본다. 신앙의 문제는 나로부터, 내 능력으로 되는 것이 아니라 하나님의 은혜로 해결해야 한다. 요한복음 1장을 받아들이고 하나님의 은혜에 감격하자 그동안 내가 가졌던 모든 의문이 술술 풀리기 시작했다. 그리고 그 질문들이 하나같이 바보 같았다는 사실을 깨달았다.

하나님은 바울을 통해 "이와 같이 지금도 은혜로 택하심을 따라 남은 자가 있느니라"(5절)라고 말씀하셨다. 자신은 깨닫지 못해도, 하나님은 미리 아시고 택해 남은 자로 남겨 두셨다. 만일 이 일이 은혜가 아니라 행위로 된 것이라면 은혜는 필요 없어진다. 은혜는 행위가 아닌 하나님의 사랑이다.

교회에 나와 하나님의 말씀을 들으면서 이상하게 나도 모르게 고개를 끄덕이게 되고, 찬양이 좋고, 예배를 드리면 마치 영혼이 샤워를 하는 것 같고, 마음에 평안이 깃드는 것이 우연이고 간단한 일이라고 생각하는가? 결코 그렇지 않다. 아마도 당신은 남은 자일 가능성이 아주 높다. 신앙을 받아들이는 문제는 목마른 자에게 물 한 그릇 떠 주는 수준이 아니다. 일대 사건이다. 예수 그리스도의 감동하심, 하나님의 택하심과 붙드심, 어루만지심, 인도하심이 없으면 절대로 하나님 앞에 나올 수도 없고, 고개를 숙일 수조차 없는 완악한 자들이 바로 우리다.

인터넷 검색을 하다 보면 어떤 사람들은 교회의 '교'자만 봐도 불길에라도 뛰어들어 몸을 불사를 것처럼 온갖 욕을 퍼부어 대는 모습을 보게 된다. 우리가 하나님께 무릎을 꿇게 된 것은 하나님의 어루만지시는 은혜가 없이는 불가능한 것이기에 우리는 결코 그들을 배척하지 말아야 한다. 성경은 은혜를 배척하는 자를 향해 "그런즉 어떠하냐 이스라엘이 구하는 그것을 얻지 못하고 오직 택하심을 입은 자가 얻었고 그 남은 자들은 우둔하여졌느니라"(7절)라고 말한다. 여기서 '남은 자'는 4-5절에서 말한 남은 자가 아니라 하나님의 택하심을 받지 못한 사람들을 가리킨다. 8-10절은 7절의 '남은 자'에 대해 더 자세히 설명한다.

"기록된 바 하나님이 오늘까지 그들에게 혼미한 심령과 보지 못할 눈과 듣지 못할 귀를 주셨다 함과 같으니라 또 다윗이 이르되 그들의 밥상이 올무와 덫과 거치는 것과 보응이 되게 하시옵고 그들의 눈은 흐려 보지 못하고 그들의 등은 항상 굽게 하옵소서 하였느니라"(8-10절).

그들은 영혼이 있으나 혼미하고, 보기는 하지만 영적인 것은 보지 못하고, 귀가 있어 소리를 듣지만 진정으로 들어야 할 진리의 말씀은 들리지 않는다. 그리고 번영이 오히려 덫이 되어서 그로 인해 넘어지고 세상에서 허우적거리며 산다.

집에서 쉬는 것보다 주님의 전에 나오는 것이 기쁘고, 소망으로 주님의 말씀에 귀 기울이고 주님을 바라볼 수 있는 것은 하나님의 특별한 은혜다. 참으로 은혜다. 이런 이야기를 들으면서도 내 안에 끓어오르는 반발심이 없다면, 벌써 하나님의 어루만지시는 손길 속에 들어왔다는 증거다. 그렇다면 이렇게 기도해야 한다. "주님, 저를 남은 자로 택해 주셔서 감사합니다. 제 완악함과 목이 곧은 것을 아시는데도 저를 불러 주셔서 감사합니다. 또한 하나님이 주 예수 그리스도를 보내 주셔서 저의 죄를 대속하시고 하나님께 나가게 해 주셔서 감사합니다. 그리스도를 의지하고 주님 앞에 나옵니다."

이처럼 하나님의 택하심을 받아서 남은 자가 된 사람이 받는 하나님의 은혜를 잘 묘사한 말씀이 있는데, 다윗이 기록한 시편 23편이다. 1절은 "여호와는 나의 목자시니 내게 부족함이 없으리로다"라고 말한다. 양이 목자를 택하는 것이 아니라 목자가 양을 택한다. 우리 역시 하나님으로부터 택하심을 받았다. 이제 우리는 하나님께 남은 자가 되었다. 하나님은 어떤 성질의 양이든 택하셔서 자기 양으로 삼으셨다. 남은 자에게 주시는 하나님의 은총은 참으로 풍성하다. 길을 인도하시고, 안위하시며, 여호와의 집에 영원히 살게 하신다(시 23:2-6).

아직도 내 방식으로 하나님 앞에 갈 수 있다고 생각하는가? 하나님이 우리를 인도하시는 방식 안으로 들어와 보라. 그러면 하나님이 우리를 얼마나 긍휼히 여기시고 사랑하시는지를 알게 된다. 우리의 약함과 부족함의 한계를 절실히 느끼면서 하나님의 무한한 능력의 손길을 바라보게 된다. 나 스스로 남아서 남은 자가 된 것이 아니다. 하나님이 그 품에 남겨 주셨다. 그리고 하나님은 남은 자와 함께하시고 그들을 영광의 집으로 인도하신다. 내가 하나님이 남기신 남은 자인지 돌아보자. 남은 자라는 신분은 주님이 허락하신 특권이자 무엇과도 비교할 수 없는 축복이다.

7장

황홀한 겸손

11:11-24

우리는 예수 그리스도를 믿고 하나님의 자녀가 되었다.
그렇다고 가지인 나는 자랑할 수 없다.
오히려 황홀한 은혜 앞에 더 겸손해져야 한다.

이스라엘의 거부, 이방인의 풍성한 역사

신앙의 영역으로 들어가기 위한 확실한 방법은 하나님의 말씀이다. 인간의 상식이나 이성적 판단으로 도달할 수 있는 수준이 아니다. 하나님이 주신 말씀을 살피면서 하나님을 섬기는 것이 바른 신앙생활이자 풍성함으로 가는 확실한 길이다.

본문에는 하나님이 택하신 이스라엘 백성을 향해 계속 손 내밀어 부르셨지만 그들이 하나님의 음성을 외면하는 모습이 그려져 있다. 심지어 그들은 하나님이 보내 주신 구원자 예수 그리스도를 죽였다. 이런 상황까지 벌어진 이유는 인간의 내면 깊은 곳에는 죄악에 물든 자존심이 있기 때문이다. 우리는 자신이 원하는 정욕의 방식이 아니면 거부 반응을 일으키고, 정죄당하면 반발한다. 이 사실을 부인할 사람은 아무도 없다.

누구나 자신의 약점, 부족함, 죄악을 지적받으면 싫어한다. 지적받으면 인정하고 고치도록 노력해야 하는데 쉽지 않다. 공의의 하나님은 이스라엘 백성에게 "너희는 내가 준 율법을 잘 지키지 않는다. 그러므로 율법을 지켜서 구원받는다고 말하지 말며 율법을 받았다는 것으로 큰소리치지 마라. 내가 너희의 구원자, 나의 아들을 보내겠다. 그가 너희의 죄를 대속해 줄 것이다. 그를 의지해 나에게 나오라. 내가 어떻게 죄가 있는데도 없는 것처럼 눈감아 줄 수 있겠느냐? 너희에게 분명히 문제가 있는데 묵인한다면 내가 어떤 기준으로 심판을 할 수 있겠느냐? 그러니 내 아들로 하여금 너희가 지은 죄의 대가를 치르게 해 너희를 사해 줄 테니 그를 믿고 의지함으로 내게 나오라"라고 말씀하셨다. 그리고 예수님이 오셨다.

그런데 그들은 자신들이 원하는 메시아상이 아니라는 이유로 예수님을 거부했다. 당시 이스라엘은 로마의 압제와 이방 나라들의 멸시를 당했기 때문에 그들은 로마를 무릎 꿇게 해 줄 메시아가 와야 한다고 생각했다. 그것이 그들의 간절한 바람이었다. 하지만 하나님이 구약 시대부터 계속해서 말씀하신 메시아는 그런 형태의 메시아가 아니었다. 그럼에도 이스라엘 백성은 성경이 어떻게 말하는가는 생각하지 않고, 자신들이 원하는 모습의 메시아가 아니라는 이유를 들어 심한 불쾌감을 드러냈다. "메시아라면 위엄 있게 왕으로 와야지, 어떻게 마구간 같은 척박한 자리에서 태어날 수 있는가? 메시아라면 이방 사람들이 우리에게 무릎 꿇도록 만들고 우리를 가난의 도탄에서 건져 내 주어야 하지 않는가?" 하면서 끊임없이 거부감을 표출했다.

또한 예수님이 순간순간 기적을 보여 주셨으나 자신들이 원하는 방식으로 로마의 코를 납작하게 만들어 주시지 않자 자신들의 삶을 방관하시는 것처럼 여겨 분개했다. 하나님의 말씀을 떠난 신앙의 모든 발로(發露)는 자기 정욕이다. 정욕을 충족시키지 않으면 반발하고 부정해 버린다. 이스라엘 백성은 하나님이 보내신 선지자들을 죽였고, 심지어 메시아 예수 그리스도까지 죽였다.

그렇다면 하나님은 이스라엘을 영영 버리셨을까? 절대 그런 일은 없다. 하나님은 이방으로 바울을 보내 이방인들이 하나님의 품에 들어오도록 하셨다. 그리고 그 모습을 본 이스라엘이 시기해서 다시 하나님의 품에 들어오게끔 이끄셨다.

이방인의 구원

성경은 이것을 참감람나무에 접붙인 돌감람나무 예화로 설명한다. 참감람나무의 가지를 자르고 그 자리에 돌감람나무를 접붙여서 살게 했는데, 이것을 이방인이 예수 그리스도를 믿는 것에 비유했다. 이제 이방인도 원뿌리이신 하나님으로부터 진액을 빨아들이면서 살게 되었다. 바울은 그러므로 돌감람나무는 하나님이 베푸신 은혜에 자긍하지 말고, 뿌리를 통해 역사하시는 하나님을 바라보라고 말했다. 하나님은 이스라엘 백성이 다시 믿음으로 돌아오면 함께 열매를 맺을 풍성한 역사를 계획하고 계신다. 그러므로 하나님을 바라보라는 것이 본문의 메시지다.

그런데 여기서 몇 가지 의문이 든다. '하나님은 자신이 택한 백성이라도 언제든 잘라 버리실 수 있는가? 그렇다면 하나님은 완벽하지 못한, 모순된 사랑을 가지신 분이 아닌가? 그리고 결국 자르실 것을 왜 택하셨는가?' 한편으로는 '우리가 접붙임을 받았다면 우리도 잘린 이스라엘 백성처럼 언제든 잘릴 수 있는 것이 아닐까?' 하며 불안할 수도 있다. 혹은 '하나님이 돌감람나무를 접붙여서 참감람나무의 시기를 일으켜 그들이 돌아오도록 하시는 방식은 좀 치졸하지 않나?' 하며 개운하지 않은 마음이 들 수도 있다.

바울은 이 문제를 자연스럽게 입증해 보였다. 예수 그리스도가 오늘 자신들의 밥그릇을 채워 주지 못한다고 생각했던 이스라엘 백성은 이방 사람들이 그리스도를 믿고 하나님 앞에 나오자 하나님이 그들에게 큰 은혜를 베푸시고 풍성하게 역사하시는 장면을 목격했다. 예를 들어, 그들은 메시아가 로마를 정복해야 한다고 생각했는데, 예수님은 그에 대해서는 전혀 관심조차 없으신 것처럼 보였다. 하지만 나중에 로마라는 대제국이 예수 그리스도를 믿고 그분 앞에 무릎을 꿇었다. 이처럼 놀라운 사건들을 계속 경험하면서 이스라엘의 시기심이 유발되어 그들이 예수님 앞에 나올 것이라는 뜻이다.

이 방식이 비열한지 아닌지를 살펴보려면 두 가지 측면으로 접근해야 한다. 먼저 하나님의 측면에서다. 하나님의 궁극적인 목적은 이스라엘의 구원이 아니라 모든 사람의 구원이다.

'시기 나게 한다'라는 표현을 다음과 같이 비유로 설명할 수 있다. 아들에게 밥을 먹이고 싶은 어머니가 아들이 밥을 안 먹자 옆집 아이에게 밥을 떠서 먹여 주었다. 옆집 아이는 옆집 아줌마가 잘해 주니까 좋아하면서 맛있게 먹었다. 그 모습을 본 아들이 시기를 내면서 '밥이 저렇게 맛있는 것인가?' 생각하며 자기도 밥을 먹었다. 그렇다면 옆집 아이는 이용 대상일 뿐인가? 결코 아니다. 하나님이 말씀하시려는 의도는 모든 영혼을 품겠다는 것이다. 이스라엘의 거부에 묶이시는 것이 아니라, 이방 사람들에게 나아가 복음을 증거하고 하나님의 품에 들어오도록 하시려는 의도다. 바울은 자신의 이방 사역도 같은 방식으로 설명했다.

> "바울과 바나바가 담대히 말하여 이르되 하나님의 말씀을 마땅히 먼저 너희에게 전할 것이로되 너희가 그것을 버리고 영생을 얻기에 합당하지 않은 자로 자처하기로 우리가 이방인에게로 향하노라"(행 13:46).

바울은 당연히 '너희', 즉 이스라엘에게 먼저 하나님의 말씀을 전했다. 그런데 그들은 하나님의 말씀을 받아들이지 않고 버렸다. 그들이 영생을 얻을 필요가 없는, 스스로 합당하지 않은 자가 되기를 자처했기에 이방인에게 복음 증거를 하게 되었던 것이다. 물론 바울이 울며 겨자 먹기 식으로 이방인들에게 억지로 복음을 전했다는 의미는 아니다. 이방인의 구원은 이미 구약에 예언되어 있었고 그에 따라 이루어졌다.

여기서 눈여겨봐야 할 것은 이스라엘 백성이 하나님의 말씀을 듣기 싫어했다는 것이다. 죄짓는 자녀에게 부모의 훈계가 가시처럼 들리듯 그들은 하나님의 말씀이 듣기 싫었다. 따라서 하나님은 이방도 불러들이시고, 이스라엘 백성도 불러들이시는 방식을 취하셨다. 이것은 비열한 방식이 아니라 매우 절묘한 사랑의 기술이다. 인간이 감히 흉내 낼 수 없고, 흉내 내기조차 불가능한, 고도로 멋진 방식이다.

그렇다면 시기심이라는 말을 이스라엘의 측면에서 살펴보자. 시기심이란 다른 사람이 가진 무언가를 갖기 원하는 바람이다. 시기심이 옳은지 그른지는 '바라는 것의 본질'과 '가질 수 있는 권리'라는 두 가지로 판단할 수 있다. 만약 가질 수 있는 권리가 없다면 바라서는 안 된다. 그러면 죄악이 된다. 하지만 마땅히 가질 수 있는 권리가 있고 가져야 하는 것이라면 그 시기는 욕심이 아닌 건강한 행위다. 이스라엘의 입장에서 그리스도의 영생의 은혜를 얻는 것은 당연히 바랄 수 있고 가질 수 있는 권리다.

공부는 하지 않고 놀기만 하는 학생이 있다고 하자. 어느 날 성적표를 받았는데 친한 친구가 자기보다 훨씬 좋은 성적을 받았다. 그때 마음속에 시기가 일어나서 '이제 나도 공부 좀 해야겠구나' 하고 도전을 받는 것은 좋은 자극이다. 이런 시기심은 정당하고 건강하다. 또 한 예로, 만약 누군가 자기 배우자에게 자꾸만 관심을 가지는데도 시기하지 않는다면 좀 이상한 사람이 아닐까? 때로 부부 사이가 밋밋하다가도 그런 사건이 벌어지면 '아, 내 배우자가 이렇게 귀하지' 하며 사랑을 촉발시키는 감정인 시기심이 생기는데, 이것은 건강한 감정이다. 이처럼 하나님은 합력하여 선을 이루는 다양한 상황을 제시하시며 모든 사람을 품에 안아 구원시키는 자비의 은총을 보여 주셨다.

하나님의 마음이 얼마나 간절한지, 바울은 자기 사역을 언급하면서 "내가 이방인인 너희에게 말하노라 내가 이방인의 사도인 만큼 내 직분을 영광스럽게 여기노니 이는 혹 내 골육을 아무쪼록 시기하게 하여 그들 중에서 얼마를 구원하려 함이라"(13-14절)라고 말했다. 여기서 '내 골육'은 이스라엘 백성을 뜻한다. 그들 중 몇 명이라도 구원하면 좋겠다는 소극적인 자세가 아니라 다만 몇 사람이라도 좋으니 반드시 그들을 구원하려 한다는 적극적이고 간절한 마음이 담겨 있다. 하나님이 이스라엘 백성에게 유발시키신 시기는 생산적인 시기심으로, 이런 마음이 없다면 정상적인 인간이라고 말하기 어렵다.

예수 그리스도를 믿게 된 이방 사람들은 허황된 삶에서 벗어나 하나님의 원대한 비전을 갖게 되었다. 어려운 삶은 계속되었지만 끊임없이 흘러나오는 생수처럼 은혜가 임했다. 포악하던 로마 제국까지 예수 그리스도께 무릎을 꿇고 부드럽게 변했다. 이러한 변화를 보았을 때 이스라엘 백성이 시기하지 않았을까?

이스라엘에게 접붙여진 가지

본문에 비유로 표현된 감람나무와 포도나무는 이스라엘을 상징하는 나무다. 가지 몇 개가 꺾인 자리에 돌감람나무가 접붙임을 받았는데, 돌감람나무는 이방 사람들을 뜻한다. 그 가운데 우리도 포함되어 있다. 그로써 우리는 뿌리로부터 원액을 공급받게 되었다.

식물 관련 서적에 의하면 감람나무는 조금 나이가 들면 쇠퇴기에 접어들어서, 열매를 맺지 못한다고 한다. 그때 쇠퇴해 가는 참감람나무를 되살리는 재미있는 방식이 있다. 양분을 제대로 빨아들이지 못하는 감람나무 가지를 자르고 야생 감람나무, 소위 돌감람나무를 접붙이는 것이다. 그러면 돌감람나무는 많은 열매를 맺으면서 무럭무럭 자라고, 참감람나무도 많은 열매를 맺게 된다. 둘 다 번영하는 것이다.

또 언젠가 커피나무와 관련된 내용을 읽은 적이 있다. 커피 재배 농장에서는 커피 모종을 심을 때 한 화분에 커피콩 두 알을 심는다. 둘이 경쟁시키기 위함이다. 실제로 커피콩 하나만 심은 모종과 두 개를 심은 모종을 비교해 보면 성장 차이가 놀라울 정도다. 농부는 그렇게 어느 정도 키웠다가 둘 중에 큰 쪽은 살려 두고 다른 쪽은 없애 버린다. 그러나 하나님은 둘 다 살리신다. 돌감람나무를 접붙여 참감람나무가 시기와 질투가 나게 하심으로써 함께 풍성한 열매를 맺도록 하신다. 이것이 하나님의 사랑, 인간이 흉내 낼 수 없는 사랑이다. 접붙이는 것은 본성을 거스르는 것이 아니다. 더 풍성하게 만드시려는 하나님의 의도다.

우리도 돌감람나무가 아닌가? 하나님의 은혜로 참감람나무에 접붙임을 받은 자들에게는 주의사항이 따른다. "그 가지들을 향하여 자랑하지 말라 자랑할지라도 네가 뿌리를 보전하는 것이 아니요 뿌리가 너를 보전하는 것이니라"(18절)라는 말씀에서 알 수 있다. 우리는 예수 그리스도를 믿고 하나님의 자녀가 되었다. 삶 가운데 하나님의 은혜가 풍성하고 역사하시는 하나님의 손길을 느낀다. 그렇다고 가지인 나는 자랑할 수 없다. 오히려 황홀한 은혜 앞에 더 겸손해져야 한다. 내가 잘나서가 아니라 접붙임을 받아 진액이 뿌리로부터 올라왔기 때문에 아름다운 참감람나무 열매를 맺게 된 것이므로 교만하지 말라고 성경은 권고한다.

또 하나의 주의사항이 있다. "또한 가지 얼마가 꺾이었는데 돌감람나무인 네가 그들 중에 접붙임이 되어 참감람나무 뿌리의 진액을 함께 받는 자가 되었은즉"(17절)이라는 말씀을 기억해 '나는 원래 돌감람나무다. 그런데 참감람나무에 잘 붙어 있으면서 진액을 받아 좋은 열매를 맺을 수 있을까?'라는 염려를 하지 않아야 한다. 뿌리가 참감람나무이고 그로부터 계속해서 진액이 올라오므로 불안해하지 말며 힘을 내라는 것이다. 하나님이 힘을 주신다. 돌감람나무인 내 힘으로 하는 것이 아니다.

그러므로 하나님께 접붙임을 받아 하나님의 백성이 된 돌감람나무인 우리는 첫째로 교만하거나 자긍하지 말고, 둘째로 하나님이 계속해서 진액을 공급시켜 주시므로 불안해하지 말고 안심하고 힘을 내야 한다. 중요한 것은 이 모든 일은 하나님이 하신 것이지 내가 한 일이 아니라는 것이다. 접붙여 주시고, 공급하시고, 인도하시고, 붙드신 모든 일을 하나님이 하셨다는 사실을 잊지 말아야 한다. 즉 하나님의 역사이기 때문에 우리가 구원의 확신을 가질 수 있다는 뜻으로 이해해야 한다.

믿음으로 접붙임을 받은 자

여기서 짚어 봐야 할 중요한 문제가 생긴다. 돌감람나무였지만 참감람나무에 접붙임을 받은 우리는 참감람나무일까, 돌감람나무일까? 물론 원래 우리는 모두 돌감람나무였다. 그런데 예수 그리스도를 믿어 참감람나무에 접붙임을 받았으니 이제는 참감람나무다. 그렇다면 하나님이 자기 백성인 이스라엘이 하나님의 은혜를 거부하자 잘라 버리신 것처럼 우리도 하나님의 은혜를 거부하면 잘라 버리실까? 그런 일은 없다. 성경은 그들이 잘릴 수밖에 없었던 이유에 대해 "옳도다 그들은 믿지 아니하므로 꺾이고 너는 믿으므로 섰느니라 높은 마음을 품지 말고 도리어 두려워하라"(20절)라고 말한다. 겸손하라는 뜻이다. 여기서 '그들'은 이스라엘 백성을, '너'는 우리를 말한다. 그들은 믿지 아니함으로 꺾였고, 우리는 믿음으로 접붙임을 받았다.

그런데 이어지는 23절은 "그들도 믿지 아니하는 데 머무르지 아니하면 접붙임을 받으리니 이는 그들을 접붙이실 능력이 하나님께 있음이라"라고 말한다. 바울의 이 표현은 다소 혼란스럽게 느껴진다. '믿지 아니하는 데 머무르지 아니하면'은 한마디로 '믿으면'이다. 우리가 접붙임을 받은 이유는 믿음 때문이다. 이스라엘 백성이 꺾인 이유는 믿음을 갖지 않았기 때문이다. 따라서 우리는 믿으면 절대로 떨어지지 않는다.

이때 '갑자기 내 믿음이 약해지거나 시험을 당해 믿어지지 않으면 어쩌나? 믿음이란 보이는 것이 아닌데 내 믿음을 어떻게 장담할 수 있는가? 나중에 믿지 않으면 나도 꺾이는 것이 아닌가?' 하는 생각에 빠질 수 있다. 성경은 그렇지 않다고 말한다. 하나님이 불러 주셨고 하나님이 우리에게 믿음을 주셨기 때문이다. 하나님은 부르신 자를 끝까지 붙들어 주신다.

요한복음 1장 12-13절은 "영접하는 자 곧 그 이름을 믿는 자들에게는 하나님의 자녀가 되는 권세를 주셨으니 이는 혈통으로나 육정으로나 사람의 뜻으로 나지 아니하고 오직 하나님께로부터 난 자들이니라"라고 말한다. 예수 그리스도가 이 세상에 오셨을 때 자신의 지식과 판단으로 그분을 받아들일 수 있는 사람은 결단코 아무도 없었다. 주님이 자기 땅에 오셨지만 그 누구도 영접하지 않았다. 영접하는 자는 하나님의 자녀가 되는데, 영접은 하나님의 은혜로 하나님이 불러 주셔야 가능하다. 하나님이 우리를 불러 주신다.

'하나님 앞에서 예배드리는 것이 정말 좋다. 나는 스스로 구원받을 수 없다. 그런데 하나님이 나를 구원하시는 방식은 정말 완벽하다. 그냥 눈 감아 주시는 것이 아니라 자기 아들을 통해 우리의 죄를 사하시고 그분 안에서 우리를 구원해 주시는 명백한 은혜가 정말 좋다.' 만약 이러한 마음이 든다면, 자신의 지혜나 사고 능력으로 이루어진 일이 아니라 성령이 감동을 주신 것이다.

성경 말씀이나 복음을 전하다 보면 아무리 똑똑하다는 사람이라도 이해하지 못하고 믿지 않는 경우가 많다. 그런데 일자무식인 사람이라도 예수 그리스도를 전하고 성경 말씀을 이야기해 주면 눈물을 주르륵 흘리면서 감동하기도 한다. 왜 이러한 현상이 벌어질까? 성령의 역사가 아니고는 이루어질 수 없다. 하나님은 "혈통이나 육정으로 되는 것이 아니다. 사람의 뜻으로 되는 것도 아니다. 오직 하나님의 뜻으로 하나님이 불러 주셔서 되는 것이다"(요 1:13)라고 말씀하신다.

우리는 내가 내 발로 교회에 왔다고 생각하거나, 자발적으로 판단해서 믿게 되었다고 여긴다. 그러나 결코 그렇지 않다. 우리에게 하나님을 판단하고 헤아릴 수 있는 능력이 있을까? 성령이 역사하시고 하나님이 함께하셔야만 가능하다. 문학을 오래 공부했다고 한들 성경을 해석해 낼 수 있겠는가? 이처럼 하나님의 역사는 놀랍다. 인간의 계산과 판단으로는 전혀 예측할 수가 없다.

황홀한 은혜를 입은 자의 겸손

간혹 종교를 믿더라도 기독교는 믿어서는 안 된다고 말하거나 교회에 가더라도 큰 교회는 가지 말라고 하는 이들이 있다. 그들은 이 소리, 저 소리로 교회와 신앙인들에 대해 비아냥대기도 한다. 그런데 놀랍게도, 그러다가 믿음 안으로 들어와서 통회하고 눈물, 콧물 다 흘리며 교인이 된 사람이 많다. 이처럼 하나님이 어떻게 역사하실지는 누구도 예측할 수 없다. 모든 역사가 하나님의 은혜일 뿐이다.

요한계시록 3장 20절은 "볼지어다 내가 문밖에 서서 두드리노니 누구든지 내 음성을 듣고 문을 열면 내가 그에게로 들어가 그와 더불어 먹고 그는 나와 더불어 먹으리라"라고 말한다. 우리는 주님을 초청하지 않았다. 누구를 초청해야 되는지조차 몰랐다. 우리는 주님을 찾기 위해 산 넘고 물 건너며 땀 흘리고 고행하지도 않았다. 하나님의 은혜로 주님이 직접 오셔서 내 마음의 문을 두드리셨다. 그러므로 문을 연 것을 가지고 대단한 일을 했다고 생각하지 말아야 한다. 우리는 단지 문을 열었을 뿐이다. 믿음은 하나님의 역사에 순응하는 것이다. 하나님이 나를 찾아오실 때 받아들이는 것이 은혜다.

혹시 주님이 내 마음 문을 두드리시는 느낌을 받으면 문을 열어 드리면서 "주님, 제 마음의 집은 누추합니다. 제 마음의 집은 죄악으로 가득 차 있습니다. 세상의 허황한 것과 거짓과 낭패와 말할 수 없는 잡동사니가 질서 없이 흩어져 있습니다. 그러나 주님을 모십니다. 제 마음을 찾아와 주셔서 감사합니다"라고 말해야 한다. 그런데 놀랍게도 주 예수 그리스도를 모시고 나면 모든 것이 주님의 은혜 가운데 질서를 찾기 시작한다. 캄캄했던 영혼에 빛이 깃들고, 척박한 절망의 땅에 움이 트고 꽃이 핀다. 상상하지 못했던 하나님의 능력의 손길이 나와 함께하심을 느끼게 된다. 이것이 하나님의 은혜다.

하나님은 믿음의 중요성을 강조하시면서 그 안에 중요한 것을 숨겨 두셨는데 그것은 바로 '풍성함'이다. 우리는 본문을 읽고 또 읽으면서 그 사실을 느낄 수 있다. 하나님은 배반하고 반항하는 이스라엘 백성에게 매이지 않으셨다. 이방인을 불러들여 유대인들의 시기심을 유발해 다시 유대인들을 불러들이고자 하셨는데, 그 목적은 풍성함이었다. 12절, "그들의 넘어짐이 세상의 풍성함이 되며 그들의 실패가 이방인의 풍성함이 되거든 하물며 그들의 충만함이리요"라는 말씀을 보면 알 수 있다. 하나님은 풍성함 속에 우리 모두를 포용하셨다. 성경에는 이와 비슷한 의미를 담은 구절들이 많다. 대표적인 예가 에베소서 2장 5-7절이다.

"허물로 죽은 우리를 그리스도와 함께 살리셨고 (너희는 은혜로 구원을 받은 것이라) 또 함께 일으키사 그리스도 예수 안에서 함께 하늘에 앉히시니 이는 그리스도 예수 안에서 우리에게 자비하심으로써 그 은혜의 지극히 풍성함을 오는 여러 세대에 나타내려 하심이라"(엡 2:5-7).

하나님을 믿고 하나님의 자녀가 되는 것으로 끝나지 않는다. 하나님은 우리 안에서 풍성함이 계속 이어지기를 간절히 원하신다. 각박한 세상에서 예수 그리스도를 통해 하나님의 자녀가 된 것으로 인해 인생이 얼마나 아름답게 변화되는지 지켜보라. 우리는 영적으로 세상을 배회하고 방황하는 고아가 아니다. 확실한 근거로 불러 주신 예수 그리스도의 은혜 속에서 만물의 주관자이신 하나님과 접속하고 하나님의 황홀한 은혜를 입어 감격으로 사는 자들이다. 하나님은 우리가 원뿌리로부터 진액을 계속 공급받게 하신다. 황홀한 하나님의 은혜를 향해 겸손한 모습으로 나아갈 때 우리의 가지는 더욱 풍성한 열매를 맺을 것이며, 그로 인해 우리의 인생은 아름답게 변화할 것이다.

8장

지혜와 경륜의 깊이

11: 25-36

하나님이 그리시는 그림은 명작이다.
이루 말할 수 없이 완벽하면서도 절묘하다.

모든 사람에게 긍휼을 베푸시는 분

25절에서 바울은 "형제들아 너희가 스스로 지혜 있다 하면서 이 신비를 너희가 모르기를 내가 원하지 아니하노니 이 신비는 이방인의 충만한 수가 들어오기까지 이스라엘의 더러는 우둔하게 된 것이라"라고 말했다. 여기서 '스스로 지혜 있다 하면서 이 신비를 너희가 모르기를 내가 원하지 아니하노니'라는 말은 이 신비를 알았으면 좋겠다는 뜻이다. 문장이 복잡해 보이지만 당시의 자연스러운 수사법으로, 이스라엘이 오만에 빠지지 않기 위해 이 신비를 알았으면 좋겠다는 말이다.

그리고 '이 신비'란 이방인의 충만한 수가 구원받아서 들어오기 전까지 이스라엘 백성의 더러는 우둔하게 되었다는 것이다. 하나님이 원하시는 이방인의 수가 있다. 무한정이 아니라 하나님이 "그만!"이라고 하실 시점으로, 그때까지는 이스라엘 백성이 우둔해져서 하나님의 복음을 거부할 것이다.

바울은 이어서 메시아가 시온에서 태어나며, 그분이 이스라엘 백성의 경건하지 않은 사람들을 돌이키실 것이라고 예언된 말씀을 전했다(26절). 그러면서 하나님이 그들을 다시 죄에서 건져 내실 것이라는 언약이 바로 이것이라고 말했다(27절).

> "복음으로 하면 그들이 너희로 말미암아 원수 된 자요 택하심으로 하면 조상들로 말미암아 사랑을 입은 자라"(28절).

복음의 측면에서 유대인들을 보면, 이방인들이 하나님의 품으로 들어오는 것이 싫다고 하나님께 등을 돌린 자들이다. 반면 하나님의 택하심이라는 측면에서 보면, 하나님이 택하신 조상들로 인해 사랑을 입은 아브라함 같은 자들이다. 그렇다면 모순이 아닌가? '하나님이 아브라함의 후손을 택하신 것을 후회해 번복하셨나?'라고 생각할 수 있다. 하지만 바울은 딱 잘라 "하나님의 은사와 부르심에는 후회하심이 없느니라"(29절)라고 말했다. 하나님의 섭리이지, 하나님이 마음을 바꾸셨다든지 후회하신 결과가 아니라고 말한 것이다.

바울은 이어서 "너희가 전에는 하나님께 순종하지 아니하더니 이스라엘이 순종하지 아니함으로 이제 긍휼을 입었는지라"(30절)라고 말했다. 과거에는 이방인들이 하나님께 순종하지 않아서 긍휼을 얻지 못했지만, 지금은 이스라엘이 순종하지 않고 이방인들이 순종함으로 긍휼을 입게 되었다고 말한 것이다. 이 말을 바꿔서 31절에서는 "이와 같이 이 사람들이 순종하지 아니하니 이는 너희에게 베푸시는 긍휼로 이제 그들도 긍휼을 얻게 하려 하심이라"라고 전개해 나갔다. 이스라엘의 불순종으로 하나님이 이방인들에게 베푸시는 긍휼을 보고 이스라엘이 다시 하나님 앞에 나오도록 하여 그들도 긍휼을 얻게 하려 하신다는 뜻이다. 이것이 바로 하나님의 사랑의 기술이다. 30-31절은 언어학적으로도 표현 수준이 뛰어난 구절로, 'A-B-B-A'식이 아닌 'A-B-A'식으로 의미가 깊이 확장되면서 연결되어 있다.

이어서 32절, "하나님이 모든 사람을 순종하지 아니하는 가운데 가두어 두심은 모든 사람에게 긍휼을 베풀려 하심이로다"라는 말씀에는 하나님이 순종하지 않는 이스라엘을 내버려 두시는 이유가 나온다. 하나님은 이방인만 순종하게 하여 그들을 불러들이시려는 목적만 있으신 것이 아니다. 불순종한 이스라엘도 잘못을 깨닫고 하나님께 나오도록 해서 전부 구원을 얻는 은혜를 베풀려는 의도이신 것이다. 이것이 본문이 말하려는 핵심이다.

하나님은 유대인들에게 복음이라는 공을 던져 주셨다. 그 공은 예수 그리스도인데, 유대인들은 그 공이 싫다고 던져 버렸다. 그 바람에 그 공이 온 세계를 돌아다니게 되었고, 그 결과 사람들이 예수님을 믿고 하나님께 나오게 되었다.

구원의 신비

그렇다면 하나님이 이스라엘 백성을 포기하신 것일까? 결코 그렇지 않다. 이방인들이 하나님께로 나오는 광경을 보고 놀란 이스라엘이 다시 하나님 앞에 나오도록 이끄시려는 것이 하나님의 사랑의 기술이다. 예를 들어, 대통령이 타국에 가서 상대국 정상과 회담을 가지면 국민들은 평소보다 더 많은 관심을 집중한다. 그것이 외교의 기술이다. 이로써 국민들의 관심을 촉구하고, 동참을 요구하고, 대외적으로 천명해 협력하자는 의미가 생긴다. 관계가 없어 보이는 제3자가 함께하면서 더 큰 효과를 거두는 것이다.

하나님은 긍휼을 베푸시기 위해서 우리에게 예수 그리스도를 주셨다. 예수 그리스도를 받으라는 명령에 순종하면 넘치는 긍휼을 힘입는다. 그런데도 싫다고 거절한다면 우리가 어떻게 하나님의 긍휼을 받을 수 있겠는가? 하지만 하나님은 그런 자들에게도 마음에 감동을 주셔서 멈추지 않는 하나님의 사랑을 보여 주신다.

이런 말을 들으면 3가지 질문이 떠오른다. 첫째, "하나님은 전능하신데 왜 처음부터 이스라엘 백성이 완악해지는 것을 방지하지 못하셨을까?", 둘째, "완악해져서 받아들일 수 없는 복음이라면 과연 완전한 복음이라고 할 수 있을까? 거부할 수 없도록 하나님이 밀어붙이셨으면 될 텐데, 이스라엘이 받지 않겠다고 거절했다고 해서 이방으로 옮겨 가다니 복음이 너무 유약한 것 아닌가?", 셋째, "하나님은 믿지 않겠다는 사람들을 왜 다시 불러들이실까? 내버려 두시면 되지, 하나님 혼자 애달파하실 필요가 있나?" 등이다.

이 질문들을 철저히 우리의 시각에서 이해해 보자. 첫째 질문은 "하나님이 선하시고 전능하신 하나님이시라면 내가 죄를 짓지 않도록 단단히 붙드셔야지, 그때 왜 내버려 두셨는가?"라고 해석할 수 있다. 둘째 질문은 "하나님이 사랑이시라면 내가 거부하더라도 밀어붙여서 하나님의 사랑을 확실하게 받아들이게 하시지 왜 내버려 두고 뒤로 물러나셨다가 이제 다시 다가오시는 것일까?"라고 바꾸어 볼 수 있다. 셋째 질문은 "왜 하나님을 믿지 않겠다는 사람들에게 우리가 주님의 발이 되어 찾아가 복음을 전하고 그들이 믿도록 해야 하는 것인가? 하나님이 주시는 선물을 받지 않겠다며 싫어하면 싹 밀어서 없애 버리면 될 것 아닌가?"라고 이해할 수 있다.

이것이 하나님과 인간의 시각차다. 자녀들은 부모가 공부하라고 하면 못마땅해한다. 하지만 부모는 아이가 공부를 안 하겠다고 버티면 잠시 뒤로 물러섰다가 곧 다른 방법으로 공부할 수 있도록 자극을 주고 권면한다. 그 사랑이 비굴한 것일까, 아니면 꺾이지 않는 사랑인 것일까? 우리가 하나님을 보는 눈도 이기적인지, 하나님의 큰 사랑을 이해하는 관점인지에 따라 확연하게 차이가 난다.

바울은 이것을 가리켜 '비밀'이라고 했다. 그러면서 "형제들아 너희가 스스로 지혜 있다 하면서 이 신비를 너희가 모르기를 내가 원하지 아니하노니"(25절 상)라고 말하며 권면했다. 우리가 하나님의 사랑을 받는 특별한 존재라는 사실 때문에 우월감에 빠져 이스라엘을 멸시하게 될까 봐 이 신비를 너희도 알면 좋겠다고 말했다. 그러면서 이 신비를 설명했다.

> "이 신비는 이방인의 충만한 수가 들어오기까지 이스라엘의 더러는 우둔하
> 게 된 것이라"(25절).

하나님은 결국 이방인도, 이스라엘도 모두 불러들이시려는 뜻이라고 말한 것이다. '비밀'이라는 단어에는 두 가지 의미가 있다. 하나는 다른 사람에게 알려지면 곤란해져서 숨겨야만 한다는 사실이다. 또 하나는 보통 사람이 발견할 수 없는 특별하고 신비로운 사실을 가리킨다. 바울은 후자를 말한 것이다. 이 신비는 보통의 눈으로는 발견할 수 없는 하나님의 오묘한 섭리다.

인간이 얼마나 자기중심적인지 모른다. 자녀가 학교에서 상을 타 온 것은 좋은 소식이다. 그런데 옆집 아이도 상을 탔다는 소식을 듣는 순간, 나쁜 소식으로 바뀐다. 좋은 소식이 돌연 나쁜 소식이 된다. 더 나아가서 아이들의 기를 살려 주기 위해서 전교생에게 상을 주었다는 소식을 들으

면 복장 터지는 비보(悲報)가 되어 버린다. 모두 자기중심적이다. 자기중심이 아니라 원대한 눈으로 하나님을 보면 하나님의 섭리가 얼마나 놀라운지 느낄 수 있을 것이다.

하나님이 우리에게 손을 내미셨는데, 이것을 긍휼이라고 한다. 긍휼의 영어 표현은 'mercy'인데, 다른 사람을 불쌍히 여겨 돌봐 준다는 의미가 있으며 '자비'로 바꿔 쓸 수 있다. 하나님이 안아 주시고, 토닥이며 위로하시고, 사랑을 베푸시는 것, 또한 하나님이 항상 나와 동행한다고 격려하시고 함께하시는 모든 것을 통틀어 말한다. 그런데 하나님의 긍휼을 받을 수 있는 핵심적인 다리, 매개체는 예수 그리스도이시다. 왜 예수 그리스도가 핵심 매개체가 되실 수밖에 없는가? 이유는 명백하다. 거룩하신 하나님이 죄인인 인간에게 은혜를 계속 베푸시는 것은 옳지 않다. 악을 일삼는 자에게 계속적인 배려와 호의를 베푸는 것은 악을 조장하는 것과 같기 때문이다. 그래서 하나님은 거룩한 관계에서 우리와 만날 수 있도록 예수 그리스도라는 핵심적인 매개체를 주셨다. 우리가 죄의 삯으로 죽어야 할 자리에 아들이신 예수님을 보내 대신 죽게 하심으로 우리의 죗값을 치러 주신 것이다. 또한 하나님은 우리가 예수 그리스도를 믿음으로써 하나님 앞에 나갈 수 있도록 다리를 놓아 주셨다.

내가 예수 그리스도를 믿는 것은 예수 그리스도가 나의 대속자이심을 믿는다는 말이다. 여기에는 "나는 하나님 앞에 설 수 없는 죄인이다"라는 고백이 포함되어 있다. 하나님이 내게 펼쳐 주신 손길을 감사함으로 받아들인다는 의미도 된다. 그리고 이제부터는 하나님 없이 살지 않겠다는 다짐이요, 더 이상 세상에서 유랑하거나 방황하지 않고 하나님의 품에 들어

가서 살겠다는 결심과도 일치한다. 하나님은 우리가 스스로 구원할 수 없음을 아시고 긍휼의 손길을 펼쳐 주셨다. 예수 그리스도라는 손으로 말이다.

하나님의 지혜와 경륜의 깊이

그런데 과거에 이방인들은 하나님께 가까이 가지 않았다. 하나님이 온갖 자연과 만물을 통해 말씀하셨건만 이방인들은 하나님 대신 자기들이 만든 신을 섬겼다. 그런데 하나님이 예수 그리스도를 통해서 인간을 구원하시려는 과정에서 유대인들이 거부했기 때문에 이방인들에게 손 내미시고 그리스도 안으로 들어오게 하셨다. 예수 그리스도를 받아들이고 그분께 순종하는 사람이라면 누구나 하나님의 긍휼을 힘입는다.

만약 그 손길을 받아들이지 않아도 긍휼을 힘입는다면 모순이 아닐까? 하나님이 오라는 길로 들어서지도 않았는데 하나님이 무작정 도와주시는 일은 있을 수 없다. 그렇다면 긍휼을 받아들이느냐, 마느냐의 선택은 내게 달렸다. 그러나 우리가 알다시피 예수 그리스도로 말미암아 하나님이 내 마음의 문을 두드리실 때 문을 열어 받아들이고 싶다는 마음을 갖게 되는 것 역시 성령의 역사로 이루어진다. 인간의 지혜와 지식으로는 하나님의 섭리와 역사를 이해할 수 없다. 예수 그리스도를 영접하겠다고 고백하고 문을 여는 것은 축복이다. 이것은 순종이다.

무슨 말인지 받아들이거나 믿을 수 없고 도무지 납득이 되지 않는다고 여겨지는 사람이 있을 수 있다. 그는 하나님의 긍휼을 입지 못한 자이거나 아직은 때가 되지 않은 사람, 둘 중에 하나다. 분명 우리는 하나님의 역사를 인간적인 언어와 사고로 논리적으로 표현해 낼 수가 없다. 마치 어린아이에게 어머니의 사랑을 논리적으로 설명할 능력이 없는 것과 같다. 아이는 어머니의 사랑은 한이 없다고 고백할 수 있을 뿐, "어머니의 사랑은 어디서 왔고 어디로 가며, 그래서 이거다"라고 일목요연하게 말하지는 못한다.

많은 사람이 교회에 나와 하나님의 말씀을 듣지만 이 일을 당연하게 받아들이지 말아야 한다. 아무리 말씀을 들으러 교회에 오고 싶어도 오지 못하는 상황이 벌어질 수 있다. 한순간 불의의 사고를 당한다든지, 먼 곳으로 떠날 일이 생길 수도 있다. 예배를 드리는 순간을 무감각하게 보내면서 이 말씀이 내 삶과 운명을 바꿔 놓을 것이라고는 전혀 생각조차 하지 않는 사람도 있다. 그러나 우리가 하나님 앞에 나온다는 것은 결코 단순한 일이 아니다.

인간의 지혜로는 하나님의 경이로움을 단지 어느 정도 파악하고 감동할 뿐이지, 완벽한 이해는 불가능하다. 그러나 하나님은 긍휼이 충만하셔서 우리의 죄악 앞에 길이 참고 또 참으신다. 심지어 사람들은 바벨탑을 쌓기도 했다. 쾌락을 추구하고, 세상에서 자신이 높아지기를 원하면서 하나님께 대항했다. 하나님의 어떤 재앙에도 끄떡하지 않을 위치에 서기를 바랐다. 노아의 방주 때처럼 홍수가 닥쳐도 끄떡하지 않을, 어떤 자연 재해와 침입에도 공격받지 않는 바벨탑을 쌓았다. 바벨탑은 죄악의 상징물로서, 인간의 악한 모습이 극도로 농축되어 드러난 형태다. 그들은 바벨탑을 쌓고 또 쌓고, 엄청난 높이로 쌓아 올렸다. 그런데 상상도 못할 일이 벌어졌다. 하나님이 언어를 혼잡하게 하신 것이다. 서로 말이 통해야 일을 같이 할 수 있는데, 소통이 막히자 함께 못 살겠다며 뿔뿔이 헤어지고 말았다. 오늘날처럼 당시도 모든 사람은 악했다.

그런데 하나님은 그중에서 아브라함 한 사람을 지명해 불러내셨고, 그를 축복하셨다. 이는 천하의 모래 가운데 하나를 뽑아 내신 것과 같다. 하나님은 아브라함의 후손을 통해 축복을 베풀어 주셨다. 아브라함의 후손은 기근과 어려움으로 남쪽 애굽으로 이주하게 되었다. 바벨론과 애굽은 당시 양대 문명이었다. 이후 이스라엘은 애굽에서 힘겨운 포로 생활을 겪다가 모세라는 한 사람의 지도자에 의해 출애굽하는 하나님의 은혜를 입었다. 하나님의 방식은 신묘막측하고 오묘해서 인간의 지혜로는 따라갈 수 없다. 애굽에서 탈출한 자손은 한 나라를 이루었는데, 그 조그마한 나라가 온 주변국으로부터 존경을 받게 되었다. 다윗과 솔로몬 때 그러한 일이 있었다. 이것이 하나님의 역사다.

하나님은 이 세상 모든 사람이 죄악에 빠져 있을 때 또 한 번 놀라운 역사를 나타내셨다. 이번에는 사람 가운데 한 명을 선택하신 것이 아니라 독생자 예수 그리스도를 직접 이 땅에 내려보내셨다. 그리고 그분을 통해서 구원 역사를 이루어 가셨다. 그런데 이 사실에 사탄이 펄쩍 뛰었다. 사탄은 한편으로 예수 그리스도만 무찌르면 자기는 하나님 앞에 단번에 완벽한 승리를 거둘 수 있을 것이라고 자신했다. 결국 사탄은 온갖 계략을 동원해 예수 그리스도를 십자가에 매달아 죽게 했다. 선한 일만 하신 그분을 하나님의 정의라는 죄목을 붙여 당대 최고 권세인 로마의 힘을 빌려 죽였다.

사탄은 쾌재를 부르며 축배를 들었다. 승리를 확신하고 자신만만했다. 하지만 하나님은 수많은 죽은 자 가운데서 예수 그리스도를 살려 내셨다. 사탄은 예수 그리스도의 죽음이 곧 자신의 승리라고 호언장담했지만, 하나님은 그리스도의 죽음으로 모든 자의 죄를 대속하셨다. 사탄이 예수 그리스도가 죽었다며 승리의 팡파르를 울릴 때 하나님은 예수 그리스도를 부활시키셨다. 야구에서 9회 말 투 아웃, 투 스트라이크, 쓰리 볼인 상황에서 이기면 역전승이라고 표현하는데, 사탄과의 게임은 완전히 끝난 상태, 즉 게임 오버였다. 다 끝나서 툭툭 털고 돌아서려는데 하나님이 예수님을 부활시키셨다. 그래서 하나님을 '역전의 명수'라고 부른다. 이처럼 하나님의 섭리는 인간의 말로 설명할 수 없으며 상상을 초월한다.

하나님은 어찌 보면 인간이 창출할 수도, 상상해 낼 수도 없는 드라마의 감독이시다. 그래서 어떤 이는 '세상의 역사'를 가리키는 영어 단어인 'history'가 'his'(그의)와 'story'(이야기)가 합쳐진 것이라고 말하기도 한다. 여기서 '그'는 하나님이시다. 하나님이 모든 것을 섭리하고 주관하시므로 'history'가 아니겠는가?

이를 나 자신에게 적용해 보면 기가 막힌 은혜를 입게 된다. 하나님은 내가 고집을 부리고 버티는 가운데서도, 혹은 내가 부족해도 끊이지 않는 사랑으로 나를 달래시고, 부르시며, 인도하신다. 나는 완전히 버려진 것 같았으나 하나님이 나를 이끄시고, 무릎 꿇게 하시고, 하나님의 은혜와 긍휼을 받아들이게 하시고, 은총을 힘입게 하셨다. 이 사실을 깨닫게 되면 만 입이 있어도 주님을 다 찬양하지 못한다고 고백할 수밖에 없다.

이 지식이 내게 너무 기이하니

나는 청년 시절에 '내 인생은 왜 이렇게 꼬일까? 나는 왜 이렇게 재수라는 것이 없을까?'라는 부정적인 생각을 한 적이 있다. 다른 사람은 뭘 해도 된다는데, 나는 제비뽑기조차 당첨된 적이 없었다. 마치 하나님이 내 인생을 일부러 방해하시는 것 같았다. 그래서 하나님 앞에 저항하고 대항했다.

그런데 하나님과 한 번 맞잡고 씨름을 했더니 허리가 부러져 버렸다. 그 과정에서 납득되지 않고 이성으로 완벽하게 풀어 낼 수는 없었지만 하나님의 존재를 시인하게 되었다. 그리고 하나님을 의지할 수밖에 없는 자리에 이르렀다. 이해되지 않는 부분이 있더라도 하나님을 믿기 때문에 믿음으로 맡긴 채 하나님이 인도하시는 길로 가 보겠다고 결심했다. 하나님 밖에는 위로받을 데가 없었다. 극심한 어려움을 당하자 세상 사람들의 위로도 놀리는 것 같고, 위로받는 것조차 자존심이 상하고 우울했다. 결국 나를 진실로 위로해 주실 분은 하나님뿐이심을 깨달았다. 하나님만 의지하고 하나님의 뜻 가운데 살겠다고 나를 맡겼다. 지금 돌이켜 보면 하나님의 역사가 얼마나 오묘한지 깨닫게 된다. 나는 철저하게 실패했지만 하나님은 승리하셨고, 나라면 쉽게 배신했겠지만 하나님은 나를 찾아와 인도하시는 은혜를 보여 주셨다. 하나님은 내 인생의 골짜기를 산등성이와 이어지게 해 주셨고, 그 안에 물이 흐르게 하셨으며, 그 물길이 강이 되어 흐르게 해 주셨다.

산에 가서 자기가 서 있는 주변만 보면 그다지 큰 감흥이 느껴지지 않는다. 하지만 조금만 멀리 떨어져서 보면 산이 얼마나 아름다운지를 알게 된다. 인생을 살면서 내 눈앞에 닥친 일만으로 하나님의 모든 섭리를 해석할 수는 없다. 하나님을 의지하고 믿음으로 앞으로 나아가 한 발짝 떨어져서 응시해 보라. 하나님이 그리시는 그림은 명작이다. 이루 말할 수 없이 완벽하면서도 절묘하다. 심지어 유명한 로키산이나 후지산도 막상 산 위에 올라서면 보통 산과 별반 다를 것 없다. 하지만 멀리서 전체를 보면 두 산의 풍광은 실로 장관이다. 만년설로 뒤덮인 정상에서 눈이 녹아 흘러내리는 것처럼 보여서 말할 수 없이 아름답다. 인생을 현재의 것만으로 판단하면 아무것도 해석되지 않는 것과 같다. 하나님의 시각에서 하나님이 나를 어떻게 이끌어 가시는지를 관망하면 하나님의 역사가 얼마나 놀라운지를 깨달을 수 있다.

문제는 자아와 정욕이 내 인생을 이끌게 할지, 아니면 전능하신 하나님이 내미시는 긍휼의 손길, 내 인생을 명작으로 만드시는 하나님의 손길을 의지하고 살아갈지에 달렸다. 내 욕심을 주인으로 삼을 것인지, 거룩하고 전능하신 하나님을 주인으로 모실 것인지 결정해야 한다. 누가 하나님의 솜씨를 흉내 낼 수 있으며, 누가 하나님의 섭리를 설명할 수 있을까? 어떤 예술가나 철학가가 그것을 풀어 낼 수 있을까?

다윗은 시편 139편에서 하나님을 아는 지식이 너무 기이하고 높아서 자신이 능히 미치지 못하겠다고 고백했다. 다윗의 고백을 들어 보라.

> "내가 새벽 날개를 치며 바다 끝에 가서 거주할지라도 거기서도 주의 손이 나를 인도하시며 주의 오른손이 나를 붙드시리이다 … 내가 주께 감사하옴은 나를 지으심이 심히 기묘하심이라 주께서 하시는 일이 기이함을 내 영혼이 잘 아나이다 … 하나님이여 주의 생각이 내게 어찌 그리 보배로우신지요 그 수가 어찌 그리 많은지요 내가 세려고 할지라도 그 수가 모래보다 많도

소이다 내가 깰 때에도 여전히 주와 함께 있나이다"(시 139:9-10, 14, 17-18).

다윗의 고백처럼 우리는 하나님의 솜씨가 얼마나 탁월한지, 그분의 지혜와 경륜의 수가 얼마나 많은지 감히 짐작조차 못한다. 단지 우리는 하나님을 의지하고 감격하면서 살 뿐이다. 거룩하고 진실하신 하나님의 손길 아래 사는 우리는 분명 축복받은 자들이다.

하나님은 복음을 거부한 이들도 구원하시는가

하나님은 이스라엘 백성을 선택하셨다. 하나님은 그들에게 율법을 주셨고, 하나님의 영광을 나타내셨다. 그들은 이 세상에서 유일하게 하나님을 경배하는 백성이 되었다. 때가 되어 하나님은 독생자 예수 그리스도를 이 땅에 보내셨다. 이스라엘 땅에, 이스라엘 백성 가운데 보내셨다. 그러나 그들은 예수 그리스도를 믿지 않았고 하나님의 은혜를 받아들이지 않았다. 그러나 이방인들은 예수 그리스도를 믿고 영광을 돌렸다. 그렇다면 누가 하나님의 자녀인가?

유대인은 하나님에 대한 열심이 있었지만, 그것은 잘못된 열심이었다. 그들은 하나님의 의가 아닌 자신의 의를 내세웠다. 유대인이 복음의 의미를 알지 못했기 때문이었을까? 아니다. 그들은 복음을 들었다. 그러나 그들은 마음이 강퍅해져서 교만했고, 자만에 빠져서 복음을 받아들이지 않았다. 들었으나 받아들이지 않은 것이다. 그렇다면 하나님은 이스라엘 백성을 외면하셨을까? 이스라엘은 구원에서 완전히 실족한 것일까?

여기에는 하나님의 오묘한 구원의 섭리가 담겨 있다. 하나님의 사랑과 구원은 신비다. 이방인인 우리는 돌감람나무였다. 우리는 거룩한 존재가 아니었는데, 거룩한 뿌리에 접붙임을 받아 참감람나무의 진액, 그리스도의 은혜의 진액을 받아들이게 되었다. 그래서 이제 돌감람나무의 열매를 맺는 것이 아니라 참감람나무의 열매를 맺는 존재로 변화되었다. 나무는 가지가 아니라 뿌리에 의해 평가받는다. 그러므로 내가 접붙임을 받았다는 사실을 생각하고 자만에 빠지지 말아야 한다. 예수 그리스도의 믿음 속에 늘 거하면서 주님의 은혜를 의지하고 주님과 함께 살면 우리의 삶은 하나님이 베풀어 주시는 풍성한 진액의 은총을 힘입게 된다. 그 후에 하나님은 다시 참감람나무에서 떨어졌던 자기 백성의 가지를 접붙이실 것이다. 이방인의 수가 다 차면 이스라엘 백성이 구원을 받는다.

복음에 견주어서 보면 유대인은 하나님과 원수가 되었다. 그들은 복음을 거부했다. 하지만 선택의 관점에서 보면 이스라엘은 하나님의 사랑을 받은 자다. 모순처럼 보인다. 하지만 하나님의 택하심과 베푸신 은혜에는 절대로 모순이 없다. 하나님의 지혜와 지식은 얼마나 깊고 광대한가! 하나님의 판단을 인간은 헤아릴 수 없고, 하나님의 일을 우리는 알아차릴 수조차 없다. 누가 하나님의 마음을 알았겠는가? 모든 것이 하나님으로부터 나왔고, 하나님이 이루어 가시고, 하나님이 이루신다. 하나님만이 오직 영광을 받으실 분이요, 하나님만이 은혜를 베푸신다.

우리는 모두 죄인이다. 하나님의 은혜의 손길이 아니면 도저히 하나님의 품에 들어갈 수 없다. 은혜를 주신 하나님께 얼마나 감사한가! 길이길이 영광을 받으실 분은 오직 하나님뿐이시다.

5부

복음은
어떻게
삶을 바꾸는가

복음과 성도의 삶
12:1-14:23

1장

마음을 새롭게 함으로

12:1-3

예수 그리스도와 동행하면서
하나님의 영광과 은혜 속에 살고,
주님을 의지하는 삶으로 이동해야 한다.

'그러므로'로 시작되는 대전환

본문인 12장 1절은 "그러므로 형제들아 내가 하나님의 모든 자비하심으로 너희를 권하노니"라는 말씀으로 시작한다. 12장이 시작되면서 등장하는 '그러므로'라는 단어를 절대로 간과해서는 안 된다. 이 한 단어로 11장과는 완전히 다른 대전환이 시작되기 때문이다. 이 말씀에는 '그러므로 이제 너희는 이렇게 해야 한다'는 뜻이 담겨 있다. 물론 1-11장에도 '그러므로'라는 단어가 종종 나왔다. 그 표현이 작은 전환을 이루었다면, 여기에 기록된 '그러므로'는 지금까지의 이야기와는 확연히 다른 전환의 시작을 알린다.

바울은 1-11장에서 우리가 어떻게 은혜를 힘입어 하나님의 자녀가 되었는지를 설명했다. 짧게 요약하면 '자비', '은혜', '믿음'이다. 우리는 죄인이었다. 죄의 삯은 사망이며, 우리는 하나님의 징계를 벗어날 수 없는 자들이었다. 하나님은 우리의 죄를 용서하기 위해 '자비'를 베푸셨다. 하나님의 자비가 구체화된 것이 바로 예수 그리스도이시다. 하나님은 유대인뿐 아니라 이방인인 우리에게도 이 자비를 베푸셔서 예수 그리스도의 '은혜'를 입게 하셨다. 그 결과 우리는 예수 그리스도를 '믿음'으로 돌감람나무에서 참감람나무로 접붙임을 받는 축복을 받았다.

하나님의 자비가 있었고, 하나님은 그 자비를 '그리스도'라는 이름으로 부르셨고, 우리는 믿음으로 주님께 반응했다. 그로써 우리는 감당할 수 없고 상상조차 못한 놀라운 축복을 받게 되었다. 그렇다면 그 은혜를 받은 자로서 이제 어떻게 살아야 하는가? 그 시작이 바로 '그러므로'다.

12장부터는 구원받은 성도의 삶의 모습을 말해 준다. 하나님의 자비를 입어 은혜로 들어온 우리는 '그러므로' 어떻게 해야 된다는 것일까?

"너희 몸을 하나님이 기뻐하시는 거룩한 산 제물로 드리라"(1절).

이것이 은혜받은 자가 지녀야 할 마땅한 행위이자, 보답이며, 감사의 태도다. 신앙인의 정체성이 은혜에 있다면, 신앙인에게 요구되는 윤리적 행동은 감사라고 할 수 있다. 그러므로 우리가 어떻게 살아야 하는가는 중요하다. 우리는 무언가를 했기 때문에 은혜를 획득한 것이 아니다. 성경은 우리가 하나님의 전적인 은혜를 힘입었으므로 그 은혜 가운데 삶이 달라져야 한다고 말한다. 그러한 뜻을 함축적으로 드러낸 말씀이 1절이다.

이 말씀을 3가지로 나누어서 분석하면, 첫째, '산 제물로 드리라', 둘째, '너희 몸을 드리라', 셋째, '하나님이 기뻐하시도록 드리라'라고 할 수 있다.

죽은 제사와 산 제사

첫째, 하나님 앞에 '산 제물로 드리라'라는 말은 바울이 구약의 제사를 염두에 두고 한 말임이 틀림없다. 구약 시대에는 일상 가운데 하나님께 제사를 드렸다. 감사할 때도, 찬양하고 예배할 때도, 하나님 앞에 자신을 드리겠다고 충성스런 마음으로 헌신할 때도 제사를 드렸다. 또 하나님께 문제를 해결해 달라고 간구할 때도 제사를 드렸다. 제사는 하나님이 모든 일의 주관자이시며, 모든 것이 하나님으로부터 나오고 하나님께로 돌아간다는 고백과도 같았다.

성경이 말하는 산 제물은 죽은 제물과 비교가 된다. 그렇다면 죽은 제물을 드리는 것은 무엇을 의미할까? 구약 시대에는 하나님께 제사를 드리겠다고 성전 뜰까지 나왔는데 막상 제사를 드리자니 제물이 아까운 마음에 되돌아가는 사람들이 많았다고 한다. 또한 제사를 드리긴 하지만 마음을 다하지 않는 사람들도 있었다. 이것을 가리켜 죽은 제사라고 한다.

구약의 제사는 신약 시대에 '예배'라는 표현으로 바뀌었다. 산 예배는 하나님 앞에 진정으로 마음을 다하고, 모든 것에서 하나님의 주권을 인정하고 찬양하면서 드리는 예배를 말한다. 교회에 나와서 예배드리는 자리에 앉아 있지만 '내가 하나님께 예배를 드려 준다'는 마음을 갖고 있다면 죽은 예배다. 자리는 채웠지만 잡념에만 빠져 있고 별 감흥이 없는 것도 죽은 예배다. 어떤 사람은 간밤의 잠자리가 불편해서인지 교회 의자에만 앉으면 잠에 빠지는데, 이 또한 죽은 예배다. 하나님이 원하시는 예배는 가식이 없고, 위선적이지 않으며, 온전한 마음과 뜻과 정성을 다해 드리는 예배다. 산 제사를 드리는 것이다.

구약 시대 제물에 대한 명령을 살펴보면 첫 태생, 수컷, 그리고 흠이 없는 것을 드려야 했다(출 34:19; 레 1:10). 하나님이 흠 있는 제물을 싫어하신다는 의미가 아니다. 정성을 다해 하나님을 인정하고 찬양하는가를 물으시는 것이다. 그러므로 하나님 앞에 '산 제물을 드린다'라는 말은 맑은 정신에서 진지한 마음과 삶을 하나님 앞에 드린다는 의미다.

둘째, 성경은 한 걸음 더 나아가 "너희 몸을 드리라"라고 말한다. 이 말씀은 당시로서는 대혁신이었다. 하나님을 섬기던 유대 민족을 제외한 당시 사람들 대부분은 플라톤적 사고방식으로, 몸은 악하고 영혼은 아름답다는 이분법적 사고를 했다. 인간의 마음속에는 참 선을 추구하는 고상함이 있지만, 한편에는 쾌락과 정욕, 허망한 욕심에 빠지도록 유혹하는 마음도 있다. 그런 마음을 죽이고 싶은데 순간순간 불쑥 솟아올라 끊임없이 이성과 충돌한다. 결국 한편이 승리하는데, 대부분의 사람들은 육신의 정욕을 따른다. 플라톤은 이에 대해, 선을 추구하는 것은 영혼이고 육정이나 정욕을 좇는 것은 육신이라고 정리하면서 '육체는 무덤'이라고 결론지었다.

따라서 당시 사람들에게 "너희 몸을 하나님이 기뻐하시는 거룩한 산 제물로 드리라"라는 바울의 권고는 충격적이었다. 육신은 부패했으므로 육신을 죽여야 영혼이 자유를 얻는다고 생각했는데, 그 더러운 육신을 하나님 앞에 드리라고 했기 때문이다.

바울이 말하려는 요지는, 죄인이었던 우리의 몸과 전인격이 예수 그리스도로 씻음 받고 예수 그리스도 안에서 거듭났다는 것이다. 예수 그리스도를 믿는 우리는 온전한 용서와 은혜의 자리로 들어갔다. 그러므로 입으로만 예배하거나 형식적 의식을 갖추는 수준에 머물러서는 안 되고 삶 전체를 하나님 앞에 드려야 한다. 바울은 하나님 앞에 자기의 삶을 온전히 드리도록 촉구했던 것이다. 그러면서 그는 물었다. "당신은 은혜를 받았는가? 그 은혜를 주신 분이 누구이시며, 그 은혜가 어떤 은혜인지 잊지 않고 있는가? 그렇다면 당신은 그분을 어떻게 믿고 섬겨야 하며, 그분의 손길에 자신을 어떻게 드려야 할까?"

이 문제는 앞서 8장 13절에서 "너희가 육신대로 살면 반드시 죽을 것

이로되 영으로써 몸의 행실을 죽이면 살리니"라는 말씀으로 한 차례 언급
되었다. '몸의 행실을 죽이는 것'과 '몸을 하나님이 기뻐하시는 거룩한 산
제물로 드리는 것'은 같은 말이다. 몸을 제물로 드리려면 자기 정욕을 하
나님 앞에서 죽여야만 한다. 그렇지 않으면 정욕 앞에 나를 내던지게 된
다. 그리스도의 은혜의 행실은 나를 살리지만, 나의 정욕의 행실은 나를
죽인다. 나의 허망하고 부패한 욕망들은 나를 죽인다. 그러므로 사탄이
나를 넘어뜨리려고 이용하는 모든 욕망을 죽이고 그리스도 편으로 계속
나를 성장시켜 가야 한다. 그 적극적인 실천이 하나님께 나 자신을 거룩
한 산 제물로 드리는 일이다.

셋째, 이렇게 바울은 더 나아가 '하나님이 기뻐하시는' 산 제물로 드리
라고 말했다. 제사의 주도권이 내가 아닌 하나님께 있으므로 하나님이 기
뻐하시는 제사를 드려야 한다는 의미다. 내 마음에 드니까 드리고, 마음
에 들지 않으면 드리지 않을 수 있는 문제가 아니다.

우리는 존경하고 사랑하는 사람에게 선물을 할 때 상대를 생각한다.
무엇을 주면 기뻐할지, 평소에 무엇에 관심을 보였는지 등 상대의 입장이
되어 심사숙고한다. 마찬가지로 하나님을 예배할 때도 나 중심이 아니라
하나님 중심이 되어야 한다. 어떻게 예배드려야 하나님이 기뻐하실지, 하
나님이 무엇을 잘했다고 칭찬하실지를 생각하며 예배를 드려야 한다. 마
음대로 예배드리면서 기분이 내키는 정도에 따라 한 종지만큼의 물만 받
아 가는 것은 진정한 예배가 아니다. 참된 예배는 일부분이 아니라 산 제
물인 몸 전체를 하나님께 드리는 것이며, 단지 드리는 것 자체에 만족하
지 않고 하나님이 기뻐하시도록 드리는 예배다.

아브라함과 다윗, 그리고 우리

우리는 이런 말씀을 들으면 고민에 빠진다. '이렇게 하나님을 섬긴다면 내 삶은 아무 의미도 없는 것 아닌가? 과연 내 마음대로 할 수 있는 일이 있을까? 밤낮 교회에만 머물며 엄청난 손해를 보고 세상과 결별해야 되는 것 아닌가?' 하며 우려한다. "너희 몸을 하나님이 기뻐하시는 거룩한 산 제물로 드리라"라는 말씀에 진심으로 동의하고 기쁘게 시인하기는 쉽지 않게 느껴진다.

하지만 하나님 앞에 자신을 온전히 드리는 것이 과연 손해일까? 손해인지 축복인지, 희생인지 영광인지는 성경을 통해 확인할 수 있다. 먼저, 성경 인물 중에서 하나님 앞에 자신을 산 제물로 드린 자가 누구인가? 가장 먼저 떠오르는 사람은 아브라함이다.

하나님은 그가 100세가 되어 이제 죽을 날이 얼마 남지 않았다고 생각했을 때, 약속하신 자식을 주셨다. 그는 감격하며 아들을 키웠다. 그런데 어느 날 갑자기 하나님이 금지옥엽 같은 아들을 바치라고 명하셨다. 아브라함이 이해할 수 있었을까? 하나님이 어떻게 이끄실지 상상할 수 있었을까? 아마도 이해할 수 없었을 것이다.

하지만 그는 죽은 것과 같았던 자신의 몸에서 아들을 태어나게 하신 하나님이 섭리 가운데 역사하실 줄 믿고 하나님께 아들을 드렸다. 아브라함에게 이삭을 드리는 것은 곧 자신을 바치는 것과 같은 행위였다. 아브라함은 자신의 몸을 하나님이 기뻐하시는 거룩한 산 제사로 드렸다. 하나님은 아브라함의 믿음이 입증되자 이삭을 번제로 바치는 일을 멈추게 하셨다. 물론 하나님은 아셨다. 아브라함이 하나님을 향한 믿음을 스스로 입증하도록 자리를 마련해 주셨을 뿐이다. 하나님은 아브라함을 축복하셨다.

아브라함이 하나님께 산 제사를 드렸기에 가난해졌는가? 완전히 망해서 세상에서 더 이상 살 수 없게 되었는가? 그렇지 않다. 그는 세상 누구보다 축복 가운데 살았다. 우리는 "믿음의 조상"이라는 주제가 나오면 아브라함을 떠올린다. 그는 세상에서 실패한 사람이 아니다. 우리는 하나님 앞에 자신을 산 제사로 드리는 것을 마치 내 소유를 빼앗기고 내가 즐거워하는 일을 다 포기해야 하는 것으로 생각한다. 하지만 그런 생각은 사탄의 장난이다.

또 한 사람, 다윗은 어떠한가? 다윗은 용맹한 장수요, 탁월한 문장가이자 왕이었다. 어린 나이에 골리앗이라는 적국의 거대한 장수를 한순간에 무찌른 놀라운 사람이다. 그의 모든 삶의 뿌리는 하나님이었다. "이 할례받지 않은 블레셋 사람이 누구이기에 살아 계시는 하나님의 군대를 모욕하겠느냐"(삼상 17:26) 하고 외치며 골리앗에게 도전할 수 있었던 동기도 하나님께 있었다. 다윗은 하나님 앞에 일생을 산 제물로 바쳤다. 사울의 질투로 방방곡곡 동굴마다 쫓겨 다니면서 온갖 고초를 당했지만 그때도 하나님을 의지했다. 후에 왕 중의 왕이 되었을 때도 다윗에게 왕은 오직 하나님뿐이셨다. 그는 자아를 왕으로 섬기는 자가 아니었다.

그렇다면 다윗이 하나님 앞에 자신을 산 제물로 드려서 초라한 삶을 살았는가? 그렇지 않다. 오늘날에도 세상에서 가장 강력한 리더십을 꼽을 때 다윗을 언급한다. 하나님 앞에 자신을 드린다는 것은 내 삶의 중심이 하나님께로 옮겨 간다는 의미이고, 사탄의 술수로부터 빠져나와 하나님을 의지한다는 것이다. 욕망과 헛된 욕심이 자신을 주장하도록 놔두지 않고 하나님의 자녀로서 전능하시고 나를 사랑하사 자기 몸을 버리신 하나님의 아들 예수 그리스도의 품속에 들어가는 것이다.

실패하는 것은 다른 이유가 아니다. 내 삶의 중심을 하나님께 두지 않고 내 자아에 두기 때문이다. 그 결과 욕심, 세상 풍조, 질투가 우리를 지배하게 되는 것이다. 나 역시 처음 이 말씀을 보았을 때 불안하고 답답했다. '하나님께 다 드리면 어떻게 살지? 이제부터는 하나님께 끌려다니며 세상에서 아무 일도 하지 말고 산에 들어가 칩거하라는 말인가? 하나님은 우리를 너무 일일이 간섭하시고 옭아매시는 것이 아닌가?' 하고 못마땅하게 생각했다. 당시는 신앙이 너무 얕고 어리석었다.

그리고 어린 시절 기억이 아련히 떠올랐다. 어릴 때 교회에서 "예수 사랑하심은"(통합찬송가 411장)이라는 찬송을 자주 불렀다. "예수 사랑하심은 거룩하신 말일세, 우리들은 약하나 예수 권세 많도다"라는 가사로 시작하는 이 곡을 자주 부르다 보니 지나가는 아이들까지 흥얼대곤 했다.

그런데 짓궂은 아이들이 개사를 했는데, "예수 사랑하려고 예배당에 갔더니 눈 감으라 해 놓고 신발 훔쳐 가더라"라고 불렀다. 당시 예배당은 신발을 벗고 들어가는 곳이 대부분이었다. 그렇다 보니 기도 시간에 신발이 사라지는 일이 종종 발생했다. 교회가 훔쳐 간 것도 아니고, 하나님이 가져가신 것도 아니었다. 기도하느라 눈 감은 사이에 못된 아이들이 몰래 숨어 있다가 가져간 것이었다. 하지만 이상하게도 내 마음속에 그 사건이 선명하게 담겼는데, 눈을 감는 것처럼 하나님께 깊이 들어가면 내가 소중하게 여기는 무언가를 포기해야 하는 것처럼 여겨졌기 때문이다.

그러나 인격적으로 예수 그리스도를 믿고 나자 내 고백이 완전히 바뀌었다. 나는 이렇게 기도했다. "주여, 저를 써 주십시오. 지금까지 많이 속고 살아왔습니다. 제 자아에 속았고, 제 욕심에 속았고, 제 허영에 속았습니다. 세상의 쾌락에 속았고, 거기에 노예가 되어서 끌려다니며 여러 가지 정욕을 주인으로 모시고 살았습니다. 저는 더 이상 그렇게 살고 싶지 않습니다. 저를 써 주시고 하나님의 은혜를 입은 자로서 산 제물이 될 수 있도록 저를 받아 주옵소서."

이제 나 같은 죄인이 하나님의 품에 안길 수 있다는 사실이 감격스러울 뿐이다. 고상하신 하나님이 나를 더럽다 하시지 않고 그리스도의 보혈로 씻어서 안아 주시는 은혜에 한없이 감사할 뿐이다. 아무나 하나님 앞에 산 제물이 되는 것이 결코 아니다. 예수 그리스도의 보혈로 씻음을 받은 자, 하나님이 부르신 자만 하나님 앞에 산 제물이 될 수 있다. 그러므로 하나님이 기뻐하시는 거룩한 산 제물로 몸을 드리는 것은 무언가를 빼앗기는 것이 아니라 한없는 축복이다.

산 제물로 드리기 위한 3가지 실천적 삶

그렇다면 어떻게 자신을 산 제물로 드리는 일을 실천할 수 있을까? 바울은 2절, "너희는 이 세대를 본받지 말고 오직 마음을 새롭게 함으로 변화를 받아 하나님의 선하시고 기뻐하시고 온전하신 뜻이 무엇인지 분별하도록 하라"라고 가르쳐 준다. 이 말씀은 점층적으로 3가지 주제를 담고 있다. 첫째, '이 세대를 본받지 말라', 둘째, '오직 마음을 새롭게 함으로 변화를 받으라', 셋째, '하나님의 선하시고 기뻐하시고 온전하신 뜻이 무엇인지 분별하라'다.

첫째, '이 세대를 본받지 말라'라는 말은 세상과 등지라는 뜻이 아니다. 세상 사람들이 살아가는 스타일, 추구하는 것, 가치관을 따라가지 말라는 것이다. 우리의 새 생명의 기초는 예수 그리스도요, 우리의 삶의 목적은 하나님의 영광이다. 하나님의 영광 안에 들어가면 엄청난 은혜와 축복 가운데 살게 되므로 세상 사람을 흉내 내면서 끌려다니지 말라는 뜻이다. 스스로 진지하게 물어보라. "무엇이 나를 이끌고 내 삶을 주도하는가? 하나님의 사랑과 그리스도의 능력인가, 아니면 세상의 쾌락인가?"

예수 그리스도를 믿으면 고리타분한 사람이 되지 않을까 걱정하는데, 기우에 불과하다. 언젠가 교역자들에게 "나는 여러분이 귀걸이, 목걸이를 하고 오는 것은 좋지만 검은 치마저고리를 입고 오는 것은 사양합니다"라고 말한 적이 있다. 물론 상징적인 표현이다. 신앙인도 현 시대와 조화롭게 어울리려고 노력해야 한다. 과거 초대교회 당시의 상황만 고수하는 것 역시 형식주의다. 본질을 생각해야 한다. 바울이 로마서를 통해서 전하려는 것은 옷을 어떻게 입고, 머리를 어떻게 하라는 등 시시콜콜한 지적이 아니다. 세상 사람들의 가치와 목적을 따르는 삶을 지양하라는 것이다.

둘째, 자신을 산 제물로 드리려면 '오직 마음을 새롭게 함으로 변화를 받으라'라는 말의 의미를 깨달아야 한다. 마음을 새롭게 해서 이 세대를 따르지(conform) 말고, 마음을 새롭게 변화(transfer)하라는 권고다. 지금까지 세상에 집착하면서 세상의 스타일과 습관, 방식에 젖어 함께 어울려 지내는 삶에 고착화되어 따라가고(conform) 있었다면, 이제는 예수 그리스도 쪽으로 옮겨 가서(trans) 그 방식(form)을 따르라는 것이다. 우리는 저쪽을 버리고 이쪽으로 넘어와야 한다.

과거 술과 세상 잡기에 위로받았던 삶에서, 심지어 그러한 삶의 방식을 멋으로 생각하던 습관에서 벗어나야 한다. 예수 그리스도와 동행하면서 하나님의 영광과 은혜 속에 살고, 주님을 의지하는 삶으로 이동해야 한다. 변화해야(transform) 한다. 입에서 마구 거친 말을 뱉어 내는 습관을 버리고, 바르고 온전하고 온화하게 말하는 그리스도인의 모습으로 변화해야 한다. 남을 비난하고, 욕하고, 헐뜯는 습관에서 존중하고, 이해하고, 사랑하는 그리스도의 사람으로 변화해야 한다. 화를 참지 못하던 습관에서 인내하고, 포용하고, 사랑으로 감싸 주시는 하나님을 닮아 그리스도의 사랑이 가득한 사람으로 바뀌어야 한다.

은혜를 받았으나 여전히 세상을 따르고 변화되지 않은 상태라면 자기 삶을 산 제물로 드렸다고 말할 수 있을까? 우리는 변해야 한다. 이대로는 안 된다.

이 말씀의 원문을 살펴보면, 바울이 예수님이 변화산에서 몸을 변화시키신 사건을 염두에 두고 말했다는 것을 알 수 있다(막 9:2). 내가 예수 그리스도 앞에 나와서 새 옷을 입고 그리스도의 은총 가운데 살아가려면 주님과 함께 길이길이 하나님을 영화롭게 하는 변화가 요구된다. 이 변화는 단지 겉모습만의 변화가 아니라 속사람의 변화로, 사람의 인격을 나타낸다.

셋째, '하나님의 선하시고 기뻐하시고 온전하신 뜻이 무엇인지 분별하라'라는 말은 '이렇게 하면 하나님이 기뻐하실 거야'라고 생각하는 일들을 살펴보고 행하라는 뜻이다. 중요한 것은 한 번의 시도에 그치지 말고 계속 행해야 한다는 것이다. 조그마한 것에서부터 하나님이 기뻐하시는 일을 해 나가면 하나님이 우리를 붙드시고, 아브라함과 다윗처럼 영광의 도구로 사용하시고, 하나님의 영광을 드러내신다.

최하의 삶은 되는 대로 사는 것이다. 최악의 삶은 욕심대로 사는 것이다. 가장 바람직하지 못한 삶은 야망에 지배당하는 삶이다. 반면에 가장 이상적인 삶은 숭고한 비전을 가진 삶이다. 하지만 그보다 더 훌륭한 삶은 전능하신 하나님이 나를 붙드시고 내가 하나님의 손에 온전히 붙들린 삶이다. 그때 내 인생은 한낱 세상에 연연하며 끝나지 않는다. 인생 가운데 하나님의 영광의 능력, 영광의 손길이 나타난다. 바울도 "이제 나를 내 정욕에 내어 주지 않겠다. 더 이상 육신의 자아에 속지 않겠다"라고 다짐했다.

사탄은 에덴동산에서 선악과로 하와를 유혹할 때 "선악과를 먹으면 눈이 밝아져서 하나님의 자리에 오를까 봐 하나님이 금지하신 것이다"라고 거짓말했다. 하나님과 줄다리기를 하도록 속였다. 오늘도 우리의 마음속에서는 그런 사탄의 장난이 수시로 일어나고 있다. 하나님은 우리와 대결 관계에 계신 분이 아니시다. 우리가 하나님 앞에 온전히 들어갈 때 하나님의 영광이 내 영혼에 스며들고 내 삶에 드러난다. 이제 이 세상의 지저분하고 냄새나는 것들에 나를 바치지 말고, 하나님 앞에 온전히 드려 하나님의 영광을 나타나게 해 달라고 기도하라. 하나님께 거룩한 산 제사를 드릴 때 우리의 삶에 하나님의 풍성한 은총과 능력이 나타날 것이다.

2장

은사 받은 대로

12:3-8

은사는 철저하게 하나님이 내게 주신 믿음,
하나님과의 연관성을 가지고
그에 맞게 지혜롭게 사용되어야 한다.

은사에 대한 바른 이해와 정의

우리는 예수님을 믿고 교회에 나와 신앙생활을 하지만, 한 번의 회심만으로는 신앙이 온전하게 세워지지 않는다. 신앙은 고백으로만 이루어지는 것이 아니라 삶에서 완성되어 가야 한다. 때로 우리는 예수님을 믿고 섬긴다는 이유로 하나님의 말씀을 등한시한 채 하나님께 그때그때 푼돈 타내듯 기도하고 은혜를 구할 궁리만 한다. 하나님이 바라시는 것은 푼돈을 주시는 것이 아니라 우리와 더불어 사시며 그리스도의 장성한 분량이 충만한 데까지 이르도록 우리를 성장시키시는 것이다.

우리는 11장까지 살펴보면서 왜 예수 그리스도를 믿어야 하며, 그분을 믿는 은혜가 얼마나 대단한 축복인지를 깨달았다. 과거에는 내 자아가 나를 이끌었고, 자아와 사탄에게 자신을 산 제물로 드렸다면, 이제는 하나님께 자신을 드리고 하나님이 인도하시는 인생을 살아야 한다. 그러기 위해서는 모든 일을 분별하면서 주님의 뜻 앞에 자신을 계속 가져다 놓아야 한다.

마치 부모와 자녀 사이 같다. 자녀는 태어나면서부터 부모에게 사랑과 축복을 받는다. 부모는 자녀에게 무조건 베풀면서도 아무 보답도 바라지 않는다. 원하는 것은 하나, 그저 부모님께 순종하고 감사하는 모습을 보여 달라는 것이다. 그래서 부모로서 사랑과 은혜를 베푸는 일을 더욱 보람되게 느끼게 해 달라는 것이다. 참으로 고차원적인 사랑이다.

하나님이 우리에게 베푸신 축복 중에는 3-8절이 설명하는 은사도 포함된다. '은사'라는 말은 과거에 왕이 신하나 백성에게 주는 선물이나 물건에서 유래하는데, 하나님이 믿음으로 들어온 우리에게 주시는 특별한 선물이다. 그렇다면 우리는 은사를 어떻게 이해하고 활용해야 할까? 은사에 대한 바른 이해는 삶의 현장에서 하나님의 품격 있는 은혜와 사랑의 손길을 힘입는 데 중요한 요소다.

먼저 3절 상반 절에서 바울은 "내게 주신 은혜로 말미암아 너희 각 사람에게 말하노니"라고 말하면서 하나님으로부터 받은 사도로서의 은혜를 걸고 엄중하게 가르치는 것이라고 이야기했다. 이어지는 3절 하반 절은 바울이 은사를 대하는 3가지 기본자세를 설명해 준다.

"마땅히 생각할 그 이상의 생각을 품지 말고 오직 하나님께서 각 사람에게 나누어 주신 믿음의 분량대로 지혜롭게 생각하라"(3절 하).

이 말씀은 첫째, "마땅히 생각할 그 이상의 생각을 품지 말고", 둘째, "오직 하나님께서 각 사람에게 나누어 주신 믿음의 분량대로", 셋째, "지혜롭게 생각하라" 등으로 나뉜다.

먼저, 성경이 은사를 어떻게 표현하고 있는지 알 필요가 있다. 성경은 은사를 3가지로 표현한다. 첫째는 앞서 언급한 것처럼 왕이 백성에게 주는 특별한 선물로서 우리의 왕이신 하나님이 개개인에게 주시는 특별한 재능, 즉 선물이다. '선물'을 가리키는 영어 'gift'는 '주다'라는 동사 'give'에서 파생되었다. 원어는 카리스마다. 성경에서 카리스마는 그리스도를 믿는 자들에게 하나님이 구원, 새 생명의 은총을 내려 주신 것을 가리킨다. 그 예문이 5장 15절에 나온다.

"그러나 이 은사는 그 범죄와 같지 아니하니 곧 한 사람의 범죄를 인하여 많은 사람이 죽었은즉 더욱 하나님의 은혜와 또한 한 사람 예수 그리스도의 은혜로 말미암은 선물은 많은 사람에게 넘쳤느니라"(5:15).

한 사람 아담을 통해서 들어온 범죄가 많은 사람에게 미쳤다. 그리고 또 한 사람 예수 그리스도를 통해 새 생명의 선물이 많은 사람에게 주어졌다. 그런 뜻에서 둘째로 은사는 '새 생명'을 의미한다.

셋째로 은사는 '목사의 직, 또는 직분'을 가리키는데, 이는 바울이 디모데에게 한 말을 보면 알 수 있다. 바울은 "네 속에 있는 은사 곧 장로의 회에서 안수받을 때에 예언을 통하여 받은 것을 가볍게 여기지 말며"(딤전 4:14)라고 말했다.

은사 혹은 카리스마는 성경에서부터 시작되었는데, 사람들은 이에 대해 종종 두 가지 오해를 한다. 하나는 신비주의적인 해석이다. 은사의 모든 것을 신비적으로 보는 것이다. 예를 들어, 방언이나 환상을 보는 등 신비적인 것만 은사로 여긴다. 그들은 하나님이 예수 그리스도를 믿는 자들에게는 선물을 주시는데, 그 선물은 당연히 신비적인 것이고, 만약 그러한 선물을 받지 않았다면 예수 그리스도를 믿지 않는 것이요, 성령을 받지도 못한 것이라고 치부하고 폄하한다. 이것은 잘못된 생각이다. 하나님이 주신 은사는 신비적으로만 흐르지 않는다. 물론 하나님의 신비로운 능력과 영역이 존재하지만, 하나님은 우리를 이 땅에서 살게 하셨고 여기서 하나님의 영광과 뜻을 이루는 사명을 주셨다. 그러므로 신비로만 살려고 하는 것은 하나님의 진정한 뜻이 아니라는 사실을 알아야 한다.

또 한 가지의 오해는 은사(카리스마)를 매력으로 생각하는 것이다. 카리스마는 하나님이 특별히 내려 주신 능력으로, 타인이 흉내 낼 수 없는 재능을 일컫는 표현이다. 카리스마를 가진 사람은 다른 이들을 매료시키고 끌어당기는 힘을 가지고 있다. 집중시키는 힘이다. 그렇다 보니 매력처럼 타인의 이목을 집중시키는 능력이 '카리스마'라는 말로 와전되었다. 은사에 대한 두 가지 오해는 성경이 말하는 원뜻과는 거리가 멀다고 봐야 한다.

은사를 대하는 우리의 바른 자세

그렇다면 이제 은사를 대할 때 기본적으로 어떤 자세를 가져야 할지에 대해 생각해 보자. 하나님을 섬기는 것과 은사에 대한 바른 이해는 긴밀한 연관성이 있다. 앞서 언급한 것처럼 부모에게 은혜를 입은 자녀는 부모의 마음을 깊이 이해하고 행동할수록 더 품격 높고 고차원적인 사랑과 은혜를 체험하게 된다.

성경은 은사를 대하는 3가지 기본자세를 알려 준다. 그중 첫째, "마땅히 생각할 그 이상의 생각을 품지 말고"라는 구절에 주목해 보자. 이 짧은 문장에 '생각'이라는 단어가 두 번 나오는데, '주의를 기울이다', '정신을 온전히 하다'라는 의미로서 마땅히 생각해야 할 것을 생각하고 허황되게 생각하지 말라는 의미다.

또한 '그 이상의 생각을 품지 말라'라는 말은 믿음을 키우거나 비전을 갖지 말라는 뜻이 아니라, 어떤 은사를 갖게 될 때 너무 허황되게 생각하지 않도록 경계하라는 뜻이다. 사람은 조금 잘나가면 마치 자기가 대단한 사람인 양 착각한다. 그러다가 일순간 사탄에게 공격받는 일이 비일비재하다. 하나님으로부터 은사를 받았다면 감사하면서 받은 은사를 잘 가꾸어야지, 다른 사람을 하찮게 여기거나 자신을 과대평가하는 것은 옳지 않은 태도다. 그러므로 우리는 남을 무시하지 말고, 가진 은사를 과대포장하지도 말고, 열심히 가꾸어서 더 발전시켜야 한다. 한편 사장시키는 소심한 태도를 보여서도 안 된다. 마땅히 해야 할 일을 성실하게 이루어 가는 것이 하나님의 뜻이다.

둘째, "오직 하나님께서 각 사람에게 나누어 주신 믿음의 분량대로" 은사를 대해야 한다. 은사를 이해할 때 중요한 점은 은사의 원천과 주인이 내가 아니라는 사실을 아는 것이다. 은사는 하나님이 주셨다. 이 말은 은사가 나로부터 온 것이 아님을 뜻한다. 그리고 '각 사람에게 주셨다'라는 말씀을 통해 알 수 있듯이, 하나님은 은사를 주시되 나뿐 아니라 다른 사람에게도 주셨다.

또한 성경은 은사를 대할 때 '믿음의 분량대로' 하라고 말한다. 흔히 사람들은 '믿음의 분량대로'라는 말을 오해하는데, 이 말은 내 믿음이 70%면 70%만큼, 50%면 50%만큼, 믿은 지 1년밖에 안 되었다면 1년 된 사람으로서 믿고 살라는 의미가 아니다. 하나님이 주신 믿음에 충실해야 한다는 뜻이다. 은사를 가지고 거만한 태도를 보이거나 자기중심으로 나아가는 것이 아니라 하나님이 주신 믿음을 의지하며 은사를 사용해야 한다.

셋째, 은사를 대할 때는 "지혜롭게 생각하라"고 성경은 말한다. 은사는 있으나 지혜롭지 않게 사용하면 그 은사로 인해 오히려 많은 사람에게 상처를 주고 자신도 실족하게 된다. 우리는 인격으로 은사를 사용해야 한다. 은사는 철저하게 하나님이 내게 주신 믿음, 하나님과의 연관성을 가지고 그에 맞게 지혜롭게 사용되어야 한다.

가령 어떤 사람에게 긍휼을 베푸는 은사가 있다고 하자. 그는 늘 어려운 사람들을 불쌍히 여기며 돕는다. 만약 그가 긍휼을 베푸는 은사가 부족한 사람을 보게 된다면, '아, 하나님이 내게 이 은사를 주셔서 감사하다. 내가 남을 불쌍히 여기는 것은 하나님이 특별히 나에게 주신 축복이구나' 하고 받아들여야 한다. 그런데 '왜 예수 믿는다면서 나처럼 타인을 불쌍히 여길 줄을 모르나? 그것은 믿음이 없는 거야'라고 정죄한다면 선을 넘는 것이다. 또한 하나님을 의식하지 않고 행동하는 사람을 보면서, '역시 나는 마음이 넓은 사람이야. 나는 태생이 선한 사람이라 다른 사람을 불쌍히 여길 줄 알아'라며 자만에 빠진다면 마귀의 유혹거리가 되는 셈이다. 한편 자기 편한 대로 긍휼을 행할 경우 상대가 큰 상처를 받거나 자존심을 다칠 수 있다. 이는 진정한 긍휼이라고 할 수 없다.

그러므로 내가 가진 은사와 관련해 기억해야 할 것은 마땅히 생각할 것을 생각하고, 늘 하나님께 의지해 어떻게 지혜롭게 행할 것인가를 생각하는 것이다.

공동체를 세우는 다양한 은사

4-5절에는 은사에 대한 구체적인 예시가 나온다. 은사를 어떻게 이해할 것인가를 좀 더 확대한 표현이다.

"우리가 한 몸에 많은 지체를 가졌으나 모든 지체가 같은 기능을 가진 것이 아니니 이와 같이 우리 많은 사람이 그리스도 안에서 한 몸이 되어 서로 지체가 되었느니라"(4-5절).

두 구절은 같은 내용을 조금 다르게 설명하고 있다. 여기서 말하는 핵심은 '한 몸'이다. 몸은 머리, 눈, 코, 손가락, 팔, 다리, 발가락 등 다양한 지체를 가지고 있다. 은사 역시 한 가지만 있지 않다. 은사는 서로 조화를 이루고 협력해야 하는 것이지, 자랑하는 것이 아니다. 손이 발에게 "너는 좀 천하지 않은가? 매일 컴컴한 신발 속에서 냄새 풍기며 일하는 너와 늘 신선한 공기를 마시는 내가 어찌 같을 수 있겠는가?" 하며 잘난 척을 한다면, 아마도 발이 "그렇다면 네가 걸어 봐라!" 하지 않을까? 손도 중요하고, 발도 중요하다. 그만큼 우리는 서로 고유한 다양성을 이해하고 조화를 이루며 연합해야 한다.

그런데 "이와 같이 우리 많은 사람이 그리스도 안에서 한 몸이 되어 서로 지체가 되었느니라"라는 말씀처럼 모든 지체는 머리의 지시를 받는다. 우리는 그리스도 안에서 하나님으로부터 은사를 받았다. 그러므로 은사를 활용하는 가운데 그리스도 하나님을 향해야 한다. 지체는 머리를 향하지 손이나 다른 지체를 위해서 존재하지 않는다. 특정 은사가 있다고 우월감을 가질 수 없고, 타인을 열등시해서도 안 된다. 자신만 특권을 받았다고 여기는 사람이 있다면 그는 하나님이 은사를 주신 목적을 전혀 이해하지 못하고 방향성도 제대로 잡지 못한 것이다.

이처럼 하나님은 모든 사람에게 각양각색의 은사를 주셨다. 보통 자신이 어떤 은사를 받았는지는 두 가지로 알 수 있다. 먼저, 내가 자연스럽게 행하는 어떤 일에 대해 다른 사람이 잘한다고 칭찬해 주는 것이 은사일

가능성이 높다. 또한 생각할수록 자신이 남들과 달리 특별하다고 여겨지는 부분이 있다면 그것도 은사다. 물론 은사를 받았다고 해서 모두 최고의 수준이 되는 것은 아니다. 역할에 따라 다르게 쓰인다.

그러면 은사에는 어떤 것들이 있을까? 성경은 세 곳에서 은사를 언급하는데 로마서 12장, 고린도전서 12장, 에베소서 4장이다. 물론 여기에 언급된 은사들만이 은사의 전부는 아니다. 로마서에 기록된 은사가 고린도전서에 언급되지 않았고, 에베소서에서 새롭게 언급되는 은사도 있다. 다 설명할 수는 없지만, 하나님이 우리 각 사람에게 주시는 은사는 참으로 다양하다. 그중 로마서 12장에는 어떤 은사들이 나오는지 살펴보자. 본문은 먼저 은사의 종류와 은사를 어떻게 활용할지에 대해 안내한다.

> "우리에게 주신 은혜대로 받은 은사가 각각 다르니 혹 예언이면 믿음의 분수대로, 혹 섬기는 일이면 섬기는 일로, 혹 가르치는 자면 가르치는 일로, 혹 위로하는 자면 위로하는 일로, 구제하는 자는 성실함으로, 다스리는 자는 부지런함으로, 긍휼을 베푸는 자는 즐거움으로 할 것이니라"(6-8절).

여기에는 예언, 섬김, 가르침, 위로, 구제, 다스림, 긍휼 등 7가지 은사가 나온다.

예언의 은사

첫째, 예언의 은사는 크게 둘로 나눌 수 있는데, 미래 예언과 하나님의 말씀 증거다. 우리는 예언의 은사라고 하면 "앞으로 사업을 하게 될 것입니다", "어떤 사람을 만날 것입니다" 등과 같이 길흉화복과 연관 지어 생각하곤 한다. 그러나 여러 성경 말씀을 종합해 보면, 예언의 은사는 하나님의 말씀을 떠올려서 상황에 적절하게 드러내는 것으로, 현 시대에 적용하면 '말씀을 가르치는 것'이다. 즉 하나님의 말씀을 시대나 사람에게 적절하게 제시할 수 있는 말씀 증거의 능력이다.

하나님이 은사를 통해 우리에게 보여 주시고자 하는 비전은 하나님 나라이며, 예수 그리스도로 말미암아 이 세상을 구원하시겠다는 것이다. 그것이 하나님이 우리에게 비전을 주시는 목표다. 구약성경에서 에스겔이 본 환상도, 하나님이 다니엘을 통해 알려 주신 꿈 해석도 결국 예수 그리스도의 구원의 완성을 보여 주시려는 것이었다. 누가는 사도행전에서 "너희 자녀들이 장래 일을 말할 것이며 너희 늙은이는 꿈을 꾸며 너희 젊은이는 이상을 볼 것이며"(욜 2:28)라는 요엘서의 말씀을 인용했다(행 2:17). 이 말씀은 '그리스도가 전파되어 하나님 나라가 세워지고 모두 구원받는 엄청난 하나님의 역사'를 우리가 보게 된다는 의미다. 꿈꾸고 환상을 보는 것을 신비주의적 경향으로 몰고 가면서 성경을 오독해서는 절대 안 되는 이유가 여기 있다.

성경은 예언의 은사를 '믿음의 분수대로' 써야 한다고 말한다. 쉽게 말해서, 믿음을 말할 때는 하나님을 향한 믿음을 말해야 하고, 하나님의 말씀을 증거할 때는 하나님이 주신 말씀과 모순되지 않도록 유의해야 한다. 모순되게 말한다는 것이 무슨 의미일까? 어떤 사람은 하나님의 말씀을 전한다면서 하나님이 아닌 엉뚱한 이야기를 한다. 세상의 성공이나 마음의 수양을 말한다. 하나님의 말씀과 모순된다. '믿음의 분수대로' 하라는 것은 하나님의 말씀을 인용하고 하나님의 말씀을 증거할 때 믿음에 초점을 맞추라는 말이다. 왜 하나님이 이 말씀을 주셨는지, 이 말씀을 통해서 하나님이 어떤 영광을 받으셔야 하고 우리가 어떤 은혜 속에 들어가는지를 깊이 생각해야 한다.

가끔 '왜 하나님을 믿으면 우리가 축복받는다는 말은 안 하고, 하나님이 영광과 찬양을 받으셔야 하며 하나님께만 영광 돌려야 한다고 말하는가?'라고 생각하는 신앙인들이 있다. 그들은 하나님이 영광을 받으셔야 한다는 말만 나오면 열망하는 마음이 한순간에 사라진다. 성경의 가치를 모르기 때문이다. 하나님이 나를 통해 영광을 받으신다는 말은 하나님이 나를 붙들고 쓰신다는 것이요, 하나님이 내게 축복과 능력의 손길을 내려주신다는 뜻이다. 내가 하나님 앞에 영광을 돌릴 수 있다는 것은 대단한 축복이다.

사실 믿음의 분수를 지키라는 말씀이 성도들에게는 깊이 와 닿지 않을지 모른다. 하지만 전도의 현장에서 하나님의 말씀을 전할 때 듣는 이의 마음이 하나님 앞에 이르도록 믿음의 분수를 지키는 일은 매우 중요하다. 스스로 성경을 많이 아는 것처럼 대하거나 대단한 수련이라도 쌓은 척하지 않도록 주의를 기울여야 한다.

섬김의 은사

섬김의 은사를 가진 사람은 다른 사람을 잘 보필하면서 돕고, 부족한 면을 채워 주는 재능이 있다. 섬김의 은사는 다양하게 나타난다. 말씀이나 봉사 또는 구제로 섬길 수 있다. 중요한 것은 여기서 섬김이란 아랫사람이 윗사람을 섬기는 등 서열상 이루어지는 섬김이 아니라는 것이다. 오히려 윗사람이 아랫사람을 섬기고, 동료끼리 섬기고, 부부가 서로 섬기는 것을 포함한다. 섬김은 자녀를 키우는 데도 적용될 수 있다. 명령보다는 섬김의 태도가 더 합당하다.

가르치는 은사

가르치는 은사는 말씀으로 이끌고 가르치는 일로, 섬기는 은사라고도 할 수 있다. 가르치는 은사를 받았다면 성실하게 준비하고 어떻게 잘 가르칠 것인가를 생각해야 한다. 교회학교 교사로서 준비 없이 아이들에게 하나님의 말씀을 가르친다면 하나님을 욕되게 할 수 있을 뿐만 아니라 아이들에게도 어려움을 주게 된다. 교회학교 아이들은 어릴 때부터 '교회 가면 참 좋다'고 생각해야 하는데, 준비되지 못한 교사의 모습을 볼 때 교회에 대해 나쁜 인상을 받거나 교회와 하나님의 말씀을 귀하게 여기지 않는 마음을 갖게 될 수 있다. 하나님은 가르치는 은사를 받은 사람들에게 그 은사를 개발하라고 말씀하신다. 은사를 통해서 하나님의 역사가 나타나고 하나님께 영광 돌릴 수 있도록 해야 한다.

권위의 은사

여기서 '권위'란 '권력'(authority)이 아니라 권면과 위로를 의미한다. 권위의 은사는 격려, 권면, 위로, 화해, 위안 등으로 광범위하게 쓰이는데, 나타나는 형태도 다양하다. 어떤 사람은 별 말 없이 옆에 있어만 주는데도 깊은 위로를 안겨 준다. 만나면 기분이 좋아지고 그와 상담하면 마음이 풀린다. 권위의 은사를 가진 것이다. 성경 인물 중에 대표적인 사람이 바나바다. 바나바는 바울과 함께 다녔으나 별로 눈에 띄지 않는 인물이었다.

왜냐하면 바울의 설교가 훨씬 강렬했기 때문이다. 그런데 바울을 돋보이게 한 사람이 바로 바나바였다. 은사는 이처럼 다양하다.

구제의 은사

'구제'란 분배하고 나누어 주는 것으로서, 성경은 구제를 성실함으로 행하라고 말한다. 우리는 누군가에게 무엇인가를 베풀 때 무시하는 태도를 보일 수 있고, 자기 유익을 염두에 둘 수도 있다. 하지만 구제할 때는 사심을 품지 말고 정직하게 하라고 성경은 권면한다.

다스리는 은사

다스리는 은사는 리더십과 같은 것으로서, 지도력, 이끌고 통치하는 일을 포함한다. 성경은 다스리는 자는 부지런함으로 하라고 말한다. 부지런함이란 신실하고 성실한 태도로, 잔꾀나 기교를 부리지 않는 참된 진실함을 의미한다. 간혹 지도자의 자리에 있는 사람이 자신을 찬성하는 사람은 제외해 놓고 반대하는 사람을 몰래 포섭해서 일을 이루어 가는 모습을 보곤 한다. 그것은 진정한 지도력이 아니다. 지도력은 진실함으로 모든 사람이 따라오도록 이끄는 능력을 말한다. 성경은 다스리는 은사를 가진 사람들에게 잔꾀나 술책이나 거만한 태도로 게을리 행동하지 말고, 신실함으로 이끌라고 명령한다.

긍휼을 베푸는 은사

긍휼을 베푸는 은사는 영어로 'showing mercy'다. 즉 '자비'를 나타낸다.

동정심(compassion)이나 연민(pity)과도 연결된다. 불쌍히 여기는 마음으로 어떤 일을 행하는 것으로, 환자, 장애인, 고아, 과부, 죽어 가는 자, 곤궁에 처했거나 어려움을 당한 사람들을 돌보는 것이다. 긍휼을 베푸는 은사를 가진 사람들은 이러한 일을 마지못해 하는 것이 아니라 즐거움으로 한다. 어렵고 힘든 사람들을 돌봐 주고 그들이 위안을 받는 모습을 보는 것이 기쁘다면 긍휼을 베푸는 좋은 은사가 있다고 여기며 기쁜 마음으로 즐겁게 임해야 한다.

은사는 하나님께 영광을 돌리고 서로 섬기라고 주신 것

우리는 하나님이 주신 은사를 소중히 여기고, 타인의 은사를 무시하거나 판단하지 말아야 한다. 은사는 하나님으로부터 주어졌기에 하나님과 함께 하나님께 영광 돌리려는 목적으로 사용해야 하고, 나와 다른 은사를 가진 사람들을 인정하고 그들과 조화를 이루어 가야 한다. 당연히 교회 안에서는 성도들이 조화롭게 서로 섬기고 믿음의 성장을 이루는 교제가 풍성하게 이루어져야 한다.

교회에 나와서 예배드리고 하나님께 기도하고 돌아가는 것이 신앙의 전부라고 말하는 사람이 있다면, 그는 풍성한 물가에서 물 한 모금만 마시고 돌아가는 어리석은 사람과도 같다. 하나님께 받은 은사를 하나님의 영광을 위해서 쓰고, 하나님이 그런 나를 붙들어 사용하시고 영광을 거두신다면 우리는 상상할 수 없을 만큼 놀라운 하나님의 세계와 하나님의 풍성한 능력을 체험하게 된다. 이 사실을 믿는 것이 하나님이 바라시는 신앙이 아닐까?

은사는 가정에도 적용할 수 있다. 부부마다 성향이나 받은 은사가 많이 다르다. 남편이 다스리는 은사를 받았고, 아내는 권면하고 위로하는 권위의 은사를 가졌을 수 있다. 나만 은사가 있는 것이 아니라 상대방에게도 은사가 있다. 각 은사는 은사대로 소중하다. 그리고 모든 은사는 나를 위한 것도 아니고, 상대방을 위한 것도 아니며, 하나님을 위한 것이다. 대체적으로 부부 갈등은 배우자의 재능과 은사를 인정하지 않고, 상대가 내게 맞추어 주지 않아 기분이 상하면서 일어난다. 지극히 자기중심적인 데 원인이 있다.

그러나 우리는 신앙생활을 하고 하나님을 섬기면서 점점 서로의 은사를 인정하게 된다. 결국 은사의 주인은 남편도 아내도 아닌, 하나님이시라는 사실을 인정하게 되는 것이다. 그때 습관이나 기질이 바뀐 것도 아닌데 배우자의 은사를 활용하는 지혜가 생긴다. 그러므로 우리가 반드시 기억해야 할 사실은 하나님이 우리의 삶 중심에 계시고, 모든 은사가 하나님으로부터 왔다는 점이다.

여기서 하나님이 주신 은사와 성격을 혼동할 수 있다. 은사와 성격은 다르다. 하지만 둘은 서로 긴밀한 관계를 맺고 있다. 부부가 하나님께 자신을 드리고, 각양의 은사를 인정하며 한 지체로서 조화를 이룬다고 생각하고, 또 자기의 한계를 인정한다면 그 가운데 하나님의 은혜와 영광이 임할 것이다.

자녀를 양육할 때도 부모와 자녀 간에 서로의 은사를 활용하면서 기도하고 개선해 나가야 한다. 자녀의 은사가 무엇인지, 또 나의 은사가 무엇인지 잘 살펴보라. 천재 둘이 만나서 결혼해 자녀를 낳았더라도 그 자녀가 부모를 닮아 똑똑하지 않을 수 있다. 비록 자녀가 마음에 차지 않아도 하나님이 주신 내 아이의 은사가 무엇인지를 생각해 보라. 이처럼 가정 구성원끼리 서로 도우면서 하나님을 섬기고, 하나님이 주신 은사를 개발하고 잘 활용하면서 하나님께 영광을 돌린다면, 하나님이 그 가정을 통해 역사하시고 그 가운데 은혜를 나타내시며 영광을 거두실 것이다.

바른 열심을 가진 신앙은 이성을 잃어버린 광신이 아니라,
하나님의 온전한 성품에 참여하는 것이다.

은사란 사랑으로 함께 하나님께 영광 돌리는 것

예수 그리스도를 믿고 하나님의 은혜 속에 들어왔다고 해서 하나님이 모든 일을 자동으로 해결해 주시리라고 믿어서는 안 된다. 그러한 태도는 우리의 책무를 등한시하는 것이다. 하나님은 은혜받은 자가 어떻게 살아야 할지를 가르쳐 주셨다. 그런데 대개 우리의 신앙은 일차원적인 수준에만 머물러 있다. 내가 예수님을 믿으니까, 교회에 다니고 신앙생활을 하니까, 기도하니까 하나님이 은혜로 인도하시고 축복하시기만을 바란다.

한국 교회는 오랫동안 믿음을 일차원적인 범위로만 강조해 왔다. 기도하면 응답받고, 하나님 앞에 나오면 축복받고, 하나님이 신앙인의 삶을 은혜로 인도하신다는 점을 부각시켰다. 옳은 말이다. 하지만 하나님은 우리가 그처럼 단순한 신앙 수준에 머무르지 않고 하나님의 자녀답게 하나님이 기뻐하시고 축복하시는 삶을 살기를 원하신다. 믿음은 단순히 고백하고 마음에 간직하는 데서 끝이 아니라, 믿음을 가진 자로서 실천하는 삶이 뒤따라야 한다. 이를 위해서는 각자의 은사가 다르다는 점을 인정하고 상대를 이해해야 한다.

은사의 본질을 설명하기 위해 3가지 단어를 꼽을 수 있다. 먼저, '사랑'이다. 각 사람이 어떤 은사를 얼마나 받았는지는 전부 다르다. 하지만 모든 은사의 기초는 하나, 사랑이다. 모든 은사의 활용도 사랑이고, 믿음의 기초도 사랑이다. 그다음은 '함께'라는 단어다. 은사는 나 혼자 활용하고 나 홀로 유익을 얻는 데서 끝나지 않는다. 하나님은 함께 나누라고 은사를 주셨다. 쉽게 말해, 다른 사람을 인정하라는 것이다. 은사를 받았다면 함께하는 일이 반드시 필요하다. 마지막 단어는 '영광'이다. 나를 위한 영광이 아니다. 나만 잘되어서 나 혼자 잘 먹고 잘사는 것이 아니라 하나님께 영광을 돌려야 한다. '하나님께 영광'을 인정하면 우리 삶의 품격이 매우 높아진다. 이처럼 우리는 은사를 활용하면서 사랑, 함께 혹은 연합, 그리고 영광을 생각해야 한다.

사람들은 보통 잘한다고 칭찬할 때 영어로 'good'이라고 한다. 그보다 조금 더 잘하면 'better'라고 하고, 아주 탁월하게 잘하면 'best'라고 한다. 그런데 자신을 위한 'best'는 자기 한계를 벗어나기 어렵다. 반면 내 영광이 아니라 하나님의 영광을 위해 살 때 하나님이 주시는 'best'가 있는데, 'the very best', 즉 '최상'이다. 믿는 자라면 최상을 맛보고 알아야 한다. 하나님께 받은 은사로 사랑에 기초를 두고, 함께한다는 마음으로 하나님께 영광 돌리는 삶을 살 때 우리의 삶은 최고의 삶으로 인도된다.

본문인 9-21절은 매우 중요하기에 표현과 단어 하나하나를 세심하게 살펴보고자 한다. 이 말씀은 크게 네 부분으로 정리할 수 있다. 첫째, 9-10절은 하나님을 섬기는 자로서 은사를 활용할 때 형제를 어떻게 대해야 할지를 구체적으로 말해 준다. 둘째, 11-12절은 일상생활과 관련된 말씀이다. 셋째, 13-15절은 타인에 대한 말씀이다. 넷째, 16-21절은 전체를 포괄적으로 이야기하지만 비교를 통해서 설명하는 특별한 양식으로 전개된다. 이제 하나씩 자세히 살펴보겠다.

은사 활용의 5가지 실천 방법

9-10절은 은사를 활용할 때 형제를 어떻게 대해야 할지를 구체적으로 말해 준다.

> "사랑에는 거짓이 없나니 악을 미워하고 선에 속하라 형제를 사랑하여 서로 우애하고 존경하기를 서로 먼저 하며"(9-10절).

이 말씀에는 은사 활용에 관한 5가지 실천 방법이 제시되어 있다. 그 방법들은 '사랑하라', '악을 미워하라', '선에 속하라', '우애하라', '존경하라'다.

첫째, '사랑하라'라고 말한다. 바울은 사랑을 설명하면서 먼저 "사랑에는 거짓이 없나니"라고 말했다. 거짓이 없다는 것은 위선이 없다는 뜻이다. 사랑은 진실해야 한다는 것이다. 사랑이 선의 결정체라면 거짓은 악의 핵심이라 할 수 있다. 따라서 사랑에는 거짓이 없어야 한다. 대개 우리는 '사랑에 거짓이 있을까?' 하며 의아해한다. 하지만 사랑에도 거짓이 있다. 진실한 마음으로 사랑할지라도 위선과 거짓으로 흘러 버릴 수 있다. 인간적인 사랑은 온전하지 않으며, 사랑의 결실이라는 결혼조차 완벽한 사랑의 완성이라고 보기 어렵다. 정말 사랑하는 남녀가 만나 결혼해도 살면서 맞지 않는 부분을 수없이 발견하지 않는가? 그럼에도 서로 이해하고 용납하는 것이 진정한 사랑이다.

예수님의 제자 가룟 유다는 정말 예수님을 사랑했다. 자신이 소속되어 있던 열심당에서 뛰쳐나와 예수님의 제자가 될 정도였다. 하지만 자신이 원한 형식으로 주님이 두각을 드러내시지 않자 한순간 예수님을 배반하고 팔아 버렸다. 거짓된 사랑의 대표적인 예다. 사랑은 끊임없이 오염되는 부분을 제거하고, 가꾸고, 발전시키면서 온전하게 만들어 가야 하는 것이다.

둘째, '악을 미워하라'라는 말씀을 살펴보자. 성경은 재미있게도 바로 앞에서 '사랑에는 거짓이 없다. 그러므로 반드시 사랑하라'라고 전제한 후 곧이어서 '악을 미워하라'라고 말했다. '사랑'과 '미움'이라는 반대 개념을 연결시켜 놓은 것이다. 이는 둘이 서로 밀접한 연관이 있음을 의미한다. 사랑의 완성은 무조건 맹목적이고 감상적인 것으로 이루어지지 않는다. 진정한 사랑은 악을 미워해야 완성될 수 있다. 악을 끼고서는 진정한 사랑을 일구어 갈 수가 없다.

그렇다면 악을 얼마나 미워해야 할까? 성경 원문을 보면, '악을 역겨워하라'라고 되어 있다. 이 표현은 우리에게 조금 혼란스럽게 다가온다. 예수님은 계속해서 사랑하라고 말씀하셨다. 형제도 사랑하고, 이웃도 내 몸 같이 사랑하고, 원수까지도 사랑하라고 하셨다. 그런데 악을 미워하고, 심지어 역겨워하라는 말을 어떻게 받아들여야 할까? 예수님과 바울의 말은 동일하다. '악을 사랑하면서 진정한 사랑을 만들어 낼 수는 없다'는 것이다. 그렇다면 '원수를 사랑하라'라는 말은 무엇인가? 인격적으로는 원수를 사랑해야 한다. 하지만 그의 악함까지 사랑하는 어리석음을 범해서는 안 된다고 경계한 것이다. 이것은 좀 더 포괄적인 설명이다.

셋째, '선에 속하라'라고 말한다. 이 말씀에서 악에게 속하지 않으면 선에 속한다는 사실을 알 수 있다. 여기서 '선'이란 일반적인 도덕적 규범을 지키는 정도의 수준이라기보다 하나님이 기뻐하시는 편에 속하고, 이를 위해 적극적으로 행동하는 것으로서 선택의 기준을 '하나님이 무엇을 기뻐하실 것인가?'에 확실히 두는 것이다.

넷째, '우애하라'라고 말한다. '우애'는 '사랑'과 비슷한 말로서, 형제 혹은 혈연관계에서의 사랑을 가리킨다. 부모의 자식 사랑과 비슷하다. 성경은 우애를 그리스도 안에서 형제 된 자들에게, 또 타인에게 행하라고 말한다.

다섯째, '존경하라'라고 말한다. '우애', '사랑', '존경'은 같은 의미라고 할 수 있다. 상대방을 사랑한다면 존경해야 한다. 그때 비로소 진정한 사랑이 이루어진다. 부부 간에도, 교회 안에서 이루어지는 모든 관계에서도, 부모 자식 사이에서도 마찬가지다.

남녀는 서로 사랑해서 결혼을 한다. 하지만 인간의 사랑은 이기적이고 자기중심적이다. 내가 원하는 수준에 상대방이 미치지 못하면 실망하고 갈등한다. 하나님은 사랑 안에 존경을 함께 두셨는데, 서로의 인격을 존중하라는 의미다. 사랑에는 존경이 필요하다. 존경이 없을 때 상대방의 귀함이 보이지 않고 계속 불편함이 쌓인다. 자녀를 양육할 때도 책임과 사랑이 넘치기에 단점이 보이고 고쳐 주고 싶은 욕심이 생긴다. 자녀들이 남들에게 인정받지 못할까 봐 염려하는 마음에 계속 지적하게 된다. 하지만 자녀들은 기분이 상한다. 이처럼 부모 자식 간에도 서로를 향한 존중과 배려가 없다면 하나님의 은사를 서로 활용하지 못하고 하나님의 축복을 함께 누리는 일이 어려워질 수밖에 없다.

왜 신앙이 있는데도 행복하지 못할까? 왜 열심히 기도하는데도 하나님의 은혜가 강같이 흐르지 못하는 것일까? 어쩌면 우리가 하나님의 말씀에 순종하지 않아 하나님의 축복을 미리 차단해 버리기 때문인지도 모른다. 모든 옳고 그름의 기준은 하나님께 있지, 인간에게 있는 것이 아니다.

내가 지닌 좋은 은사가 상대에게 없을 수 있고, 배우자의 장점이 내게는 없을 수 있다. 그러므로 자신이 부족한 자임을 인정하고 서로 이해해야 한다. 자신의 기준으로 상대를 판단해서는 안 된다.

9-10절은 사랑과 악, 사랑하는 것과 악을 미워하는 것을 함께 연결시키고 있으며, 서로 사랑하라는 말을 강조한다. 한쪽이 일방적으로 노력하는 것이 아니라 서로 노력해야 하며, 더 중요한 것은 내가 먼저 해야 한다. 내가 먼저 하면 괜히 나만 손해 보는 것 아니냐고 걱정할 수 있다. 그렇지 않다. 내가 먼저 하나님이 말씀하신 선을 행하면, 나부터 하나님이 역사하시는 은총을 힘입을 테고, 내게 역사하신 하나님이 배우자에게도 역사하신다.

더욱 놀라운 것은 자녀들이 그 모습을 보면서 성장한다는 사실이다. 갈등하고 다투는 모습이 아니라 하나님의 뜻을 이루어 가는 모습을 보면서 그 안에서 자라난다. 우리는 돈을 많이 벌어서 아이들을 편안한 환경에서 살도록 해 주고 싶은 귀한 소망을 가지고 있다. 그러나 부모가 하나님의 은혜 속에 들어와 은혜의 길을 따라가는 모습을 보여 주는 것만큼 자녀에게 큰 축복은 없다.

일상생활 속에서 5가지 실천

11-12절에는 일상생활에서 실천해야 하는 말씀이 나온다.

> "부지런하여 게으르지 말고 열심을 품고 주를 섬기라 소망 중에 즐거워하며 환난 중에 참으며 기도에 항상 힘쓰며"(11-12절).

이 말씀도 5가지로 정리될 수 있다. '부지런하여 게으르지 말라', '열심을 품고 주를 섬기라', '소망을 가지고 즐겁게 살라', '환난을 참으라', '힘써 기도하라'다. 이것이 일상생활 속에서 우리가 해야 할 일이다.

첫째, '부지런하여 게으르지 말라'라고 말한다. 우리가 하나님의 자녀가 되면 하나님과 우리는 예수 그리스도라는 연결 고리로 이어진다. 쉽게 말해서, 우리는 하나님의 호적에 들어간다. 하나님의 은혜와 하나님의 인도하심과 하나님의 축복이 우리에게 임하는 것은 당연하다. 중요한 것은 우리가 하나님의 말씀에 순종할 때 하나님이 우리에게 축복과 은혜 베풀기를 기뻐하신다는 것이다.

하나님의 말씀에 순종하는 것은 곧 하나님을 부지런히 섬기는 것이다. 신앙생활을 하면서 '나는 주일에 교회 나왔으니까'라고 생각하는 정도에 그쳐서는 안 된다. 주일 예배, 수요 예배, 새벽 예배, 구역 모임까지 하나님 앞에 열심히, 부지런히 나오는 것은 귀한 순종이다. 주일에 하나님의 말씀을 듣고 세상에 나가면 한순간 그 말씀이 세상살이에 의해 희석되는 것처럼 느껴질 때가 있다. 하나님의 말씀을 듣고 또 듣고, 기도하고 또 기도하면서 의지하고 나아가면 은혜가 점점 단단하게 굳어지고 커진다. 그때 세상에서 흔들리지 않고 풀어지지 않는 은혜를 견지하게 된다. 그래서 하나님은 참 은혜 속에 들어가려면 부지런함이 있어야 한다고 말씀하셨다.

둘째, 부지런함 정도로 끝내는 것이 아니라 한 단계 성장하기 위해서 "열심을 품고 주를 섬기라"라고 권고한다. 세상 사람들은 우리가 교회에 좀 열심히 나가면 광신자라고 비난한다. 그런데 광신과 열심은 완전히 다르다. 영어로 '광신'(fanatic)은 광적인 것이고, '열심'(fervent)은 열렬하고 정열적인 것이다. 국어사전은 광신을 "신앙이나 사상에 대해서 이성을 잃고 무비판적으로 믿는 것"이라고 정의한다. 이를 통해 유추할 수 있는 광신의 특징은 이성을 잃어버리고 목적 없이, 단순히 자신이 얻을 것에만 몰입하고 상황에 도취되어서 현실 구별을 못하는 것이다. 그러므로 광신에 빠진 삶에는 절제가 없다. 반면에 열심은 밋밋하거나 습관적으로 신앙생활을 하는 것이 아니라 진지하게 노력하면서 목적을 뚜렷하게 갖고 있는 것이다.

우리가 신앙하는 대상은 하나님이시다. 중요한 것은 신앙하는 방식의 차이다. 우리는 '하나님의 말씀을 따라서' 바른 열심으로 신앙해야 한다. '하나님의 말씀을 일일이 따르자니 번거롭다. 무조건 하나님만 잘 믿으면 되는 것 아닌가?'라고 생각하는 사람은 탈선하기 쉽다. 인간은 죄인이기에 아무리 선한 마음을 가져도 하나님의 뜻을 헤아릴 수 없다. 바른 열심을 가진 신앙은 이성을 잃어버린 광신이 아니라, 하나님의 온전한 성품에 참여하는 것이다.

부부 관계에서도 마찬가지다. 부부는 서로 사랑하기 위해 최선의 노력을 기울여야 한다. 아무리 사랑해서 결혼했더라도 첫 마음은 식기 마련이다. 또한 상대의 사랑이 식은 모습을 보면서 자신도 굳이 사랑할 필요가 없다고 느껴 점점 냉랭해질 수 있다. 그러나 기분이 좋지 않을 때도 배우자의 요구를 받아들이고 배려해야 한다. 나도 살아갈수록 더욱 내 아내가 귀하고 소중하게 느껴지곤 한다. 우리는 서로의 인격을 존중하고 상처 주지 않으려고 노력해야 한다. 하나님이 허락하신 배우자를 향한 열심은 당연하고 권장할 일이다. 하물며 지존하신 하나님을 섬기는 일에서 자기 기분 내키는 대로 행해서야 되겠는가! 그런 사랑, 그 정도의 자세로는 하나님의 큰 은총 속에 들어갈 수 없다.

하나님의 마음을 이해하기 쉬운 방법은 하나님의 입장이 되어 보는 것이다. 하나님을 믿는다고 하면서 "하나님, 오늘은 바빠서 교회에 못 갑니다. 죄송합니다" 하면서 들쑥날쑥 예배를 드리고, 자기 심신이 편할 때는 세상을 돌아다니기 바쁘다가 힘들 때만 찾아와서 울며불며 기도하면 하나님이 뭐라고 말씀하시겠는가? 온전하시고, 신실하시고, 전능하신 하나님을 인정한다면 하나님을 섬기는 일에 정성을 다하고 열심을 내야 한다. 하나님을 가까이해야 한다. 우리가 하나님 앞에 나와 경배와 찬양을 드리고 순수한 마음으로 그분을 의지한다면 하나님이 우리를 얼마나 사랑스럽게 보시고 우리의 삶 가운데 역사하기를 원하시겠는가? 주인을 좋아하는 종은 시키지 않아도 열심히 일한다. 우리가 하나님을 진심으로 사랑한다면 당연히 열심을 내어 그분을 섬기려 하지 않겠는가?

셋째부터 다섯째까지는 '소망을 가지고 즐겁게 살라', '환난을 참으라', '힘써 기도하라'라고 말한다. 어려운 일을 당했을 때 소망 가운데 즐거워하고, 인내하고, 기도하면서, 하나님의 인도하심을 받으라는 말씀이다. 우리의 삶에는 환난이 있다. 하지만 우리는 하나님이 모든 일에 합력하여 선을 이루실 줄 믿고, 기쁨으로 인내하면서 항상 기도하고, 하나님의 인도하심을 받아야 한다. 게으른 사람은 "하나님의 은혜가 참 놀랍구나"라고 고백할 수 있는 신앙의 혜택인 'the very best'를 얻을 수 없다.

타인을 향한 성도의 자세

13-15절에는 타인에 대한 말씀이 나온다.

"성도들의 쓸 것을 공급하며 손 대접하기를 힘쓰라 너희를 박해하는 자를 축복하라 축복하고 저주하지 말라 즐거워하는 자들과 함께 즐거워하고 우는 자들과 함께 울라"(13-15절).

하나님은 우리에게 베풀고, 대접하며, 박해하는 자를 저주하지 말고 축복하고, 즐거운 일이나 슬픈 일이나 함께하라고 말씀하셨다. 이 말씀은 다른 사람을 선대하고, 그들과 함께하며, 내게 어려움을 주었을 때 저주하지 말고 오히려 축복하라는 뜻으로 이해할 수 있다. 예수님은 누가복음에서 "그러나 너희 듣는 자에게 내가 이르노니 너희 원수를 사랑하며 너희를 미워하는 자를 선대하며"(눅 6:27)라고 하시며 이 점을 정확히 말씀하셨다.

'미워하는 자를 선대하라'라는 말은 하나님이 주신 중요한 명령이다. 그러나 우리는 왜 내가 미워하는 자까지 선대해야 하는지 선뜻 이해하기 힘들다. 그럼에도 하나님의 명령에는 깊은 뜻이 있음을 믿어야 한다. 확실히 믿어야 한다. 이것 역시 하나님이 주신 명령이다. 이런 이유로 철학자나 자유주의 신학자들은 기독교의 윤리는 패배자의 윤리라며 비아냥댄다. 자기를 괴롭히는 자를 저주하지 않는 것만도 다행이지, 세상에 어떤 미련한 자가 원수를 축복하느냐고 말한다. 모순에 찬 논리라고 반박한다. 그러나 하나님은 미워하는 자를 선대할 것을 반복해서 말씀하셨다.

그리하여 선으로 악을 이기라

16-21절은 전체 주제를 포괄적으로 다루고 있다. 그러면서 '무엇은 하지 말고, 무엇은 하라'고 비교하는 특별한 서술 방식을 사용하고 있다.

먼저 16-18절은 "서로 마음을 같이하며 높은 데 마음을 두지 말고 도리어 낮은 데 처하며 스스로 지혜 있는 체하지 말라 아무에게도 악을 악으로 갚지 말고 모든 사람 앞에서 선한 일을 도모하라 할 수 있거든 너희로서는 모든 사람과 더불어 화목하라"라고 말한다. 여기서 "할 수 있거든 너희로서는 모든 사람과 더불어 화목하라"라는 말씀 앞에는 "다투지 말고"가 생략되어 있다. 그리고 이어지는 19-20절은 "내 사랑하는 자들아 너희가 친히 원수를 갚지 말고 하나님의 진노하심에 맡기라 기록되었으되 원수 갚는 것이 내게 있으니 내가 갚으리라고 주께서 말씀하시니라 네 원수가 주리거든 먹이고 목마르거든 마시게 하라 그리함으로 네가 숯불을 그 머리에 쌓아 놓으리라"라고 말한다. 그러면 원수가 부끄러워할 것이라는 내용이다. 그리고 마지막으로 다음 말씀으로 결론짓고 있다.

"악에게 지지 말고 선으로 악을 이기라"(21절).

16-21절을 알기 쉽게 정리하면 다음과 같다. 첫째, 교만하지 말고 겸손하고, 지혜로운 체하지 말라. 둘째, 악을 악으로 갚지 말고 선한 일을 도모하라. 셋째, 다투지 말고 모든 사람과 평화하라. 넷째, 원수를 갚지 말고 하나님의 진노하심에 맡기라. 다섯째, 원수를 굶게 내버려 두지 말고 먹이고 마시게 하라. 여섯째, 악에게 지지 말고 선으로 악을 이기라. 한마디로, '자신에게는 겸손하고 타인과는 평화를 만들어 가라'라고 정리할 수 있다.

"악에게 지지 말고 선으로 악을 이기라"라는 말씀은 상대방에게는 사랑과 존경을 다하고, 하나님께는 열심으로 신앙하고, 형제들에게는 선대하고 함께하라는 지금까지 살펴본 말씀들을 포함한다. 그런데 때로 우리는 왜 악인에게 악으로 갚지 말고 선을 행해야 하는지 못마땅하게 느껴진다. 또 하나님의 말씀이 세상 이치에 뒤처지는 것 같아 불안하고 답답하다. 하지만 성경은 우리의 염려와 의혹을 명쾌하게 정리해 준다.

먼저, 하나님이 "악에게 지지 말고 선으로 악을 이기라"라고 명령하신 가장 중요한 이유는 우리가 세상과 함께 악에 빠지지 않도록 보호하시기 위해서다. 악한 사람에게 악을 행하면 악에 악을 더하게 되어 악을 훨씬 더 크게 키우는 셈이 된다. 원수 갚는 일이 한 번으로 끝나는 경우는 없다. 역사를 되짚어 보면, 대개 모략으로 몰락한 집안의 자손은 상대 가문을 향해 복수의 칼날을 간다. 그러다가 기회가 있을 때 복수의 칼을 빼 든다. 악순환이다. 마이너스에 마이너스를 더하면 더블 마이너스가 되지, 결코 플러스로 전환되지 않는다.

왜 하나님이 우리에게 "겸손하라. 상대방을 존경하고 나보다 낫게 여기라"라고 하시는가? 내가 나를 높이면 상대방이 나의 경쟁자가 되어 악을 불러일으키거나 환난을 자초하기 쉽다. 하나님은 우리를 그 악에서 보호하고 싶으신 것이다. 우리는 하나님의 지혜의 말씀을 이해하기는 하지만, 복수하지 않으면 속상해서 견딜 수 없어 한다. 그러다가 결국 복수하면 잠깐 기분이 풀린다. 하지만 곧 후회와 앞으로 발생할 일에 대한 불안감이 밀려온다. 하나님은 그러한 상황을 미리 막으시려는 것이다.

"악에게 지지 말고 선으로 악을 이기라"라는 말씀을 영어 성경으로 보면 'overcome'(극복하다)이라는 동사가 사용되었다. 다시 해석하면 '악을 악으로 극복하지 말고 선으로 극복하라'는 의미다. 그 이유는 하나님이 우리를 더 좋은 삶으로 이끌어 가시기 위해서다. 16절은 "서로 마음을 같이하며", 17절은 "모든 사람 앞에서", 18절은 "모든 사람과 더불어" 행하라고 말한다. 비록 상대방이 내게 마이너스로 행했더라도 나는 플러스로 행해 선도의 삶을 살고, 궁극적으로 플러스의 총계를 높이는 삶을 살라는 뜻이다.

때로 '나는 마이너스를 마이너스로 갚지도, 플러스로 갚지도 않겠다. 단지 가만히 있겠다'라고 생각하는 사람이 있다. 이것은 중용이 아니라 그저 마이너스의 퇴행적 사고일 뿐이다. 중립은 없다. 적극적으로 마이너스로 행동하지 않았으니 농도가 옅을 뿐이지 부정적인 시선으로 상대를 보았기에 이미 마이너스다. 악을 악으로 갚는 것은 악에게 정복당하는 일이다. 악을 선으로 바꾸어서 베푸는 일은 손해가 아니라, 선으로 문제를 이기는 자로 남는 비결이다.

하나님은 우리에게 하나님의 사랑의 위대한 승리를 가르쳐 주기 원하신다. 우리가 타락, 몰락, 실패 속에 들어가는 일을 막으실 뿐만 아니라 선을 통해 더 적극적이고 긍정적인 길로 들어서도록 우리를 인도하신다. 그런데 그것으로 끝이 아니다. 진짜 놀랍고 중요한 사실이 있다. 19절에는 "내 사랑하는 자들아 너희가 친히 원수를 갚지 말고 하나님의 진노하심에 맡기라 기록되었으되 원수 갚는 것이 내게 있으니 내가 갚으리라고 주께서 말씀하시니라"라고 기록되어 있다. 모든 일을 판단하고 결정하는 심판권은 하나님께 있지, 내게 있지 않다. 하나님이 모든 일을 알아서 처리하신다. 이 말씀이 하나님이 우리에게 주시는 핵심 메시지다. 괜히 문제를 심판하려고 마음 졸이고 분노하다가 자청해서 자기를 몰락시키는 일이 생기지 않도록 경계해야 한다. 하나님을 믿는다면 동시에 하나님의 전능한 손길을 신뢰하고 하나님의 공의를 의지해 하나님의 뜻대로 사랑을 행하는 일을 감당해야 한다. 그때 하나님이 우리를 축복하신다.

성경이 말하는 '믿음', '소망', '사랑'의 실천은 자발적 의지만으로는 완성해 나갈 수 없다. 하나님에 대한 흔들리지 않는 믿음이 바탕이 되어야 하며, 하나님이 합력하여 선을 이루실 것이라는 소망도 가져야 한다. 그리고 하나님의 사랑으로 사랑해야 한다. 그때 하나님이 모든 것을 능히 이루어 가신다.

우리가 아무리 선한 동기로 행할지라도 대부분 절대 선이 아니다. 우리는 연약한 인간이기에 아무리 선한 행위를 해도 이해관계가 얽혀 있고, 지식이 부족하고, 관찰이나 판단이 미흡해 완벽한 선이라고 규정지을 수 없을 때가 더 많다. 그러므로 우리가 할 일은 하나님이 보여 주신 대로 사랑을 전하는 것이다. 마이너스를 마이너스로 악화시키지 말고 플러스로 바꾸어 나가는 것이다. 하나님의 축복의 은총을 가로막지 말고, 하나님의 은총을 힘입어 하나님이 모든 문제를 처리하시고 이끌어 가실 것이라고 믿는 것이 우리의 믿음이다.

하나님은 예수 그리스도를 믿는 자에게는 사랑을 점점 더 많이 요구하신다. 하나님이 우리를 사랑하시기 때문이다. 우리는 죄 가운데 멸망받을 자였지만 하나님이 독생자 예수 그리스도를 주셔서 하나님의 사랑을 실제적으로 구현하셨다. 하나님은 그 사랑을 입은 우리에게 다른 사람의 악을 악으로 갚지 말라고 명하신다. "누군가 네게 죄를 지었다고 분노하면서 똑같이 악으로 갚지 말라. 하나님인 내가 아들 예수 그리스도를 보낸 것처럼 사랑으로 대하라. 궁극적인 심판은 내게 있으니 염려 말고 제발 나의 축복과 은혜를 가로막는 일을 저지르지 말라"라고 말씀하시는 것이다.

바울은 고린도전서 13장에서 "내가 사람의 방언과 천사의 말을 할지라도 사랑이 없으면 소리 나는 구리와 울리는 꽹과리가 되고…내가 내게 있는 모든 것으로 구제하고 또 내 몸을 불사르게 내줄지라도 사랑이 없으면 내게 아무 유익이 없느니라"(고전 13:1, 3)라고 말했다. 우리는 하나님의 사랑으로 믿음 안에 들어온 존재다. 하나님의 사랑의 인도하심을 받았다. 그렇다면 하나님의 사랑으로 삶을 살아야 하지 않겠는가? 사랑에는 거짓이 없다고 성경은 말한다. 진정한 사랑으로 악을 멀리하면서 열심히 사랑을 만들어 가자. 악을 악으로 갚지 않고 하나님을 바라보며 선으로 악을 이기면, 하나님이 우리의 삶 가운데 영광과 축복을 나타내신다. 하나님의 역사를 위해 사랑하고, 사랑하고, 사랑하는 삶은 그리스도인이 실천해야 하는 큰 원칙이다.

죄를 지어도 여전히 하나님의 자녀인가

우리는 하나님을 섬기는 자세를 수시로 점검해 볼 필요가 있다. 인간은 누구나 행복을 추구하면서 산다. 그런데 행복의 근원이 무엇인가에 대한 생각은 모두 다르다. 나름대로 이상적인 행복을 말하지만, 실제로 인간 심리를 지배하는 행복의 요소는 지극히 주관적이다. 어떤 가시적인 요소도 행복의 조건이 될 수 없다. 어떤 이념과 체제도 행복의 조건이 될 수 없다. 궁극적인 행복은 근본적인 문제가 해결되지 않으면 얻을 수 없다.

성경은 인간이 자기 소신껏 원하는 대로 살면 세상은 망한다고 말한다. 죄인이 만들어 내는 것은 악덕과 타락뿐이다. 성경은 우리를 죄인으로 진단한다. 그러면 인간은 죄인의 자리에서 벗어날 수 있을까? 바울은 이 사실 앞에서 "오호라 나는 곤고한 사람이로다 이 사망의 몸에서 누가 나를 건져 내랴"(7:24) 하며 탄식했다. 인간 스스로 해결할 수 있는 일이 아니다. 우리는 죄인이고 무능하기 때문에 하나님이 해결해 주셔야만 했다. 하나님은 독생자 예수 그리스도를 이 땅에 보내 우리의 죄 문제를 담당시키셨다. 이제 우리는 그리스도를 믿으면 하나님 앞에 나아갈 수 있는 은혜를 힘입었다.

하나님이 택하신 자들에게 요구하시는 것은 믿음이다. 그러면 그 어떤 죄인이라도 믿으면 구원을 받는가? 당연히 그렇다. 여기서 말하는 믿음이란 '예수님을 나의 구원자로 인정한다'는 한 번의 인정에 머무는 것이 아니다. 예수 그리스도만이 구원의 길이심을 알고 전적으로 그리스도께 자신을 위탁하는 것을 가리킨다.

그러면 예수 그리스도를 믿고 나서 또 죄를 짓는데도, 여전히 하나님의 자녀라고 말할 수 있는가? 우리가 예수 그리스도를 믿는 것은 마음으로부터 믿는 것이며 인격과 정서의 변화다. 하지만 삶의 변화는 단번에 이루어지지 않는다. 지금까지 죄악 속에서 살아왔고, 세상 사람들과 어울렸고, 쾌락을 좇아 부패한 삶을 살았다. 그러나 중요한 것은 오늘 완벽한 삶을 살지 못하는 것이 아니다. 하나님을 바라보며 개선되고, 은혜 속에서 점점 전진해야 한다는 것이 중요하다. 우리의 목표는 성령의 도우심을 받아 그리스도의 장성한 분량에 이르도록 자라는 것이다.

하나님은 예수 그리스도의 은혜로 우리를 살려 놓으셨다. 그렇다면 어떻게 하나님의 자녀로 살아갈 수 있는가? 하나님의 은혜를 아는 사람이라면, "그러므로 형제들아 내가 하나님의 모든 자비하심으로 너희를 권하노니 너희 몸을 하나님이 기뻐하시는 산 제물로 드리라 이는 너희가 드릴 예배니라"(12:1)라는 바울의 권고를 받아들일 것이다.

우리는 그리스도의 은혜를 받아 하나님의 자녀가 되었다. 죄로 인해 단절되었던 관계가 회복되었다. 때로는 과거의 습관으로 돌아가려고도 하지만, 보혜사 성령이 나와 함께하시며 도와주신다.

4장
권세를 대하는
우리의 자세

13:1-7

그리스도인들은 어떤 행동을 하는 데 앞서서
하나님의 사람으로서 하나님이 권장하시고
칭찬하실 만한 행동인가를 늘 생각해야 한다.

국가는 하나님이 정해 주신 것

13장 1-7절은 우리와 밀접하면서도 민감한 주제다. 오늘날 우리는 뉴스를 통해 수많은 정치인의 비리를 접하면서 그들의 실체를 잘 알기에 이 말씀을 읽을 때면 반발감이 생긴다. 여기서 전제할 것이 하나 있다. 본문을 통해 전달하고자 하는 메시지가 개인의 의견이기보다 성경에 입각한 메시지라는 점이다. 과연 본문이 오늘을 사는 우리에게 주는 의미가 무엇이며, 어떻게 현실적으로 이해하고 적용할 수 있는지 깊이 묵상한 가운데 깨달은 바를 나누어 보겠다.

먼저 1-2절, "각 사람은 위에 있는 권세들에게 복종하라 권세는 하나님으로부터 나지 않음이 없나니 모든 권세는 다 하나님께서 정하신 바라 그러므로 권세를 거스르는 자는 하나님의 명을 거스름이니 거스르는 자들은 심판을 자취하리라"라는 말씀에서 '권세'는 영어 성경을 보면 'higher power', 즉 '상관'으로서 윗사람을 가리킨다. '권위'(authority)라고도 할 수 있다. 본문을 끝까지 살펴보면 국가, 정부를 말한다. 국가는 하나님으로부터 온 것이고 하나님이 정해 주신 것이므로 국가를 거역하는 일은 곧 하나님을 거역하는 것이라는 뜻이다. 성경은 국가에 대해서 다음과 같이 말한다.

> "그는 하나님의 사역자가 되어 네게 선을 베푸는 자니라 그러나 네가 악을 행하거든 두려워하라 그가 공연히 칼을 가지지 아니하였으니 곧 하나님의

사역자가 되어 악을 행하는 자에게 진노하심을 따라 보응하는 자니라 그러므로 복종하지 아니할 수 없으니 진노 때문에 할 것이 아니라 양심을 따라 할 것이라 너희가 조세를 바치는 것도 이로 말미암음이라 그들이 하나님의 일꾼이 되어 바로 이 일에 항상 힘쓰느니라"(4-6절).

국가는 하나님의 사역자가 되어 선을 이룬다. 그들은 악을 행하는 자에게 하나님의 진노를 대신해서 보응한다. 또 그들은 하나님의 일꾼이므로 권세가 있고, 권세로서 하는 일이 있다. 그러므로 하나님을 믿는 우리는 권세 앞에 순종을 넘어서 복종해야 한다. 더 나아가 2절은 "권세를 거스르는 자는 하나님의 명을 거스름이니"라고 말한다. 권세를 거스르지 말고, 두려워하고 존경하며, 세금을 바쳐 국민의 도리를 다하라는 것이다. 다시 말해, 본문은 "정부나 권세는 하나님이 허락하셨으므로 그 앞에 굴복하고 도리를 다하라. 그들이 너희를 징계하는 것은 하나님을 대신하는 것이다"라고 명령한다.

로마 제국의 권세와 유대 당국의 권세

이 말씀은 두 가지 경우로 볼 수 있다. 하나는 보통의 '절대적 국가', 정당하게 세워진 국가에서 국민이 지켜야 할 기본적인 도리로서, 신앙인이 행할 일을 가르쳐 준다. 또 하나는 바울의 편지를 받아 볼 로마 성도들이 살아가고 있는 당시 로마 제국의 상황을 고려했다고 볼 수 있다. 바울 시대에는 두 권세가 있었는데, 로마 제국과 유대 당국이었다. 객관적인 시각에서 판단하건대, 바울이 말한 '권세'는 둘 중에서 유대 당국을 의미한다고 할 수 있다.

먼저, 로마 제국을 권세로 보았다고 생각해 보자. 당시 로마 제국은 모든 종교를 수용했다. 그들은 이웃 나라를 정복하면서 정신적인 지주가 되거나 자신들의 종교를 퍼뜨리는 데는 관심이 없었다. 모든 목적은 영토 확장과 정치, 경제적 지배였다. 따라서 헬라 제국의 알렉산더대왕과 마찬가지로 로마는 점령국의 종교를 전부 수용했다. 그러나 유독 유대교만큼은 곱지 않은 시선으로 보았는데, 점령국 중에서 반란을 잘 일으키고 절대 융화되지 않는 민족이 유대인이었기 때문이다. 자연스럽게 로마 제국은 유대 민족에게는 품위를 지키면서도 긴장되고 강압적인 지배 형태를 나타냈다.

또한 예수 그리스도가 이 땅에 오셔서 기독교가 생겼는데, 기독교는 타 종교를 인정하거나 수용하지 않는다. 다른 종교를 욕하고 비난하지는 않지만 '그리스도 외에는 구원이 없다'는 점을 강조하다 보니 배타적인 자세를 취하는 것처럼 보일 수밖에 없다. 그러니 로마 당국도 유대교나 기독교에 대해서는 결코 편한 입장일 수 없었다.

게다가 이미 역사를 통해 알다시피, 로마황제 대다수는 권력과 술수로 황제의 자리에 올랐기 때문에 힘을 유지하기 위해서 계속된 술수를 사용했고 과격하고 잔혹한 방법을 썼다. 바울 당시의 네로나 네로 이전의 칼리굴라, 아우구스투스 등 여러 황제가 있었지만 역사 문헌을 보면 모두 모순 덩어리에 정략적인 인물이었다. 이 모든 사실을 누구보다도 잘 알고 있는 바울이 국가는 하나님의 사역자이므로 복종하고 존경하라고까지 말했다. 바울은 왜 그렇게 말했을까? 어떻게 당시 상황에서도 국가에 복종하고, 존경하고, 심지어 하나님의 사역자로 여겨 도리를 다하라는 것인지 난감하게 느껴진다.

물론 우리는 본문이 바울의 단순한 편지가 아니라 성령의 감동에 의해서 기록된 하나님의 말씀임을 믿는다. 하지만 주관적인 판단으로 모순이라고 생각하는 부분은 성경에서 제외시켜야 한다고 주장한다면, 성경의 다른 말씀은 어떤 근거로 보존할 수 있을까? 그러면 기준과 근거가 모호해져서 성경 전체의 권위가 무너지고 만다. 결론적으로, 우리의 마음에 선뜻 받아들이기 어려운 말씀이라도 하나님의 말씀임을 믿고 따라야 한다.

이번에는 바울이 종교 지도자들의 권력이 막강했던 유대 당국을 권세로 보았다고 생각해 보자. 당시 유대는 로마의 지배 아래 있었다. 유대 당국은 백성에게 영향을 미치려고 무던히 애썼고, 자신들이 특별한 백성이라는 사고에 사로잡혀 있었다. 자만심이 대단했기에 예수님을 제대로 재판하지도 않고 십자가에 못 박은 부조리한 자들이었다. 그러면서 여당이라고 할 수 있는 사두개인들과 야당 입장이었던 바리새인들은 사사건건 다투며 백성에게 혼란만 주었다. 이처럼 유대 당국 역시 권세로서 인정하고 따를 만한 대상이 아니었다.

그렇다면 본문에 기록된 "권세들에게 복종하라"라는 말씀은 정말 바른 것일까? 이 말씀을 현대에 적용하면, 자신이 지지하지 않거나 잘못하고 있는 정부에게도 존경하고 복종해야 한다는 말로 해석할 수 있다. 심지어 "독재 정권도 복종하고, 존경하고, 하나님의 사역자로 여기며 따라야 하는가? 백성을 탄압하고 희롱하는 사람들이 모여서 작당한 정부에도 복종해야 하는가?"라는 반발 섞인 질문도 던질 수 있다.

하나님은 로마서 1장에서부터 하나님과 우리의 관계를 계속해서 말씀하셨다. 그러나 신앙을 말씀하시면서 국민으로서 우리가 속해 있는 정부와 사회에 취해야 할 태도 등도 함께 언급하신다. 신앙은 추상적이 아니라 실제적인 것이기에, 오늘 내가 국가에 살면서 마땅히 해야 할 의무를 행할 때 하나님의 정의와 축복이 이루어진다고 가르치신다. 구체적으로 교회와 국가의 관계가 어떻게 형성되어야 하는지에 대해 알려 주신다.

역사 속에 나오는 교회와 국가의 관계

역사적으로 교회와 국가는 네 종류의 관계를 맺어 왔다.

첫째, 국가가 교회를 통제하고 교회는 국가의 시녀 역할을 한 '국가 만능주의' 형식이다. 예를 들어, 영국 성공회의 수장은 왕이다. 한때 가톨릭교회에서 성공회가 분리되면서 왕이 모든 설교와 교회를 관장했다. 직접적으로 간섭했다. 교회는 철저히 왕 밑에 종속된 기관이었다.

둘째, 반대로 교회가 국가를 통제하는 관계다. 국가 위에 교회가 있어 교회가 국가를 조종한다. '신정국가'라고 하는데, 구약 시대에 많았고 콘스탄티누스대제가 기독교를 국교로 공인한 후 중세기에 이러한 현상이 더러 있었다. 구약성경의 예를 들면, 사무엘 선지자가 사울왕에게 충고하면 사울은 사무엘의 말을 따라야만 했다. 하지만 사울은 사무엘의 말을 듣지 않고 자기 마음대로 행함으로 멸망을 초래했다. 다윗도 사울과 같은 입장이었지만, 하나님은 다윗에게 선지자의 역할도 부여하셨다. 그럼에도 다윗은 나단 선지자가 전하는 하나님의 말씀 앞에서는 항상 무릎을 꿇었다.

셋째, 국가는 교회에 호의를 베풀고 교회는 국가에 편의를 도모해 주는 관계다. 서로 타협적인 관계다. 콘스탄티누스대제가 기독교를 국교로 공인한 당시 그는 위태로운 상황에 처해 있었다. 모든 사람이 부패해 쾌락에 젖어 있었고, 그 찰나의 쾌락을 채워 주지 못하면 항거했다. 그가 내린 결론은 "이 세상 무엇보다 참 진리를 추구하는 기독교가 사회의 구심점이 되지 않으면 이 나라는 망할 수밖에 없다"는 것이었다. 이후 기독교를 받아들이고 국교로 선포했다. 당시 기독교 인구는 전 인구 중 3%에 불과했다. 그런데도 콘스탄티누스대제는 기독교를 국교로 삼았다. 그로써 그리스도인들의 마음과 충성을 얻으려 했고, 이를 위해 기독교에 필요한 힘을 정부 차원에서 보태 주었다. 그 과정에서 상호협조주의가 탄생했는데, 이것을 '콘스탄티누스주의'라고 한다.

넷째, 교회와 국가가 독립체로서 존재하되, 건설적인 협력 정신으로 하나님으로부터 받은 각각의 은사를 인정하고 격려하는 동반자적 관계다. 바울의 의도는 여기에 가깝다. 예수님도 국가와 관련해 노골적으로 말씀하신 적은 거의 없다. 두세 번의 언급이 있는데, 그중에서 가장 명백한 말씀이 마가복음에 나온다.

> "이에 예수께서 이르시되 가이사의 것은 가이사에게, 하나님의 것은 하나님께 바치라 하시니 그들이 예수께 대하여 매우 놀랍게 여기더라"(막 12:17).

당시 유대인들은 로마를 자신들의 압제자요, 원수라고 생각했다. 모든 사람이 인정하는 상황에서 예수님은 "가이사의 것은 가이사에게"라는 말씀으로 가이사 정부를 인정 혹은 묵인하셨다. 따라서 예수님의 말씀을 들은 유대인들은 깜짝 놀랐다. "그렇다면 예수님을 십자가에 못 박은 정부에도 복종해야 하는가? 만약 그래야 한다면 왜 바울은 복종하지 않고 가이사에게 상소하는 불복종의 모습을 드러냈는가?"라는 질문이 또다시 고개를 든다(행 25:11).

어느 나라든 독재자들이 그리스도인들을 회유하거나 압제할 때 많이 사용하는 성경 말씀이 본문이다. 그들은 "보라! 위에 있는 권세는 하나님으로부터 온 것이다. 하나님이 허락하셨다. 통치자는 하나님의 사역자이고 너희가 복종하는 것이 하나님의 뜻이다"라는 말로 설득을 시도한다. 과거 우리나라에서 일어났고, 오늘날 동남아시아나 아프리카에서 이런 일들이 벌어지고 있다. 이처럼 말씀을 악용하는 사람들이 세상에는 너무 많다. 그렇다 보니 말씀을 진리로 받아들이고 따르는 일에 회의가 들기 쉽다.

성경에 나타난 불복종의 사례

그렇다면 성경에는 권세에 복종한 사례만 있고, 불복종한 사례는 없는가? 잠시 눈을 돌려 생각해 보면, 성경에도 불복종의 사례가 있다는 것을 알 수 있다. 애굽왕 바로는 히브리인이 남자아이를 낳으면 모두 나일강에 버리라고 명령했다. 모세의 어머니는 그 말에 복종하지 않았고 모세를 숨겨 두었다. 그 후 하나님은 모세를 통해 이스라엘 백성을 애굽 땅에서 탈출시키셨다. 그렇다면 권세에 복종하라고 하신 하나님이 권세에 복종하지 않은 쪽의 손을 들어 주신 것이 아닌가? 그러면서 왜 권세에 복종하라고 하셨는가?

이뿐 아니다. 선지서에는 다니엘의 이야기가 나온다. 다니엘은 바벨론에 포로로 잡혀갔지만 지도자들의 눈에 띄어 급속도로 진급했고, 마침내 재상까지 되었다. 그런데 그를 모함하는 사람들이 왕이 아닌 다른 신에게 기도하는 자는 모두 죽이라는 칙령을 만들었다. 마치 자신들은 왕에게 충성을 바치는 것처럼 포장해 다니엘을 죽이려고 했던 것이다. 권세의 명령이었다. 하지만 다니엘은 복종하지 않았고, 전에 하던 대로 예루살렘을 향해 창문을 열고 하루 세 번 하나님께 기도드렸다. 그 결과 사자 굴에 던져졌다. 하지만 하나님은 사자의 입을 막아 그를 건져 내셨다. 권세에 굴복하라고 하신 하나님이 권세에 굴복하지 않은 다니엘의 손을 들어 주셨다.

다니엘의 세 친구 사드락, 메삭, 아벳느고 역시 왕이 세운 금 신상에 절하라는 명령을 거부해서 그 대가로 풀무불에 던져졌다. 그런데 그들은 들어가면 한순간 온몸이 녹아 버리는 풀무불 속에서 한 사람과 함께 거닐었다. 그는 천사일 수도 있고 태초부터 계신 예수님이셨을 수도 있다. 근처에만 가도 타 죽는 풀무불 속에서 멀쩡한 그들의 모습을 본 왕은 너무 놀라서 사드락과 메삭과 아벳느고를 불러냈다. 그들은 옷자락 한 올도 타지 않았다. 하나님이 권세에 복종하라고 말씀하셨는데 불복한 사람들의 편에 서신 것이다.

신약 시대에도 마찬가지다. 사도들이 예수 그리스도를 증거할 때 공회는 그들을 잡아들여서 예수의 이름으로 말하지도 말고 가르치지도 말라고 위협했다. 그때 베드로는 "하나님 앞에서 너희의 말을 듣는 것이 하나님의 말씀을 듣는 것보다 옳은가 판단하라"(행 4:19)라고 하며 명령을 거부했다.

우리라고 왜 불의에 항거하지 못하겠는가? 소요 없는 고요만을 추구하는 것도 하나님의 진정한 뜻은 아니다. 그러나 그리스도인들은 어떤 행동을 하는 데 앞서서 하나님의 사람으로서 하나님이 권장하시고 칭찬하실 만한 행동인가를 늘 생각해야 한다. 하나님의 뜻보다 내 감정이 앞서지는 않았는지, 하나님의 인도하심을 바라보기보다 군중 심리에 휩쓸리지는 않았는지, 하나님의 승리보다 나의 승리나 내 이름을 드러내려고 피 흘린 것은 아닌지 점검해야 한다.

성경이 제시하는 복종과 불복종의 경계

그렇다면 도대체 성경이 말하는 "복종하라"와 "굴복하지 말라"라는 명령을 무엇을 기준으로 경계 지을 수 있을까? 구분하기가 쉽지는 않지만, 하나님이 일관되게 보여 주시는 정확한 기준은 '하나님의 뜻, 하나님의 영광에 대치되는가, 아닌가?'이다.

다니엘이 받은 기도 중단 명령은 하나님과 세상 권세가 맞선 경우다. 그때 우리는 세상 권세에 굴복할 수 없다. 하나님은 위에 있는 권세를 인정하라고 하셨는데, 그 권세가 진정한 권세인 하나님의 권세를 대항하는 경우 우리는 따를 수 없다. 사드락과 메삭과 아벳느고도 마찬가지였다. 그들은 하나님과 대치된 권세 앞에서 하나님의 뜻을 따른 것이지, 무조건 세상 권위에 맞선 것이 결코 아니다. 무조건 권세에 불복종했다면 그들은 바벨론에서 재상도 되지 말아야 했고 그 외 어떤 일도 맡지 말아야 했다. 그들은 바벨론에서 재상이나 장관을 지내면서 나랏일을 열심히 했지만, 하나님과 대치되는 사건이 벌어지자 세상 권세를 거부하고 하나님을 택했다.

체제가 하나님을 공격하고 대항하는지를 생각해 봐야 한다. 하나님을 거부하는 권세를 따르면 하나님께 죄를 짓게 된다. 쉽게 말해, 무조건 항거도 금물이고, 무조건 복종도 금물이다. 기준은 하나님이시다. 하나님의 뜻과 영광이라는 잣대를 가져야 한다. 우리는 사탄의 도구나 마귀의 앞잡이가 될 수 없다.

하나님은 하나님을 대적하지 않는 체제라면 따르라고 말씀하신다. 국가는 백성의 존립을 지키고 공공의 이익을 추구하고 보호하면서 이끌어 간다. 이를 위해 선을 증진시키고 악을 억제한다. 또한 악을 억제하기 위해서 처벌하는 질서를 지켜 나간다.

구약의 선지자들이 이스라엘과 유다의 지도자들과 정부를 그토록 질책한 이유가 무엇인가? 그들은 죄악에서 떠나 하나님께로 돌아오라고 한 것이지, 정부를 전복시키고 무너뜨리라고 선동한 것이 아니었다. 하나님의 말씀은 무조건 A를 부정하고, 무조건 B를 옹호하는 방식이 아니다. 하나님은 누구든지 하나님의 뜻 앞으로 나와서 하나님을 바라보고 순종하면서 참뜻을 이루어 가도록 하신다.

권세 앞에 도리를 다해야 하는 이유

그렇다면 결론적으로, 왜 하나님은 권세에 굴복하고, 권위를 인정하고, 국민의 도리를 다하라고 하셨을까? 하나님은 3가지 이유를 들어 설명하셨다.

첫째, 권세를 인정하라는 하나님의 말씀에는 하나님의 깊은 사랑이 담겨 있다. 권세를 인정함으로 우리가 불필요한 피를 흘리지 않도록 보호하시려는 하나님의 마음이다. 우리는 스스로의 판단으로 항거하고 대항하지만, 우리의 판단이 확실한 사실(absolute truth)이고 진실이냐는 물음에는 장담하지 못한다. 하나님은 감정과 의로 자신을 상하게 하는 일을 금하신다. 이러한 면에서 생각하면, 기독교가 나약하고 소극적이라고 여길 수 있다. 하지만 다음 이유를 통해 그렇지 않다는 사실을 확인할 수 있다.

둘째, 진정한 변화는 외적인 충격에서 오는 것이 아니라 내부로부터 시작되어야 한다. 이것이 하나님의 뜻이다. 우리는 지금까지 수많은 역사를 봐 왔다. 부패한 정부 권력에 대항해 설립된 새 권력이 반드시 선하지는 않다는 사실도 잘 알고 있다. 악을 무너뜨린 자리에 또 다른 악이 세워졌다. 인위적이고 외형적인 충격을 가해서 무너뜨리고 일어선 것은 절대로 온전하지 못하다. 역사를 통해, 칼을 쓰는 사람이 칼로 망하는 일을 충분히 목격했고, 쿠데타로 쟁취한 정권이 쿠데타로 망하는 사건을 수없이 확인했다. 하나님은 그런 방법으로는 진정한 행복에 이를 수 없다고 말씀하신다.

공산주의는 프롤레타리아 혁명을 통해서 봉건주의를 붕괴시켰다. 그러나 지배 세력에 대한 항거로 세워진 공산주의 또한 모순투성이였음을 우리는 목격했다. 공산주의의 쇠락은 외부로부터 흘러 들어온 민주주의와 자본주의 때문이 아니었다. 내부의 부패와 한계로 인해 스스로 몰락하고 말았다. 항거나 도전, 불복종으로 바른 나라가 세워진 적은 없다. 따라서 하나님은 우리를 보호하고자 사랑하는 마음으로 권세에 복종하라고 말씀하신 것이다.

이것은 나약함이 아니다. 진정한 강력함은 자기 정욕을 붙들어 내려놓게 한다. 결코 비겁하지 않다. 분노에 자신을 내던지지 않는 것은 비겁함이 아니다. 오히려 분노를 핑계 삼아 자기 의를 내세우는 것이 비겁한 일이다. 인간에게는 군중이 보는 앞에서 장렬히 전사하는 모습을 보여 주려는 은밀한 명예 욕구가 있다. 하지만 참된 강력함은 하나님 앞에서 자신을 죽이는 것이다. 그것이 진정한 순교가 아닐까?

셋째, 모든 생사화복의 주권이 하나님께 있기 때문이다. 하나님은 "내가 생명과 사망과 복과 저주를 네 앞에 두었은즉"(신 30:19)이라는 말씀을 믿으라고 말씀하셨다. 하나님의 사람으로서 체제가 부당해도 그 체제에 자신을 맡기고 온전한 삶을 살라고 하셨다. 잘못을 잘못이라고 지적하는 것은 나쁜 일이 아니다. 그러나 선동하고 문제를 일으켜서 결과적으로 사회가 어지러워지면 그 어려움과 고통은 함께 짊어져야 한다. 지금까지 어떠한 영웅도 완벽한 나라를 세운 적이 없다. 역대 많은 지도자와 국가를 통해 보았듯이 온전한 자는 아무도 없다. 하나님의 은총과 축복이 없다면 인류는 멸망한다.

보통 위대한 정치가를 꼽으라면 미국의 제16대 대통령 에이브러햄 링컨을 떠올린다. 하지만 링컨 역시 탄핵소추 등 정적에게 많은 저항을 받았다. 게다가 자신의 뜻을 온전히 펼치기 전에 암살당했다. '철의 재상'으로 불리며 독일 부흥기에 중요한 역할을 한 인물인 오토 폰 비스마르크도 역사상 황제에게 가장 많이 사표를 냈던 인물이다. 인간은 절대 완전하지 못하며, 인간의 의지와 제도와 방식으로는 유토피아를 만들 수 없다. 하나님이 하시는 일이고, 하나님이 심판할 자를 심판하신다. 우리가 심판하려고 해서는 안 된다. 하나님의 사람이라면 하나님이 붙드시고, 합력하여 선을 이루시고, 기도를 들으시고, 진정한 하나님의 나라를 이 땅에 세워 주실 줄 믿어야 한다.

우리나라는 한때 IMF 외환위기로 어려움에 빠졌다. 그 사건이 대통령 한 사람만의 잘못으로 일어난 것일까? 물론 총책임자가 결정적인 순간에 잘못했으리라고 생각한다. 하지만 당시 국민 전체가 고통을 떠안고 함께 감수해야 했다. 한편 자신이 지지하지 않았던 사람이 대통령이 되었을 때 우리는 어떻게 했는가? 그를 하나님의 권세로 생각해 인정하고 적극적으로 도우면서 이 나라를 잘 섬기도록 기도하고 협력했는가?

흔히 우리는 양쪽으로 갈라져서 반대쪽 사람이 당선되면 무조건 흔들어 대고 끌어내리기 위해 비난의 화살을 퍼붓는다. 그러면 전부 어려움에 빠진다. 나는 주님의 종으로서 특정 정당, 지역, 인물만 지지하지는 않는다. 누구든 선출된 지도자들이 나라를 잘 다스려 주기를 늘 바란다. 그들이 나라를 잘 운영하지 못한다면 변화가 필요할 것이다. 문제는 우리가 하나님의 뜻에 사로잡히지 않고 기분과 감정에 도취되어 행동할 때가 많다는 것이다.

서로의 권위를 존중하며 세워 나가라

본문을 가정에 응용해 보자. 가정의 행복은 배우자가 서로의 권위를 인정하는 데서 시작된다. 배우자가 서로 평가하고 계속 비판하면서 꼬집어 말하면 절대로 행복해질 수 없다. 하나님 앞에서 부부는 신앙의 완성을 이루어 가는 가장 가까운 동역자다. 따라서 부족한 점을 잘 알지만 인정해 주고 같이 도와주어야 한다. 손해 보는 것 같지만 그렇게 할 때 하나님의 놀라운 은혜가 임한다.

유년 시절 강압적인 아버지를 참아 내시는 어머니가 이해되지 않았다. 아버지가 옳지 않은 말씀을 하셔도 어머니는 참기만 하셨다. 그리고 기도하고 또 기도하셨다. 때로 아버지의 언성이 높아지면 어머니는 자리를 피하셨다. 지금 생각하니, 덕분에 자녀들이 엇나가지 않고 믿음 가운데 바르게 설 수 있었고 하나님의 은혜 속에 살 수 있었다. 가정이라는 작은 단위의 공동체에도 권위가 존재하고 권위의 질서가 있다.

회사에서 불의한 상관이 마음에 들지 않을 수도 있다. 정부가 못마땅하게 여겨질 수도 있고, 내 성향과 맞지 않을 수도 있다. 그럴 때면 스스로를 향해 "과연 나는 하나님의 사람으로서 하나님의 뜻 앞에 바르게 서 있으며, 하나님의 나라가 이루어지기를 원하며, 하나님의 뜻 앞에 순종하고 있는가?"라고 진솔하게 물어보라. 그리고 가정과 나라에 하나님의 축복이 임하도록 기도하며 도우라.

때로는 앞에 나서서 정의로운 모습을 보이거나 장렬한 최후를 맞이하는 것보다 오늘 나 자신을 하나님 앞에 복종시키고 하나님의 뜻 앞에 드리는 결단이 더 귀할 수 있다. 그때 하나님이 왜 옳지 못한 체제임에도 "굴복하라. 그리고 존경하라. 너의 도리를 다하라"라고 하셨는지, 하나님의 말씀의 가치를 알게 될 것이다. 하나님은 그 후에 지도자들을 내면으로부터 변화시켜서 하나님 앞에 나오도록 역사하겠다고 말씀하셨다. 바로 이것이 콘스탄티누스대제가 기독교를 받아들이게 된 근본적인 동기가 아닐까?

우리의 가정과 나라 가운데 하나님의 축복과 평화, 번영이 이루어지기를 소망한다. 그러기 위해서는 다른 누구도 아닌, 그리스도인인 내가 먼저 하나님 앞에 무릎 꿇어야 한다.

5장

사랑이 없으면

13:8-14

하나님의 사랑을 받은 자가
하나님의 자녀다운 삶을 살 수 있는 길은 사랑이다.

세상적인 사랑의 한계

성경에서 이웃을 말할 때 핵심 단어는 '사랑'이다. 만약 누군가 우리에게 인생에서 가장 중요한 의미가 담긴 단어가 무엇이냐고 묻는다면 대부분 사랑이라고 답할 것이다. 그만큼 사랑은 인간의 마음을 즐겁고 행복하게 만들어 준다. 세상의 모든 서사와 음악과 미술의 주제 역시 사랑이다. 사랑을 빼면 스토리가 이루어지지 않는다. 슬픔과 고난 가운데서도 사랑을 느끼면 이겨 나가는 힘이 생긴다. 병든 사회에도 사랑이 싹트면 저항력이 생겨서 다시 건전하게 구축할 수 있다. 고대부터 인류는 사랑을 노래했고, 칭송했고, 숭배했다.

나는 청소년 시절에 시를 좋아했다. 언젠가 다시 그 시를 들여다보니 모두 감정을 드러내고 있었다. 여러 시인 중에서도 특히 좋아한 시인은 독일 시인 하인리히 하이네다. 그는 주로 사랑에 대한 시를 많이 썼다. 그 중에 "꽃이 하고픈 말"이라는 제목의 시가 있다.

"새벽녘 숲에서 꺾은 제비꽃/ 이른 아침 그대에게 보내 드리리/ 황혼 무렵 꺾은 장미꽃도/ 저녁에 그대에게 갖다 드리리/ 그대는 아는가/ 낮에는 진실하고/ 밤에는 사랑해 달라는/ 그 예쁜 꽃들이 하고픈 말을."

매우 서정적이면서도 아름다운 시다. 하지만 이런 사랑이 과연 현실에서 지속될 수 있을지, 온전한지 의구심이 든다. 자신의 감정에 젖은 채 지극히 관념적 느낌에만 충실한 고백이기 때문이다. 우리가 자주 사랑에 실패하는 이유는 하나님의 말씀을 듣고 하나님의 사랑을 느끼지만 정작 실제적으로 행하는 사랑의 형태가 세상적이기 때문이다. 성경이 말하는 사랑은 세상 사람들이 말하는 사랑과는 많은 차이가 있다.

본문 8절은 "피차 사랑의 빚 외에는 아무에게든지 아무 빚도 지지 말라 남을 사랑하는 자는 율법을 다 이루었느니라"라고 말하고, 10절은 "사랑은 이웃에게 악을 행하지 아니하나니 그러므로 사랑은 율법의 완성이니라"라고 이야기한다. 성경이 말하는 사랑은 관념이 아니라 헌신적 사랑이며, 감상적 느낌이 아닌 실제적 사랑이다.

바울의 사랑에 대한 해석은 예수님으로부터 왔다. 마태복음에는 한 율법사가 예수님께 질문을 한 일화가 나온다. 그는 예수님께 "선생님 율법 중에서 어느 계명이 크니이까"(마 22:36)라고 여쭈었고, 이어지는 37-40절은 "예수께서 이르시되 네 마음을 다하고 목숨을 다하고 뜻을 다하여 주 너의 하나님을 사랑하라 하셨으니 이것이 크고 첫째 되는 계명이요 둘째도 그와 같으니 네 이웃을 네 자신같이 사랑하라 하셨으니 이 두 계명이 온 율법과 선지자의 강령이니라"라고 기록하며 예수님의 답변을 알려 준다.

예수님은 레위기에 기록된 "원수를 갚지 말며 동포를 원망하지 말며 네 이웃 사랑하기를 네 자신과 같이 사랑하라 나는 여호와이니라"(레 19:18)라는 하나님의 말씀을 탁월하게 해석해 사랑에 대한 명령을 주신 것이다. 여태껏 어느 학자나 율법사, 세상 그 누구도 상상하지 못했던 해석이자 명령이었다. 사실 십계명은 크게 "하나님을 사랑하라"라는 계명과 "이웃을 사랑하라"라는 계명으로 나눌 수 있다. 바울은 사랑이 율법의 완성이라고 말했다. 사랑 안에 율법이 전부 들어 있다.

사랑에 관한 3가지 핵심

바울이 8-10절에서 사랑에 대해 말한 내용은 3가지로 정리할 수 있다.

첫째, 사랑은 우리가 다 갚을 수 없는 빚과 같다. 피차 사랑의 빚 외에는 아무 빚도 지지 말라고 했다. 여기서 강조점은 빚이 아니라 사랑이다. 인생을 살면서 빚 없이 사는 사람은 아무도 없다. 가령 우리는 국가의 보호 아래 여러 방면에서 도움을 받으며 국가에 빚을 진다. 그래서 세금을 내고 생활 규범을 지킴으로써 도리를 다한다. 타인으로부터도 여러 도움을 받는다. 사업을 하는 사람은 누군가로부터 물건을 저렴하게 공급받고 되팔아서 이윤을 남긴다. 넓게 보면 공급자는 내게 도움을 주는 존재다. 이런 종류의 빚은 갚을 수 있다.

하지만 아무리 갚아도 다 갚을 수 없는 유일한 빚이 사랑이다. 사랑을 하면서 '이 정도면 충분해. 사랑을 베풀 만큼 베풀었어'라고 말할 수 있는 사람은 없다. 세상 어느 부모도 자녀에게 모든 사랑을 다 쏟았기에 후회 없다고 말하지 않는다. 오히려 더 잘해 주지 못한 것을 아쉬워할 뿐이다. 사랑은 아무리 주어도 다 줄 수 없고, 다 갚을 수도 없다. 사랑은 이웃에게 악을 행하지 않는다.

둘째, 사랑 안에 모든 계명이 포함되어 있다. 바울은 9절에서 "간음하지 말라, 살인하지 말라, 도둑질하지 말라, 탐내지 말라 한 것과 그 외에 다른 계명이 있을지라도 네 이웃을 네 자신과 같이 사랑하라 하신 그 말씀 가운데 다 들었느니라"라고 말했다. 여기에는 십계명 중에서 이웃 사랑을 말하는 후반부 6개의 계명 중에서 "네 부모를 공경하라"라는 제5계명과 "네 이웃에 대하여 거짓 증거하지 말라"라는 제9계명이 빠져 있다.

바울이 몰랐을 리 없다. 4개의 계명을 기록한 후 "그 외에 다른 계명이 있을지라도"라고 말하면서 십계명뿐 아니라 하나님의 지시가 담긴 더 많은 율법도 사랑 안에 포함된다고 말한 것이다.

진심으로 이웃을 사랑한다면 율법은 문제가 되지 않는다. 부모를 사랑하면 자연적으로 부모를 기쁜 마음으로 공경하게 된다. 살인은 상대방을 사랑하지 않기에 행해진다. 간음은 이웃과 자신의 가정을 소중하게 여기지 않아서 발생한다. 도적질은 타인의 재산에 손해를 끼치는 행위이고, 거짓 증거는 상대의 마음을 파괴하고 명성을 빼앗는다. 탐욕은 검소함과 질서의 이상을 깨뜨린다. 그리고 이 모든 일은 사랑이 없기 때문에 나타나는 현상이다. 진정으로 사랑하면 율법을 어길 수 없다.

셋째, 사랑은 율법의 완성이다. 본문에는 이 표현이 반복된다. 먼저 8절은 "남을 사랑하는 자는 율법을 다 이루었느니라"라고 말하고, 9절은 "그 외에 다른 계명이 있을지라도 네 이웃을 네 자신과 같이 사랑하라 하신 그 말씀 가운데 다 들었느니라", 10절은 "사랑은 율법의 완성이니라"라고 말한다.

우리는 일반적으로 율법과 하나님의 구원의 사랑을 반대 개념으로 본다. 율법이 있을 때는 사랑이 없고, 사랑이 있으면 율법이 없다고 착각한다. 물론 하나님은 율법을 통해서 우리를 구원하지 않으셨다. 하나님이 우리에게 율법을 주셨지만, 인간 가운데 율법을 다 지킴으로써 하나님께 "온전하다", "의롭다" 칭하심을 받을 사람은 아무도 없다. 그래서 하나님은 독생자 예수 그리스도를 이 땅에 보내셨다. 그리스도가 우리 죄의 대가를 치르시고 우리는 그분을 믿고 받아들임으로 하나님이 베푸신 사랑 안에서 구원을 얻었다. 그러므로 우리는 양면을 조화롭게 봐야 한다.

율법은 부정적인 것처럼 보이고, 구원의 사랑은 긍정적으로 느껴진다. 율법은 각각 특정한 항목의 죄와 관련이 있지만, 사랑은 포괄적인 원리라고 할 수 있다. 그러나 역설적이게도 율법이 없는 사랑은 존재할 수 없다. 왜냐하면 율법으로 인해 사랑이 얼마나 큰지를 깨달을 수 있는 근거가 생기기 때문이다. 한편 사랑이 없는 율법은 정죄만 남을 뿐 감화는 없다.

'율법은 쓸모없으며 율법의 끝은 사랑이다'라는 의미가 아니다. 사랑은 율법의 완성이기에 하나님이 주신 모든 말씀을 완성하는 데 절대적인 능력을 발휘한다.

구원의 때가 가까웠으니 서로 사랑하라

바울은 11-12절에서 "또한 너희가 이 시기를 알거니와 자다가 깰 때가 벌써 되었으니 이는 이제 우리의 구원이 처음 믿을 때보다 가까웠음이라 밤이 깊고 낮이 가까웠으니 그러므로 우리가 어둠의 일을 벗고 빛의 갑옷을 입자"라고 말했다. 어떤 신학자들은 11절과 12절을 분리해서 해석하는데, 함께 설명하는 편이 좋은 듯하다.

이 말씀은 '이 시기'가 무엇인지, 왜 이 시기에 사랑이 그토록 중요한지, 또한 왜 점점 더 사랑이 중요하다고 강조하는지를 설명해 준다. 이 시기는 자다가 깰 때다. 멍하니 머뭇거리면서 정신없이 보낼 때가 아니라는 의미다. 처음에 하나님을 믿을 때보다 구원이 가까워졌고 우리는 점점 하나님 앞으로 나아가고 있다. 이제 밤이 끝나고 낮이 열리기 시작했고, 어둠이 물러가고 점점 신앙의 성숙과 은혜의 밝은 데로 나아가게 되었다. 그러므로 과거의 어둠에서 살던 일들을 벗어 버리고 빛의 갑옷을 입어야 한다. 성경은 밤의 자식들이 행하는 방탕과 술 취함과 음란과 호색과 쟁투와 시기를 행하지 말고 낮과 같이 단정하라고 말한다. 하나님 앞에서 단정히 행하라는 의미다.

그리고 바울은 이어지는 14절에서는 "오직 주 예수 그리스도로 옷 입고 정욕을 위하여 육신의 일을 도모하지 말라"라고 말하면서 우리가 나아갈 방향을 알려 주었다. 마치 정욕으로 무장한 사람처럼 정욕에 끌려 살지 말고 그리스도의 교훈과 인도하심을 받는 삶을 살라는 것이다.

여기서 바울은 3가지를 이야기했다. 첫째, '어둠의 일을 벗고 빛의 갑옷을 입으라', 둘째, '밤에 행하는 것처럼 하지 말고 낮에와 같이 단정하게 행하라', 셋째, '육신의 일을 도모하지 말고 그리스도로 옷 입으라.' 이 모든 것을 한 단어로 정리하면 '사랑'이다.

하나님의 아가페적 사랑

평소에 우리는 '사랑'이라는 말을 많이 사용한다. 우리말로 사랑은 한 단어이지만 헬라어로는 여러 가지다. 형제나 부모, 자식 등 혈육의 사랑은 '스톨게', 친구 사이의 정신적 사랑은 '필레아', 남녀 간의 사랑은 '에로스'다. 또한 조건 없이 헌신적인 사랑은 '아가페'다. 하나님의 우리를 향한 사랑이 아가페다. 하나님은 아직 우리가 죄인 되었을 때 독생자를 보내 우리를 사랑으로 건져 주셨다. 우리의 죄, 우리의 악한 행실을 사랑하신 것이 아니다. 인간 자체를 사랑하셨다. 죄를 저질렀고 약함과 우둔함과 게으름과 사악함에 젖어 있는데도 무조건 건지시는 헌신적인 사랑을 베풀어 주셨다. 그것이 아가페다.

그런데 주목할 것은 성경에서 사랑을 말할 때 스톨게, 필레아, 에로스 등 모든 사랑을 아가페로 귀결시키고 있다는 사실이다. 지금까지 이런저런 방식으로 사랑하다가 이제 하나님의 은혜로 예수 그리스도 안에 들어왔다면 하나님의 사랑을 배워서 서로 아가페하라는 뜻이다.

골로새서 3장 12-14절에서 바울은 "너희는 하나님이 택하사 거룩하고 사랑받는 자처럼 긍휼과 자비와 겸손과 온유와 오래 참음을 옷 입고 누가 누구에게 불만이 있거든 서로 용납하여 피차 용서하되 주께서 너희를 용서하신 것같이 너희도 그리하고 이 모든 것 위에 사랑을 더하라 이는 온전하게 매는 띠니라"라고 말했다. 탁월한 지적이다. "이 모든 것 위에 사랑을 더하라"라고 말했다. '이 모든 것'은 당연히 앞서 언급한 긍휼, 자비, 겸손, 온유, 오래 참음이다. 12절 상반 절은 "너희는 하나님이 택하사 거룩하고 사랑받는 자처럼"이라고 말한다. 그렇다면 하나님의 사랑은 긍휼, 자비, 겸손, 온유, 오래 참음이 아닐까? 이 구절을 다시 말하면, "하나님의 사랑을 받은 자로서 행하라. 그리고 이 모든 것 위에 너희의 사랑을 더하라"가 될 것이다.

우리는 사랑하고, 또 사랑하고, 또 사랑해야 한다. 하나님께 받은 사랑을 삶에 그대로 실천해야 한다. 율법을 지킬 수 있는 유일한 방법은 사랑이다. 하나님의 사랑을 받은 자가 하나님의 자녀다운 삶을 살 수 있는 길은 사랑이다. 사탄에 끌려가지 않고 경직되지 않으면서 하나님의 은혜에 거할 수 있는 원동력도 사랑이다. 악을 물리치고 악에 물들지 않으면서 악을 이길 수 있는 힘도 사랑이다.

그렇다면 이처럼 중요한 사랑을 어떻게 실천하고 완성해 갈 수 있을까? 그 답도 성경에 자세히 나와 있다. 고린도전서 13장 4-7절은 "사랑은 오래 참고 사랑은 온유하며 시기하지 아니하며 사랑은 자랑하지 아니하며 교만하지 아니하며 무례히 행하지 아니하며 자기의 유익을 구하지 아니하며 성내지 아니하며 악한 것을 생각하지 아니하며 불의를 기뻐하지 아니하며 진리와 함께 기뻐하고 모든 것을 참으며 모든 것을 믿으며 모든 것을 바라며 모든 것을 견디느니라"라고 자세하게 설명해 주고 있다.

사랑은 세상 사람들이 생각하듯이 감상적이고 일시적인 감정이 아니며, 상대에게 어떤 대가를 바라는 것도 아니다. 세상적인 기준으로 보면, 성경이 말하는 사랑은 불가능한 미션처럼 다가온다. 좋다는 것은 확실히 알겠지만, 실천이 어렵게 느껴진다. 그러나 사랑 외에 모든 문제를 해결할 수 있는 다른 방법은 없다. 사랑은 하나님에 대한 순종이며, 하나님을 기쁘시게 하는 일이고, 하나님의 축복을 받을 수 있는 확실한 수단이다.

결국 세상 모든 것은 사라지지만 사랑만은 천국에 가서도 그대로 유지된다. 이 땅에서는 우리의 정욕과 사탄의 영향을 물리칠 믿음이 필요하다. 역설적이지만 천국에 가면 믿음이 필요 없다. 이 땅에서는 절망과 시련을 견딜 수 있는 소망이 필요하다. 하지만 소망도 천국에서는 더 이상 필요하지 않다. 하나님을 사랑하고 서로 사랑하는 사랑만이 영원히 남는다. 그러므로 지금 사랑을 연습해야 한다. 천국에서는 영원히 사랑해야 하기 때문이다.

"사랑은 언제까지나 떨어지지 아니하되 예언도 폐하고 방언도 그치고 지식도 폐하리라 우리는 부분적으로 알고 부분적으로 예언하니 온전한 것이 올 때에는 부분적으로 하던 것이 폐하리라 내가 어렸을 때에는 말하는 것이 어린아이와 같고 깨닫는 것이 어린아이와 같고 생각하는 것이 어린아이와 같다가 장성한 사람이 되어서는 어린아이의 일을 버렸노라 우리가 지금은 거울로 보는 것같이 희미하나 그때에는 얼굴과 얼굴을 대하여 볼 것이요 지금은 내가 부분적으로 아나 그때에는 주께서 나를 아신 것같이 내가 온전히 알리라 그런즉 믿음, 소망, 사랑, 이 세 가지는 항상 있을 것인데 그중의 제일은 사랑이라"(고전 13:8-13).

이제 우리는 사랑을 진정으로 이해하고 실천할 방법을 모색해야 한다. 흥미롭게도 성경은 사랑을 말할 때 현재진행형을 사용했다. 과거에 많이 사랑했었다는 고백이나 기회가 오면 사랑하겠다는 다짐은 거짓이다. 사랑은 항상 현재진행형이다. 진심으로 사랑하는 사람은 사랑을 미루지도, 마감하지도 않는다. 멈추지 않고 끊임없이 사랑한다.

사랑은 아무리 사랑해도 지나치지 않다고 성경은 말한다. 지나친 것은 세상적 사랑이다. 그리스도의 사랑, 하나님이 모본을 보여 주신 사랑은 아무리 사랑해도 지나침이 없다. 그러나 우리는 '사랑하면 나만 손해일 거야' 하며 염려하고, '상대방이 어떻게 하는지 보고 사랑해야지' 하며 사랑을 재단한다. 이것은 하나님이 말씀하신 사랑이 아니다. 하나님은 우리의 형편을 보고 우리를 사랑하시지 않았다. 적어도 어느 정도의 수준이 되어야 사랑하겠다고 말씀하시지 않았다. 하나님은 아직 우리가 죄인이었을 때 우리를 있는 그대로 사랑하셨다. 우리의 죄인 됨을 알고도 사랑하셨다.

진정한 사랑의 이해와 실천

사랑은 절대 같은 선에서 출발하지 않는다. 하나님과 나의 사랑이 동시에 출발하지 않았듯이 인간의 사랑도 함께 출발하지 않는다. 그리고 싸움이 상대방과 부딪쳐야 일어나는 것과 달리, 사랑은 상대방과 손을 잡아야만 반드시 열매를 맺는 것이 아니다. 사랑은 그 자체로 열매 맺는다. 이것이 사랑의 특징이다.

사랑을 베푸는 자에게는 하나님의 은혜가 계속 임한다. 하나님을 움직이고 싶다면, 하나님의 역사를 경험하기 원한다면 '하나님은 사랑이시다'라는 사실을 잊지 말아야 한다. 사랑은 하나님을 움직일 수 있는 강력한 수단이다. 예수님의 사랑을 누구보다 많이 받았던 요한의 고백을 들어 보자.

> "사랑하는 자들아 우리가 서로 사랑하자 사랑은 하나님께 속한 것이니 사랑하는 자마다 하나님으로부터 나서 하나님을 알고 사랑하지 아니하는 자는 하나님을 알지 못하나니 이는 하나님은 사랑이심이라 하나님의 사랑이 우리에게 이렇게 나타난 바 되었으니 하나님이 자기의 독생자를 세상에 보내심은 그로 말미암아 우리를 살리려 하심이라"(요일 4:7-9).

하나님의 은총과 사랑을 알면 그 사랑에 물들어서 사랑의 행동을 할 수밖에 없다는 것이 느껴진다. 우리도 마찬가지다. 자신이 배우자의 헌신적인 사랑에 빚지고 있다고 생각하는 부부는 행복해진다. 사랑은 결코 나약하지 않다. 사랑은 피해의식에 시달리지도 않는다. 사랑은 하나님과 직접 통하는 길이다.

때로 자녀들이 엇나가서 애를 태울 때가 있다. 그때 율법적 사고방식으로 자녀를 지적하고 책망해서 자녀가 돌아서는 일은 거의 없다. 훈계가 필요 없다는 말이 아니라, 문제를 근본적으로 해결하는 방법은 사랑이라는 뜻이다. 끊임없이 기도하고 사랑으로 이끌면 아이는 부모 품으로 돌아오게 되어 있다. 하나님이 우리를 사랑하시듯이, 하나님의 사랑의 수혜자로서 자녀에게 사랑을 전하면 기쁨과 평안과 소망의 새 출발이 일어난다.

우울감에 빠진 사람에게는 핀잔을 주고, 윽박지르고, 잘못을 지적하기보다 사랑으로 다가가야 한다. 인간적인 사랑이 아니라 그리스도의 사랑으로 접근해야 한다. "사랑은 여기 있으니 우리가 하나님을 사랑한 것이 아니요 하나님이 우리를 사랑하사 우리 죄를 속하기 위하여 화목 제물로 그 아들을 보내셨음이라"(요일 4:10)라는 말씀대로 우리는 독생자를 화목 제물로 보내신 하나님의 사랑을 우리의 삶으로 보여 줘야 한다. 참으로 사랑은 여기 있다. 상대가 나를 사랑하기 때문이 아니라, 내가 상대를 사랑하기에 나 자신을 화목 제물로 드려야 한다. 사랑은 슬프거나 피해 보는 일이 아니다. 사랑은 모든 것을 품고 있으며, 모든 율법의 완성이다.

하나님의 사랑을 받았다면 하나님의 사랑을 흉내 내 보자. 우리는 하나님의 사랑만큼 나타내지는 못하겠지만 사랑을 실천하려고 계속 노력해야 한다. 그러다 보면 어느 순간 하나님의 축복과 능력이 나타날 것이다. 사랑으로 일어서고, 사랑으로 하나님의 영광 가운데 나가는 것, 사랑만이 모든 일을 해결하는 유일한 답이다.

사회에서 크리스천으로 산다는 것이 무엇인가

사회 구성원으로서의 삶에 대해서 성경은 '한 나라의 국민으로서 나라의 권위를 인정하라'라고 말한다. 우리는 국민으로서 의무를 다해야 한다. 사실 권세 앞에 굴복하고 권위를 인정하고 국민의 도리를 다하라는 말에는 하나님의 깊은 사랑이 담겨 있다. 권세를 인정함으로 불필요한 피를 흘리지 않도록 우리를 보호하려는 하나님의 마음이다. 또한 진정한 개혁과 변화는 외부가 아니라 내부에서부터 시작되어야 한다는 하나님의 뜻이다. 인위적이고 외형적인 충격을 가해 무너뜨리고 일어선 것은 절대로 온전하지 못하다. 모든 생사화복의 주권은 하나님께 있기 때문이다. 모든 것은 하나님이 심판하고 축복하신다.

그러므로 우리는 권세를 인정하고, 세금을 내는 것과 같은 국민의 의무를 다해야 한다. 탈세하던 사람이 다스리는 자가 된다면 세금 내라고 당당히 명령할 수 있을까? 그는 심판을 받게 될 것이다.

이웃 간에도 도리를 다하고 사랑의 빚 외에는 빚지는 일이 없게 하라고 말씀하신다. 물론 여기서 말하는 것은 단지 금전적 빚이나 경제 문제가 아니다. 타인을 괴롭히고 사람과 이해관계에 얽히는 일을 말하는 것이다. 사랑 안에 모든 계명이 포함되어 있다. 사랑이 율법의 완성이다.

이웃을 사랑하기 힘든 순간들이 있지만 그보다 더 중요한 것은 그리스도의 사랑으로 사랑해야 한다는 점이다. 그리스도께서 우리가 죄인 되었을 때 있는 그대로 사랑하신 것을 기억하며, 상대방을 사랑해야 한다. 상대방이 어느 수준이라야 사랑하는 것이 아니라는 뜻이다. 사랑의 빚 외에는 지지 말라고 하셨지만 상대방을 사랑하다가 손해를 볼 때도 있고 실족할 때도 있다. 하지만 사랑을 베푸는 자에게 하나님의 은혜가 임한다. 여기서 가장 중요한 것은, 인간적 사랑이 아니라 우리를 위해 화목제물로 오신 그리스도의 사랑을 우리의 삶을 통해 보여 주어야 한다는 사실이다. 하나님의 사랑을 흉내 내면서 하나님의 사랑 속으로, 하나님 앞으로 자연스럽게 인도해야 한다. 하나님의 사랑 안에서 우리가 구원을 받았듯이 우리가 속한 사회도, 공동체도, 사랑하는 이들도 구원받도록 해야 한다. 사회 구성원으로서 우리는 사랑의 모본 되신 하나님을 흉내 내며 구원으로 안내하는 참사랑을 전해야 한다.

점점 구원의 때가 가까워지고 있다. 우리는 언젠가 세상을 떠난다. 그러므로 어두움의 일들에서 속히 벗어나고, 그리스도의 빛의 갑옷을 입어야 한다. 어둠의 자식들처럼 살지 말고 하나님의 자녀들답게 살아야 한다. 술 취함과 방탕과 음란과 다툼과 시기와 질투를 버리고 그리스도의 사랑으로 살아야 한다.

6장

모든 일을
주를 위하여

14:1-12

그리스도의 사랑의 눈으로 보면
상대도 나처럼 주님이 구원하셨다는 사실을 인정하게 된다.

믿음이 연약한 사람

신앙은 예수 그리스도를 통해 하나님을 믿는 것이다. 신앙은 한순간의 결단과 작용으로 끝나지 않는다. 매 순간 신앙을 의지해 하나님과 동행하는 삶을 살아야 한다. 그래서 '신앙생활'이라고 한다. 신앙생활의 가장 좁은 단위는 나 자신이며, 가정이다. 그리고 교회, 사회 등으로 점점 넓혀진다.

우리는 혼자가 아니라 더불어 신앙생활을 하기 때문에 때때로 다른 사람을 보면서 판단하기 쉽다. 반대로 자신이 지적을 받을 수도 있다. 이것은 신앙의 깊이가 달라서 비롯된 문제다. 성경은 공동체 구성원들 사이에서 어떻게 서로를 이해하고 신앙생활을 할 것인지를 알려 준다.

첫째, 1절은 "믿음이 연약한 자를 너희가 받되 그의 의견을 비판하지 말라"라고 말한다. 믿음이 연약한 자를 무시하거나 비판하지 말고, 그렇다고 잘못된 행동을 옹호하거나 따라 하지는 말고, 수용하고 환영하며 받아들이라는 것이다.

둘째, 3절에 비슷한 말씀이 나온다. "먹는 자는 먹지 않는 자를 업신여기지 말고 먹지 않는 자는 먹는 자를 비판하지 말라 이는 하나님이 그를 받으셨음이라"라고 말한다. 그리고 4절에서 "남의 하인을 비판하는 너는 누구냐"라고 하면서 "너 역시 판단받을 사람이 아니냐?"라고 묻는다. 결론적으로, 함부로 남을 비판하지 말라는 말씀이다. 예수 그리스도를 믿고 그리스도 안에 들어온 우리는 그리스도 안에서 한 형제요, 구원의 한길을 걷는 동무요, 하나님 나라를 향해 나아가는 동지다. 그러므로 상대를 함부로 비판하거나 판단하는 일은 금물이다.

셋째, 4절은 "남의 하인을 비판하는 너는 누구냐 그가 서 있는 것이나 넘어지는 것이 자기 주인에게 있으매 그가 세움을 받으리니 이는 그를 세우시는 권능이 주께 있음이라"라고 말한다. 상대 또한 하나님의 자녀라는 의미다. 그러므로 주님의 권능으로 세우신 그를 비판하지 말라는 것이다. 5절 하반 절에서 바울은 "각각 자기 마음으로 확정할지니라"라고 말했다. 각자 그 마음에 정한 대로 하는 것이니 함부로 타인을 판단하지 말라는 뜻이다. 예수님이 변화시키실 것이니 비판하고 뜯어고치려고 애쓰지 말라고 말했다. 주관자는 분명히 하나님이시다. 만약 우리가 누군가에 대해 연약하고 믿음이 부족하다고 비판하고 판단한다면, 그 비판은 하나님 앞에서 행하는 일로서 하나님을 대항하는 행위가 된다.

동생이 아버지께 예의없이 행동했다고 하자. 그렇다고 형이 아버지 앞에서 동생을 때리거나 호되게 야단친다면 어떻게 되겠는가? 형이 아버지께 예의를 갖추지 못해 오히려 아버지를 괴롭고 안타깝게 만들어 버린다. 아버지가 형에게 "동생을 훈계해라"라고 명령하면 순종할 수는 있어도, 아버지가 보는 앞에서 동생을 거칠게 타박하는 행동은 불효다. 이렇듯 하나님이 우리 앞에 살아 계시고 역사하시는데 우리가 형제를 비판하거나 판단하는 일은 옳지 않다.

그렇다면 우리가 비판의 대상으로 삼지 말아야 할 '연약한 자'에서 '연약하다'란 무슨 뜻일까? 영어 성경은 '연약하다'를 'weak'로 표현하고 있다.

연약한 자는 신앙은 있지만 담대하게 신앙 행위를 하지 않고, 우유부단하고, 지나치게 민감한 상태에서 겁과 의심이 많아 병든 신앙인을 뜻한다.

사실 우리는 모두 이처럼 연약한 상태에 처할 수밖에 없는 존재였다. 하나님을 믿기 전에 우리에게는 신앙이 없었다. 또 대부분의 사람은 하나님을 믿었다고 단번에 기존의 생활 습성을 깨끗이 버리고 변하지는 못한다. 섬김의 대상은 완전히 바뀌지만, 신앙생활의 습관은 서서히 변한다. 따라서 이러한 모습을 신앙 척도로 바라보고 비판하기보다는 신앙의 깊이나 강도의 차이로 보는 것이 좋다.

서로 사랑하고 이해하고 수용하라

성경은 우리가 신앙과 관련해서 어떤 잘못된 비판을 하는지에 대해 두 가지 구체적인 예를 보여 준다. 먼저, '믿음이 연약한 자'에 대해 "어떤 사람은 모든 것을 먹을 만한 믿음이 있고 믿음이 연약한 자는 채소만 먹느니라"(2절)라고 말한다. 모든 것을 먹는 사람은 강한 자를, 채소만 먹는 사람은 약한 자를 나타낸다. 5절은 또 다른 문제를 예로 들며 "어떤 사람은 이 날을 저 날보다 낫게 여기고 어떤 사람은 모든 날을 같게 여기나니 각각 자기 마음으로 확정할지니라"라고 말한다. 이 날보다 저 날이 낫다고 여기는 사람이 있고 모든 날이 똑같다는 사람이 있는데, 자기가 좋게 여기는 대로 하면 된다는 것이다.

당시 로마인들은 짐승을 잡으면 짐승의 전부를 우상에게 제물로 바쳤다. 생명을 죽이는 일이므로 신으로부터 허락을 받아야 한다는 관념 때문이었고, 한편으로는 자신이 죽인 짐승의 혼이 자신을 공격하지 못하도록 신에게 바친 후에 다시 신으로부터 받는 모양새를 취했다. 자연적으로 예수님을 믿는 사람들은 우상에게 바쳤던 제물은 먹을 수 없다며 채소를 먹었다. 그들 중 어떤 사람들은 '음식 자체에는 아무런 문제가 없으므로 백번 제사를 드렸다 해도 먹는 데는 상관없다'는 입장을 취했다. 신앙인들 가운데 마음이 여린 사람은 이러한 문제에 민감하다. 하지만 하나님을 믿고 굳건하게 서 있는 사람은 겁먹지 않는다.

이런 구분 짓기는 오늘날에도 여전히 존재한다. 어떤 사람은 제사드린 음식을 먹지 못한다. 먹기 싫어서 안 먹는 것이 아니라, 음식을 먹으면 음식을 타고 귀신이 내 속으로 들어온다고 생각하는 것이다. 또 어떤 이들은 길일이니 흉일이니 하며 날짜를 구분한다. 결혼식이나 이삿날은 언제가 좋은지, 몇 시에 출발해야 좋은지 등을 따진다. 사실 하나님을 진정으로 믿는 사람들에게 날은 걸림돌이 되지 않는다.

반대로 어떤 사람은 이런 부분에서 극단적으로 생각해 신앙이 연약한 사람을 무조건 공격한다. 주일에는 책도 읽지 말아야 하고, TV를 봐서도 안 된다고 강조한다. 물론 안식일을 거룩히 여기고 주일을 잘 지키는 것은 매우 중요하다. 그러나 다른 사람을 비판하고 남을 정죄하려는 용도로 사용해선 안 된다. 하나님은 내가 바르게 행해서 하나님과 올바른 관계를 맺고 그분의 은총 속에서 살기를 바라시지만 다른 사람을 비판하라고 하시지는 않았다.

원칙적인 사람들은 모든 것을 계율적으로 판단한다. 하나님의 말씀의 진정한 뜻이 무엇이고 하나님이 기뻐하시는 일이 무엇인가를 생각하지 않고, 옳고 그름만 융통성 없이 따지려 한다. 또한 그들은 자기중심적이다. 자신이 하는 일이 기준이 되고, 그 기준이나 바라는 수준에 상대가 못 미치면 비판한다. 그들은 교만에 빠지기 쉬우며, 스스로 판단하고, 남을 무시하고, 정죄한다.

바울은 무엇은 맞고, 무엇은 틀리다고 쉽게 단정 짓지 않았다. 단지 강하다, 약하다고 했을 뿐이다. 신앙이 깊은 경우가 있고, 아직은 얕은 상황도 있다. 어떤 사람은 A라는 면에서 강하고 다른 사람은 A라는 면에서는 약하지만 B라는 면에서는 강할 수 있다. 따라서 타인을 함부로 판단하거나 비판할 문제가 아니다. 하나님을 믿는다면 모든 일을 하나님이 처리해 주실 줄 믿고 하나님을 의지하며 그분 앞에서 믿음으로 씩씩하게 살아야 한다.

연약한 형제를 대하는 3가지 자세

그렇다면 우리는 연약한 자, 하나님을 믿지만 옳지 않은 모습을 가진 형제를 어떻게 대해야 할까? 바울은 우리에게 3가지 자세를 알려 준다.

첫째, 비판하지 말고 받아들이는 것이다. 1절과 3절은 각각 "믿음이 연약한 자를 너희가 받되 그의 의견을 비판하지 말라", "먹는 자는 먹지 않는 자를 업신여기지 말고 먹지 않는 자는 먹는 자를 비판하지 말라 이는 하나님이 그를 받으셨음이라"라고 말한다. 하나님이 받아들이셨다면 내가 굳이 상대를 비판할 필요가 없다. '받는다'라는 말은 '이해하고 수용한다'라는 뜻이다. 연약한 행동을 옹호하라거나 따라 해도 좋다는 뜻이 아니다. 상대의 본래 성품으로 여겨 받아들이라는 것이다. 단번에 변화하는 사람이 있지만, 서서히 점진적으로 변하는 사람도 있다. 또 어떤 사람은 미온적으로 있다가 어느 한순간에 변한다. 모두 하나님이 하시는 일이다. 우리가 관여할 수 있는 영역이 아니다. 과거 연약하고 부족한 자였던 내가 하나님의 사랑을 받아 은혜의 자리에 있다는 확실한 인식만 있다면 상대를 비판이나 정죄의 눈이 아닌 사랑의 눈으로 볼 수밖에 없다.

주님이 원하시는 것은 우리가 주님과 온전히 하나 되어 하나님께 영광 돌리는 삶을 사는 것이다. 이를 위해 우리는 연약한 자를 사랑하고, 이해하고, 수용하면서 하나님이 연약한 자를 잘 다듬어 주실 줄 믿고 기도하며 도와주어야 한다. 주님의 사랑을 마음에 품고 있으면 타인을 비판하고 정죄하는 일이 현저히 줄어든다.

할아버지, 할머니는 손주가 엄마에게 혼날 때 말린다. 손주가 너무 사랑스러우니까 아이의 약점까지도 사랑으로 덮이는 것이다. 때로 남편이 실망스러운 일을 저지르면 아내 입장에서는 자식에게 면목이 없어진다. 그때 남편을 사랑하는 아내라면 아이들에게 "그래도 너희 아빠가 참 정이 많지 않니?"라며 남편을 감싸 준다. 사랑하는 사람들의 언어의 특징은 '그래도'라는 말을 자주 사용한다는 것이다. 그들은 매사에 "그래도 좋지 않니?"라고 말한다.

우리는 예수 그리스도를 믿어서 이 어두운 죄악 세상 가운데 구원의 길을 같이 가는 친구요, 형제다. 그러므로 좀 늦게 따라온다고, 좀 불편하다고 비난하지 말자. 그리스도의 사랑의 눈으로 보면 상대도 나처럼 주님이 구원하셨다는 사실을 인정하게 된다.

둘째, 주를 위하여 하는 것이다. 6절 상반 절에서 바울은 "날을 중히 여기는 자도 주를 위하여 중히 여기고 먹는 자도 주를 위하여 먹으니"라고 말했다. 기준은 '너를 위해서'나 '나를 위해서'가 아니라, '하나님을 위해서' 다. 기준이 가장 중요하다. 갈등과 다툼이 일어나고 서로 섭섭해지는 원인은 기준이 나에게 있기 때문이다. 나의 기준으로 바라보기 때문에 "왜 내가 생각하는 기준대로 움직여 주지 않는가? 적어도 이 정도는 해 주어야 하지 않는가?" 하면서 따지고 판단하게 된다.

그러나 우리는 모든 일을 '주를 위하여' 해야 한다. 먹는 자도 주를 위하여, 먹지 않는 자도 주를 위하여, 특정한 날을 소중히 여기는 자도 주를 위하여, 모든 날이 괜찮다고 여기는 자도 주를 위하여 해야 한다. 그러면 문제 될 것이 없다. 진심으로 주님을 바라보면 주님이 모든 문제를 해결하시고 연약한 자를 고치고 세워 주실 것이므로 서로 갈등할 이유가 없다.

셋째, 모든 것을 하나님께 감사하는 것이다. 바울은 "이는 하나님께 감사함이요 먹지 않는 자도 주를 위하여 먹지 아니하며 하나님께 감사하느니라"(6절 하)라고 말했다. 중요한 자세다. 하나님이 보시고 하나님이 하신다. 하나님이 인도하시고, 하나님이 주장하시고, 하나님이 일으켜 세우실 것이므로 우리는 하나님께 감사해야 한다. 그러면 다툼과 갈등이 현저하게 줄어들 것이다.

탕자의 비유에서 아버지는 집 나간 둘째 아들이 돌아오자 기뻐하며 잔치를 벌였다. 그러나 맏아들은 아버지가 그동안 아버지께 순종하며 살았던 자신보다 동생을 환대하자 섭섭해하며 서러워했다. 만약 맏아들이 "동생이 돌아오다니 감사하네요. 지금이라도 회개하고 돌아왔으니 다행입니다"라고 말했다면 그는 강한 자요, 동생은 약한 자가 되었을 것이다. 아마도 그런 마음을 가졌다면 맏아들은 밝게 빛났을 것이다.

성경은 우리의 눈이 하나님이 아니라 연약한 사람을 향해 있으면 거기서 헤어나지 못한다는 사실을 보여 준다. 하나님을 바라보며 감사하지 않고, 스스로 속을 썩이고 눈에 거슬리는 사람에게 모든 관심을 쏟으면 몰락하게 되어 있다. 눈을 돌려 하나님을 바라보라. 그러면 감사가 저절로 나온다. 다른 사람이 잘되는 모습을 보고 시기하는 것이 아니라 하나님이 내게도 다른 방법으로 인도하실 것을 믿고 찬양하게 된다. 바울은 고린도후서 1장 20-22절에서 이렇게 말했다.

> "하나님의 약속은 얼마든지 그리스도 안에서 예가 되니 그런즉 그로 말미암아 우리가 아멘 하여 하나님께 영광을 돌리게 되느니라 우리를 너희와 함께 그리스도 안에서 굳건하게 하시고 우리에게 기름을 부으신 이는 하나님이시니 그가 또한 우리에게 인 치시고 보증으로 우리 마음에 성령을 주셨느니라"(고후 1:20-22).

하나님은 능히 모든 것을 세우시고, 고치시고, 영광의 자리로 인도하시는 분이다. 따라서 우리에게는 모든 것이 "네, 주님"일 뿐이다. 내 기준으로 판단하는 것이 아니라 "아멘" 하고 받아들이고 나아가면 하나님이 우리를 그리스도 안에서 견고하게 하시고, 성령으로 충만하게 하시고, 참 축복의 자리로 인도해 주신다.

우리 자신도 연약한 자다. 그러므로 다른 사람을 받아들여야 한다. 때로는 자기 배우자가 왜 연약한 자리에 머물러 있는지 괴로워하고 불평할 수 있다. 그러나 하나님이 그를 받아들이셨다면 나도 받아들여야 한다.

하나님 중심으로 판단하고, 하나님이 세우실 것을 믿고 감사하면, 하나님이 우리의 가정을 일으켜 세우실 것이다. 또한 하나님이 교회에 역사하시고, 내 삶에 충만하게 나타나실 것이다. 우리가 할 수 있는 것은 오직 "네, 주님, 기도하고 기대합니다"라는 말뿐이다.

본문 7-9절은 더 분명하게 우리가 누구인지를 말해 준다. 우리가 함부로 판단이나 비판, 정죄와 업신여김을 하지 말아야 하는 이유를 알려 준다.

> "우리 중에 누구든지 자기를 위하여 사는 자가 없고 자기를 위하여 죽는 자도 없도다 우리가 살아도 주를 위하여 살고 죽어도 주를 위하여 죽나니 그러므로 사나 죽으나 우리가 주의 것이로다 이를 위하여 그리스도께서 죽었다가 다시 살아나셨으니 곧 죽은 자와 산 자의 주가 되려 하심이라"(7-9절).

첫째, 우리는 주님의 것이다. 우리는 살아도 주님의 것이고, 죽어도 주님의 것이기에 비판하지 말아야 한다. 그런데 성도들 중에 자신이 주님의 것이라는 사실을 진심으로 고백하지 못하는 경우가 간혹 있다. 하지만 "나는 주님의 것입니다"라는 간결하고 강력한 고백이야말로 신앙의 핵심이다.

지금까지 우리는 죄와 정욕 가운데 살았다. 육신의 소유욕으로 삶을 영위하며 자신을 주인으로 삼았다. 그 결과는 멸망이었고, 그 삶의 과정은 울퉁불퉁한 질곡이었다. 그러나 이제는 나는 죽고 그리스도 안에서 다시 살아나 영원한 생명을 얻었다. 그렇다면 마땅히 그리스도가 주인 되신 삶을 살아야 한다. 어설프고, 부족하고, 거칠고, 정욕적인 자아가 다스리는 인생은 끝났다. 우리는 나를 위하여 자기 몸을 버리신 하나님의 아들, 그리스도의 사랑 가운데 그분의 인도하심을 받으며 살아간다.

둘째, 내가 나의 것이 아니고 주의 것이듯이, 내가 비판하고 판단하는 상대방도 주의 것이다. 그러므로 주님의 것을 함부로 비판해선 안 된다. 9절에서 바울은 "이를 위하여 그리스도께서 죽었다가 다시 살아나셨으니 곧 죽은 자와 산 자의 주가 되려 하심이라"라고 말했다. 나의 정욕과 죄를 위해 그리스도가 죽으셨다. 육신의 존재에서 나를 구원하신 그리스도의 존재로 바뀐 것이다. 이처럼 자신이 주의 것이라는 사실을 믿는다면 상대 방도 주의 것이므로 함부로 판단하거나, 정죄하고, 비판하는 행위가 하나 님께 결례가 된다는 것을 깨달아 행하지 않는다.

바울은 이어지는 10절에서는 "네가 어찌하여 네 형제를 비판하느냐 어 찌하여 네 형제를 업신여기느냐 우리가 다 하나님의 심판대 앞에 서리라" 라고 말했다. 판단과 비판의 대상이 남이 아니라 '형제'라고 했다. 형제는 비판의 대상이 아니라 사랑의 대상이다. 비록 내 형제가 잘못했더라도 남 이 비판하면 옳은 말이라도 좋게 들리지 않는다. 이처럼 형제는 절대 비 판이나 판단, 정죄의 대상이 아니다.

셋째, 우리 역시 심판받아야 할 자다. 바울은 11-12절에서 이사야서 말 씀을 인용해 "기록되었으되 주께서 이르시되 내가 살았노니 모든 무릎이 내게 꿇을 것이요 모든 혀가 하나님께 자백하리라 하였느니라 이러므로 우리 각 사람이 자기 일을 하나님께 직고하리라"라고 말했다. 모든 사람 이 하나님 앞에서 무릎을 꿇고 자기 죄를 낱낱이 자백할 수밖에 없다. 성 경은 우리 자신도 심판대 앞에 서야 하므로 형제를 비판하고 정죄하지 말 라고 한다. 우리는 판단자가 아니라 심판받아야 할 자다.

우리는 모두 '공사 중'이다

우리는 다 같이 예수 그리스도를 믿고 하나님의 은혜 속에 들어왔다. 예수님이 십자가에 못 박혀 돌아가시고 부활하심으로 우리가 받은 구원의 은총은 다른 조건이 필요하지 않은 완제품이다. 그러나 구원받은 우리는 영원한 구원의 자리로 나아가기 전까지는 온전하지 못하다. 구원받은 자로서 오늘도 개선되는 과정 중이다. 다른 말로 '성화'를 이루어 가고 있다. 다른 사람도 지금 성화 과정 중이다.

건물을 새로 짓거나 도로공사를 할 때면 항상 그 앞에 '공사 중'이라고 쓰인 팻말을 놓는다. 나도 그리스도 안에서 공사 중이고 상대방도 공사 중이다. 공사를 시작한 지 1년 된 내가 공사를 시작한 지 이제 한 달 된 자에게 먼지 나고 시끄럽다고 비난할 수 없다. 우리는 전부 공사 중이기 때문이다.

우리는 모두 심판대 앞에 설 것이다. 심판대에 나가서도 형제를 향해 비판할 수 있을까? 하나님의 심판대는 자기 문제를 고백하는 곳이지, 타인의 문제를 논하는 자리가 아니다. 자기모순과 약점은 생각하지도 않고 다른 사람을 정죄하고 판단하면서, 반대급부로 나는 괜찮은 사람인 척하는 태도는 옳지 않다. 그렇다고 무엇이든 비판하지 말고 판단을 금하라는 의미는 아니다. 비진리의 문제에서는 잘못이라고 말할 수 있다. 거짓이나 위선은 분명히 비판해야 한다. 판단이나 비판하지 말라는 말씀은 상대의 흠을 들추거나, 정죄하고, 얕잡아 무시하는 행위를 경계하라는 의미다.

비판과 판단의 행위는 교만에서 나오고, 상대방을 윽박지르고 누르려는 저의를 지닌다. 하나님은 사람을 부르고, 받아들이고, 세우는 일을 하신다. 성도를 향한 판단과 비판은 하나님의 역사를 방해하는 행위일 뿐이다. 하나님이 사람의 연약함을 어떻게 다듬으실지, 길게 연단하실지 짧게 하실지 등은 모두 하나님의 주권에 달린 문제다. 우리는 하나님의 주권을 침범하는 행위를 하지 말아야 한다. 또한 판단과 정죄는 상대방의 노력에 힘을 빼 버려서 신앙의 좌절 상태에 처하게 할 수도 있다. 그러므로 믿음이 연약한 자를 쉽게 판단하거나 정죄해선 안 된다.

좀 더 크게 보면, 판단과 정죄에는 신앙에서 항상 강조되어야 하는 '하나님 중심'이 빠져 있다. 우리는 모든 것을 '주를 위하여', '사나 죽으나 주를 위하여' 해야 한다.

대체적으로 비판을 잘하는 사람은 독선적이라는 특징이 있다. 그는 나름대로의 신앙관과 판단으로 상대방을 정죄한다. 어느 집사가 주님을 사랑하는 마음으로 며칠간 금식한다고 하자. 그런데 자기처럼 금식하지 않는 사람은 그리스도인으로서 자격이 없다고 판단한다면 과연 옳을까? 금식은 자발적 헌신으로 이루어지는 것이다. 그렇기에 자신의 기준과 자의적 해석으로 독선에 빠져서 다른 사람을 정죄하고 판단해선 안 된다.

모든 일에서 하나님이 신앙인들에게 계속해서 하시는 말씀은 "하나님 중심인가? 하나님이 원하시는 것이 진정 무엇인가를 생각하라"라는 것이다. 그리스도가 우리를 위해 죽으셨다. 그러므로 우리의 죄와 정욕이 그분 안에서 죽었다. 그리스도가 우리를 위해 부활하셨다. 그러므로 이제 우리는 그리스도의 것이 되었다. 이제는 그리스도의 눈으로 용서하고, 사랑하고, 끌어 주면서 서로를 바라봐야 한다. 우리가 타인을 판단하고 비판하면 하나님 중심, 그리스도 중심을 상실하게 된다. 물론 상대에게 연약한 부분이나 마음에 들지 않는 부분이 있을 것이다. 하지만 그리스도의 눈으로 보면 심판이 아니라 사랑과 도움, 구원의 방향으로 나아갈 수 있다.

바울은 고린도전서 12장 13절에서 "우리가 유대인이나 헬라인이나 종이나 자유인이나 다 한 성령으로 세례를 받아 한 몸이 되었고 또 다 한 성령을 마시게 하셨느니라"라고 말했다. 누구든지 그리스도 안에서는 하나다. 가정에서 부모와 자식, 그리고 부부, 교회 안에서 성도와 성도는 모두 그리스도 안에서 하나다. 이렇게 생각하면 서로를 판단하고, 비판하고, 정죄할 일이 사라진다. '그리스도 안에서 하나'라는 말은 통일성과 조화를 품은 매우 중요한 표현이다.

"그에게서 온몸이 각 마디를 통하여 도움을 받음으로 연결되고 결합되어 각 지체의 분량대로 역사하여 그 몸을 자라게 하며 사랑 안에서 스스로 세우느니라"(엡 4:16).

우리는 예수 그리스도를 머리로 모신 한 몸의 지체로서 서로 연결되어 있다. 따라서 연합하고 각자의 역할을 잘 감당해 사랑 안에서 함께 세워 나가야 한다. 우리가 잘되기 위한 방법은 하나 되어 결합하고 돕는 것이다. 상대방은 비판을 받아야 하는 대상이 아니라 도와주어야 하는 사람이고, 나 역시 도움을 받아 서로 하나 되어야 하나님의 뜻을 이룰 수 있다.

사랑만이 모든 것을 가능하게 한다

결국 우리 사이의 핵심은 하나님이시며, 하나님의 영광을 드러내는 일은 우리 모두의 목표다. 고린도전서 6장 19-20절은 "너희 몸은 너희가 하나님께로부터 받은 바 너희 가운데 계신 성령의 전인 줄을 알지 못하느냐 너희는 너희 자신의 것이 아니라 값으로 산 것이 되었으니 그런즉 너희 몸으로 하나님께 영광을 돌리라"라고 말하면서 이 사실을 우리에게 알려 준다.

좋은 가정, 좋은 교회, 좋은 사회가 되려면 어떻게 해야 할까? 또한 반대로 어떻게 하면 나쁜 가정, 나쁜 교회, 나쁜 사회가 되는 것일까? 서로 하나 되어 조화를 이루고 도우면서 하나님께 영광을 돌린다면 좋은 가정, 좋은 교회, 좋은 사회를 이룰 수 있다. 반대로 서로 비판하고, 정죄하고, 다투고, 반목을 되풀이하면 나쁜 가정, 나쁜 교회, 나쁜 사회가 될 것이다. 이 사실을 생각하면 갈등과 반목, 타인에 대한 판단과 비난을 행하는 횟수가 현저하게 줄어든다. 팔과 발이 서로를 비난하는 일이 가능할까? 그보다는 서로 도울 것이다. 손이 무언가를 가지러 갈 때 발이 그곳까지 이동하도록 도와주고, 발이 아프면 손이 어루만져 줄 것이다. 이처럼 지체는 서로 도와야 한다. 혼자서는 절대로 온전할 수 없다.

우리나라의 일제 식민 통치 역사에서 뼈아픈 교훈을 얻을 수 있다. 한국은 삼국 시대나 고려 시대만 하더라도 일본에 많은 영향을 주었다. 하지만 어느 순간 일본을 따라가는 입장이 되었고 식민지를 경험하게 되었다. 무엇이 문제였을까?

여러 이유가 있지만, 무엇보다 일본은 일찌감치 내부 싸움에서 벗어나 세계로 눈을 돌렸다. 세계 문물을 받아들여 빨리 밖으로 나가려 노력했고, 점차 세계적 수준으로 올라갔다. 그래서 세계 제패라는 망상을 했는지도 모르겠다. 그런데 한국은 세계 문물을 수용하는 것을 마치 나라를 빼앗기는 것으로 생각해 문을 걸어 잠갔다. 그리고 내부에서 서로를 비판하고, 갈등하며, 반목을 되풀이했다. 우리끼리 싸우다가 힘이 빠져서 문을 닫아 놓았는데 집이 통째로 날아가는 사건이 벌어지고 말았다.

우리는 사랑이라는 단어를 자주 사용한다. 하지만 독선의 틀을 벗어나지 못한 채 욕심으로 가득한 것은 사랑이라고 할 수 없다. 사랑은 그리스도다워야 한다. 우리는 사랑이라는 전제 아래 상대에게 관심을 보이다가 흥미를 잃으면 금세 비판과 증오로 얼굴을 바꾼다. 우리가 궁극적으로 나가야 하는 자리는 성경이 말하는 최고의 핵심이다. 즉 "내가 너희를 사랑한 것같이 너희는 하나님을 사랑하고, 서로 불쌍히 여기고 사랑하라"라는 예수님의 말씀이다. 독선의 틀을 벗고, 욕심을 뒤로하고, 인내하면서, 상대를 사랑으로 도울 때 우리는 하나님께 영광을 돌리게 된다. 그때 하나님의 축복과 은총과 번영을 맛보게 된다.

언젠가 책에서 이런 이야기를 읽은 적이 있다. 어렵지만 행복하게 사는 부부가 있었는데, 아내는 음식을 하면서 남편에게 항상 당부했다. "이 빨간 조미료 통은 절대로 들여다보지 마세요. 당신이 들여다보면 앞으로는 내 요리를 맛볼 수 없을 거예요." 남편은 그 통에 장모님으로부터 물려받은 비밀 재료가 들어 있는 모양이라고 생각했다. 아내는 비밀 재료를 아껴서 사용했는데, 한 번만 사용해도 효과가 나타났고, 요리는 늘 훌륭했다.

그렇게 몇 년이 흐른 어느 날, 남편은 그 빨간 조미료 통이 무척 궁금했다. 도대체 무엇이 들어 있는지 궁금증이 부풀어 올라 걷잡을 수 없었다. 아내의 다짐을 떠올렸지만 보고 싶은 욕망을 억누를 수가 없어서 조심스레 빨간 통을 열어 보았다. 그는 깜짝 놀랐다. 통 속에는 조그마한 종이쪽지가 들어 있었는데, 장모님의 서툰 글씨가 적혀 있었다. "딸아, 무슨 요리든지 사랑을 넣는 것을 잊지 마라." 남편은 아내의 요리가 왜 그렇게 맛이 있었는지, 그 비결이 무엇인지 비로소 알 수 있었다.

모든 것을 치료하는 것이 바로 하나님의 사랑이다. 하나님의 사랑을 우리의 삶에 그대로 적용해 보자. 서로를 사랑의 눈으로 바라보고 진정으로 사랑하자. 그러면 서로 다투고, 반목하고, 정죄하는 일이 사라지지 않겠는가? 요한일서 3장 10-11절에서 요한은 "이러므로 하나님의 자녀들과 마귀의 자녀들이 드러나나니 무릇 의를 행하지 아니하는 자나 또는 그 형제를 사랑하지 아니하는 자는 하나님께 속하지 아니하니라 우리는 서로 사랑할지니 이는 너희가 처음부터 들은 소식이라"라고 말했다. 또한 베드로는 "무엇보다도 뜨겁게 서로 사랑할지니 사랑은 허다한 죄를 덮느니라"(벧전 4:8)라고 말했다.

판단과 비판으로는 되는 일이 없다. 타인을 정죄하고, 비난하고, 업신여긴다면 나 역시 행복할 수 없다. 비판하지 않으려고 애쓰는데도 계속 정죄하는 모습이 드러난다면 "하나님, 제게는 다른 문제가 아니라 사랑에 문제가 있어요"라고 고백해야 한다. 그리고 하나님께 그리스도의 사랑을 깨닫게 해 달라고 기도하라. 그리스도의 사랑으로 나아가면 다툼이 없고 하나님의 은혜가 넘친다. 오늘 내게 역사하시는 하나님의 손길에 축복이 임한다. 그리고 하나님의 심판대에 섰을 때 그 자리는 더 이상 심판대가 아니라 상을 받는 자리가 될 것이다.

7장
의와 화평과 기쁨으로

14:13-23

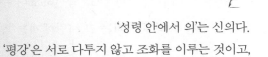

'성령 안에서 의'는 신의다.
'평강'은 서로 다투지 않고 조화를 이루는 것이고,
'희락'은 그리스도로 말미암은 기쁨이다.

하나님 앞에서 믿음의 행위를 책임지라

본문은 왜 형제를 판단하거나 비판하지 말아야 하는지를 더 확실하고 구체적으로 말해 준다.

> "그런즉 우리가 다시는 서로 비판하지 말고 도리어 부딪칠 것이나 거칠 것을 형제 앞에 두지 아니하도록 주의하라"(13절).

여기서 '두지 아니하도록 주의하라'라는 말은 두지 말라는 뜻이다. 판단이나 비판을 하지 않는 데서 더 나아가 형제 앞에 부딪칠 것과 거칠 것을 두지 말라고 적극적으로 말하고 있다. '부딪칠 것'의 히브리 원어는 사람이 비틀거리며 넘어지게 하는 장애물로, 영혼에 문제를 유발하는 것을 뜻한다. '거칠 것'은 짐승을 잡는 덫으로, 범죄하도록 만드는 시험거리로 볼 수 있다.

그렇다면 강한 자가 약한 자에게 덫이나 장애물을 둔다는 것이 무슨 뜻일까? 강한 자는 우상 제물로 사용했던 고기를 담대히 먹으면서 괜찮다고 하고, 정결하다고 한 날에도 자신의 의도대로 개의치 않고 행동한다. 그런데 믿음이 강한 사람이 옳다고 취한 자신만만한 행동이 누군가에게는 덫이나 장애물이 될 수 있다는 뜻이다. 형제를 배려하지 않는 행동을 조심하라는 말이다.

"내가 주 예수 안에서 알고 확신하노니 무엇이든지 스스로 속된 것이 없으되 다만 속되게 여기는 그 사람에게는 속되니라"라는 14절 말씀처럼,

어떤 것이나 그 자체로 속된 것은 없다. 그것을 속되게 여기는 사람에게 속된 것이 된다.

예를 들어 술은 속된 것일까, 아닐까? 술 자체는 중립적 가치를 가지며, 술에는 인격이 없다. 단지 사용하는 자의 인격에 따라 악해지거나 선해진다. 술에는 여러 종류가 있는데, 사람을 치료하는 목적으로 사용되는 경우도 많다. 문제는 악으로 이끄는 수단이나 도구가 될 때다. 마약도 마찬가지다. 마약 자체는 선악을 논할 수 있는 대상이 아니다. 병원에서도 극심한 통증에 시달리는 환자들에게 마약을 엄격한 용도와 함량, 그리고 적용 방법을 지켜서 사용한다. 그런데 의사들 중에 도덕적인 양심 선이 무너진 사람이 마약을 남용하거나 자기가 투여해서 구속되는 사건이 종종 일어나기도 한다. 결국 악한 용도로 사용될 때가 문제다.

"내가 주 예수 안에서 알고 확신하노니 무엇이든지 스스로 속된 것이 없으되"라는 말씀은 예수 그리스도의 이름으로 보았을 때 문제가 없다면 괜찮다는 뜻이다. 반면 양심적으로 옳지 않고 주님이 기뻐하시는 일이 아니라고 판단되면 죄가 된다는 말이다.

자신의 기준으로 남을 실족시키지 말라

이어지는 15-16절은 "만일 음식으로 말미암아 네 형제가 근심하게 되면 이는 네가 사랑으로 행하지 아니함이라 그리스도께서 대신하여 죽으신 형제를 네 음식으로 망하게 하지 말라 그러므로 너희의 선한 것이 비방을 받지 않게 하라"라고 말한다. 처음에는 형제를 판단하지 말라고 했다. 그

다음에는 신앙적으로 무방하다고 생각해 취한 자신만만한 행동이 연약한 형제에게 부딪칠 것이나 거칠 것이 되지 않도록 주의하라고 했다. 이제 한 단계 더 나아가 형제가 근심하는 일을 하지 말라고 한다. '근심하게 한다'라는 말은 실족하게 되는 것을 뜻한다. 형제를 실족하게 하는 일이나 다른 사람으로부터 비방당할 일이라면 절제해야 한다.

타인이 좋지 않게 생각하는 일을 신앙적으로 문제없다면서 계속 행한다면 신앙이나 죄의 문제라기보다는 상대에 대한 사랑과 배려가 없는 태도라고 할 수 있다. 자기 때문에 가족이 상처를 입고 주변 사람이 고통스러워하는데도 자기 주장을 고집할 수 있을까? 하나님은 바울의 입을 통해 "상대방을 판단하지 말고, 상대방을 실족시키지도 말고, 비난받을 행동도 하지 말라"라고 말씀하셨다.

우리에게는 원하는 일을 할 수 있는 자유가 있다. 하지만 우리의 신분은 그리스도의 것이기 때문에 절제가 필요하다. 우리에게는 권한이 있지만, 사랑으로 타인을 배려하는 성숙함도 수반되어야 한다. 내가 행하는 일이 선함이라는 기준에 전혀 문제가 없다고 해도 타인이 그 문제로 힘겨워한다면 상대방을 배려하는 태도를 보여야 한다.

바울은 마치 나사못처럼 반복해서 강조하고 전진하며 우리를 설득한다. 20-21절에서는 "음식으로 말미암아 하나님의 사업을 무너지게 하지 말라 만물이 다 깨끗하되 거리낌으로 먹는 사람에게는 악한 것이라 고기도 먹지 아니하고 포도주도 마시지 아니하고 무엇이든지 네 형제로 거리끼게 하는 일을 아니함이 아름다우니라"라고 말했다.

옳고 그름을 떠나 먹고 마시는 일로 하나님의 교회가 타격을 입지 않도록 주의해야 한다. 항상 중요한 것은 하나님의 은혜와 영광이다. '옳다', '아니다'라는 논쟁으로 서로 배척하지 말고, 먼저 하나님이 기뻐하시는가를 생각해야 한다. 물건이나 음식은 옳고 그름으로 판단할 수 있는 대상이 아니다. 당시 상황에서 내가 고기도 먹지 않고 포도주도 마시지 않음으로써 형제가 거리끼는 일을 하지 않는다면 그것은 아름다운 일이었다.

그리스도인으로서 덕을 세우는 일

과거 한국 교회에서는 성도의 음주와 연관해 심각한 논란이 벌어진 적이 있다. 당시 진보주의적 교회의 한 목회자가 식사를 하면서 교회학교 학생들과 막걸리를 마셨다. 그가 술을 마시는 것은 전혀 죄가 아니라면서 내세웠던 주장이 본문 20절, "만물이 다 깨끗하되 거리낌으로 먹는 사람에게는 악한 것이라"라는 말씀이었다. 당시 대부분 보수주의적 성향이었던 한국 교회는 그를 공격하기 시작했다. 당시 술 문제가 젊은이들 사이에서 간간이 지나친 결과를 낳았기에 각 교회에 파급되는 영향력이 크고 매우 민감한 주제였다. 술을 마시는 것이 죄냐, 아니냐를 단정적으로 말할 수는 없다. 아마도 그가 다음에 이어지는 말씀을 보았다면 그런 행동을 하지 않았을 것이다.

"고기도 먹지 아니하고 포도주도 마시지 아니하고 무엇이든지 네 형제로
거리끼게 하는 일을 아니함이 아름다우니라"(21절).

성경을 인용할 때 마음에 드는 한 구절만을 보면 엉뚱한 해석과 이상한 논리를 늘어놓을 수 있다. 성경은 위아래 구절과의 연관성을 살피고

전체 문맥 속에서 본문을 해석해야 한다. 술을 마셔도 된다는 그의 논리는 궤변일 뿐이었다. 지금도 술을 끊지 못하고 술을 마시는 것이 죄냐, 아니냐는 문제를 놓고 갈등하면서 괴로워하는 사람들이 있다. 또한 술을 마시는 사람들의 경우 이 말씀을 통해 위안을 받거나 오히려 당당한 태도를 취할지도 모른다. 하지만 분명히 기억할 것은, 술 자체는 죄가 아니나 술이 항상 죄 근처에 있고 죄로 가는 가장 중요한 촉매제 역할을 한다는 사실이다.

바울이 말하려는 핵심은 무슨 일이든 할 때 가족, 교회 지체, 주변인들에게 그리스도인으로서 덕을 세우는지를 생각하라는 것이다. 계율적인 부분보다 더 중요한 것은 하나님의 영광이며, 하나님께 영광 돌리는 삶만이 우리의 궁극적인 목적이다. 하나님의 영광을 위한 수단으로 계율적인 방법이 주어지는 것이지, 계율을 지킴으로 모든 일이 이루어지는 것은 아니다.

한국 교회의 독특성 가운데 하나는 금연과 금주를 그리스도인의 정체성을 드러내는 태도로 여긴다는 점이다. 그런데 요즈음 성도들이 불만을 터뜨리자 그들이 교회를 떠날까 봐 두려워서인지, 목회자들이 그 문제에 대한 언급을 피하고 덮어 두는 경향이 있다. 그렇다면 왜 술과 담배를 금했는지 알아볼 필요가 있다.

초기 한국 교회는 술과 담배를 금하지 않았다. 당시는 사람들이 모이면 선교사들이 말씀을 가르치는 사경회(查經會)가 열렸는데, 쉬는 시간이면 사람들이 담배를 피워 연기가 자욱한 가운데 은혜를 받았다. 또 옆방에서는 술을 마시고 얼큰하게 취해서 예배를 드렸다. 선교사들이 가만히 보니까 한국 사람들의 특징은 과하다는 것이었다. 술을 주면 한 모금만 마시지 않고 벌컥벌컥 계속 마셔 댔다. 그렇다 보니 하나님 앞에 예배드리는 시간에 종종 문제가 발생했다. 또한 담배 피우는 것을 마치 어른이나 양반의 특별한 권한처럼 여겨 흡연에 심취했다. 이런 그들의 모습은 하나님을 믿지 않는 사람과 전혀 다르지 않았다.

결국 1914년경 선교사들과 초대 교회 목사들이 모였다. 조선을 바로 세우려면 기독교가 모범이 되어야 하는데, 세상과 구별되는 모습을 드러내기 위해 중요한 규칙을 몇 가지 정해서 꼭 지키게 해야 된다고 논의했다. 그 결과 주일 성수, 효도, 금연과 금주, 일부일처제, 가족 구원 등이 규칙에 포함되었다. 그리고 규칙을 지키지 않는 사람은 장로가 될 수 없다고 정했다.

이 규칙은 참 그리스도인의 삶의 방식을 제시해 준다. 계율은 아니지만 한국 교회를 이끌어 온 중요하고 좋은 전통이다. 그로써 성도들이 세상 사람과 차츰 구별되기 시작했고, 교회가 부흥되고 하나님 나라의 역사가 일어났다.

외국에서 공부했던 짧은 경험에 의하면, 그곳 그리스도인들 중에 신앙생활을 한다고 말하는 사람치고 술, 담배를 하는 사람은 드물었다. 식사할 때 포도주 한 잔 정도 마시는 듯했다. 그러나 이것조차 타인에게 덕이 되지 않는다면 멈추는 아름다움을 택해야 한다. 이것이 성경이 가르치는 핵심이다. 자신의 모습을 돌아보자. 하나님 앞에서 하나님의 은혜를 받았고 하나님의 축복과 인도하심을 믿기 때문에 능히 할 수 있어도 하지 않는 아름다운 모습을 갖고 있는가?

언젠가 비행기를 타고 가면서 있었던 일이다. 무더운 여름이었는데 당시 나는 다양한 열대 과일을 잘라 만든 과일 통조림인 후르츠칵테일을 즐겨 먹었다. 승무원에게 후르츠칵테일을 주문해서 먹는데, 평소에 먹던 맛과 조금 달랐다. 아내에게 맛보라고 주었더니 아내도 맛이 좀 이상하다고 했다. '혹시 술 아닌가?' 하는 생각이 머릿속을 스쳐 갔다. 승무원에게 물어보니 '칵테일'이라고 해서 돌려주었다. 아마도 의사 전달이 잘못된 것 같았다. 재미있는 소동에 우리 부부는 웃고 말았다.

그런데 목적지에 도착해서 비행기에서 내리는데 그 승무원이 "목사님, 편히 쉬셨습니까?" 하고 묻는 것이었다. 그 순간 진땀이 났다. 오해였다고 상황 설명을 자세히 해 주고 싶었으나 상황이 여의치 않아 그냥 내렸다. 그 일로 죄를 지었다는 것도, 겁이 났다는 것도 아니다. 다만 승무원이 오해하도록 행동한 것은 바람직하지 않다는 의미다.

18절은 "이로써 그리스도를 섬기는 자는 하나님을 기쁘시게 하며 사람에게도 칭찬을 받느니라"라고 말한다. 그리스도인은 도덕과 규범에만 고리타분하게 얽매이지 않는다. 무언가를 하는 것이 옳은지 아닌지, 해가 되는지 아닌지를 고민하는 수준도 아니다. 그 단계를 훌쩍 뛰어넘어서 '하나님을 기쁘시게 할 수 있는지'를 고민하고, 사람들로부터 "하나님의 사람은 역시 다르다"라는 칭찬을 들을 것인지를 생각한다. 남을 판단하지 않는 것도 중요하다. 타인에게 거치는 것이나 부딪치는 것이 되지 않도록 주의하는 것도 중요하다. 그러나 정말 중요한 것은 하나님이 기뻐하시고, 다른 사람에게 하나님의 영광을 드러내는 칭찬받는 행동을 하는 것이다.

성령 안에서 이루는 화합

22-23절은 "네게 있는 믿음을 하나님 앞에서 스스로 가지고 있으라 자기가 옳다 하는 바로 자기를 정죄하지 아니하는 자는 복이 있도다 의심하고 먹는 자는 정죄되었나니 이는 믿음을 따라 하지 아니하였기 때문이라 믿음을 따라 하지 아니하는 것은 다 죄니라"라고 말하면서 비슷한 내용을 다시 정리한다. 지금까지 첫째, '믿음에 굳게 서서 흔들리지 말라', 둘째, '다른 사람을 판단하지 않고, 옳다고 생각하는 바를 행하는 사람은 복되다', 셋째, '양심에 의심되거나 거리끼면 하지 말라. 그런데도 하는 것은 믿음을 저버린 것이다'라는 내용을 살펴보았다.

"고기도 먹지 아니하고 포도주도 마시지 아니하고 무엇이든지 네 형제로 거리끼게 하는 일을 아니함이 아름다우니라"라는 21절 말씀은 앞서 설명한 18절 말씀인 "이로써 그리스도를 섬기는 자는 하나님을 기쁘시게 하며 사람에게도 칭찬을 받느니라"와 연결된다. 단순히 옳고 그름이라는 판단을 뛰어넘어 하나님께 영광이 되고 하나님이 기뻐하시는 삶을 살겠다는 다짐이야말로 프로 신앙인의 모습이 아닐까?

하나님의 나라는 죄인지, 죄가 아닌지를 따지는 수준에 머무르거나 "네가 옳으냐, 내가 옳으냐? 너는 그렇게 하라. 나는 이렇게 하겠다"라고 말하는 정도가 아니다. "하나님의 나라는 먹는 것과 마시는 것이 아니요 오직 성령 안에 있는 의와 평강과 희락이라"(17절)라는 말씀처럼, 하나님의 나라는 먹는 것과 마시는 것으로 판단할 수 있는 곳이 아니다. 하나님의 나라는 성령 안에서 의와 평강과 희락이다. '성령 안에서 의'는 신의다. '평강'은 서로 다투지 않고 조화를 이루는 것이고, '희락'은 그리스도로 말미암은 기쁨이다. 우리에게는 그리스도로 인해 얻은 기쁨이 있다.

또한 19절, "그러므로 우리가 화평의 일과 서로 덕을 세우는 일을 힘쓰나니"라는 말씀에서 '화평'은 화합을 이루는 것이며, '덕을 세우는 일'은 하나님의 나라를 세운다는 의미다. 이 말씀은 단순히 '하지 말라, 하라'에 강조점을 둔 것이 아니라 영광스러운 하나님께 더 아름다운 모습으로 나아가는 것이 필요하다는 것을 말해 주고 있다.

"음식으로 말미암아 하나님의 사업을 무너지게 하지 말라 만물이 다 깨끗하되 거리낌으로 먹는 사람에게는 악한 것이라"(20절).

이 말씀의 원문을 보면 재미있는 사실이 여럿 발견된다. 그중 몇 가지를 소개하겠다. 먼저, '무너지게 한다'라는 말은 헬라어로 '카탈리온'이다. '카탈리온'은 '손상시키다', '넘어뜨리다'라는 한글 표현과 비슷하다. 헬라 문화에서는 까탈스러운 사람을 가리켜 속어로 '카탈리오'라고 한다. 까탈스러운 사람과는 하나님의 나라를 이룰 수가 없다.

또 하나, '거리낌'은 헬라어로 '카코스'이고, 이어지는 21절의 '아름답다'라는 말은 헬라어로 '칼로스'다. 그러므로 내가 '카코스'(거리낌)하지 않고 '칼로스'(아름답다)한 삶을 살면 하나님 나라의 은혜가 얼마나 크겠냐는 말씀이다.

우리는 술 같은 세상의 것으로 위안받을 수 있으나, 하나님이 주시는 위안은 그에 비할 수 없이 아름답다. 거리끼지 않고 내 마음대로 하면 자유롭지만, 남을 배려해서 절제하는 자유는 더 숭고하다. 가정에서도 마찬가지다. "내가 옳다" 하고 다투면서는 진정한 행복을 이룰 수 없다. 까탈스러운 '카탈리오'들이 모여 있으면 행복해질 수 없다. 나로 인해 형제가 실족하지 않도록 하고, 나로 인해서 하나님이 영광 받으시는 삶을 살면 인생 가운데 하나님의 은혜가 풍성하게 나타난다.

▶ 핵심 질문 14

교회 안에서 바람직한 성도의 모습은 무엇인가

교회 안에서 어떻게 살아야 하는지에 대한 함축적 정의는 '성도가 성도를 사랑하고 상대방을 비난하지 말라'고 할 수 있다. 우리는 서로 다른 신앙의 모습을 가지고 있다. 바울은 14장에서 하나의 예를 들어 설명한다. 어떤 사람은 음식 자체는 인격이 없으니 하나님 안에 있는 사람은 무엇이든지 먹어도 괜찮다고 주장하고, 또 어떤 사람은 우리가 하나님 안에 있으니 우상 앞에 드렸던 제사 음식을 먹어서는 안 된다고 주장한다. 그리고 이 문제로 서로 비난하고 다툰다.

바울은 이 문제에 대해 "하나님은 이 사람, 저 사람 모두 그리스도 안에서 불렀다"라고 말한다. 예수 그리스도를 믿으면 타인을 판단하고, 심판하고, 실족하게 하는 일은 없어야 한다. 판단과 심판은 하나님의 몫이다. 하나님이 선택하신 사람을 비난하는 것은 곧 하나님을 비난하는 일이다. 하나님은 선택하신 것으로 끝나는 것이 아니라, 우리 가운데 성령을 두시고 우리를 개선해 가신다. 그러므로 상대를 비판하여 서로 시험에 빠지는 일은 하지 말아야 한다. 상대에게 내가 보지 못한 다른 면이 있을 수 있기 때문이다. 우리는 모두 하나님의 심판대 앞에 서게 된다. 다른 사람이 아니라 나의 신앙이 어떤 상태인지 하나님의 심판을 받게 될 것이다.

여기서 바울이 말하고자 하는 것은 두 가지다. 하나는 하나님이 세상을 이처럼 사랑하사 독생자를 주셨고 그 사랑으로 우리는 하나님의 자녀가 되었다. 그렇다면 우리가 하나님을 사랑하는 것은 당연하다. 또한 그리스도의 사랑에 흠뻑 젖은 사람은 다른 사람을 불쌍히 여기고 사랑해야 한다. 예수님은 이렇게 말씀하셨다. "새 계명을 너희에게 주노니 서로 사랑하라 내가 너희를 사랑한 것같이 너희도 서로 사랑하라"(요 13:34).

부모 자식 관계에서 가장 아름다운 것은 '낳았다'라는 말이다. 하나님은 우리를 그리스도 안에서 낳으셨다. 부모는 자식에게 사랑으로 대한다. 꾸중도 자식이 잘되기를 원해서 하는 것이지, 미워서 하는 게 아니다. 아이가 부모의 말을 잘 받아들이고 잘 자라는 것이 부모의 큰 기쁨이다. 하나님도 우리를 행위의 기준으로 선택하지 않으셨다. 하나님은 예수 그리스도 안에서 우리를 낳아 주셨다. 따라서 우리는 하나님 안에서 하나님이 기뻐하시는 삶을 살아야 한다.

하나님은 자기 아들을 보내 죄를 대신 담당시키시고, 우리를 그 안에서 구원하셨다. 그 은혜를 받은 우리는 과거에 하나님의 뜻대로 살지 못했어도 이제는 하나님의 기뻐하시는 뜻 가운데 살아야 한다. 하나님을 사랑하고 그 은혜를 이웃과 나누면서 그리스도의 형상을 드러내야 한다. 그때 하나님은 우리를 보고 감격하신다. 우리는 하나님의 감격 안에 거할 때 축복과 능력과 행복으로 나아갈 수 있다.

6부

복음의
결론은
무엇인가

복음과 사명
15:1-16:27

1장

우리를 용납하신
그분처럼

15:1-16

"하나님께 영광을 돌립니다"라는 고백은
인간이 얻을 수 없는 큰 축복을 하나님과 연결시켜서
하나님을 찬양하는 마음이다.

믿음이 강한 자가 약한 자를 수용하고 감당하라

지금까지 우리가 어떻게 구원을 얻을 수 있었으며, 예수 그리스도가 왜 유일한 구원자이시며, 그분을 믿음으로 얻는 은혜가 얼마나 대단한지를 1-11장에 걸쳐 다양한 각도로 살펴보았다. 12-16장은 생활 편이다. 예수 그리스도를 믿는 사람이 어떻게 은혜의 삶을 유지하며 살아갈 수 있는지를 구체적으로 설명해 준다. 특히 이 부분에서 많이 할애하는 내용이 인간관계다. 우리 주변에는 구원받고 하나님의 자녀가 되었지만 정작 은혜롭게 살지는 못하는 사람들이 종종 있다. 하나님의 은혜를 실제 삶에 적용시키지 못한 경우다.

앞 장에서는 '연약한 사람을 판단하지 말라. 판단은 하나님이 하실 일이고, 하나님이 그를 세우신다'라는 주제에 대해 나누었다. 이 장에서 다루는 본문은 우리를 그보다 훨씬 더 높은 차원으로 이끈다. 먼저 1절은 "믿음이 강한 우리는 마땅히 믿음이 약한 자의 약점을 담당하고 자기를 기쁘게 하지 아니할 것이라"라고 말한다. 앞서 '판단하지 말라', '비판하지 말라', '업신여기지 말라', '도와주라'라는 차원을 뛰어넘는 권유가 나오는데 "약점을 담당하라"라는 것이다. '담당하라'라는 말은 영어 성경에서는 'endure'(참다)라는 단어를 사용하고 있다. 원문을 정확하게 번역하면, '상대방의 연약함을 수용해 짊어지는 것'이다. 단순히 참고 이해하는 정도를 넘어서 적극적으로 수용하고, 오히려 대신 감당해 주는 수준이다.

우리는 살면서 비판으로는 문제를 해결하지 못한다는 것을 수없이 경험한다. 오히려 수용하고 감당해 줌으로써 관계가 돈독해지고 행복해진다. 하나님의 말씀을 삶에서 그대로 실천하기는 정말 쉽지 않다. 그래서 우리는 '하나님이 내게 연약한 자의 약점을 담당시키시다니! 내 일만 해도 힘든데' 하며 불평한다. 하지만 이어지는 성경 말씀은 우리의 이러한 태도를 뒤흔들어 놓는다.

> "우리 각 사람이 이웃을 기쁘게 하되 선을 이루고 덕을 세우도록 할지니라"(2절).

상처받고 괴로워서 가만히 있기조차 힘든데 그의 약점을 담당하고, 더 나아가 기쁘게 해 주라니, 정말 부당한 요구처럼 느껴진다. 보통의 성정을 가진 인간이라면 할 수 없는 일이요, 하나님이시기 때문에 가능한 말씀 같다. 하나님은 내가 위로받고 속을 풀어야 하는 상황에서 스스로를 기쁘게 하지 말고, 오히려 나에게 상처 입힌 사람, 믿음이 연약한 사람, 어쩐지 마음에 들지 않는 사람을 기쁘게 해 주라고 말씀하셨다.

이런 말씀을 접하면 우리는 영 못마땅하다. 하지만 우리가 하나님의 말씀을 전부 이해하고 따르는 것은 아니다. 하나님의 말씀은 그분의 전능하심과 권위, 우리가 모르는 하나님의 섭리를 보여 주시기 위한 명령이다. 그러므로 '이해하며 나간다'라는 측면보다는 '순종하며 따른다'라는 쪽이 더 분명하다. 하나님과 우리 사이에는 거대하고 깊은 간격이 있었다. 하지만 절대 좁혀질 수 없는 간극이 예수 그리스도로 말미암아 교제하는 관계로 변했다. 그렇다고 하나님과 자유자재로 소통할 만큼 우리의 수준이 향상된 것은 아니다. 따라서 우리는 하나님의 말씀을 하나님이 이해시켜 주시는 범주 안에서 받아들이고, 철저하게 하나님의 말씀으로 듣고 순종해야 한다. 그때 하나님의 역사와 축복이 임한다. 먼저 이 사실을 인정해야 한다.

2절에서 '선을 이루라'라는 말은 쉽게 풀어서 말하면, 오히려 상대에게 유익이 되도록 하라는 뜻이다. 특히 영적인 유익을 도모할 수 있도록 담당해 주라는 의미다. 형제의 유익을 위하는 일은 희생적인 사랑 없이는 불가능하다. 자유를 억제하지 않고는 불가능하다. 내가 충분히 누릴 수 있는 권리를 형제를 위해서 누리지 않는 것은 자유를 넘어서는 권위에 속한다.

강도사 시절, 한 집회에 참석했다. 초청 강사가 외국인이었는데, 예배 후에 통역을 한 목사님께 인사하려고 간 자리에 그분도 동석하셨다. 그때 외국인 강사가 갑자기 호주머니에서 담배를 꺼내더니 입에 물고 불을 붙였다. 한국 목회자들이 전부 깜짝 놀라자 그도 놀라서 우리를 쳐다보았다. 몇 가지 이유를 들어 한국에서는 담배를 삼가는 편이 좋겠다고 말해주자 즉각 담배를 껐다. 그러면서 다시 청중에게 돌아가 사과하겠다고 했는데, 굳이 그럴 필요까지는 없다며 간신히 말렸다. 그는 이참에 담배를 끊겠다고 했다. 자기 나라에서는 목사도 얼마든지 담배를 피울 수 있지만 형제를 위해서 그만두겠다는 것이 이유였다.

우리는 이렇게 선을 이룬다. 나에게 누릴 수 있는 권리도 있고, 자유도 있다. 그러나 만약 그 때문에 형제가 실족할 수 있다면 자신의 자유를 억제하는 것이 성숙한 자의 모습이다. 이것이야말로 하나님이 요구하시는 모범이다.

또한 하나님은 덕을 세우라고 말씀하셨다. '덕을 세운다'라는 말은 덕을 함양할 목적으로 노력한다는 것이다. 교화의 덕도 여기 속한다. 내가 상대방을 성숙시키는 데 도움이 된다면, 그를 더 높일 수 있다면 그렇게 행하는 것이 덕을 세우는 것이다. 세상 사람들이 그리스도인들을 보면서 칭찬하도록 노력하는 일은 그들의 눈치를 보는 것이 아니라 그들로 하여금 하나님께 영광 돌리게 하는 일이다. 이것이 바로 덕을 세우는 일이다.

하지만 우리는 감정을 지닌 인간인지라 예수님을 믿지만 사소한 일로 다투곤 한다. 옳다고 생각하는 일을 상대방이 전혀 인정하지 않고, 불의에 대한 잘못조차 시인하지도 않을 때면 우리는 그의 약점을 수용하거나 담당하지 않고 지적한다. 그러면 상대방은 또다시 수긍하지 않으면서 감정적인 반응을 보인다. 그렇게 쌓이고 쌓이면서 점점 갈등이 커져 간다.

예수님을 믿는 가정이 늘 싸운다면 옆집에 사는 불신자들이 어떻게 보겠는가? 전도하려고 옆집 문을 두드리면 과연 뭐라고 말하겠는가? 성도들은 속상한 일이 있어도, 타인 앞에서 하나님의 덕을 세우기 위해서, 또 그들이 세움 받게 하기 위해서 늘 조심해야 한다. 인간이라면 누구나 장애가 있다. 지체 장애를 가진 사람도 있고, 성격 장애나 신앙 장애를 가진 경우도 있다. 그러므로 장애를 가진 상대방을 나무라거나 업신여길 것이 아니라 같이 문제를 담당하고 서로 도와주어야 한다. 그때 관계가 아름답게 피어나고 행복한 가정과 사회가 된다.

그리스도를 본받아 서로 용납하라

그런데 이 일에 완벽한 모본이 되신 분이 있다. 그분은 바로 그리스도이시다. "그리스도께서도 자기를 기쁘게 하지 아니하셨나니 기록된 바 주를 비방하는 자들의 비방이 내게 미쳤나이다 함과 같으니라"라고 말하는 3절을 보라. 예수님이 하셨기에 우리 역시 당연히 따라야 한다.

여기서 '자기를 기쁘게 하지 않았다'라는 말은 기쁨을 거부했다는 의미가 아니다. 자기 입장을 내세우지 않고, 오히려 하나님을 비방하고 훼방하는 모욕까지도 친히 다 받으셨다는 뜻이다. 이 일은 하나님이 선지자들을 통해서 이미 구약성경에 예언하신 바 있다.

> "주 만군의 여호와여 주를 바라는 자들이 나를 인하여 수치를 당하게 하지
> 마옵소서 이스라엘의 하나님이여 주를 찾는 자가 나로 말미암아 욕을 당하
> 게 하지 마옵소서 내가 주를 위하여 비방을 받았사오니 수치가 나의 얼굴에
> 덮였나이다"(시 69:6-7).

시편 69편은 오실 메시아가 당하실 고난을 예언한 말씀이다. 말도 안되는 모함, 피 흘려 죽이기까지 하는 잔인함, 하나님을 향한 망령된 표현과 행동 등을 예수님은 친히 다 받으셨다. 왜 주님이 이런 죄악을 담당하셨을까? 왜 하나님은 이 일이 있을 것을 예언하셨고, 그 예언이 예수 그리스도 안에서 성취되었을까? 그 이유는 우리의 죄악을 갚으시기 위해서다. 그러므로 우리는 이 세상에서 하나님이 가장 미워하시는 대상은 '자신을 주인 삼은 자아'라는 사실을 기억해야 한다. 세상 모든 만물은 본능에 의해 움직인다. 인간만은 하나님의 형상을 따라 지음 받았지만 하나님의 뜻대로 살지 않고 사탄의 유혹을 받아 하나님을 배반했다. 인간은 인

격적으로도, 신앙적으로도 너무나 죄에 연약했다.

만약 하나님이 인간의 방식대로 행하신다면 우리의 죄를 하나하나 추궁하셔야 한다. 그러나 하나님은 우리의 연약함을 잘 아시고, 예수 그리스도께 우리의 연약함과 죄악을 담당시키심으로 우리를 세우시고 자녀로 받아들이셨다. 이처럼 하나님이 친히 감당하셨기 때문에 우리도 연약한 자를 보면 지적하거나 징계하지 말고, 오히려 그의 연약함을 담당하면서 사랑으로 끌어안아야 한다. 그때 하나님의 축복과 역사가 나타난다.

그렇다면 과연 우리가 예수님처럼 할 수 있을까? 예수님처럼 약한 자를 대신해 죽고, 그의 허물을 담당하고, 그를 구원으로 인도하는 놀라운 능력이 우리에게 있을까? 우리의 의지나 이성으로는 할 수 없다. 하지만 하나님이 그렇게 하라고 명하셨다. 인간은 타인을 판단하기 좋아하고, 비난하고 책망하기 쉬우며, 지극히 자기중심적이다. 우리는 하나님이 아니다. 우리는 인간이다. 그러므로 어쩔 수 없이 자기중심에 사로잡혀서 모든 상황을 바라볼 수밖에 없다. 그렇다면 어떻게 해야 할까? 하나님은 우리에게 "연약한 자의 약점을 담당하고, 자기를 기쁘게 하는 것이 아니라 이웃을 기쁘게 하고, 또 선을 행하고 덕을 세우라"라고 말씀하신다.

하나님은 우리가 실천해야 할 행동을 말씀하신 후 인격적으로는 어떤 가치 기준을 지녀야 하는지도 보여 주셨다.

> "무엇이든지 전에 기록된 바는 우리의 교훈을 위하여 기록된 것이니 우리로 하여금 인내로 또는 성경의 위로로 소망을 가지게 함이니라"(4절).

우리는 정욕적이어서 늘 자기중심으로 판단한다. 기분이나 상황에 따라 일관성 없게 행동하고, 누가 옳은지를 정확하게 짚어 낼 수 없는 경우가 많다. 그런데 화를 참고 인내하다 보면 화낼 일도, 싸울 일도 아니었음을 확인하게 될 때가 종종 있다. 인내를 실천하다 보면 서로 상처 줄 일도, 후회할 일도 줄어들 것이다.

물론 인내는 단순히 참는 것만을 뜻하지 않는다. 성경이 말하는 인내는 하나님을 바라보며 하나님이 합력하여 선을 이루고 인도하실 것을 믿는 일이다. 성경은 인내에 대해서 많이 언급하고 있다. 하나하나 살펴보자.

먼저 히브리서 10장 36절은 "너희에게 인내가 필요함은 너희가 하나님의 뜻을 행한 후에 약속하신 것을 받기 위함이라"라고 말한다. 하나님이 내 삶에서 약속을 이루어 주신다는 사실을 믿는다면 인내해야 한다. 인내하지 않고 문제를 일으키면 하나님의 약속이 이루어지기 전에 내가 파행시키는 셈이 된다. 또한 로마서 5장 4절은 "인내는 연단을, 연단은 소망을 이루는 줄 앎이로다"라고 말한다. 결국 인내는 우리를 소망의 자리로 인도한다. 인내가 없으면 소망도 없다. 야고보 사도는 "인내를 온전히 이루라 이는 너희로 온전하고 구비하여 조금도 부족함이 없게 하려 함이라"(약 1:4)라고 하면서, 인내하며 하나님을 따라가면 하나님이 우리의 필요를 적절하게 채우신다고 말했다. 하나님은 우리를 고쳐 주시고, 성숙하게 하시면서, 부족함이 없도록 이끄신다. 이를 위해 선행되어야 하는 중요한 태도가 하나님을 바라보는 인내다.

또 하나의 중요한 태도는 '안위'(安慰)다. 안위란 성경을 통해 위로와 용기를 얻는 것으로, 영어 성경에는 'in courage'라고 표현되어 있다. 야고보서 5장 11절은 "보라 인내하는 자를 우리가 복되다 하나니 너희가 욥의 인내를 들었고 주께서 주신 결말을 보았거니와 주는 가장 자비하시고 긍휼히 여기시는 이시니라"라고 말한다. 때로 인간관계 속에서 속상하고 화가 날 때가 있다. 그럴 때면 하나님의 말씀을 봐야 한다. 욥기에서 욥은 원인을 알 수 없는 고난을 받았다. 하지만 그는 참고 인내했고, 결국 하나님이 모든 것을 두 배 이상으로 회복시켜 주셨다. 우리도 '하나님은 나의 인내를 외면하지 않으신다. 참고 하나님을 바라보면 욥을 통해 역사하신 하나님이 나에게도 역사하실 것이다'라고 생각하며 욥과 같은 믿음과 인내를 가져야 한다.

때로 하나님의 말씀은 우리 자신의 예측이나 판단, 결심으로 이해되지 않는다. 스스로 충분히 설득되었기 때문에 행할 수 있는 것이 아니다. 하나님의 말씀은 단지 하나님의 말씀이기 때문에 순종하는 것이다. 순종하면 큰 은혜와 역사가 이루어진다. 아버지가 어린 아들에게 조언을 하면 아들은 아버지가 자기를 괴롭힌다고 오해한다. 이해도 안 되고 납득이 가지도 않는다. 그러나 갈수록 그대로 따르면 유익하다는 사실을 깨닫게 된다. 다 이해되지 않아도 믿음으로 하나님의 말씀을 따르면 우리에게 주어지는 결과가 두 가지 있다.

> "이제 인내와 위로의 하나님이 너희로 그리스도 예수를 본받아 서로 뜻이 같게 하여 주사 한마음과 한입으로 하나님 곧 우리 주 예수 그리스도의 아버지께 영광을 돌리게 하려 하노라"(5-6절).

첫째, 서로 한마음 한뜻으로 하나가 된다. 하나님은 하나님의 말씀을 따르고 실제적으로 하나님을 바라보며 인내할 때, 또한 하나님의 말씀으로 안위를 받으면서 상대의 연약함을 담당하고, 더 나아가 나를 기쁘게 하는 것이 아니라 상대에게 선을 행하고 덕을 세울 때 하나가 된다고 약속하셨다.

어릴 적 본 영화 중 제2차 세계대전을 배경으로 한 전쟁 영화가 있었다. 연합군과 독일군이 한 전선에서 맞닥뜨려서 싸우는데, 격렬한 전투가 잠시 소강되자 대치 중인 연합군 병사가 독일군 병사에게 이렇게 말했다. "너희 몸속에도 피가 흐르고 내 몸속에도 피가 흐른다. 당신도 실수가 있고 나도 실수가 있다. 당신도 얼마 있지 않으면 죽고 나도 얼마 있지 않으면 죽는다. 그런데 왜 우리는 싸워야만 하는가?" 그 말을 들은 독일 병사가 나와서 둘이 와락 끌어안는 장면이 영화의 엔딩이다.

인생은 길지 않다. 우리는 서로가 온전하지 않다. 싸우면서 보내기에는 너무 짧은 생을 살고 있다. 하나님의 말씀을 듣고 따라가면 하나님이 하나 되게 하시고 인도해 주실 것이다.

둘째, 하나님이 영광을 받으신다. '하나님이 영광을 받으신다'라는 말은 하나님이 기뻐하셔서 나를 축복하시고, 성령의 은혜를 주시고, 내게 소망을 보여 주신다는 가치를 담고 있다. 말할 수 없는 축복과 영광 속에 들어가는 행복이다.

그리스도 안에서 우리는 한 형제

그러므로 예수님이 하나님께 영광을 돌리기 위해 우리를 받아 주셨듯이, 우리도 서로 받아야 한다. 헬라어 원문에서 '서로 받아들이라'라는 말은 '용납하다', '취하다', '인도하다'라는 뜻을 가지고 있다. 종합하면, 상대방을 용납해 취해야만 발전한다는 것이다. 하나님은 우리가 서로를 받아들여야 하는 일에서 최고의 모본을 보여 주셨다.

> "그러므로 그리스도께서 우리를 받아 하나님께 영광을 돌리심과 같이 너희
> 도 서로 받으라"(7절).

죄 없으신 예수 그리스도가 우리를 받으셨으므로 너희도 서로 받으라고 말씀하신 것이다. 인간은 죄인으로서, 하나님 앞에 절대 설 수 없는 모순 투성이다. 다른 누군가와 비교했을 때 조금 나을 수는 있지만, 하나님이 의롭다고 인정하실 정도의 거룩함에는 전혀 미치지 못한다. 이처럼 하나님은 정죄와 징계를 당하고 심판받아야 할 존재인 우리를 은혜로 받아들이셨다. 하나님이 우리를 받아들이신 것은 "죄 없다고 쳐 주겠다"라는 정도가 아니다. 하나님은 우리의 허물과 연약함, 죄악을 모두 담당하면서 우리를 받으셨다. 또한 단순히 하나님이 받아들이기로 하셨다고 되는 일이 아니라는 사실을 이어지는 8-9절에서 알 수 있다.

> "내가 말하노니 그리스도께서 하나님의 진실하심을 위하여 할례의 추종자
> 가 되셨으니 이는 조상들에게 주신 약속들을 견고하게 하시고 이방인들도
> 그 긍휼하심으로 말미암아 하나님께 영광을 돌리게 하려 하심이라"(8-9절).

'할례의 추종자'와 '이방인들도 그 긍휼하심으로 말미암아'라는 말을 주목해 보면 예수님이 우리를 어떻게 받아들이셨는지를 알 수 있다. 할례자는 유대인들을 가리킨다. 예수님은 유대인에게는 종의 모습으로 오셔서 하나님이 약속하신 말씀을 이루셨고 하나님의 신실하심으로 그들을 받아들이셨다. 이방인인 우리에게는 우리를 불쌍히 여기사 우리의 죄를 위해 자신을 내어 주셨고 사랑의 행위로 우리를 받아들이셨다.

이처럼 서로 받아들이는 것은 자신을 낮추고 상대방의 약점과 모순을

수용하고 사랑하는 행위다. 그리고 이 일에서 중요한 기준은 예수님이 죄인인 우리를 받아들이신 행위다.

서로 받아들이라

언젠가 한 여집사님이 상담을 하면서 난감한 문제를 털어놓았다. 남편이 자기 말을 안 들어서 마음이 심히 답답한데 남들이 보면 별일 아닌 것 같아 상의하기도 애매하다고 했다. 문제가 무엇인지 물었더니 남편이 숟가락 하나로 모든 식사를 해결한다는 것이었다. 게다가 숟가락을 잡는 남편만의 독특한 스타일이 있는데 그 모양새가 천박해서 견딜 수 없다고 했다. 남편을 달래도 보고, 타일러도 보고, 화를 내 봤는데도 고쳐지지 않는다고 했다. 더 심한 버릇은 밥을 먹을 때 쩝쩝 소리를 내고 밥이 이 사이로 새는 것이었다.

남편 나름의 이유는 숟가락을 자기 방식대로 쥐지 않으면 밥맛이 떨어져서 밥이 넘어가지 않는다는 것이었다. 여집사님께 결혼 전에는 못 봤냐고 물었더니, 곰곰이 생각하더니 식사를 여러 번 했지만 그때는 그 모습이 보이지 않았다고 했다. 나는 잠잠히 듣다가 도저히 못 바꾸겠다면 남편의 특성으로 받아들이는 편이 좋지 않겠냐고 말해 주었다.

내 문제를 받아 주고 이해해 주어서 상대를 사랑한다면 낮은 수준의 사랑이라고 할 수 있다. 어떤 문제가 있더라도 수용하고 받아들이는 것이 진정한 사랑일 것이다. 내가 이해받기보다는 이해하고, 내가 사랑받기보다는 사랑하는 것이 참사랑이다. 그렇다고 상대방의 죄악까지도 수용하라는 말은 아니다. 잘못을 조장하거나 묵인하고 따라가라는 뜻도 아니다.

이에 관해 한 신학자는 "우리에게는 절조 없는 수용이 있고, 참된 포괄적인 수용이 있다"라고 정리해서 말했다. '참된 포괄적 수용'이란 내가 참된 것을 가지고 있으면서 타인의 약한 점을 포용하고 수용한다는 의미다. '절조 없는 수용'은 좋은 것이든 나쁜 것이든 무조건 수용해서 받아들인다는 뜻이다. 의는 죄와 어울릴 수 없다. 사람의 습관, 약점, 버릇 등 본질을 훼손시키지 않는 범위라면 받아들여서 바른 쪽으로 개선해 나가는 포괄적 수용이 필요하다.

앞서 여집사님의 남편의 좋지 못한 식사 예절은 죄악이 아니다. 하지만 남들과 식사할 때면 아내는 부담과 불편을 느낀다. 그런데 진실로 사랑한다면 '남편에게 이런 약점이 있구나'라고 여기며 남편을 돌봐 주고 이끌 것이다. 또 마음이 상하지 않도록 조심하면서 어떻게 고칠까를 고민할 것이다. 그래도 고쳐지지 않는다면 있는 그대로 인정하고 봐 주는 태도가 필요하지, 핀잔을 주거나 정죄하고 싸움을 걸면 오히려 잘못된 행위로 고착되어 버린다.

한번은 지체장애를 가진 아기를 낳은 가정을 심방한 일이 있다. 부모는 둘 다 건강했다. 양가에 관련된 유전인자가 있는지, 임신했을 때 혹시 약을 잘못 복용하지는 않았는지 원인을 알 수 없었다. 신앙생활을 잘하는 부부에게 하나님이 왜 이런 고통을 주셨는지 기가 막혔다. 아이가 걸어야 할 때 걷지 못하고, 말해야 할 때 제대로 말하지 못하는 모습을 보면서 부모의 마음에는 멍이 들었다. 남편은 아내를 위로했지만 남편도 고통스러웠기에 확신이 깃든 위로를 하지 못했다. 아내 또한 자신의 죄가 아닌데도 남편에게 미안했고, 남편의 위로가 진정으로 다가오지 않았다.

그러던 어느 날, 아내가 교회에서 기도를 하는데 이런 생각이 불현듯 스쳤다고 한다. '전능하신 하나님이 나에게 이 아이를 주신 까닭은 하나님의 뜻 가운데 원하시는 무언가가 있는 것이 아닐까? 이것은 불행도, 괴로움도, 부끄러움도 아니고, 하나님의 새로운 인도하심이 아닐까? 이 일은 기도하게 하시려는 하나님의 뜻이며, 다른 사람이 느껴 보지 못한 사랑을 느끼게 하시려는 하나님의 일이 아닐까? 또 이 아이를 키워서 하나님께 영광을 돌리게 하시려는 것이 아닐까?'

순간 눈물이 터졌고 한참을 울며 기도하고 나자 마음에 평안이 밀려왔다. 남편과도 깨달음을 같이 나누고 눈물을 흘리며 기도했다. 그러자 더 이상 아이가 부담스럽지 않았다. 아이를 진정으로 받아들이자 하나님이 앞으로 아이를 어떻게 인도하실지 기대가 되었다. 전에는 깊은 수렁에 빠져서 세상 무엇으로도 위로가 안 되고, 아무것도 제대로 볼 수 없었다. 사람들 앞에서 기를 펴지 못하고 '나한테 무슨 죄가 있기에?' 하고 골몰했던 사람이 갑자기 확 달라졌다. 하나님의 역사였다. 하나님의 역사는 아이를 일으켜 세워 주는 것이 아니었다. 부모로 하여금 아이를 받아들이도록 하셨다. 우리는 받아들이지 못해서 스스로를 불행하게 만들고 마음을 갉아 무너뜨리는 일들이 얼마나 많은지 모른다.

성경은 "강한 자는 약한 자를 받아들이라"라고 명령한다. 그러다 어느 순간 더 나아가서 "서로 받아들이라"라고 한다. 신앙인끼리 서로를 받아들이라는 것이다. 그렇다면 서로를 받아들여야 하는 이유가 무엇일까? 9절 "이방인들도 그 긍휼하심으로 말미암아 하나님께 영광을 돌리게 하려 하심이라 기록된 바 그러므로 내가 열방 중에서 주께 감사하고 주의 이름을 찬송하리로다 함과 같으니라"라는 말씀에 이유가 나와 있다. '하나님께 영광을 돌리게 하려 하심'이라고 말한다.

하나님을 믿는 모든 사람은 하나님께 영광을 돌린다는 말이 무엇인지, 자신에게 어떻게 적용할 수 있는지를 바르게 이해할 필요가 있다. 성경에는 하나님께 영광을 돌린다는 말씀이 많이 나온다. 이 말씀을 바르게 이해하지 못하면, '내가 받고 싶은 영광을 하나님께 돌리라고? 그렇다면 나는 희생하고, 절제하며, 기죽어 살아야 하는 것인가?' 하고 피해의식부터 갖게 된다. 자신의 행복은 차선이고 하나님이 먼저일까 봐 걱정한다.

9절 하반 절은 구약성경 사무엘하 22장 50절과 시편 18편 49절을 인용한 것으로, 조금 더 구체적으로 설명한다. 바울은 하나님께 영광을 돌리는 일을 감사와 찬송으로 연결시켰다. 예를 들어, 훌륭한 업적을 이룬 사람에게 어떻게 이처럼 대단한 일을 할 수 있었냐고 묻는다고 가정하자. "내가 노력한 결과"라는 대답과 "부모님 덕분"이라는 대답 중에 무엇이 듣기 좋을까? 후자다. 이처럼 누구나 함께 잘되기를 바라고 누군가에게 영광을 돌리는 것이 좋다는 점에 공감한다.

올림픽에서 금메달을 목에 걸은 후 인터뷰하거나 각종 시상식에서 수상 후 소감을 말하는 장면을 보면 꼭 나오는 질문이 있다. "이 기쁨을 누구와 나누고 싶습니까?"이다. 그때 자주 나오는 두 가지 대답이 있다. "가족과 함께 영광을 나누고 싶습니다" 또는 "이 영광을 하나님께 돌립니다"이다. 큰 상을 받고는 "다 저의 피와 땀의 결과입니다. 제가 잘나서 받은 것입니다"라고 말하는 사람은 아무도 없을 것이다.

"하나님께 영광을 돌립니다"라는 고백은 내가 하나님의 노예라는 말이 아니다. 이 영광과 축복은 그냥 얻을 수 없고 하나님이 내게 주셨다는 고백이다. 인간이 얻을 수 없는 큰 축복을 하나님과 연결시켜서 하나님을 찬양하는 마음이다. 또한 나중에 우리가 하나님께 상을 받고 사람들 앞에 서서 "하나님께 영광을 돌립니다"라고 말할 순간을 바라보고 소망하라는 말이기도 하다.

서로 받아들일 때 얻는 축복

그렇다면 지금까지 살펴본 내용을 자신에게 적용해 보자. 만약 내가 하나님의 영광을 위해서 상대방을 받아들이면 어떤 일이 생길까? 바울은 본문 10-12절을 언급하면서 구약성경에 기록된 세 곳의 말씀을 인용했다. 10절은 신명기 32장 43절, 11절은 시편 117편 1절, 12절은 이사야 11장 10절을 각각 인용했다. 아마도 바울은 이 인용에 깊은 의미를 둔 것 같다. 왜냐하면 각 구절을 율법서, 시가서, 선지서에서 하나씩 뽑았기 때문이다. 한마디로, 하나님께 영광을 돌림으로 우리가 얻게 되는 축복은 성경 전체에 있다는 말이다.

먼저, 10절에서는 "또 이르되 열방들아 주의 백성과 함께 즐거워하라 하였으며"라고 말하면서 우리에게 즐거워하라고 했다. 11절은 "또 모든 열방들아 주를 찬양하며 모든 백성들아 그를 찬송하라 하였으며"라고 말한다. 찬양하고 찬송하라고 한 것이다. 12절은 "또 이사야가 이르되 이새의 뿌리 곧 열방을 다스리기 위하여 일어나시는 이가 있으리니 열방이 그에게 소망을 두리라 하였느니라"라고 말하면서 소망을 두라고 했다.

이어서 13절은 결론적으로 말한다.

"소망의 하나님이 모든 기쁨과 평강을 믿음 안에서 너희에게 충만하게 하사 성령의 능력으로 소망이 넘치게 하시기를 원하노라"(13절).

바울이 전하는 이야기들의 공통점은 '하나님의 영광을 위해서 서로 받아들이면 이방인이나 유대인이나 열방에게 그리스도로 말미암은 즐거움, 찬양, 감사, 평강, 소망이 충만해진다는 것이다. 세상에서 하나님을 믿지 않는 사람에게도 서로 받아들이면 평화와 행복이 생긴다. 그런데 우리가 하나님의 영광을 위해서 서로 용납하고 받아들이면 하나님이 주시는 감사와 찬송, 기쁨과 평안, 그리고 소망이 넘치게 된다. 이것은 엄청난 일이다.

남아프리카공화국은 흑인이 절대 다수이지만 나라를 이끄는 주류는 백인이었다. 그렇다 보니 정치, 경제적으로 흑인이 백인에게 의존하지 않을 수 없는 구조가 되었다. 결과적으로 흑인은 빈곤 속에서 노예 취급을 당했다. 사람들은 점점 깊어지는 흑백 갈등을 봉합시켜 줄 인물을 원했고, 흑인들의 절대적인 지지로 1994년 넬슨 만델라가 대통령에 당선되었다. 만델라는 대통령이 되어 각료들을 모으는 과정에서 측근도 뽑았지만 자기를 비판하고 감옥에 가두었던 자들도 선택했다. 그는 과거 27년 동안 감옥살이를 했다. 3년 복역하다가 풀려나 몇 달 있다가, 다시 또 잡혀 들어가서 몇 년 투옥하는 식으로 총 27년 복역했다.

사람들은 만델라의 인재 기용에 깜짝 놀랐다. 한쪽에서는 만델라가 흑인으로서 남아프리카공화국을 이끌어 나갈 힘이 있는지, 그를 받쳐 줄 지지 세력이 있기나 한지 의심했고, 다른 한쪽에서는 만델라가 정적을 부른 것은 자신의 한계를 드러낸 꼴이라고 비판했다. 심지어 만델라와 가까웠던 사람들조차 변절했다고 수군대기 시작했다. 당시 왜 정적을 그처럼 중요한 자리에 앉혔는지를 묻는 인터뷰에 대한 만델라의 응답은 아직도 유명하다. "나는 그 사람과 싸운 것이 아니다. 나는 인종차별과 싸웠고 흑인의 인권을 옹호하는 투쟁을 했을 뿐이지, 사람과 싸우지 않았다."

정적을 대하는 자세는 원칙이 아니라 기술의 문제다. 우리는 고집을 원칙처럼 세워 놓고 밀고 나갈 때가 많다. 그리고 고집을 꺾는 일을 마치 원칙을 어긴 것처럼 생각한다. 후에 사람들이 왜 그렇게 만델라를 좋아했는지 살펴보면, 그가 어떤 어려움 속에서도 웃었다는 이유가 크다. 그는 감옥에서 출소할 때도 웃고 있었고, 감옥 생활을 촬영한 장면에서도 웃고 있었다. 심지어 비행기 추락 사건 때 구사일생으로 살아난 순간에도 미소를 머금고 나타났다. 그러자 사람들은 "만델라는 어떤 상황에서도 웃으면서 일을 처리할 긍정적인 사람이다"라고 평가했다.

"어떻게 극한으로 힘겨운 상황에서도 미소 지을 수 있었는가?"라는 질문에 만델라는 힘든 표정을 지으면 자신을 따르는 사람들이 얼마나 불안하겠냐고 답했다. 만델라는 나라를 잘되게 하기 위해서 자신을 대적하는 사람들을 받아들였을 뿐 아니라 타인에게 갈등과 고민을 안겨 주지 않기 위해 노력했던 것이다.

14절에서 바울은 "내 형제들아 너희가 스스로 선함이 가득하고 모든 지식이 차서 능히 서로 권하는 자임을 나도 확신하노라"라고 말했다. 우리는 하나님의 권면과 명령을 잘 알기 때문에 이미 하나님의 말씀을 가르치는 수준이니, 굳이 하나님의 선한 의도를 다시 설명할 필요가 없다는 말이다.

"그러나 내가 너희로 다시 생각나게 하려고 하나님께서 내게 주신 은혜로 말미암아 더욱 담대히 대략 너희에게 썼노니"(15절).

바울은 그렇게 잘 알고 있지만 '다시 생각나게 하려고' 썼다고 말했다. 오늘날 우리는 이처럼 중요한 교훈과 규례와 진리를 안다는 데서 그친다. 혹은 단순하게 치부하고, 자주 떠올리지 않고, 행하지도 않는다. 그 때문에 어려움에 처할 때가 많다. 우리의 원칙은 '하나님의 영광을 위하여'다. 그리고 세칙은 '서로 받아들이는 것'이다. 만델라 같은 훌륭한 지도자조차 자신의 사소한 표정이 사람들에게 걱정을 끼칠까 봐 아무리 화나고 속상해도 미소를 지었다. 정적에게 복수하고픈 마음이 간절했지만 나라를 위해서 원수까지 받아들였다. 그래서 그가 오늘날까지 칭송받는 것이 아니겠는가!

우리에게는 만델라의 영광과는 비교할 수 없을 정도로 놀라운 하나님의 영광이 있고, 하나님이 우리와 함께하신다. 우리는 '내가 이렇게 행동하면 우리 아이들이 어떻게 볼까? 불안해하지는 않을까? 또 이렇게 행동하면 하나님이 기뻐하실까?'를 늘 생각해야 한다. "하나님께 영광 돌립니다"라고 고백하기를 바라며 소망해야 한다. 그러면서 서로를 받아들인다면 삶 속에 하나님이 약속하신 기쁨과 감사, 즐거움, 찬송, 평안, 소망이 넘쳐흐를 것이다.

2장

복음이 이끄는 삶

15:17-21

복음을 받아들였으면 복음을 누리는 삶을 사는 것이
자연스럽고, 정당하며, 참된 축복이다.

이방인을 위한 선교 사역 보고

바울은 10여 년의 복음 사역을 뒤돌아보면서 겸손하고 간략하게 그동안의 사역 성과를 보고했다.

> "그러므로 내가 그리스도 예수 안에서 하나님의 일에 대하여 자랑하는 것이 있거니와"(17절).

일반적으로 사람들은 자랑하는 것을 싫어한다. 자랑 비슷한 말만 해도 거부 반응을 일으킨다. 그러나 바울의 자랑은 다르다. 일반적으로 자랑은 영어로 'pride' 혹은 'be proud of'로서, 의기양양하게 자신을 드러낸다는 뜻이다. 하지만 바울이 말한 자랑은 'glory', 즉 내가 영광으로 여기는 것을 의미한다. 그렇다면 바울은 무엇을 자랑했는가?

> "그리스도께서 이방인들을 순종하게 하기 위하여 나를 통하여 역사하신 것 외에는 내가 감히 말하지 아니하노라 그 일은 말과 행위로 표적과 기사의 능력으로 성령의 능력으로 이루어졌으며 그리하여 내가 예루살렘으로부터 두루 행하여 일루리곤까지 그리스도의 복음을 편만하게 전하였노라 또 내가 그리스도의 이름을 부르는 곳에는 복음을 전하지 않기를 힘썼노니 이는 남의 터 위에 건축하지 아니하려 함이라"(18-20절).

바울이 자랑한 것은 크게 3가지로 볼 수 있다. 첫째, 예루살렘을 시작으로 일루리곤까지 복음을 두루 전했다는 것이고, 둘째, 하나님이 자신을 통해서 복음 사역을 하셨다는 것이며, 셋째, 복음이 전해지지 않은 곳을 찾아가서 전하려 했다는 것이다. 결론적으로, 바울의 자랑은 자신이 하나님의 은혜 가운데 복음을 전했다는 것이다. 바울이 이처럼 자랑한 목적은 그 사실을 드러냄으로써 다른 사람도 도전받고 실천에 이르도록 촉구하려 함이었다.

첫째, 바울은 자신이 예루살렘에서 시작해 일루리곤까지 복음을 두루 전파했다고 소개했다. 사도행전에는 바울이 복음을 전한 지역들이 많이 나오는데 '일루리곤'이라는 지명은 나오지 않는다. 그런데 왜 로마서 마지막 부분에서 자신의 사역을 정리하는 시간에 일루리곤을 말한 것일까? 일루리곤은 현재 유고슬라비아 남부 지역으로, 예루살렘에서 직선거리로 1,700km가 넘는 먼 곳이다. 서울에서 부산까지가 400km 정도이니 굉장한 거리다. 당시는 교통수단이 범선을 타거나 도보로 이동하는 것이었는데, 일루리곤까지 가려면 도보 외에는 다른 방법이 없었다. 걸어서 그 머나먼 곳까지 가서 복음을 전파했다는 것은 참으로 놀라운 일이다.

그렇다면 바울은 왜 그 먼 일루리곤까지 갔을까? 성경에 일루리곤이라는 지명은 여기 처음 등장한다. 성경학자들은 바울이 에베소에서 예루살렘으로 돌아올 때까지 2년여의 행적이 사도행전에 나오지 않는데, 아마도 그때 복음을 전파하며 북쪽으로 올라갔다가 일루리곤까지 가지 않았을까 추측한다.

그런데 이 말씀에서 또 다른 의문을 제기할 수 있다. 과연 바울이 예루살렘에서 복음을 전파했는가의 여부다. 사도행전에는 바울이 예루살렘에서 복음을 증거했다는 기록이 없다. 물론 바울은 예루살렘에서 복음을 증거하기 원했다. 그때마다 암살 위협을 당했고, 폭동이 일어났고, 예기

치 못한 어려움이 닥쳐서 피신하는 소동이 벌어졌다. 또한 사도행전 22장 17절 이하에 기록된 바울의 고백을 보면, 예루살렘에서 복음을 전하려 할 때 다메섹 도상에서 나타나셨던 주님이 다시 나타나 "떠나가라 내가 너를 멀리 이방인에게로 보내리라"(행 22:21)라고 명하셨고, 그는 예루살렘 에서 사역하려던 마음을 접고 이방으로 갔다는 것을 알 수 있다.

사실 바울은 예루살렘에 수차례 방문했다. 예루살렘에서 학업 활동 을 했지만, 예수 그리스도를 믿고 전파하는 이방 사도가 된 후로도 그곳 을 자주 찾았다. 그때마다 어떻게든 복음을 전하려 애썼고, 그 흔적이 성 경에 고스란히 남아 있다. 바울의 주된 사역지가 이방이었기에 이방 땅을 중심으로 기록하다 보니 상대적으로 예루살렘에서 복음을 전파한 사역 에 관한 내용이 축약되었을 수 있다. 예루살렘에서 일루리곤까지 전파했 다는 바울의 말은 옳다.

한편 어떤 성경학자는 '편만하게 전했다'라는 표현을 꼬집기도 한다. 바울의 복음 증거 방식은 주요 도시나 수도를 택하는 전략이었는데, '편 만하다'라는 말은 '가득 채우다'라는 뜻이기 때문이다. 따라서 표현에 다 소 과장이 섞였다고 주장한다.

바울이 주요 도시를 공략한 이유는 분명했다. 시골이나 지방 도시를 싫어하고 배타한 것은 전혀 아니었다. 복음은 땅이 아니라 사람을 향한 것인데, 바울은 복음 전파자로서 자신의 인생이 언제 끝날지 알 수 없는 상황으로 항상 신변의 위협을 느끼며 불안한 가운데 처해 있었다. 그래서 어떻게든 많은 인구가 모인 곳을 찾아 효과적으로 복음을 증거하기 원한 것이다. 또한 주요 도시나 수도에는 지방의 유력 인사가 자주 오가기 때문에 그들이 자기 지역으로 돌아가서 자신이 들은 예수 그리스도를 전파할 것이라고 판단했다. 그리고 그 예측은 적중했다. 바울에게 복음을 들은 사람들은 각자의 거주지로 돌아가서 다시 복음을 이야기했다. 이런 식으로 온 세계에 복음이 편만하고 충만하게 채워져 나갔다.

그와 더불어 바울은 자신이 가지 못한 곳에는 동역자나 서신을 보내 하나님의 말씀을 가르쳤다. 문서로 그들을 이끌어 주고, 특정한 교육자를 보내는 방식으로 하나님의 복음이 이 땅에 가득하도록 힘썼다. 그러므로 "내가 예루살렘에서부터 일루리곤에 이르기까지 복음을 편만하게 전했다"라는 바울의 말은 과장이 아니다.

둘째, 바울은 하나님이 자신을 통해 복음 사역을 하셨다고 자랑했다. 바울의 자랑이 18절에 "그리스도께서 이방인들을 순종하게 하기 위하여 나를 통하여 역사하신 것 외에는 내가 감히 말하지 아니하노라"라고 기록되어 있다. 그럼에도 바울의 자랑을 가만히 살펴보면, 주어가 '그리스도'이지 내가 아니다. 그리스도가 나를 사용하셨다고 말했다. 그리스도가 역사하셨다. 이어지는 19절에서는 "성령의 능력으로" 이루어졌다고 고백했다. 다시 말해, 바울의 요지는 그리스도가 성령의 능력으로 자신을 사용해 역사하셨으며, 그리스도가 주체이시고 자신은 그분의 일꾼이라는 것이다.

바울은 하나님이 자신에게 표적과 능력과 기사를 일으키신 이유는 하나님이 주신 직분을 감당할 때 하나님이 그를 통해 역사하신 것이라고 말했다. 우리는 보통 내가 하나님을 믿으면 하나님이 내게 능력을 주시고, 그 능력으로 내가 일을 이룬다고 생각한다. 그러나 바울은 늘 "하나님이 내게 사명을 주셨다. 내가 그 사명에 순종하자 하나님이 역사하셔서 일을 이루어 가셨다"라고 고백했다. 표적과 기사의 주체가 자신이 아니라 하나님이심을 반복해서 강조했다.

또한 바울은 표적, 기사, 이적과 같은 역사는 그 자체가 목적이 아니라 복음 증거의 수단이라는 점을 강조했다. 우리는 종종 이 점을 거꾸로 생각한다. 내가 복음을 전하고 들었기 때문에 역사가 일어난다고 여긴다. 그러나 하나님은 복음을 듣고, 복음을 받아들이고, 복음을 전하기 위해서 기적과 이적의 역사를 수단으로 쓰신다. 수단과 목적이 분명히 다르다. 바울은 자신의 사역을 설명하면서 늘 하나님이 하셨다고 고백했다.

셋째, 바울은 복음이 전해지지 않은 곳을 찾아가서 전하려 했다고 자랑했다. 이미 그리스도가 전파된 지역에는 가지 않으려고 노력했다. 20-21절에서 "또 내가 그리스도의 이름을 부르는 곳에는 복음을 전하지 않기를 힘썼노니 이는 남의 터 위에 건축하지 아니하려 함이라 기록된 바 주의 소식을 받지 못한 자들이 볼 것이요 듣지 못한 자들이 깨달으리라 함과 같으니라"라고 말하며 자랑했다. 바울이 인용한 이사야서에는 지금까지 듣지 못한 것, 즉 그리스도를 전해 들은 사람들이 깜짝 놀라서 할 말을 잃어버리게 된다는 말씀이 기록되어 있다.

> "그가 나라들을 놀라게 할 것이며 왕들은 그로 말미암아 그들의 입을 봉하리니 이는 그들이 아직 그들에게 전파되지 아니한 것을 볼 것이요 아직 듣지 못한 것을 깨달을 것임이라"(사 52:15).

바울의 말을 현실에 적용하면, 다른 사람이 전한 복음 위에 또 복음을 전해서 무엇이 참된 복음인지 혼란을 주지 말아야 하고, 시간이나 정력을 불필요하게 낭비하지 말고 차라리 더 깊은 어둠에 거한 자에게 빛이 되신 주님의 복음을 전해야 한다는 것이다. 바울이 진실로 원한 것은 하나님을 모르는 자가 하나님 앞에 나오고, 구원받지 못한 이가 구원받도록 이끄는 것이었다. 이 말씀은 오늘 우리에게 유익한 교훈을 준다. 하나님은 나뿐 아니라 타인도 사용하신다는 점을 인정해야 한다. 또한 함부로 상대를 비판하거나 교회 간에 성도 빼앗기 경쟁 같은 쓸모없는 에너지 소모전은 하지 말아야 한다.

복음의 가치를 아는 삶

바울은 복음에 생명을 걸었다. 복음 증거를 위해서라면 어떤 위험이든 감수했다. 핍박과 굶주림, 고난, 어려운 시련이 줄줄이 따랐고, 심지어 죽음의 공포까지 닥쳤다. 그런데도 왜 그는 예루살렘에서부터 일루리곤까지 복음을 전파하기 원했을까? 자신이 드러나는 일도 아니고 그리스도가 드러나시는 일인데 왜 그토록 갈망했을까?

먼저, 원론적인 질문인 "복음의 가치란 무엇인가? 생명을 걸 만큼 대단한가?"에 대해 살펴보자. 성경 여러 곳에 복음에 대한 설명이 나온다. 사도행전에는 빌립이 에디오피아 내시에게 복음을 증거하는 장면이 나온다. 사도행전 8장 35절은 당시 상황을 "빌립이 입을 열어 이 글에서 시작하여 예수를 가르쳐 복음을 전하니"라고 전한다. 여기서 '복음'은 예수 그리스도를 가리키며, 예수님이 우리의 구원자이시라는 의미다.

바울은 로마서 본론으로 들어오면서 복음에 대해 말한 바 있다.

"내가 복음을 부끄러워하지 아니하노니 이 복음은 모든 믿는 자에게 구원을 주시는 하나님의 능력이 됨이라 먼저는 유대인에게요 그리고 헬라인에게로다"(1:16).

복음은 우리를 구원하시는 하나님의 능력이다. 그런데 이 말씀은 본론의 도입부다. 바울은 본문으로 들어오는 입구에서 "나는 복음을 부끄러워하지 아니하노니"라고 말했다. 이 말은 "복음을 자랑한다"라는 역설적인 표현으로, 후에 로마서의 본론을 마치면서 바울이 고백한 본문 17절, "내가 그리스도 예수 안에서 하나님의 일에 대하여 자랑하는 것이 있거니와"라는 말씀과 절묘한 조화를 이룬다. 즉 처음과 끝이 균형을 이룬다.

또한 누가복음에는 복음이 "주의 성령이 내게 임하셨으니 이는 가난한 자에게 복음을 전하게 하시려고 내게 기름을 부으시고 나를 보내사 포로된 자에게 자유를, 눈먼 자에게 다시 보게 함을 전파하며 눌린 자를 자유롭게 하고 주의 은혜의 해를 전파하게 하려 하심이라 하였더라"(눅 4:18-19)라는 말씀으로 묘사되어 있다.

복음은 예수 그리스도를 믿어 죄의 대속을 받아 구원을 얻는 것이다. 하나님과 감히 상관할 수 없는 위치에 있었던 내가 구원의 길이신 예수 그리스도를 통해 하나님과 관계를 맺고 회복되었다. 이를 가리켜 '그리스도 안에서 하나님의 자녀가 되었다'라고 한다. 복음으로 하나님의 자녀가 되면 하나님이 나와 동행하시고 내 기도를 들으신다. 구약 시대 믿음의 사람들과 함께하셨던 하나님이 이제 그리스도 안에서 나와 함께해 주실 줄 믿게 된다. 하나님을 의지하고 그리스도 안에서 하나님의 말씀을 따라 살면서 하나님의 능력을 힘입는다. 이것이 복음이 주는 축복이다.

그뿐 아니다. 하나님과 동행하며 살다가, 하나님이 예비하신 천국으로 영생을 받아 들어가게 된다. 바울은 이 사실을 분명히 알았기에 복음에 대한 감격이 그 누구보다 컸다. 바울은 받은 사명 때문에 복음을 전한 것이 아니다. 목숨을 걸 만큼 복음에 대한 감격이 컸고, 복음을 존귀하신 하나님과 맺어지는 축복으로 확신했다. 그런데 하나님이 자신에게 이방 사람에게 복음을 나누어 주는 사명을 주신 것이다. 그러자 바울은 죽은 영혼을 살리고, 도탄에 빠진 사람들을 건져 주고, 눈먼 자의 눈을 뜨게 해주는 이 진리의 축복을 나누고 싶어졌다.

본문을 통해 우리는 바울로부터 두 가지를 배워야 한다. 첫 번째는 우리가 예수 그리스도를 믿고 복음을 받아들였으면 복음을 누려야 한다는 것이다. 복음이라는 단어를 안다고 믿을 수 있는 것이 아니다. 복음을 받아들였으면 복음을 누리는 삶을 사는 것이 자연스럽고, 정당하며, 참된 축복이다.

그렇다면 복음을 누리는 자에게 나타나는 특징은 무엇일까? 바울을 보면 알 수 있다. 죄 사함의 기쁨과 하나님의 자녀 된 영광이 마음속에 가득해진다. 하나님이 기도에 응답하시고 능력으로 함께하실 것을 늘 기대하는 삶을 살게 된다. 또 영생을 주시고 천국으로 인도하실 하나님을 바라보며 천국을 향해 전진해 간다. 예수 그리스도를 믿는 것은 예수가 그리스도이심을 아는 수준에서 끝나지 않는다. 예수님이 나의 그리스도가 되어 내 속에서 역사하셔야 한다.

예수 그리스도를 믿어서 복음을 누리는 삶을 산다면 자연스럽게 바울과 같은 태도가 나타날 수밖에 없다. '어떻게 하면 다른 사람도 예수 그리스도 안으로 인도할 수 있을까?' 하고 늘 고민하게 되는 것이다. 이 세상의 물질, 명예, 영광, 자존심보다 탁월하신 하나님의 은혜를 어떻게 전할지를 골몰한다. 이것이 우리가 바울로부터 배워야 할 두 번째 교훈이다.

인생의 주체이신 그리스도

나는 하나님이 부르셔서 목사가 되었다. 당시 한국에는 이미 교회가 너무 많고 목사 수가 넘치는 것 같은데 나까지 부르신 이유를 몰라 의아했다. 부르셨다는 사실에는 이의를 달 수 없었지만, 대체 왜 나인지는 이해하지 못한 상태였다. 왜인지를 알려 주시면 그 '왜'를 위해서 살 수 있겠는데, 부르신 것은 분명한데 이유를 몰랐다. 하지만 부르심이 확실했기에 나는 말씀을 보고 내게 주신 사명을 찾아가야 했다. 많은 성도처럼 나 역시 성경 속 인물 중 누구를 영적 스승으로 삼을지 고심했다. 심사숙고하다가 이 시대에는 바울과 같은 사람이 필요하겠다고 판단해 하나님께 이 시대의 바울이 되게 해 달라고 기도했다. 그리고 바울의 사역을 따라야 하는 모범 답안으로 삼았다.

그런데 나의 사역에는 바울 같은 역사가 나타나지 않았다. 일루리곤까지 복음을 편만하게 전해야 하는데 일루리곤은커녕 10km도 못 가는 것처럼 느껴졌다. 자연스레 위축되었고 나도 모르게 기가 죽었다. 그러던 어느 날 말씀에서 중요한 사실을 발견했다. 모세의 후계자인 여호수아가 모세 같지 않았다는 것이다. 엘리야의 후계자 엘리사도 엘리야와 많이 달랐다. 또한 바울의 영적 아들이라고 불리는 디모데도 바울에 버금가는 사람이 아니었다.

하나님은 우리에게 여러 사람을 모범으로 보여 주신다. 그 사람은 우리의 신앙 성숙을 독려하는 자극과 촉매제가 되지만, 내가 곧 그 사람이 되는 것은 아니다. 모세도, 엘리야도 세상에 한 명뿐이다. 당시 나는 나의 가치를 상대에게 맞춰 놓았기 때문에 어울리지 않은 옷을 입은 것처럼 고민했던 것이다. 우리는 종종 무슨 일을 할 때면 자체로서 고유 가치를 찾기보다 내가 지금 옳은지 그른지에만 집중하는 경향이 있다.

바울에게 역사하신 하나님이 오늘 내게도 역사하실 줄 믿는 것은 옳다. 바울을 사용하셨던 하나님이 현재 이 땅에서 나를 사용해 주실 줄 믿는 것도 옳다. 그러나 사울을 바울로 만드신 하나님이 나도 바울로 만들어 주실 줄 믿는 것은 그르다. 바울에게는 바울의 역할이 있고, 내게는 나의 역할이 있다. 바울에게는 바울의 가치가 있고, 내게는 나만의 가치가 있는 것이다. 단, 우리에게 역사하시는 하나님은 동일하시다. 그리고 누구나 하나님의 뜻을 따라간다. 분명한 것은, 하나님은 각자에게 깊은 관심을 갖고 계시며 고유의 은사와 사명을 주시고 영광을 거두신다는 사실이다.

바울의 모든 행적을 살펴보면 그가 얼마나 그리스도를 닮으려고 노력했는가를 알 수 있다. 그러나 바울은 예수님이 될 수 없었다. 이 사실을 깨닫자 내 마음에 평화가 찾아왔고, 새로운 힘이 솟아났다.

예수 그리스도를 믿고 그 안에서 기뻐하며 동행했던 훌륭한 성경 속 신앙의 선배들로부터 자극을 받아 하나님이 내게 맡겨 주신 사명을 감당해 보자. 그러면 약 2,000년 전에 바울을 통해 영광을 거두신 하나님이 우리를 통해서도 얼마든지 영광을 거두시고 역사하실 것이다. 바울은 죽었지만 하나님은 살아 계시고, 바울의 사역은 끝났지만 하나님의 능력은 영원히 우리 가운데 함께 있다.

복음의 가치가 이끄는 삶

나는 목동에서 교회를 개척해서 일산으로 옮겼다. 초창기에는 얼마나 부흥할지 잘 몰랐다. 하나님의 뜻대로 살려고 노력하면서 설교했지만, 마음 깊은 곳에서는 서울에서 옮겨 온 것에 대해 패배의 심리가 조금 있었다. 과연 하나님이 이곳에서도 나를 쓰실지 막연하기도 했다.

그러던 어느 날 심방을 갔는데, 한 권사님이 남편 이야기를 하셨다. 자기 남편은 세상에서 혼자만 똑똑하다고 큰소리치는 사람으로, 예수님을 믿으라고 온갖 일을 다 해도 꿈쩍도 하지 않았다고 하셨다. 딸과 금식 기도를 몇 번이나 해도 소용없었다. 목사님들께 부탁해서 전도를 하면 남편은 목사님 기죽이는 일을 취미로 삼았다. 가끔 예배드리러 교회에 오면 목회자들의 문제점, 그날 설교의 모순을 종이에 꼼꼼히 기록해서 꼬집기를 즐기는 사람이었다. 그런데 우리 교회에 와서 예배드리고 말씀을 들으면서 확 바뀌었다고 하셨다. 그러자 옆에 있던 당사자 남편이 씩 웃으면서 "아, 맞습니다. 목사님, 참 감사합니다"라고 말씀하셨다. 나는 그런 인사를 들을 경우 고맙게 수긍하기보다는 검증이랄까, 약간의 유보 기간을 둔다. 당분간 두고보기로 했다.

그런데 어느 날 길에서 그 남편을 만났다. 나이로는 아버지뻘인데 내게 얼마나 공손하게 인사를 하시던지, "아, 목사님, 지난주 설교 말씀 정말 감사했고, 또…" 하며 마음을 담아 말씀하셨다. 진심이 느껴졌다. 나도 인사를 하고 돌아서는데, 갑자기 감격이 솟구쳐 올라오면서 '나는 일루리곤까지는 못 간다. 나는 일산에 있을 수밖에 없다. 하나님은 나를 통해서도 영광을 거두시고 역사하신다' 하는 생각이 들었다. 아주 큰 힘을 얻었다. 그러면서 그때그때 하나님이 역사하실 것을 믿고 주님 안에서 즐거워하며 주님과 함께 살다 보니 어느 순간 하나님이 여기까지 인도해 주셨다.

하나님이 바울에게 복음을 전하라고 강압적으로 명령하셨다면 이러한 일들이 이루어질 수 있었을까? 그는 하나님의 은혜에 감사하고, 그리스도가 유일한 구원의 길이심을 확신하고, 그분으로 인해 얻은 축복, 하나님과의 회복, 하나님의 능력, 동행하시는 은총, 그리고 앞으로 나아갈 천국을 바라보면서 넘치는 감사와 기쁨으로 달려 나갔다.

우리는 바울이 될 수 없다. 하지만 바울로부터 자극받을 수는 있다. 바울을 통해 역사하신 하나님이 우리에게도 역사하시고, 우리를 통해서 영광을 거두실 줄 믿는다. 예수 그리스도를 모시고 그분 안에서 복음을 누리고, 전하며, 역사하시는 하나님의 손길을 체험하는 것, 복음의 가치가 이끌어 가는 삶을 사는 것은 세상을 초월하는 기쁨이다.

3장
헌신의 기쁨

15:22-33

바울과 우리의 차이점은 그저 주신 사명을 받아 이루는 데
자신을 헌신하는가, 아닌가에 있을 뿐이다.

바울의 로마 방문 계획과 목적

로마서의 마지막 부분은 3가지로 정리할 수 있다. 첫째, '로마교회에 방문하려는 시도를 수차례 했으나 가지 못했다', 둘째, '이제 하나님이 허락하셔서 로마교회에 가서 교제하고, 다소간 위로를 받고, 또 보냄을 받겠다', 셋째, '로마교회에 그리스도의 충만한 축복으로 갈 것을 확신한다'이다. 3가지 요지를 더 간단하게 정리해 보면, '바울의 비전', '바울과 로마교회의 교제', '바울이 가진 은혜의 확신을 나눔'이다.

우리도 바울처럼 하나님을 섬긴다. 그러나 바울이 큰 사역을 담당하고 하나님의 놀라운 능력의 손길을 힘입은 데 비하면 우리는 너무 빈약한 능력을 힘입었고 미미한 삶을 사는 것은 아닌지 착잡해진다. 분명히 내가 믿는 하나님과 바울이 믿은 하나님은 동일한 분이신데, 왜 바울에게 역사하신 하나님의 손길과 내게 역사하시는 하나님의 손길에 차이가 나는 것일까?

우리는 바울이 보여 준 뚜렷한 특징 몇 가지를 주목할 필요가 있다. 놓쳐서는 안 되는 중요한 부분이다.

> "그러므로 또한 내가 너희에게 가려 하던 것이 여러 번 막혔더니 이제는 이 지방에 일할 곳이 없고 또 여러 해 전부터 언제든지 서바나로 갈 때에 너희에게 가기를 바라고 있었으니"(22-23절).

바울은 로마교회에 가려는 확고하고 간절한 계획이 있었지만 기회가 막혀서 갈 수 없었는데 이제는 언제든지 갈 수 있다고 말했다. 그 이유는 "이제는 이 지방에 일할 곳이 없고"라는 말씀을 통해 짐작할 수 있다. 사도행전에는 바울의 사역지와 사역 방법이 기록되어 있다. 그는 주로 지중해 동쪽, 성경에는 소아시아로 나오는 터키와 유럽으로 넘어가는 마게도냐, 그리고 요즘으로 말하면 그리스인 고린도와 아가야 지방에서 활동했다. 로마는 그리스 옆에 위치한 이탈리아의 수도다. 바울은 사역지인 고린도교회 옆에 있는 로마에 가기를 그토록 열망했지만 그때마다 예루살렘에 일이 발생해서 갈 수 없었다. 그래서 그리스로부터 시작해서 동편 예루살렘을 다니면서 복음을 증거했다.

그런데 바울의 말은 사역지에 있는 모든 사람을 전도했기 때문에 이제 그 지방에 일할 곳이 없다는 의미일까? 앞서 살펴보았듯이, 바울의 전도 전략은 가가호호 일일이 찾아다니는 방식이 아니었다. 그는 각 지방의 주요 도시를 중심으로 사역했고, 복음을 들은 사람들이 각 마을로 흩어져서 복음을 전하는 선교 전략을 택했다. 전쟁으로 비유하면, 바울은 대포부대에 해당되고, 그로부터 복음을 들은 각 사람이 소총을 들고 각개전투를 하는 식이다.

바울은 그러한 방식으로 터키와 그리스, 고린도의 큰 도시를 두루 다니면서 복음을 전했고, 이제 하나님 앞에서 이루겠노라고 다짐했던 사역이 끝났다. 그래서 서바나, 지금의 스페인으로 가겠다면서 23절에서 "또 여러 해 전부터 언제든지 서바나로 갈 때에 너희에게 가기를 바라고 있었으니"라고 말했다. 여기서 바울이 말하려는 의도는 로마가 최종 목적지가 아니라는 것이다. 로마는 중간에 거치는 하나의 정착역이고, 최종 목적지는 서바나, 스페인이었다.

바울은 왜 서바나로 가려고 했을까? 쉽게 짐작할 수 있는 것은 당시 사람들이 스페인을 땅 끝으로 보았다는 점이다. 아프리카와 유럽 지도를 보면 스페인이 제일 왼쪽 끝에 있는데, 당시에는 가능한 생각인 듯하다. 어떤 신학자는 바울이 서바나에 가려고 한 까닭은 그곳에 훌륭한 지식인들이 많았기 때문이라고 이야기한다. 예를 들어, 철학자 루시우스 세네카, 서정시인 마르쿠스 루카누스, 풍자시인 마르쿠스 마르티알리스 등이 모두 스페인 출신이다. 지식인들의 도시인 서바나에 가서 그들에게 복음을 전해 그들이 예수 그리스도를 영접하면 복음의 영향력이 강력해져서 많은 생명을 구원할 것이라는 포부를 가졌을 수도 있다. 매우 원대한 계획이다.

바울의 이처럼 놀라운 포부, 비전은 어디서 온 것일까? 그는 일 욕심이 많은 사람이었을까, 아니면 단순한 야망가였을까? 그러나 사도행전을 보면 바울은 결코 개인적인 정욕과 욕망으로 서바나를 최종 목적지로 삼지 않았다는 것을 알 수 있다. 예수님은 승천하시기 전에 제자들에게 "오직 성령이 너희에게 임하시면 너희가 권능을 받고 예루살렘과 온 유대와 사마리아와 땅 끝까지 이르러 내 증인이 되리라"(행 1:8)라고 말씀하셨다. 예수님의 말씀은 예수 그리스도를 믿고 성령을 받으면 자연스럽게 땅 끝까지 가서 내 증인이 된다는 뜻이지, 강압적인 명령이 아니다. 바울은 예수님의 말씀에 순종하기를 원했고, 말씀을 이루고 싶다는 열망으로 서바나를 최종 목적지로 삼았다. 또한 예수님은 바울에게만 이 명령을 주신 것이 아니라 모든 제자와 성령을 받은 모든 사람, 예수 그리스도를 믿는 자들에게 주셨다.

　바울은 19절에서 "그리하여 내가 예루살렘으로부터 두루 행하여 일루리곤까지 그리스도의 복음을 편만하게 전하였노라"라고 말했다. 앞서 언급했듯이, 바울은 예루살렘에서 직선거리로 1,000km가 넘는 먼 곳인 터키의 내륙 지방까지 가서 복음을 전했다. 그는 복음을 전해서 많은 사람에게 새 생명을 선물하고 그들이 하나님의 품에서 안식을 누리도록 애썼다. 사역은 만만치 않았다. 바울은 수많은 장벽, 어이없는 반대, 질병과 온갖 고초를 겪으면서 감당했다. 그 정도 열심히 했으면 '이 정도면 됐다' 하고 타협할 만한데 그는 멈추지 않고 서바나를 늘 마음에 품고 있었다.

사명 앞에 헌신한 바울

바울을 보면 언제나 놀라움을 금할 수가 없다. 그는 예수 그리스도를 정확히 알았다. 예수 그리스도 앞에 온전히 헌신하고, 자신을 통해서 그리스도의 뜻이 이루어지기를 갈망했다. 우리는 '바울과 비교하면 나는 어떤 사람인가?'라고 질문하며 스스로를 점검해 볼 필요가 있다.

　인간은 누구나 하나님의 전능한 손길을 체험하기 원한다. 그렇다면 단지 하나님을 하나님으로 인정하면 가능한 일일까? 물론 하나님은 필요하시면 우리를 이끄시고, 당기시고, 몰아가신다. 그러나 먼저 하나님의 말씀을 받아들이고, 말씀에 감동해 나 자신을 온전히 드리는 태도가 필요하다. 물론 모두 성령의 역사로 이루어지지만, 비전을 실행하기 위해 노력하는 사람에게 하나님은 역사하시고, 그를 통해 영광 받기를 기뻐하신다.

바울과 우리에게 역사하시는 하나님이 다르지 않고, 하나님이 주신 사명도 다르지 않다. 바울과 우리의 차이점은 그저 주신 사명을 받아 이루는 데 자신을 헌신하는가, 아닌가에 있을 뿐이다. 주신 사명을 비전으로 삼고 실행하기 위해서 하나님 앞에 엎드려 기도하고 계속 시도하느냐의 차이다.

하나님의 은혜와 능력을 힘입기 원한다면 단순히 예수 믿는다는 사실에 만족해서는 안 된다. 천국 입성만이 우리 신앙의 지향점이고 우리에게 만족을 가져다주는 것이 아니다. 물론 우리는 모두 천국에 들어가서 하나님의 영광 안에 거하고 면류관을 받기 원한다. 그렇다면 적당하게 하루하루 간신히 연명하면서 바울에게 나타난 하나님의 큰 역사와 능력을 체험하기를 기대하는 것은 욕심이 아닐까? 하나님 앞에서 거룩한 비전을 가져 보라. 실행하기 위해서 기도하면서 자신을 드리면, 하나님이 역사하시고 우리를 통해 영광을 거두신다.

하지만 우리는 때때로 무엇이 하나님의 뜻인지를 확신하지 못하는 경우가 있다. 하나님의 뜻은 분명히 우리에게 주어진다. 하지만 포괄적인 의미로 나타나기에 구체적으로 적용하기가 어려울 때가 많다. 그러나 하나님을 향한 열망과 하나님의 뜻대로 살고자 하는 간절한 소원과 하나님의 뜻이 내 삶을 통해 이루어지기 바라는 헌신이 있다면, 내 삶은 완전히 다른 방향으로 상승하게 된다. 바울은 바로 이 비전을 가졌다.

협력하여 이루는 사역

바울이 비전을 이루어 간 구체적인 실천 방법을 살펴보자. 바울은 은혜가 충만한 사람으로 하나님께 사명을 받았다. 자신이 땅 끝까지 가야 한다고 생각했고 가고 싶다는 열의와 비전도 확고했다.

그러나 그는 혼자서는 할 수 없음을 알았다. 따라서 24절에서 "이는 지나가는 길에 너희를 보고 먼저 너희와 사귐으로 얼마간 기쁨을 가진 후에 너희가 그리로 보내 주기를 바람이라"라고 부탁했다. 여기서 '먼저 너희와 사귐으로'에서 교제, '얼마간 기쁨을 가진 후'에서 만족, '보내 주기를 바람이라'에서 보내 줌 등 세 단어를 주목할 필요가 있다. 이후 28절에서 바울은 "그러므로 내가 이 일을 마치고 이 열매를 그들에게 확증한 후에"라고 말했는데, 연결해서 보면 예루살렘에서 복음을 전한 후 로마를 지나 서바나로 가려는 계획이 있었음을 알 수 있다.

바울은 로마에 가기를 무척 원했다. 최종 종착역은 아니지만 꼭 가기를 소망했다. 당시 로마는 세상의 심장이었고 정치, 경제, 문화의 집산지였다. 서바나로 가려는 마음처럼 로마에 가서 복음을 전하고 많은 사람을 구원하겠다는 열망을 품고 있었다. 서바나로 가기 전에 로마 성도들과 교제를 나누면서 그들에게 은혜를 끼치고, 자신도 성도들로부터 얼마간 기쁨을 갖기 원했다. 그리고 그들이 보내 주는 파송을 받고자 했다.

파송은 바울에게서 쉽게 발견되는 선교의 특징이다. 그는 항상 지정된 교회로부터 파송을 받았다. 처음에는 안디옥교회로부터 파송을 받아 소아시아 지역을 전도했다. 서바나로 갈 때는 로마교회로부터 파송을 받기 원했다. 파송은 재정적인 후원과 기도의 후원을 받는 일이다. 이와 같은 동사역(同事役, 협력하여 사역함)이 이루어질 때 바울만 주님의 일을 하는 것이 아니라 그를 돕는 모든 로마 성도가 함께 그 일을 이루게 된다.

신앙생활을 하면서 자신만 하나님의 뜻 가운데 바르게 서면 된다고 오해하는 사람이 있을지도 모른다. 하지만 혼자서는 할 수 없다. 함께 기도해 주는 가족이나 서로 격려하고, 심리적으로 도우며, 그리스도의 울타리 안에서 함께 나아가는 형제가 필요하다. 함께 하나님 앞에 감사와 찬양을 드리는 것이 바로 동사역이다. 바울은 여러 면에서 우리에게 도전과 자극을 주고, 동시에 좋은 모본을 보여 주었다.

1988년 처음으로 목동에서 교회를 개척할 당시 개척을 부정적으로 보는 사람들이 있었다. 서울에 이미 수많은 교회가 있는데 교회가 없는 오지로 가지, 왜 또 서울이냐고 했다. 당시만 해도 아파트나 주택단지가 들어서면 먼저 생기는 것이 다방과 교회였다.

하나님께 부르심을 받을 때 비슷한 질문을 하나님께 드렸던 기억이 났다. 신학교 입학 후 1년이 넘도록 그 문제로 씨름하고 기도했다. 그리고 얻은 결론은 '이 세상에 좋은 교회도 많고 부족한 교회도 많지만 가장 모범적인 교회를 세우기 위해 하나님이 나를 부르셨다'라는 내적 확신이었다. 그리고 지상에서 가장 모범적인 교회를 세우려면 먼저 성도들이 있어야 한다고 생각했다. 그래서 신도시가 처음 세워진 목동에 개척을 한 것이었다.

성도 수가 차츰 불어났지만 여러 여건이 순조롭지는 않았다. 조금 더 나은 공간을 택하고 옮기는 과정이 왜 그렇게 막히고 어려운 것인지, 하나님의 섭리와 역사를 회의적으로 보기도 했다. 하나님이 살아 계시고 역사하신다는 사실은 확신했지만, 하나님이 내가 가진 비전을 용납하시고, 나를 도우시고, 이끄시려는 것인지는 의심스러웠다. 나는 "내가 너희에게 가려고 한 계획이 여러 번 막혔다"라는 바울의 말을 충분히 이해한다. 비전도 있고, 목적도 있고, 선한 방식을 가졌는데도 하나님이 허용하지 않으셨다.

급기야 하나님이 나를 인정하시지 않는다고 착각했다. 도망칠 수도 없고, 붙들고 있을 수도 없는 상황이었다. 설상가상으로 주변 목사님들이 지금이라도 기성 교회로 옮기라고 염려해 주신 말씀들이 나를 흔들어 놓았다. 목회에 온전히 집중할 수가 없었다. 한편 미국에서 신학을 공부할 때 담당 교수님이 교회에 사표를 내고 미국에 완전히 들어오라는 연락을 주셨다. 일은 안 풀리고, 주변에서는 자꾸 그만두라고 했다. 하나님이 주신 분명한 비전이 있고, 쓰임 받기를 원하고, 이루어지기를 원하는 간절한 소망이 있음에도 이러한 일들이 계속 벌어졌다.

그렇게 7년을 보내면서, 그래도 하나님이 내게 주신 소명이 있다는 확신으로 서원의 뜻을 이루기 위해 더 노력했다. 하나님 앞에 살면서 품고 있는 비전이 없다면 문제다. 하지만 비전을 갖는다는 것은 하나님을 따르면서 자신을 헌신하고 인내하는 인고의 기간을 함께 얻는다는 뜻이기도 하다.

일산에 오자 성도 수가 감당할 수 없을 정도로 불어나기 시작했다. 그때는 또 하나님이 아직 준비가 덜 된 내게 너무 많은 영혼을 보내 주신다고 생각했다. 그전에는 '왜 사람을 빨리 안 보내 주실까? 왜 하나님이 막으시는가?'라고만 생각했는데 지나고 보니 다 하나님의 뜻이 있었다. 그런데 '이 많은 성도의 영혼을 내가 어떻게 감당할 수 있을까?'라는 새로운 걱정이 생겼다.

내가 바라는 목회는 일회적인 프로그램이나 부흥 중심의 집회를 하는 방식이 아니었다. 진실로 모범적인 교회로서, 하나님의 말씀 가운데 성도들이 바르고, 건강하고, 튼튼한 영혼으로 자라서 하나님의 영광의 자리로 들어가도록 인도하는 것이었다. 잘할 수 있을지 고민되었다. 그동안에는 빨리 서바나로 보내 주시지 않는다고 불평했으나, 막상 서바나에 도착하자 너무 빨리 온 것에 대해 두려움과 걱정이 쌓이기 시작했다.

하나님은 절대 늦지 않으신다. 마음에 하나님을 향한 진심이 있고 비전의 소망을 가지고 있으면 하나님은 막힘을 통해서도 나의 통을 키우시고 그릇을 넓히신다. 나중에야 하나님의 더 큰 은혜를 받게 하시려는 준비 기간임을 깨닫게 된다. 목동에서 일산에 오기까지 성도들이 말씀을 잘 따르고, 협조하고, 기도하고, 동역했기 때문에 교회가 이만큼 성장했다. 절대로 한 사람의 힘이 아니다.

우리는 하나님의 손에 쓰임 받고자 하는 열망을 가져야 한다. 전능하신 하나님을 모시고 살면서 근근이 먹고살 정도로 자족하기에는 억울하기 때문이다. 미국의 유명한 부흥 목사 D.L. 무디는 "인간이 천국에 가서 하나님의 창고를 보면 자신이 얻을 뻔했던 것들이 한아름 쌓여 있는 것을 보고 깜짝 놀랄 것이다"라고 말했다. 풍자적인 말이지만 중요한 시사점을 던져 준다. 우리의 문제는 포부를 갖지 않는다는 것이다. 사명을 이루기 위해 인내하지도 않는다. 하지만 하나님은 인내하고 따라가는 자를 로마를 거쳐서 기필코 서바나로 인도하신다.

이에 대해 바울의 마음을 읽을 수 있는 대목이 있다. "내가 너희에게 나아갈 때에 그리스도의 충만한 복을 가지고 갈 줄을 아노라"(29절)라는 말씀이다. 이 말씀을 읽을 때면 마치 바울의 열정적으로 뛰는 심장 소리가 들리는 듯하다. 로마교회에 '그리스도의 충만한 복을 가지고 간다'는 말은 나만이 그 일을 할 수 있다는 자만이 아니다. 바울은 자신을 나타낼 때면 언제나 '연약한 자', '맨 나중에 만삭되지 못하여 난 자'(고전 15:8)라고 칭했다. 나는 비록 약하고 부족하지만 내 안에 계신 그리스도는 온전하시고 하나님의 능력은 완벽하다는 고백이다.

바울은 로마교회에 그리스도의 말씀을 증거해서 성도들이 그리스도의 은혜 가운데 충만한 축복을 누리게 되면 자신이 얼마나 큰 위안을 받을지를 바라보며 위로받았다. 로마서를 시작하는 1장에서도 "내가 너희 보기를 간절히 원하는 것은 어떤 신령한 은사를 너희에게 나누어 주어 너희를 견고하게 하려 함이니"(11절)라고 말한 바 있다. 로마서의 시작과 마무리 부분에 같은 표현을 썼다. 풀어 보면, "얼마간 신령한 하나님의 선물을 너희에게 주어서 너희를 영적으로 견고하게 만들고자 한다"라는 말이다.

로마교회는 바울이 복음을 전해 세운 곳이 아니라 평신도들이 세운 교회였다. 그렇다 보니 아무래도 복음의 이해나 교회 운영 면에서 부족한 점이 있었다. 바울은 자신이 가서 보충해 줌으로써 로마교회를 튼튼히 하고 싶은 마음이 간절했다. 그가 전하려던 것은 자신의 충만이 아닌 그리스도의 충만, 그리스도를 통해 얻는 축복이었다. 이 말씀에 깊이 공감한다. 나 역시 부족한 부분이 많지만, 목사인 나를 통해 전해지는 예수 그리스도는 우리를 소생시키시고, 어둠 속에서 빛 가운데로 인도하시고, 나약한 자리에서 일으켜 주실 수 있는 분이시다. 그분이 우리로 하여금 부활의 은혜와 능력을 힘입게 해 주실 것을 믿는다.

항상 복음 증거의 소망으로 벅차올랐던 바울을 생각할 때마다 '아, 나는 아직 멀었구나' 하고 생각한다. 어떻게 예수 그리스도의 마음을 그리도 잘 알았는지, 어떻게 그렇게 그리스도의 뜻을 온전히 받들고 순교하기를 원하기까지 할 수 있었는지, 어떻게 그렇게 열심히 그리스도를 닮으려 했으며 그리스도의 능력을 바르게 잘 받았는지, 모든 것이 참 부럽다.

그러나 분명히 기억해야 할 것은 바울과 우리가 감당하는 사역과 받은 은사는 다를지라도 하나님께 받은 사명은 동일하고 역사하시는 하나님도 같은 분이시라는 사실이다. 바울의 하나님이 나의 하나님이 되심을 믿어야 한다. 이 땅에서 하나님을 믿고, 사명을 가지고, 그것을 이루기 위해 자신을 하나님께 바치면 하나님이 역사하시고 영광을 거두신다.

바울처럼 서바나로 가지 않아도 오늘 우리의 삶 속에는 서바나가 있다. 직장, 가정, 자녀 양육 등에서 하나님이 내게 주신 서바나가 있다. 지금 처한 자리에서 멈추지 말고, 자신을 함부로 내던지지도 말아야 한다. 바울에게 역사하셨던 하나님을 보고 자극과 도전을 받으면서, 하나님 앞에 나를 드려야 한다. 이 짧은 생애 동안 하나님의 영광을 드러내고 개선장군으로 하나님 나라에 들어가자. 날마다 실행에 옮기고 기도하고 나아가면 하나님이 함께 달려갈 동역자를 붙여 주시고 그 뜻을 이루어 주신다.

4장

헌금과 기도의 열매

15:24-33

하나님을 사랑하고 믿는다면 내가 하나님을 사랑한다는 증거,
그 열매를 하나님 앞에 보여 드려야 하지 않겠는가?

성도로서 마땅히 섬겨야 할 것들

이 장에서는 앞 장에서 살펴본 본문에 담긴 또 다른 주제를 짚어 보고자 한다. 보통 편지를 쓸 때는 말하려는 목적 외의 것은 간단하게 언급하고 넘어간다. 그런데 바울은 "나는 서바나로 가서 복음을 전하고 싶다. 그러나 지금은 하나님의 뜻에 의해 예루살렘으로 가고 있다. 곧 로마교회를 거쳐서 서바나로 갈 것이다"라고만 써도 될 텐데 예루살렘에 가는 이유를 25-28절, 네 절에 걸쳐 구구절절 밝혔다. 왜 이처럼 방문 이유를 자세히 밝혔을까?

> "그러나 이제는 내가 성도를 섬기는 일로 예루살렘에 가노니 이는 마게도냐와 아가야 사람들이 예루살렘 성도 중 가난한 자들을 위하여 기쁘게 얼마를 연보하였음이라 저희가 기뻐서 하였거니와 또한 저희는 그들에게 빚진자니 만일 이방인들이 그들의 영적인 것을 나눠 가졌으면 육적인 것으로 그들을 섬기는 것이 마땅하니라 그러므로 내가 이 일을 마치고 이 열매를 그들에게 확증한 후에 너희에게 들렀다가 서바나로 가리라"(25-28절).

요약하면, 바울은 마게도냐와 아가야 사람들의 헌금을 예루살렘교회에 전달하고 서바나로 가는 길에 로마교회에 들르겠다고 말했다.

헌금은 은혜에 대한 신앙의 열매

바울은 예루살렘에 온 목적을 설명하면서 마게도냐와 아가야 사람들의 헌금을 3가지 측면으로 나누어 강조했다. 첫째로 25절에서 헌금을 '섬기는 일'이라고 표현했고, 둘째로 '빚 갚는 것 역시 섬기는 일'이라고 말했다. 27절에서 바울은 "저희가 기뻐서 하였거니와 또한 저희는 그들에게 빚진 자니 만일 이방인들이 그들의 영적인 것을 나눠 가졌으면 육적인 것으로 그들을 섬기는 것이 마땅하니라"라고 말했다. 셋째로 헌금을 '열매'라고 표현했다. 28절에 "내가 이 일을 마치고 이 열매를 그들에게 확증한 후에 너희에게 들렀다가 서바나로 가리라"라고 기록되어 있다.

3가지는 헌금 정신의 전부를 대변하지는 않지만, 우리에게 헌금에 대해 명확하게 가르쳐 준다. 하나님께 드리는 헌금은 받은 은혜를 갚는 일이고, 동시에 섬기는 일이다. 그리고 하나님을 사랑하고 믿는 신앙의 열매다.

바울은 헌금하는 자가 가져야 할 태도도 넌지시 강조했는데, 역시 3가지로 구분해서 말했다. "예루살렘 성도 중 가난한 자들을 위하여 기쁘게 얼마를 연보하였음이라"라는 26절 말씀에서 '연보했다'라는 말은 '나누고 교제하다'라는 뜻으로, 동정을 얻거나 구걸하는 것을 의미하지 않는다. 즉 헌금은 기쁘게 나누는 것이다. 27절 상반 절에도 "저희가 기뻐서 하였거니와"라는 동일한 표현이 나온다. 또한 27절 하반 절은 "육적인 것으로 그들을 섬기는 것이 마땅하니라"라고 말하는데, 마게도냐와 아가야 사람들이 예루살렘교회를 위해서 기쁘게, 그리고 하나님 앞에서 내 것을 나누는 것이 마땅하다는 마음으로 헌금했다는 뜻이다.

그런데 바울이 이 말을 한 진정한 의도는 무엇이었을까? 아마도 24절이 바울의 속내를 드러내 주는 듯하다. 바울은 "이는 지나가는 길에 너희를 보고 먼저 너희와 사귐으로 얼마간 기쁨을 가진 후에 너희가 그리로 보내 주기를 바람이라"(24절)라고 말했다. '너희가 그리로 보내 주기를 바람이라'라는 말은 '파송'을 뜻한다. 앞 장에서도 언급했듯이, 파송에는 두 가지 요소가 포함되는데 첫째는 물질적인 후원이고, 둘째는 영적인 후원인 기도다.

바울은 서바나에 갈 때 로마교회가 자신을 파송해 주기를 원했고, 25-28절에서 마게도냐와 아가야 사람들이 예루살렘교회를 위해 어떻게 헌금했는가를 설명했다. 그렇다면 바울의 의도는 명확히 다음과 같다고 할 수 있다. "내가 너희로부터 서바나로 파송받을 때 물질적인 후원과 기도의 후원이 필요하다. 마게도냐와 아가야 사람들이 은혜의 빚진 자로서 하나님 앞에 기쁨으로, 마땅히 은혜를 나눈 것처럼 나에게도 후원해 주어 복음의 열매를 맺을 수 있도록 도와 달라." 이처럼 바울이 예루살렘교회에 가는 목적을 설명한 의도는 후원, 즉 헌금에 대한 자극을 위해서였다.

그렇다면 바울이 헌금을 강조한 것은 과연 잘한 일일까? 그렇다고 생각한다. 많은 사람이 헌금 이야기를 하면 상당히 불편해한다. 과연 교회에 헌금이 왜 필요한지, 왜 신령한 교회가 돈을 밝히는지 이상하게 보기도 한다. 그러나 성경은 분명히 헌금에 대해 언급하고 있다. 하나님은 헌금을 강요하시지는 않지만, 헌금을 강조하신다. 왜냐하면 헌금은 바울이 밝힌 것처럼, 우리가 하나님으로부터 받은 은혜에 대한 신앙의 열매이기 때문이다.

헌금은 신앙 고백의 증거

헌금은 구약 시대에 하나님이 이스라엘 백성에게 명령하신 제사 제물에서 기원했다. 하나님은 이스라엘 백성이 약속의 땅인 가나안에 가까이 가기 훨씬 전인 광야 배회 시절부터 절기를 가르치셨고, 아침저녁으로 하나님께 어떤 제물로 제사를 드려야 하는지를 가르치셨다. 세상 논리로 보면 이루어진 것이 아무것도 없고, 주신 것도 없고, 수확도 없는 상황에서 수확에 대해 말씀하셨고, 바쳐야 할 것부터 가르치셨다.

그 이유가 무엇일까? 하나님은 분명히 이스라엘 백성을 가나안 땅으로 인도해 그곳에 살게 하실 작정이었다. 그때 가나안 땅에 속하지 말고 항상 하나님을 섬기면서 살라고 미리 훈련시키셨던 것이다. 우리가 세상에서 살 때 중요한 것은 하나님을 모시고 사는 신앙심이다. 신앙심이 고백으로 나타난 증거가 헌금이다. 하나님은 헌금을 가르쳐 주면서 3가지를 말씀하셨다.

첫째, 하나님은 모든 것이 하나님으로부터 나왔다는 사실을 믿고 고백하게 하신다. 그러면 어떤 사람은 "하나님을 믿지 않는 세상 사람들도 돈을 벌어서 살아가는데, 그들의 것도 하나님으로부터 나왔는가?"라고 물을 수 있다. 당연히 그렇다. 우리는 세상 사람과 달리 하나님이 모든 것을 공급해 주신다는 사실을 알고 하나님께 감사하며 고백하는 삶을 살아간다. 이것은 큰 축복이다.

나는 인생에서 흑백이 뚜렷하게 갈리는 삶을 경험했다. 목사가 되기 전, 젊은 시절에 돈을 꽤 잘 벌었다. 미혼 때 동료들은 결혼하고 자식이 있어 수입을 스스로 관리하지 못했지만 나는 누구의 통제도 받지 않으며 독자적으로 재정을 관리했고 마음대로 썼다. 그런데 이상하게도 내가 돈의 주인이 아니라 돈이 나의 주인인 것처럼 여겨졌다. 마음이 늘 공허했고 무엇인가 갈피를 잡지 못하고 떠다니는 듯했다. 많은 것을 가졌지만, 정작 가장 중요한 핵심을 놓친 것 같은 삶이었다.

그런데 예수 그리스도를 온전히 믿고 그분의 은혜 속에 들어온 후에는 물 한 모금, 공기 한 호흡이 얼마나 소중하고 하나님 앞에 가치가 있는지를 절감했다. 물론 물질적으로는 이전보다 풍요롭지 못했다. 하지만 모든 것이 하나님으로부터 나왔고, 하나님이 나의 아버지가 되어 나를 지켜 주신다고 확신하자, 하나님이 주시는 모든 것으로 살 수 있다는 것을 알게 되었다. 비록 세상 사람들의 눈에는 초라해 보일지라도 무한한 꿈과 평안과 감사와 소망 가운데 살 수 있었다. 하나님은 그 고백과 신앙을 갖게 하시려고 하나님 앞에 드리라고 내게 명하셨다.

둘째, 하나님께 드리면서 감사와 사랑을 표현하면 하나님과 교제하는 가운데 하나님과의 사이가 돈독해진다. 교제하는 남녀를 떠올려 보자. 기념일만 되면 여자 친구는 예쁜 선물을 준비해 남자 친구에게 준다. 남자 친구는 "남자가 시시하게 무슨 선물이야. 마음으로 사랑하면 되지" 하며 번번이 선물을 준비하지 않는다. 마음으로는 정말 사랑하지만 여자 친구의 입장에서는 그의 진심을 의심할 수밖에 없고, 그녀의 마음은 결국 떠나고 말 것이다.

그래서 야고보는 "어떤 사람은 말하기를 너는 믿음이 있고 나는 행함이 있으니 행함이 없는 네 믿음을 내게 보이라 나는 행함으로 내 믿음을 네게 보이리라 하리라"(약 2:18)라고 말하며 믿음을 표현할 것을 권면했다.

하나님을 사랑하고 믿는다면 내가 하나님을 사랑한다는 증거, 그 열매를 하나님 앞에 보여 드려야 하지 않겠는가? 그것이 바로 헌금이다.

셋째, 하나님은 우리가 드리는 제물을 받으시고, 흠향하시고, 축복하겠다고 말씀하셨다. 이것이 구약 시대 제물의 중요한 사상이다. 마치 아버지가 아이에게 선물을 주고 다시 달라고 하는 것처럼 느껴질 수 있다. 아이의 입장에서는 아버지가 왜 다시 달라시는지 도통 이해되지 않을 것이다. 하지만 만약 아이가 아버지가 자신에게 선물을 주셨다는 사실에 감사하고 다시 드린다면 어떻게 될까? 아버지는 아이에게 더 큰 선물을 주고 싶어진다. 마찬가지로, 우리가 감사함으로 하나님께 드리면 하나님과의 관계가 더 돈독해지고 아름다워진다.

요약하면, 헌금의 기능은 하나님에 대한 신앙 고백, 하나님과의 교제, 하나님의 축복이다.

헌금에 대한 성도의 마음 자세

헌금 이야기를 하면 동서고금을 막론하고 사람들이 민감한 반응을 보인다. 그 이유는 첫째로 세속적인 마음 때문이다. 신앙생활은 영적이라고 강조하면서, 가능하면 자신이 가진 육적인 부분은 침범당하지 않으려고 한다. 내가 가진 것을 하나님 앞에 드리면 내 몫이 줄어든다고 여긴다.

현실적으로 따지면 맞는 말이다. 10이 생겼는데 10분의 1을 하나님께 드리면 9로 살 수밖에 없다. 그러나 1을 하나님 앞에 드리는 것은 "모든 것이 하나님으로부터 나왔습니다"라는 신앙 고백이다. 또한 하나님이 무한한 은총으로 자신을 인도하신다는 믿음의 증거다. 그래서 하나님은 헌금을 의무로 두셨지만, 자원해서 하고 억지로는 하지 말라고 말씀하셨다. 하지만 우리는 '그것이 억지로가 아닌가?' 하고 생각하며 하나님의 말씀을 울며 겨자 먹기 식으로 받아들인다.

하지만 자식이 부모의 사랑을 진정 알게 되면 부모님께 무언가 해 드리는 일이 억지 의무가 아니라 기쁨이 된다. 부모님께 받은 사랑이 맺은 열매인 셈이다. 진정 하나님을 믿는 사람은 하나님 앞에 드리며 절대 손해라고 생각하지 않는다. 그러므로 우리는 하나님을 신뢰하고 하나님의 능력을 사모하는 마음을 하나님 앞에 드리면서 내 신앙 고백을 증명할 필요가 있다. 그러면 하나님이 우리의 삶 가운데 역사하시고 축복을 증명해 보이신다.

둘째로 우리가 헌금에 과민한 반응을 보이는 이유는 '과연 내가 하나님 앞에 드린 헌금이 온전히 하나님께 전달될까? 중간에 배달 사고가 일어나 다른 사람이 가로채거나 특정 사람의 배만 불리는 것은 아닐까?'라고 생각하기 때문이다. 우리는 하나님 앞에 예물을 드린 순간 그 예물은 하나님의 것이라는 사실을 기억해야 한다.

교회는 하나님이 세우셨으므로 물론 하나님의 능력으로 움직인다. 하지만 돈이 없으면 교회 건물을 어떻게 운영해 나갈 수 있겠는가? 많은 선교 활동과 봉사는 무엇으로 할 수 있는가? 모두 성도들이 헌금하고, 기도하고, 협력해서 이루어지는 것이다. 그러므로 헌금은 신앙에서 정말 중요한 부분이다. 그러면 헌금에 대해서 어떤 마음과 자세를 가져야 할까?

첫째, 헌금을 드릴 수 있는 것이 축복이라는 사실을 알아야 한다. "하나님께 드린다. 하나님을 섬긴다"라고 말할 수 있는 것 자체가 축복이다. "주는 것이 받는 것보다 복이 있다"(행 20:35)라는 하나님의 말씀은 진리다. 나 혼자 쓰면 혼자 풍요롭게 끝날지 모른다. 하지만 베풀면 그 돈으로 어려운 형편 가운데 사는 아이들이 혜택을 받으며 잘 성장하는 모습을 보게 될 것이다. 그때 내가 드린 헌신의 기쁨이 얼마나 크겠는가? 경험해 보지 않으면 알 수 없다.

헌금은 단순히 돈을 내는 일이 아니다. 하나님 앞에 드리는 신앙 고백이다. 하나님은 우리에게 예물을 드리라고 말씀하셨고, 드린 예물을 받으신다. 그리고 예물을 통해서 역사하시고, 예물을 드린 자에게 은혜와 축복을 다시 내려 주신다. 하나님은 이처럼 은혜의 순환을 이루시면서 하나님의 역사와 나라를 계속 확장시켜 나가신다. 하나님 앞에 드리는 것을 기쁨으로 생각해야 한다. 그것은 축복이요, 하나님의 영광이다.

둘째, 헌금을 대하는 자세는 '없어도 드리는 것'이다. 26절에서 바울은 마게도냐와 아가야 사람들이 "예루살렘 성도 중 가난한 자들을 위하여 기쁘게 얼마를 연보"했다고 말했다. 고린도후서 8장 1-2절에는 좀 더 소상하게 설명되어 있다.

> "형제들아 하나님께서 마게도냐 교회들에게 주신 은혜를 우리가 너희에게 알리노니 환난의 많은 시련 가운데서 그들의 넘치는 기쁨과 극심한 가난이 그들의 풍성한 연보를 넘치도록 하게 하였느니라"(고후 8:1-2).

바울은 마게도냐 교회들에게 하나님이 주신 은혜가 얼마나 큰지를 알려 주었고, 마게도냐와 아가야 사람들이 부유하고 여유로워서 헌금을 드린 것이 아니라고 말했다. 그들은 수없는 환난과 시련, 극한 가난 속에서도 하나님께 받은 은혜, 인도하신 손길, 그리고 하나님이 함께하셔서 자신들을 사용하신다는 사실에 기쁜 마음으로 연보를 드렸다. 자기들도 가난한데 가난한 예루살렘교회에 헌금했던 것이다.

그런데 당시 마게도냐와 아가야 사람들은 왜 그처럼 환난을 당하고 극한 가난에 처했을까? 당시 기독교는 중심 세력이 아니었다. 상대적으로 가난하고 연약한 사람들이 많이 믿었을 확률이 높다.

사도행전을 보면, 바울이 각 지역에서 예수님을 믿게 하는 역사를 일으킬 때마다 폭동을 일으키고 공격하는 사람들이 있었는데, 유대인들이었다. 마게도냐와 아가야에 흩어져 살고 있는 유대인들은 평소 다른 민족 사람들로부터 질시를 받다가 자기 나라 사람들이 하나님의 아들, 예수를 믿고 들어온다고 하자 "예수는 그리스도가 아니라 한갓 나사렛의 보잘것없는 유대인에 불과하다"라고 하면서 진실을 왜곡했고 믿는 사람들을 학대했다. 하지만 마게도냐와 아가야 성도들은 핍박과 환난에 굴하지 않았다. 그러면서 하나님의 은혜와 사랑이 크기에, 또 자신들이 예수님을 믿게 된 것은 유대로부터 온 사도들의 증거 덕분이라며 감사하는 마음으로 헌금했다.

부족하지만 하나님 앞에 소중하게 드려서 하나님이 쓰신다면 우리는 큰 기쁨과 영광 가운데 거하게 된다. 하나님이 그런 우리를 보시면서 "네가 나를 사랑해 나를 믿고 내 명령을 따랐구나. 참 잘했다"라고 칭찬하시고 우리의 삶 가운데 역사하시지 않을까?

성경에 나오는 다윗이 헌금하는 자세를 살펴보면서 교훈을 얻을 필요가 있다. 다윗에게는 풀리지 않는 아픔이 있었는데, 자신이 섬기는 하나님은 아직도 성막에 계신데 (물론 하나님은 성막에 국한되시는 분이 아니다) 자신은 백향목 궁궐에 산다는 것이었다. 그래서 하나님께 성전을 짓겠다고 말씀 드렸다. 그러자 하나님은 나단 선지자를 통해서, 명령하지 않았음에도 하나님의 성전을 짓겠다고 한 다윗을 칭찬하셨다. 하지만 다윗은 피를 많이 흘린 사람이므로 그의 아들이 짓도록 허락해 주셨다. 다윗 때부터 성막 시대가 끝나고 성전 시대에 접어들었다. 다윗은 성전을 짓는 모든 재료를 모으고는 하나님 앞에 기도드렸다.

> "나와 내 백성이 무엇이기에 이처럼 즐거운 마음으로 드릴 힘이 있었나이까 모든 것이 주께로 말미암았사오니 우리가 주의 손에서 받은 것으로 주께 드렸을 뿐이니이다"(대상 29:14).

다윗의 고백대로, 그는 무일푼이었다. 부모도 부유하지 않았고, 형제도 힘이 되지 않았다. 그러나 하나님의 은혜로 다윗은 골리앗을 무찔렀다. 또 선왕인 사울로부터 유산을 물려받은 것도 아니었다. 이스라엘의 새로운 왕이 되어서 모든 것을 새롭게 시작해야 하는 입장이었다. 그런데 하나님이 다윗과 함께하셨고 은총을 내려 주셨다. 다윗은 하나님께 제물을 바치면서 "하나님! 우리가 무엇이기에 이처럼 즐거운 마음으로 드릴 힘을 주셨습니까!"라고 고백했다. 자기 자신을 보면 아무것도 드릴 것이 없었는데 하나님이 드릴 수 있도록 해 주셨다는 고백이다.

신앙인이라면 다윗처럼 생각해야 한다. 하나님께 드려서 내 것이 없어진다고 괴로워하지 말고, 더 드릴 수 없음에 고통스러워해야 한다. "제게도 하나님께 드릴 수 있는 힘을 주옵소서. 지금은 이것밖에 드릴 수 없지만, 앞으로 더 많은 것을 드리고 싶습니다. 하나님의 역사가 제 삶 가운데

이루어지기를 원하나이다. 하나님, 저를 통해 영광을 거두시옵소서"라고
기도하며 갈망해야 한다. 그렇게 사모하고 기도하면 하나님이 나를 일으
켜 세우실 것이고, 다윗처럼 인도하신다. 그때 우리는 "내가 무엇이기에
이처럼 즐거운 마음으로 드릴 힘을 주셨습니까!"라는 다윗의 고백을 하
게 될 것이다.

어쩌면 내게는 드릴 것이 없다고 생각할지 모른다. 분명히 지금 드릴
수 있는 것이 있다. 하나님 나라 확장을 위한 포부와 간절한 기도다. 기도
하며 하나님께 드리며 나아갈 때 하나님이 더욱 풍성하게 우리를 채워 주
실 것이다.

기도의 절대성과 당위성

헌금과 함께 성도가 마땅히 맺어야 할 신앙의 열매는 기도다. 바울이 30
절에 기록한 말씀을 읽다 보면 바울의 심장박동이 빨라지는 듯하고, 간절
하고도 강렬한 그의 어조가 느껴진다.

> "형제들아 내가 우리 주 예수 그리스도와 성령의 사랑으로 말미암아 너
> 희를 권하노니 너희 기도에 나와 힘을 같이하여 나를 위하여 하나님께 빌
> 어"(30절).

먼저, '주 예수 그리스도와 성령의 사랑으로 말미암아 너희를 권하노
니'라는 말은 강권한다는 뜻이다. 또한 '힘'이라는 단어를 사용했으며,
같이 기도하자고 했다. 그리고 간절히 간구하는 것을 '빌다'라는 표현을
사용해서 말했다. 즉 바울이 기도를 매우 강조하고 있음을 알 수 있다.

지금 우리는 기도를 어떻게 여기고, 어떻게 활용하고 있는가? 사람들은 신앙생활을 하면서 '기도'라는 용어를 자주 접하고 기도의 필요성도 느낀다. 그러나 막상 기도를 어떻게 해야 할지, 또 기도하면 이루어지는지를 확신하지 못할 때가 많다. 여기서 바울의 기도 부탁 내용을 몇 가지로 나누어 살펴보면서 기도에 대해 하나씩 알아 가기 원한다.

먼저, 바울은 '기도의 절대성'을 보여 주었다. 우리는 기도해야 한다. 신앙인에게 기도는 '하면 좋다'는 선택의 문제를 넘어선다. 하나님의 능력을 힘입는 필수적인 통로로서 기도의 절대성을 인식해야 한다. 성경에 등장하는 신앙의 인물들은 누구도 예외 없이 기도의 사람이었다. 그들은 변함없이 기도하면서 하나님과 동행하며 하나님의 인도하심을 받았다. 신약 시대에 예수님도 기도를 강조하셨다. 그리고 예수님은 실제적으로 기도하는 모범을 보여 주셨다.

바울은 신약성경의 많은 부분을 기록했는데, 그가 기록한 서신서 가운데 기도를 언급하지 않은 곳이 없다. 바울은 학식이 뛰어나고 정열적이며 두뇌가 명석한 사람이었다. 그럼에도 하나님을 알아 가고 하나님의 사역을 할수록 하나님의 능력을 힘입기 위해서는 기도해야 한다는 사실을 철저하게 절감했다. 그러므로 기도를 가볍게 생각해서는 안 된다. 기도는 절대적이다.

하지만 우리는 나도 모르게 '기도하면 정말 응답받을까? 기도하고, 기도하고, 또 기도하는 것은 믿음이 없는 행위가 아닐까?'라고 생각하며 혼란에 빠진다. 그렇지 않다. 기도는 반드시 해야 하는 것이고, 하고 또 해야 한다. 기도는 마치 음식을 먹거나 숨을 쉬는 것처럼 자연스러워야 한다. 성경에서 기도를 강조하지 않은 적은 한 번도 없다. 바울 역시 열심히 기도했고, 주변에 기도를 요청하기까지 했다. 이는 중보 기도의 필요성을 알려 준다. 자신을 위해서 기도하는 것은 중요한 일이며 당연하다. 아울러 형제와 가족, 그 밖에 기도가 필요한 타인을 위한 중보 기도 역시 반드시 필요하다.

중보 기도의 중요성

바울은 하나님이 자신에게 사명을 주셨다는 것을 잘 알았다. 하나님이 자신과 함께하시고, 자신이 하나님의 명령에 순종하고 있다는 사실도 알았다. 그런데도 그는 로마 성도들에게 기도를 요청했다. 중보 기도는 중요하다. 좁은 범위로는 가족을 위해서, 넓게는 민족과 하나님의 나라, 그리고 목회자와 선교사들을 위해 기도해야 한다. 이 모든 기도는 하나님의 역사와 뜻을 이루는 데 중요한 재료다.

성경을 보면 중보 기도의 효력과 중요성이 종종 나온다. 창세기 20장에는 아브라함이 과거에 저지른 실수를 반복하는 모습이 그려져 있다. 아브라함은 기근 때문에 애굽으로 내려갔을 때 바로왕이 자기를 죽이고 아내 사라를 취할 것을 염려해 아내를 누이라고 속였다. 바로 그 일을 블레셋에서도 되풀이했던 것이다.

블레셋왕은 아비멜렉이었는데, 아브라함은 그에게도 아내를 누이로 속여 자기 생명을 부지하고자 했다. 아비멜렉은 사라를 자기 궁으로 불러들였다. 그날 밤 하나님이 아비멜렉에게 나타나셨다. 매우 진노하시면서

"네가 데려간 이 여인으로 말미암아 네가 죽으리니 그는 남편이 있는 여자임이라"(창 20:3)라고 말씀하셨다. 아비멜렉이 몰랐다고 하자 하나님은 "이제 그 사람의 아내를 돌려보내라 그는 선지자라 그가 너를 위하여 기도하리니 네가 살려니와 네가 돌려보내지 아니하면 너와 네게 속한 자가 다 반드시 죽을 줄 알지니라"(창 20:7)라고 말씀하셨다. 여기서 '그가 너를 위하여 기도하리니'라는 말이 중보 기도를 의미한다.

아비멜렉은 아브라함을 불렀고 아브라함이 하나님께 기도하자 "하나님이 아비멜렉과 그의 아내와 여종을 치료하사 출산하게"(창 20:17) 하셨다. 하나님은 아브라함의 중보 기도를 통해 아비멜렉에게 자식을 낳는 은혜까지 베푸셨다.

우리가 자녀와 배우자, 또는 이웃을 위해 드리는 기도는 절대로 헛되지 않다. 하나님은 우리의 중보 기도를 결코 외면하지 않으신다. 하나님은 이미 우리의 기도를 다 들으셨고, 선한 쪽으로 인도하시고 역사하신다.

어린 시절 어머니는 자식들을 앉혀 놓고 가정예배를 드리셨는데, 예배 시간이 꽤 길었다. 어머니가 6명의 자녀들을 위해 일일이 기도해 주셔서 기도를 마치기까지 한참 걸렸기 때문이다. 그래서 나는 어머니에게 "어머니, 혼자서 기도하실 때는 길게 하셔도 괜찮은데, 우리와 예배드릴 때는 좀 짧게 해 주세요"라고 부탁했다. 하지만 어머니의 자식 사랑이 워낙 깊으시다 보니 도무지 짧게 끝나지 않았다. 정확히 기억나지는 않지만 30분은 족히 넘었던 것 같다. 나는 다섯째다 보니 제5편에 들어와야 내 기도를 들을 수 있었기에, 제4편까지는 꾸벅꾸벅 졸다가 내 기도가 시작되면 스르륵 깨곤 했다.

이처럼 어머니가 기도를 열심히 하셨기에 나는 어릴 때부터 기도의 중요성을 어렴풋이 느끼며 자랐다. 나중에야 중보 기도의 은혜가 얼마나 큰지를 깨닫고는 어머니에게 "모든 기도를 다 마치시고 난 다음에 한 번 더 저를 위해서 기도해 주세요" 하고 부탁을 드렸다. 그때 어머니의 얼굴에 흐뭇한 미소가 번졌다. 어머니도 싫지 않으셨던 것 같다. 어쩌면 그 덕분에 이렇게 목회를 하는지도 모르겠다. "어머니, 지금도 한 번 더 제 기도를 해 주고 계시지요?" 하고 종종 여쭤 봤던 추억이 있다. 하나님 앞에 드리는 중보 기도의 힘이 얼마나 큰지 모른다. 내 주변 사람이 나를 위해서 기도하고, 나도 그를 위해서 기도하는 것은 정말 소중하다.

마치 영웅같이 대단해 보이는 바울이 굳이 로마교회에 중보 기도를 간청할 필요가 있었을까? 하지만 바울은 강권하면서까지 간절히 기도를 요청했다. 이처럼 기도는 소중하고 중요하다. 하나님은 우리의 신음 소리까지도 들으신다. 그런 하나님이 우리의 기도 소리를 듣지 않으실 리 없다. 하나님은 우리 어머니의 기도를 들으시고, 우리 아버지의 기도를 들으신다. 또 형제의 기도를 들으시고, 목회자의 기도를 들으신다. 하나님은 중보 기도 소리에 응답하신다.

하나님은 기도로 역사하신다. 그렇다면 우리가 기도하지 않으면 역사를 중단하신다는 뜻인가? 그렇지는 않다. 하지만 하나님은 사람을 쓰실때 그에게 항상 기도하게 하시고 그의 기도 소리를 들으신다. 그렇게 일하기를 기뻐하신다.

바울이 로마 성도들에게 요청한 기도

"나로 유대에서 순종하지 아니하는 자들로부터 건짐을 받게 하고 또 예루살렘에 대하여 내가 섬기는 일을 성도들이 받을 만하게 하고 나로 하나님의 뜻을 따라 기쁨으로 너희에게 나아가 너희와 함께 편히 쉬게 하라"(31-32절).

바울은 로마 성도들에게 3가지 중보 기도를 부탁했다.

첫째, 자신이 유대의 순종하지 않는 자들에게 구원을 받도록 기도해 달라고 했다. 당시 유대인들 중에는 예수 그리스도를 믿는 일에 순종하지 않고 전통 유대교 방식대로 믿겠다는 이들이 많았다. 그들은 예수 믿는 사람들을 이단으로 치부하며 핍박하고 죽이려 했다. 그렇다 보니 복음 증거에서 가장 강력한 역할을 감당하는 바울을 죽이려는 계획이 팽배했다. 바울은 과거 유대교의 율법사였다. 그런 자가 이제는 예수를 믿고 유대인들에게 예수를 전하자 그들은 화가 나서 호시탐탐 바울을 죽이려고 노렸다. 그러던 중 바울이 마게도냐와 아가야에서 거둔 헌금을 예루살렘의 가난한 자들에게 전하러 온다는 소식을 듣자 방해하려고 만반의 준비를 했다.

사도행전에 기록되어 있듯이 믿음의 형제들은 바울에게 예루살렘에 가지 말라고 수차례 권면했다. 가면 폭행을 당하고 감옥에 갇히거나 죽을지도 모른다는 것이 공공연한 사실이었다. 하지만 바울은 그런 만류조차 하나님의 뜻이라고 일축했다.

왜 바울은 하나님의 뜻으로 받아들였던 것일까? 바울은 여태껏 이방 땅에 복음을 전했다. 이제는 예루살렘에 복음을 전하면서 예루살렘 사람들과 이방의 사람들, 즉 유대인과 이방인이 그리스도 안에서 하나임을 보여 주려고 했다. 이 일을 이루려면 하나님이 바울의 안전을 지켜 주셔야만 했다. 그래서 로마 성도들에게 기도를 부탁했던 것이다. 우리는 보통 하나님의 일이라면 하나님이 다 알아서 처리해 주실 것이라고 생각한다. 그러나 하나님은 우리에게 기도하게 하시고, 우리의 기도를 통해 역사하기를 기뻐하신다. 이 사실을 잊지 말아야 한다.

바울은 다만 죽음이 무서워서 기도를 부탁한 것이 아니었다. 그에게는 이방 사도로서 서바나, 즉 땅 끝까지 이르러 자신의 입으로 복음을 전하기 원하는 비전이 있었다. 하나님의 뜻이면 멈추겠지만, 하나님께 부여받은 사명을 온전히 이루고자 자신의 안전을 위해 기도하는 것은 자연스러운 일이다. 우리는 모든 것, 아주 작은 일들조차 하나님께 아뢰고 기도해야 한다.

둘째, 예루살렘 성도들이 자신을 환영하고 기쁨으로 받아들이게 해 달라는 기도를 부탁했다. 31절에서 바울은 "또 예루살렘에 대하여 내가 섬기는 일을 성도들이 받을 만하게 하고"라고 말했다. 여기서 '예루살렘에 대하여 내가 섬기는 일'이란 마게도냐와 아가야에서 거둔 헌금을 전달하는 일이다. '성도들이 받을 만하게 하고'라는 말은 환영하면서 기쁨으로 받아들이게 해 달라는 뜻이다.

바울의 요청은 시기적절해 보인다. 바울이 헌금을 가지고 예루살렘교회에 가면 수많은 사람, 특히 종교 지도자들이 그를 험담하며 신도들 사이를 이간질할 것이 뻔했다. "이방에 가서 전도하더니만, 이방 사람들과 예루살렘교회를 연결시키려는 속셈으로 뇌물을 가져온 것이다. 너희의 마음을 회유시키려는 속셈이다" 하면서 수군댈 것이었다. 그처럼 부정적인 자극을 받으면 예루살렘교회가 이방 교회의 헌금을 거절할 수 있었다.

역사적으로 봐도 유대인들은 영적 자존심이 무척 센 민족이다. 기근으로 죽어 가면서도 자기들만 선민이며 아브라함의 후손으로서 하나님의 축복을 받는다고 자부했다. 따라서 이방에서 바울이 헌금을 가져오면, '우리가 왜 받아야 하지? 만약 받으면 우리가 약하다고 시인하는 것이 아닐까?'라고 곡해할 가능성이 충분했다. 혹은 베드로가 고넬료의 집에 가기 전에 멈칫했던 것처럼 이방인들이 준 헌금은 부정하다고 오해할 가능성도 있었다.

벨릭스 총독은 이 헌금 때문에 가이사랴에서 바울을 잡아들였다. 죄가 없는 줄 뻔히 알았지만 석방하지 않았다. 그렇다고 완전히 감옥에 묶어 두지도 않았다. 그가 이처럼 애매한 자세를 취하면서 재판을 유지시킨 이유는 많은 헌금을 가지고 왔으니 아직 주머니에 돈이 남아 있을 것이라고 짐작했기 때문이다. 그런 상황을 보면서 다른 사람들조차 바울의 순수한 헌신을 곡해하고 '혹시 바울이 사적으로 유용하지 않았을까?' 하며 덩달아 의심을 했다. 그래서 바울은 헌금이 기쁨과 감사함으로 기꺼이 받아들여지는 은혜의 역사가 일어나도록 로마 성도들에게 기도를 부탁했다.

살다 보면 누군가를 사랑할 때도 기도하면서 사랑해야 한다는 것을 깨닫게 된다. 어떤 경우에는 자식을 사랑해서 한 일이 오히려 자식에게 상처가 되기도 한다. 타인에게 베푸는 온정도 기도하면서 베풀어야 한다. 물질적으로는 나누었지만 마음으로는 아픔을 안겨 줄 때가 종종 있기 때문이다. 그러므로 모든 일을 온전히 이루기 위해서는 기도가 필수다.

셋째, 바울은 로마에 가서 성도들과 교제를 나누고 안식을 취하면서 위로와 힘을 얻을 수 있도록 기도를 부탁했다. 32절은 "나로 하나님의 뜻을 따라 기쁨으로 너희에게 나아가 너희와 함께 편히 쉬게 하라"라고 말한다. 바울은 하나님의 위대한 계획과 신성한 사역을 감당했지만 그 역시 인간이었다. 그는 예루살렘교회에 헌금을 전달하는 일을 잘 마치고 홀가분한 마음으로 로마에 가서 그곳 성도들과 교제를 나누며 쉬고 싶어 했다. 이 세상에서 위로와 힘이 필요 없는 사람은 아무도 없다.

정리하면, 바울은 첫째로 안전, 둘째로 사역 봉사, 셋째로 교제와 위로, 혹은 안식을 간구했다. 전부 우리에게 필요한 것이다. 그 외에도 어떤 중보 기도를 해야 할까? 넓게는 하나님의 영광을 위해서 기도해야 하고, 좁게는 가족이 하나님의 뜻을 이루며 살도록 기도해야 한다. 이웃의 안전과 일, 평안과 안식을 위해서도 기도할 수 있다. 교회 지도자들을 위해서도 기도해야 한다. 자기를 위한 기도와 중보 기도 중에서 무엇 하나 중요하지 않은 기도가 없다. 둘 다 열심을 내어 기도해야 한다.

진실과 성실함, 하나님을 신뢰하며

기도 잘하는 법에 대해 굳이 말한다면 이렇다. 첫째, 기도한다는 것 자체가 중요하다고 생각해 진실과 성실함으로 기도해야 한다. 둘째, 하나님을 믿고 기도해야지, 의심하거나 불안에 떨면서 기도해선 안 된다. 그렇다면 마음이 불안할 때는 어떻게 기도해야 할까? 기도하고, 기도하고, 또 기도하면서 내 믿음을 점점 하나님 앞에 가져다 놓아야 한다. 비록 믿음이 부족할지라도 간절하기 때문에 열심히 기도할 수 있다. 중언부언하는 기도의 문제는 계속 기도하는 것이 아니라 마음을 담지 않고 아무 뜻도 없이, 주문 외우듯 기도를 반복하는 행위를 지적한 것이다. 셋째, 응답을 기대해야 한다. 조금 더 강조해서 말하면, 선한 목적으로 끊임없이 기도해야 한다. 이를 위해서는 믿음이 필수적이다.

우리는 대부분 응답에만 관심을 두지만, 하나님은 더 크게 보신다. 응답을 통해 어떤 영광과 역사를 나타내실지, 또한 기도하는 사람을 어떻게 성숙시키실지를 함께 보신다. 진심을 다해 기도하면 하나님은 응답하신다. 이때 주시는 하나님의 응답은 내 생각을 초월한 크고 비밀한 일이다. 예레미야 33장 3절은 "너는 내게 부르짖으라 내가 네게 응답하겠고 네가 알지 못하는 크고 은밀한 일을 네게 보이리라"라고 말한다. "그가 내게 부르짖으면 내가 들으리니 나는 자비로운 자임이니라"(출 22:27)라는 말씀처럼 하나님은 자비하신 분으로, 우리의 기도를 들으시고 응답하신다.

바울은 기도하고 또 기도했다. 그에게는 하나님께 받은 사명이 있었다. 그처럼 확실한 사명을 행하면서도 바울은 하나님의 역사가 이루어지기를 기도했다. 우리도 기도해야 한다. 또한 사랑하는 이들에게 기도를 요청하고, 그들을 위해서도 기도해야 한다. 그리고 우리의 기도에 응답하실 하나님을 신뢰해야 한다. 기도의 열매로 하나님께 영광 돌리고 하나님의 놀라운 능력을 경험하는 삶을 사는 것이야말로 그리스도인의 특권이다.

오늘 삶이 답답하고 암담해서 기도의 동굴로 들어갈지라도, 기도의 문을 여는 순간 높은 창공으로 솟아오를 것이다. 기도의 날개를 활짝 펼치고 하나님의 세계로 날아가게 될 것이다.

진정한 연합은 가능한가

삶의 3가지 영역, 즉 개인적인 삶, 사회에서의 삶, 그리고 교회 생활에서 기초적인 요소는 사랑이다. 사랑이 없으면 하나님이 기뻐하시는 역사가 이루어질 수 없고, 자신을 거룩한 산 제사로 드리는 삶을 살 수 없다.

삶의 영역 가운데 교회 생활과 관련해 15장이 가르치는 중요한 핵심은 '서로 받으라'라는 것이다. 이 말은 서로 받아들이고 용납하라는 의미다. 우리는 이 말씀이 부담되고 불편하다. 바울이 1절에서 말하는 '약한 사람'은 예수님을 믿는다면서 인격적으로 순화되지 않은 사람을 가리킨다. 믿는다면서도 하나님을 의지하기보다는 세상으로 기울어 있는 사람, 온전한 믿음이 아니라 미신적인 상태로 받아들이는 사람을 뜻한다. 물론 절대 약자, 절대 강자는 없다. 우리가 이 말씀이 불편한 까닭은 우리 곁에 있는 그들의 믿음 없는 모습을 참기도 벅찬데, 담당하고 수용하라고 말하기 때문이다.

한 걸음 더 나아가 바울은 예수님도 그렇게 하셨다고 말한다(3절). 그리고 이어서 이 말씀에 순종한 사람의 예를 들어 준다. 바로 다윗이다. 시편 69편 9절에는 심히 고통스러워하는 다윗의 모습이 그려져 있다. 다윗이 하나님을 섬기고 믿는데도 고난을 받자 사람들은 다윗을 향해 하나님을 비방했다. 그러나 그는 비난을 고스란히 받아들였다. 그런 다윗의 모습은 앞으로 메시아가 보이실 행동을 예표한 것이었다. 예수님은 자기를 비난하고, 힐난하고, 핍박하고, 조롱하는 무리에게 대항하지 않고 오히려 그들을 위해서 자기 몸을 내어 놓으셨다. 죄인들을 위해 죽으셨고, 그들을 오히려 기쁘게 하심으로 하나님의 온전한 사랑을 이루셨다. 그러므로 우리도 그리스도를 본받아 약한 자의 약함을 담당해야 한다.

그리스도는 어쩔 수 없이 떠밀려서, 힘이 없어서 죽으신 것이 아니다. 하나님의 진정한 사랑을 이루기 위해서 우리의 허물을 대신해서 죽으신 것이다. 경쟁에서 싸워서 쟁취한 사랑은 진정한 사랑이라고 말할 수 없다. 진정한 행복은 그렇게 얻을 수 없다.

예수님이 죄인을 대신해 죽으신 목적은 유대인과 열방으로 일컬어지는 이방인 모두를 구원하시기 위해서였다. 우리는 이 가치를 삶에 적용해 '우리 주님도 온갖 고난을 당하고 죽으셨는데, 하물며 나 같은 존재라! 누군가 나를 험담한다 해도 그리스도를 따르며 흔들리지 말자'라고 생각해야 한다.

사실 어떤 일이든지 참된 하나님의 은혜가 임하는 곳에는 그리스도께서 우리를 위해서 죽으신 것과 같은 방식이 이루어지고 있다. 곡식이 베이고 죽음으로써 우리는 양식을 얻는다. 우리 역시 언젠가는 죽는다. 죽어서 땅에 묻히거나 혹은 자연에 뿌려져 생물의 싹을 틔우는 양분이 될 것이다. 내가 죽지 아니하고 가정에 행복이 이루어질 수 있을까? 내가 죽지 아니하고 내 삶에 하나님의 영광이 나타날 수 있을까?

예수 그리스도를 믿고 그 은혜 속에 살고 있다면 예수 그리스도를 바라봐야 한다. 오늘의 분노가 나를 죽이도록 내버려 두어서는 안 된다. 오히려 약한 자들, 모순된 자들을 위해서 자신을 하나님 앞에 드림으로 하나님의 역사가 이루어지도록 해 보자.

5장

사명 공동체

16:1-16

교회는 그리스도로 인해 하나 되고,
함께 하나님 나라를 이루어 가고,
서로의 소중함과 고귀함을 인정하면서 함께 도와야 한다.
그렇게 교회는 동질성을 이루어 간다.

로마교회의 믿음의 동역자들

신앙생활을 할 때 교회 공동체는 매우 중요하다. 우리는 모두 하나님을 섬기는 과정에서 교회라는 인적 공동체에 속해 있다. 교회에는 성도들을 이끄는 목사가 있고, 또 목사에게는 말씀을 먹이는 양과 같은 성도들이 존재한다. 둘은 밀접한 관계에 있다. 목자가 없는 양은 존재할 수 없고, 양 없는 목자 역시 존재할 수 없다. 본문은 이 주제에 대해 중요한 메시지를 던져 준다.

본문에는 마태복음 1장이나 출애굽기, 민수기 등에 기록된 이름 목록처럼 많은 사람의 이름이 나열되어 있다. 현대를 사는 우리로서는 당시 사람들의 이름이 과연 우리에게 어떤 의미가 있는지, 또 성경에 실릴 만한 가치가 있는지 의문이 든다. 하지만 금을 주조하는 세공사가 조그마한 조각도 소홀히 다루지 않듯이, 바울이 본문에서 문안 인사를 한 사람들의 이름들과 끼워 넣은 삽입구와 추임새 등은 분명한 의미를 담고 있다는 사실을 인식하고 세밀히 살펴봐야 한다. 본문에는 총 27명의 이름이 거론되는데, 몇 가지 중요한 사항을 우리에게 보여 준다.

첫째, 로마교회에는 다양한 계층이 있었다. 인종이나 지위가 무척 다양했다. 로마교회였으므로 당연히 유대인이 아닌 이방인들이 많았을 테지만 유대인들도 분명히 있었다. 브리스가와 아굴라 부부가 대표적이다. 그뿐 아니라 각처에서 모여든 타 지역 이방인들도 있었다. 또한 8절에 나오는 암블리아, 9절의 우르바노, 14절의 허메, 15절에 빌롤로고와 율리아는 노예의 이름이다. 로마교회에는 노예들도 교인으로 있었다. 반면 자유인과 저명한 사람들도 있었다. 10절에 등장하는 아리스도불로는 아우구스투스의 손자인 클라우디우스황제의 친구였고, 11절의 나깃수는 클라우디우스황제에게 큰 영향을 끼친 부유한 세도가였다.

여기 기록된 모든 사람이 진정한 그리스도인이었는지를 묻는다면 확실히 답할 수 없지만, 로마교회에 직간접적으로 큰 영향을 끼친 사람들임은 분명하다. 그리고 이들은 로마 성도들이었다고 짐작할 수 있다.

13절에는 루포라는 사람이 나온다. 루포는 어떻게 예수님을 믿게 되었을까? 예수님이 십자가를 짊어지고 골고다를 올라가셨던 시기로 거슬러 올라간다. 예수님은 전날부터 이미 지나치게 고초를 겪고 채찍에 맞으셨기에 걸으면서도 끊임없이 피를 흘리셨다. 그 고통 가운데 무거운 십자가를 짊어지셨기 때문에 도중에 더 이상 걷지 못하고 비틀거리며 쓰러지셨다. 로마군 백부장은 도저히 예수가 십자가를 짊어지고 올라갈 수 없다고 판단해 구경꾼 중에 만만한 사람을 지목했다. 그는 구레네 출신 시몬이었다. 그 자리에 단지 구경하려고 있었는지, 아니면 평소 예수님께 감동을 받아 그분이 어떻게 되실지에 촉각을 세우고 나왔는지는 알려져 있지 않다. 일반적으로는 전자라고 본다. 그는 전혀 예상하지도 못했던 순간, 예수님의 십자가를 대신 짊어지고 골고다를 오르게 되었다.

구레네 시몬은 자기가 짊어지고 올라온 십자가에 못 박혀 죽으신 예수 그리스도를 보았고, 그분의 입에서 나오는 말씀을 들었다. 자신도 모르게 그 모든 과정에 집중할 수밖에 없었을 것이다. 이후 그는 예수 그리스도를 영접하고 그리스도인이 되었다. 루포는 구레네 시몬의 아들이다. 그의 집안은 대대로 예수님을 믿는 엄청난 축복 가운데 들어왔다. 또한 구레네 시몬이 흑인인 것을 보면, 교회 안에 사회적 지위가 다양한 사람들이 모여서 함께 신앙생활을 했다는 사실을 알 수 있다.

교회는 세상에서 어떤 일을 하는 사람이라도 들어와서 주님을 섬길 수 있는 곳이다. 교회에서는 세상에서의 직업과 부가 중요하지 않다. 물론 한 사람, 한 사람의 삶이 가치가 없다는 뜻은 아니다. 오히려 반대로 모두 가치가 있고, 하나님의 위로를 받을 만하며, 하나님을 섬겨야 한다. 이는 모두 하나님 안에서 한 형제임을 보여 준다. 교회는 이처럼 아름다운 곳이다. 연약한 사람이라고 무시당하지 않는 곳, 세상의 높은 지위에 있다고 큰소리치지 않는 곳, 모두 예수 그리스도 앞에 무릎을 조아리고 앉아서 주님의 은혜를 사모하는 곳이 바로 교회다.

둘째, 로마교회는 성별이 다양했다. 27명 가운데서 10명이 여성이었다. 브리스가, 마리아, 유니아, 드루배나와 드루보사(둘은 아마 쌍둥이였던 것으로 보인다), 버시, 루포의 어머니, 율리아, 네레오와 그의 자매다. 여자의 이름이 10명이나 거론된 것은 참 이례적이다. 당시 히브리 사회에서는 여자가 일선에 나서는 것이 불가능했다. 한 가족을 소개할 때도 남자 이름을 대표자로 거명했고, 인구수에도 20세 이상 전쟁에 나갈 수 있는 남자들만 들어갔다. 여자는 한 가족의 중요한 일원이었지만 앞세워 드러내는 존재는 아니었다. 그런데 바울은 교회를 말하고 안부 인사를 전하면서, 심지어 중요한 성경을 기록하면서 10명의 여자들의 이름을 실제적으로 거론했다. 최고의 존경의 표시이자 수고에 대한 칭찬이다.

인종과 계층과 성별을 넘어선 연합

로마교회는 인종과 계층, 성별의 다양성에도 불구하고 차이를 초월해 연합했다. 성경에는 모순이 없다. 대부분의 사람들은 30대 때의 가치관과 50대 때의 가치관이 달라진다. 그럴 수밖에 없는 이유는 사회풍조가 바뀌고 지식과 판단 근거에 변화가 생기기 때문이다. 그러나 바울은 달랐다. 그가 40대 때에 한 말과 50대 때에 한 말에 모순이 없다. 자기 생각대로 성경을 쓴 것이 아니라 성령의 감동에 의해 썼기 때문이다. 로마서보다 앞선 갈라디아서에서 바울은 "너희는 유대인이나 헬라인이나 종이나 자유인이나 남자나 여자나 다 그리스도 예수 안에서 하나이니라"(갈 3:28)라고 말한 바 있다. 나중에 기록된 로마서 본문에서 바울은 마치 확인이라도 하듯이 '주 안에서 자매이며, 형제이며, 나의 사랑하는 자'라고 지칭하면서 로마 성도들이 마치 한 가족처럼 여길 수 있도록 했고, 바울은 정말 그렇게 여겼다.

당시는 다양한 사회적 신분 특성상 다른 사람에게 '형제', '자매'라는 호칭을 쓰지 않았다. 오늘날 우리가 이러한 호칭을 사용하는 것은 바울의 전례를 따른 것이다. 우리는 이 세상에서 다양한 삶을 살지만 그리스도 안에서 한 형제요, 자매다. 교회는 천차만별 계층의 사람들이 모인 곳이지만 그리스도로 인해 하나 되고, 함께 하나님 나라를 이루어 가고, 서로의 소중함과 고귀함을 인정하면서 함께 도와야 한다. 그렇게 교회는 동질성을 이루어 간다.

바울은 진정 복음에 뜨거운 열정을 지녔다. 또한 자신의 사명에 확신을 가졌고, 그 일에 쓰임 받기를 간절히 소망했다. 우리가 유념해야 하는 것은 바울은 사역을 그저 일로만 생각하지 않았다는 점이다. 복음은 그 자체로 귀하지만 한 영혼을 복음으로 구원할 때 진정한 목적이 완성된다. 바울은 이 일을 위해 늘 사람들과 가까이하면서 그들을 주 앞으로 인도하려고 애썼다. 함께 지내면서 본을 보이고 자극제가 됨으로써 그들이 예수 그리스도께 헌신하도록 만들었다.

바울이 사람들을 향해서 사용한 추임새들을 살펴보면 더 자세히 알 수 있다. 그는 '나의 보호자', '나의 동역자', '처음 익은 열매', '나와 함께 갇힌 자', '내 사랑하는 자', '그리스도 안에서 순전함을 받은 자', '주 안에서 많이 수고한 자', '내 어머니', '나의 친척', '나와 온 교회를 돌보아 주는 자' 등이라는 표현을 사용하면서 사람들을 높이고 드러냈다. 이 말들은 바울이 무심히 사용한 수식어가 아니고, 하나하나에 의미가 담겨 있다. 바울은 진심으로 그들과 함께하기를 원했다.

겐그레아교회의 일꾼 뵈뵈

바울이 열거한 사람들 중 먼저 언급한 두 사람을 살펴보자. 먼저 뵈뵈다. 1절은 뵈뵈에 대해 "내가 겐그레아교회의 일꾼으로 있는 우리 자매 뵈뵈를 너희에게 추천하노니"라는 바울의 문안 인사를 기록하고 있다. 뵈뵈라는 이름은 성경 다른 곳에는 언급되지 않았다.

바울은 뵈뵈를 소개할 때 '겐그레아교회의 일꾼'이라고 말했다. 겐그레아는 고린도 남쪽 지역으로, 오늘날의 그리스 남쪽 항구 도시다. 재미있게도 여기서 바울이 말한 '일꾼'과 '집사'라는 단어의 원형이 똑같다. 그런데 왜 집사라고 하지 않고 일꾼이라는 단어를 썼을까? 특히 당시 문화에서는 여자에게 집사라고 부르는 것이 더 자연스러웠을 텐데 말이다.

뵈뵈는 매우 충성스러웠고, 예수 그리스도를 믿고 난 뒤에 그리스도로 말미암아 완전히 변화된 아름다운 인생을 산 사람이었다. 그리고 겐그레아의 성도들을 잘 돌보고, 위로와 심방, 구제와 봉사 같은 일들을 지혜롭고 성실하게 이루어 나갔다. 뵈뵈는 사변적 신앙에 멈추지 않았다. 믿음의 역사가 있는 사람으로서, 참 신앙의 아름다운 모습을 타인에게 보여준 신뢰할 만한 일꾼이었다.

바울은 뵈뵈를 언급하며 또 하나의 단어를 사용했다. '겐그레아교회의 일꾼으로 있는 우리 자매'라는 말이다. 믿는 모든 자의 자매라고 한 것이다. '자매'는 단순한 표현이 아니다. 친자매처럼 대하고 같이 지냈다는 뜻이다. 더 놀라운 것은 바울이 쓴 로마서를 로마교회에 가져다준 사람이 뵈뵈라는 점이다. 바울이 뵈뵈를 얼마나 신뢰했는지 알 수 있다. 오늘날 우리에게는 로마서가 책 한 권도 되지 않는 적은 분량으로 보인다. 하지만 당시에 종이 대신 파피루스나 가죽을 사용했다는 사실을 감안하면 로마서는 엄청난 분량이다.

한편 이처럼 로마서를 가져다주는 중요한 일을 바울이 여자에게 맡겼다는 점이 의아할 수 있다. 당시 남자들은 짐을 싣고 이동할 때 빈번이 몸수색을 당했다. 자칫 오해를 사면 첩자로 잡혀갈 테고 그러면 로마서는 빼앗기고 운반자는 죽는다. 그래서 바울은 여자인 뵈뵈에게 편지 운반을 맡겼고, 뵈뵈는 보따리 짐을 짊어지거나 머리에 이고 운반했을 가능성이 높다. 어쨌든 중요한 하나님의 말씀을 전달하도록 바울이 부탁한 것을 보면 뵈뵈는 신앙과 인격이 훌륭하고 헌신과 책임감이 강한 사람이었음을 짐작할 수 있다. 그래서 뵈뵈에게 위대한 사도가 붙인 말이 '우리의 자매'다.

또한 2절은 뵈뵈를 소개하면서 "너희는 주 안에서 성도들의 합당한 예절로 그를 영접하고 무엇이든지 그에게 소용되는 바를 도와줄지니 이는 그가 여러 사람과 나의 보호자가 되었음이라"라고 말한다. 주 안에서 최대한의 예우를 갖추어서 뵈뵈를 영접하라는 뜻이다. '무엇이든지 그에게 소용되는 바를 도와줄지니'라는 말은 뵈뵈가 요청하는 것은 무엇이든지 들어주었으면 좋겠다는 말이다. 그만큼 바울은 뵈뵈에 대한 확신과 신뢰를 가지고 있었다. 이어서 바울은 "이는 그가 여러 사람과 나의 보호자가 되었음이니라"라고 설명했다. 여기서 '보호했다'라는 말은 위험이나 곤란함이 미치지 않도록 보살폈다는 뜻이다.

그러면 뵈뵈는 어떤 보호자였을까? 경제적인 보호자이거나 물리적인 어려움이나 협박에서의 보호자였을 수 있는데, 뵈뵈는 전자에 해당된다고 본다. 그녀는 사람들에게 음식을 공급했다. 또 신앙생활을 하면서 참위로를 받고 하나님의 은혜 가운데서 일어서서 하나님께 영광 돌리는 사람이 되도록 보호자로서의 역할을 감당했다.

바울이 모든 사람에게 인사하면서 뵈뵈를 먼저 언급한 것은 뵈뵈로서는 큰 영광이었다. 이 영광은 그냥 받은 것이 아니다. 그만큼 뵈뵈는 몸과 마음을 진정으로 주님 앞에 바친 아름다운 신앙인이었고 평신도의 표상이었다.

브리스가와 아굴라 부부의 헌신에 대한 감사

바울은 이어서 또 다른 사람을 언급했다. 브리스가와 아굴라 부부다. 3-4절은 "너희는 그리스도 예수 안에서 나의 동역자들인 브리스가와 아굴라에게 문안하라 그들은 내 목숨을 위하여 자기들의 목까지도 내놓았나니 나뿐 아니라 이방인의 모든 교회도 그들에게 감사하느니라"라고 말한다. 브리스가라는 이름은 사도행전에서 '브리스길라'라고도 불렸다. 두 사람에 대한 자료는 성경에 꽤 많다. 브리스가와 아굴라가 언제 바울을 만났으며, 어떻게 예수를 믿었는가는 사도행전에 기록되어 있다.

바울이 복음 증거를 위해 아덴, 지금의 아테네에 갔을 때 그곳에는 거대한 이방 신전이 있었다. 바울은 우상에 찌든 그곳에 당당히 복음을 전파했다. 그리고 아크로폴리스 광장에서도 복음을 전했는데, 이상하게 다른 곳에 비해 열매가 맺히지 않았다. 우리가 하나님의 일을 할 때, 일이 생각대로 잘될 때도 있지만 그렇지 못할 때도 있다. 잘될 때는 보람차고 힘이 나지만, 안될 때는 아무리 신앙이 좋은 사람이라도 조금은 기가 죽고 소심해진다.

바울은 아덴에서 실망을 안고 고린도로 내려왔다. 그리고 계속 그곳에 머무를지, 떠날지를 고민했다. 뜻대로 되지 않아 충격을 받아서인지 도통 확신을 가질 수 없었다. 그때 주님이 나타나셔서 "계속 여기에서 복음을 증거하라"라고 말씀하셨다. 그래서 바울은 1년 6개월간 고린도에 머물면서 복음을 전했다. 그때 만난 유대인이 브리스가와 아굴라 부부다. 그들은 이전에 로마 본토에 살고 있었다. 그런데 당시 클라우디우스황제가 유대인을 너무 싫어해서 유대인은 전부 로마를 떠나라는 칙령을 내렸고, 부부는 본의 아니게 축출당해 고린도로 내려왔다. 그리고 그곳에서 바울을 만나서 복음을 듣고 예수 그리스도를 믿어, 전화위복의 은총을 입었다. 그 후로 예수 그리스도를 주님으로 마음에 모시고 바울과 동고동락하며 함께 주의 일들을 이루어 갔다.

브리스가와 아굴라, 두 사람은 목사가 아니었다. 선교사로 파송을 받은 것도 아니었다. 그런데도 바울은 둘을 가리켜서 '나의 동역자'라고 했다. 어떻게 바울은 두 사람을 나의 동역자라고 이야기했을까? 유대인들은 보통 자기의 주업이 있었다. 하지만 주업에 종사할 수 없을 경우를 대비해서 다른 직업을 가질 수 있도록 준비했다. 거주지를 떠나 타지로 급박하게 이동해야 할 때를 대비해서 통용될 수 있는 기술을 습득해 놓는 것이 유대인들의 습성이었다.

바울도 원래는 유대교의 율법사였다. 현대로 말하면 검사였다. 그런 그가 또 하나 가진 직업이 텐트를 만드는 기술자였다. 낮에는 천막을 만들고, 저녁이 되면 복음을 증거했다. 회당에 가서 성경을 가르치고, 예수 그리스도가 구약에 예언된 메시아이심을 증거하며 사람들을 주님 앞으로 인도했다. 그런데 브리스가와 아굴라 부부 역시 가지고 있던 기술이 텐트를 만드는 일이다 보니, 낮에도 바울과 같이 있었고 밤에도 함께했다. 또 그들은 말씀을 듣고 혼란을 느끼는 사람들에게 바울이 전한 복음을 다시 증거하는 역할도 담당했다. 그래서 바울은 '나의 동역자'라고 했다. 대단한 부부다. 그들에게 모든 일은 그리스도를 위해서였다.

재미있게도 브리스가와 아굴라 부부가 자주 이사 다닌 것이 성경 안에 나타나 있다. 이미 언급한 대로 그들은 원래 로마 본토 출신 유대인이었으나, 반유대주의자였던 클라우디우스황제의 유대인 추방령 때문에 로마를 떠나 고린도로 왔다. 그때 바울을 만났고, 후에 바울이 고린도를 떠나서 에베소에 갈 때 아굴라 부부도 따라갔다. 그리고 바울은 에베소에서 복음을 증거하다가 절기가 되어서 예루살렘으로 올라갔는데 그때 아굴라 부부 역시 로마로 갔다. 그래서 바울은 로마교회에 문안 인사를 할 때 브리스가와 아굴라 부부를 언급했다.

그들은 왜 다시 로마로 갔을까? 일단 황제의 칙령이 해제되었기 때문에 로마에 다시 갈 수 있었다. 또한 바울이 예루살렘에서 곧 로마로 올 것을 생각하고 먼저 로마에 가 있었다. 그들은 편안함과 안락을 좇아 움직인 것이 아니라 주의 복음 사역을 이루기 위해 바울에게 어떤 도움을 주고 무엇을 해야 될지를 살피면서 이동했던 것이다. 비록 몸은 떠돌이처럼 보였지만 그 영혼에는 중심이 잡혀 있었고, 이곳저곳 옮겨 다녔지만 마음은 그리스도께 온전히 정착되어서 그리스도를 증거했다. 바울이 동역자라고 말한 것은 부풀린 표현이 아니다.

"또 저의 집에 있는 교회에도 문안하라"(5절).

이 말씀을 보면, 브리스가와 아굴라가 세운 교회가 있는지, 지금 로마교회에 편지를 하면서 이 교회에도 문안하라고 하는 이유가 무엇인지 궁금해진다. 당시에는 교회당이 없었고, 그렇다 보니 자연스레 누군가의 집이나 회당에 모여서 예배드렸다. 브리스가와 아굴라는 자신들의 집을 예배 처소로 개방했다. 오늘날은 예배를 마치면 각자의 집으로 돌아가지만, 당시는 이웃집에 한 번 가면 돌아갈 줄 몰랐다. 예수님을 믿고 나오는 사람이 상대적으로 가난하고 어려운 경우가 많다 보니 더욱 그러했다.

30년 전에 내가 다녔던 교회도 그러했다. 누군가의 집에 한 번 모였다 하면 밤이 되어서야 헤어졌다. 저녁 늦게까지 온갖 이야기를 나누고도 발길 돌리기를 아쉬워했다. 브리스가와 아굴라 부부의 집도 그렇지 않았을까? 사람들이 점잖게 예배만 드리고 가지는 않았을 것이고, 신경 쓸 거리가 많았을 것이다. 요즈음은 예배 시간이 그리 길지 않지만 당시는 굉장히 오랫동안 예배를 드렸을 텐데, 그러다 보면 배고프다는 사람도 있었을 것이다. 그런데도 자신의 개인적인 공간을 개방했다는 것은 대단한 믿음의 행동이라고 할 수 있다.

또 주목할 사항이 있다. 당시 분위기로 보면 여자의 이름을 먼저 거론하는 것이 쉽지 않았을 텐데도 바울은 이 부부를 언급할 때 남편인 아굴라의 이름이 아니라 브리스가를 먼저 소개했다. 이것은 다분히 의도적이다. 한 번이 아니고 성경 여러 곳에 계속해서 '브리스가, 아굴라'라고 말했다. 아굴라가 믿음이 부족해서일까? 아니다. 브리스가의 희생과 사랑, 봉사가 훌륭해서 바울이 이렇게 표현한 것이 전혀 어색하지 않을 정도로 브리스가의 헌신은 아름다웠다.

함께 이루어 가는 하나님의 역사

언젠가 아는 목회자의 아내가 남편이 집에 늘 사람을 데리고 온다며 하소연을 했다. 제자와 이야기하다가도 "우리 집에 가자" 하고 데리고 와서는 갑자기 식사를 요청했다. 그러면 아내 입장에서는 부담이 된다. 그런 일이 한두 번이면 괜찮은데 일상적으로 반복되자 음식을 장만하는 사람으로서는 힘이 들었다. 자녀 공부에도 방해가 되었고, 가족끼리의 오붓한 저녁 식사 자리도 방해받았다. 그러면서 자신이 심하다고 생각하는 것이 잘못인지 아닌지조차 고민스럽다고 했다. 그 이야기를 들으면서 나는 참 귀한 마음이고 훌륭한 목사님이라고 생각하며 감동했다.

브리스가는 이런 칭찬을 받기에 합당한 사람이었다. 얼마나 그리스도가 좋았기에, 얼마나 그 영혼에 은혜의 닻이 제대로 내려져서 그리스도의 영광에 감격했기에 자기 집을 개방해서 예배드리고, 섬기고, 돌보며, 봉사했을까? 브리스가는 진정 훌륭한 신앙인의 모습을 보여 주었다.

4절에서 바울은 "그들은 내 목숨을 위하여 자기들의 목까지도 내놓았나니 나뿐 아니라 이방인의 모든 교회도 그들에게 감사하느니라"라고 말했다. 이 구절을 자칫 오해하면 '무조건 목사를 돕는 것이 복음 전파를 돕는 것인가? 목사를 위해 내 목을 바치면 모든 교회의 칭찬을 받는가? 그렇다면 목사가 곧 복음이 아닌가?'라는 생각이 든다. 목회자가 진정으로 주 예수 그리스도를 위한다면, 그가 복음을 위해 생명 바쳐서 하나님의 역사를 이루어 간다면 그를 돕는 일만큼 큰 영광이 어디 있을까? 내가 그를 위해 자신을 내어놓는 것은 곧 예수 그리스도를 위해 내어놓는 것과 같은 셈이 될 것이다.

목사나 평신도나 삶의 목적은 똑같다. 우리는 모두 하나님의 영광을 위해 산다. 그리고 우리는 어디서나 그리스도의 향기로서 그리스도의 참 모습을 보여 주면서 살아야 한다. 직장에서도 하나님의 능력을 힘입어 사람들에게 하나님의 모습을 드러내 보이는 구원의 방주 역할을 해야 한다. 이것은 모든 성도가 가진 공통점이지만, 받은 소명에 따라 역할은 조금씩 다르다. 목사는 전 생애를 사역자로 부름 받았고, 성도들은 궁극적인 목적은 같지만 자신의 삶을 통해서 부분적으로 그 일을 이루어 간다. 결국 모두 각자의 역할을 하면서 함께 손과 발이 되어 주의 일을 이룬다. 목사라고 전권의식이나 우월의식을 가져서는 안 되고, 평신도라고 열등의식을 가지거나 회피주의에 빠져서는 안 된다. 월권도 금물이지만, 안일주의도 금물이다.

목사와 평신도가 함께하는 복음의 삶이 얼마나 중요한지는 성경에 나와 있다. 뵈뵈가 없는 바울, 브리스가와 아굴라가 없는 바울이 하나님의 역사를 이루어 갈 수 있었을까? 바울이 없는 뵈뵈, 바울이 없는 브리스가와 아굴라 부부는 진정 하나님의 세계를 바라보고 복음에 삶을 희생하는 가치를 맛볼 수 있었을까? 나는 성도들에게 뵈뵈, 브리스가, 아굴라와 같은 희생과 봉사를 강요하고 싶지는 않는다. 강요로 되는 일이 아니기 때문이다. 내가 진정으로 바라는 것은 목사가 진정한 목회자가 되고, 성도가 하나님 앞에서 그리스도의 진정한 가치를 깨달아 그리스도를 드러내는 일에 뵈뵈, 아굴라, 브리스가처럼 헌신하는 것이다.

한 생애를 어떻게 살고 싶은가? 세상 모든 것은 사라진다. 남는 것은 오직 예수 그리스도뿐이시다. 아름다움, 명성, 건강, 지식 등 모든 자랑은 사라지나 그리스도는 남는다. 뵈뵈와 브리스가와 아굴라는 영원한 가치를 발견하고, 이 일을 위해 자신을 드렸다. 하나님이 자신을 받아 주신다는 것이 얼마나 큰 축복인가! 하나님 앞에서 인생의 가치가 영롱하게 빛나는 삶, 하나님 앞에 드려진 삶은 이 세상 어떤 자랑도 초월한다.

6장
일어나라,
온전한 복음으로

16:17-27

하나님은 우리가 순수한 신앙, 참된 신앙으로 나올 때
얼마나 큰 은혜와 축복 가운데 살게 되는지 보여 주기를 원하신다.

거짓 선생에 대한 경고

로마서 마지막 본문이다. 바울은 마지막 부분에서 충격과 긴장을 불러일으키는 주제를 던졌다. 바로 '거짓 선생'이다. 지금까지 바울은 왜 예수 그리스도를 믿어야 하는지, 그리스도를 믿는다는 것이 무엇인지, 믿는 자는 어떻게 살아야 하는지 등을 상세히 설명했다. 그리고 로마 성도들에게 문안 인사까지 전했다. 그러면 이제 편지를 마무리 지어야 하는데 갑자기 거짓 선생이라는 무거운 주제를 꺼내들었다.

거짓 선생은 거짓 교사나 거짓 목사, 혹은 이단이라고 바꾸어 말할 수 있다. 왜 이 민감하고 긴장을 불러일으키는 주제를 로마서 중간도 아닌, 맨 마지막에 기록했을까? 마치 경각심을 불러일으키는 듯하다. 혹시 바울이 깜빡했다는 사실을 깨닫고는 마지막에 덧붙여 기록한 것일까? 아마도 그렇지는 않을 것이다. 파피루스나 양피 가죽은 한 번 쓰면 지울 수 없는 재질이기 때문이다. 아마도 바울은 처음부터 심사숙고해서 로마서를 체계적으로 기록했을 것이다. 아니면 워낙 방대한 분량이어서 기록하는 기간이 길었으므로 중간에 추가했을 수도 있다.

그런데도 로마서 맨 마지막에 거짓 선생에 대해 경고한 것은 다분히 의도적으로 보인다. 아니면 누군가가 이와 관련된 로마교회의 문제점을 고발해서 이 문제를 추가해야겠다고 생각했을 수도 있다. 무엇이든 의도가 있고, 그만큼 중요한 문제다.

신앙생활을 하면서 이단에 빠지거나 거짓 목사, 잘못된 신앙을 가진 친구를 사귀게 된다면 불행 중의 불행이다. 개인으로 말하면 인생이 송두리째 황폐해지는 일이고, 교회로 말하면 다 지어 놓은 농사를 산짐승이 와서 헤집고 망쳐 놓는 것과 같다. 신앙은 가장 순수해야하는 영역이다. 몸이 아파서 의사를 찾아갔는데 의사가 전문가가 아니라면 어떻겠는가? 좋은 약이라고 해서 복용했는데 심각한 불량 약품이라면 또 어떻겠는가? 또한 친구를 사귀었는데 알고 보니 흉악범이라면 어떨까? 난감하고 통탄할 노릇이다.

거짓 선생에 대한 내용은 17-20절에 집중적으로 나온다.

"형제들아 내가 너희를 권하노니 너희가 배운 교훈을 거슬러 분쟁을 일으키거나 거치게 하는 자들을 살피고 그들에게서 떠나라 이 같은 자들은 우리 주 그리스도를 섬기지 아니하고 다만 자기들의 배만 섬기나니 교활한 말과 아첨하는 말로 순진한 자들의 마음을 미혹하느니라 너희의 순종함이 모든 사람에게 들리는지라 그러므로 내가 너희로 말미암아 기뻐하노니 너희가 선한 데 지혜롭고 악한 데 미련하기를 원하노라 평강의 하나님께서 속히 사탄을 너희 발 아래에서 상하게 하시리라 우리 주 예수의 은혜가 너희에게 있을지어다."

먼저, 거짓 선생의 특징이 나온다. 대체적으로 이단은 성경에 무지하다. 이단은 성경의 여러 관점을 제대로 보지 않고 몇 가지 구절만 주문 외우듯이 달달 외워 적용한다. 성경은 몇 가지만 이해한다고 다 알 수 없고, 필요한 몇몇 구절만 외운다고 습득할 수 있는 것이 아니다. 성경 구절은 주문이 아니기 때문이다. 한 가지 시각으로만 보면 한 면밖에 볼 수 없다.

성경은 하나님의 말씀이기에 모든 성경은 서로 연결되고, 보완하고, 검증해 시각을 바로잡아 준다. 똑같은 사건을 한쪽 시각에서도 보여 주고, 다른 쪽 시각에서도 보여 준다. 창세기에서 일어난 사건을 역대기에서도 볼 수 있다. 예수님의 사적을 마태복음에서도 다루고 마가복음, 누가복음, 요한복음에서도 각자의 시각에서 다양하게 다룬다.

또한 이단은 지나치게 지식주의로 빠지는 경향이 있다. 현대 이단의 형태는 과거와 많은 차이가 있다. 과거에는 무속에 의존해서 말씀을 무속적인 시각으로 풀려는 이단이 많았다. 그러나 이단 논쟁을 거듭 경험하면서 이단도 매우 진화했고, 교회가 무엇으로 자신들을 책망하고 견제하는지를 잘 알게 되었다. 그런 문제를 피해 교묘하게 사람을 끌어들이는데, 어떤 경우에는 극단적인 지식으로 몰아간다.

이단의 맹점이 있는데, 바로 자의적 해석이다. 성경 해석에 오류가 있는지 점검하거나 확인하는 일에 전혀 구애받지 않고 자기 느낌대로, 순간의 깨달음에 적절한 성경 구절을 연결시켜서 그대로 결론지어 버린다. 또한 이단이 보여 주는 공통적인 모습은 성경에서 볼 수 있듯이 분열 조장과 분쟁, 거치는 일을 일삼는다는 것이다. 분쟁은 성도와 성도, 성도와 교회 사이를 이간질하는 일이다. 예를 들어, 목사가 크게 문제가 없고 (물론 목사도 온전할 수는 없겠지만) 하나님의 종으로서 하나님 앞에 성실히 노력한다면 신뢰하고 따르는 것이 성도로서 신앙생활 하는 데 도움이 될 텐데, 이단은 목사에 대해 은근슬쩍 비난하면서 의중을 떠 보고 이상하게 말을 만들면서 분쟁을 일으킨다.

'거치게 하다'라는 말은 상대방 앞에 장애물을 두어서 걸려 실족하게 하는 것, 즉 죄짓게 만드는 일을 의미한다. 이단은 목사가 어떤 이야기를 하면 옆 사람에게 사실을 왜곡시켜 전한다. 그리고 그 길로 꾀어서 넘어지도록 만든다. 상대방으로 하여금 목사를 원망하게끔 만들고 곧 복음에 회의를 느끼도록 유도한다. 이단이 노리는 목적은 진리를 의심하며 거부하도록 만들고, 성도 간에 분쟁을 일으켜서 넘어뜨리는 것이다.

이단이 이러한 일들에 전력을 다하는 이유는 무엇일까? 성경은 "이 같은 자들은 우리 주 그리스도를 섬기지 아니하고 다만 자기들의 배만 섬기나니"(18절)라고 답해 준다. 진정으로 그리스도를 섬기는 것이 신앙이다. 우리는 예수 그리스도를 섬기고, 예수 그리스도로 말미암아 구원받고, 예수 그리스도와 함께 영광에 참여한다. 하지만 이단은 예수 그리스도를 말하고 하나님을 부르지만 뒤에 다른 꿍꿍이가 있다. 자기 배를 채우려는 것이다. '자기 배'란 물질적인 배만이 아니라 마음의 배, 이기심과 정욕을 채우는 일을 뜻한다. 그들이 섬기는 신은 하나님이 아니라 방탕과 탐욕과 이기적인 욕망이다. 자기가 승리자가 되고 싶은 것이다.

그러면 그들은 어떤 방식으로 우리에게 접근해 올까? 18절은 "교활한 말과 아첨하는 말로 순진한 자들의 마음을 미혹하느니라"라고 말한다. 개역한글 성경에는 "공교하고 아첨하는 말로 순진한 자들의 마음을 미혹하느니라"라고 번역되어 있다. '공교'는 간사하고 유창하고 다정한 표현을 한다는 말이고, '아첨'은 감언이설로 좋게 들리는 말을 하는 것이다. 물론 상대방을 향한 덕담이나 칭찬은 나쁜 것이 아니다. 그러나 성경은 이단이 그런 방식을 이용해 사람을 공격한다고 말한다. 인간은 듣기 달콤한 말을 좋아하기 때문에 싫어도 좋게 말해 주기를 원하고 감언이설에 혹한다. 이단은 그런 본성을 노린다.

거짓 선지자를 분별하라

그런데 진리의 능력이 없는 것도 아닌 기성 교인들이 대체 왜 이처럼 허무맹랑한 이단에게 빠져들까? 일반적으로 성격적 결함 때문에 사탄의 공격을 받는 경우가 많다. 이단에 잘 빠지는 유형은 대체적으로 정서가 불안정하다. 어떤 일이든지 차분하게 견디면서 이루어 가지를 못한다. 계속 새로움을 찾고 도무지 지속성이 없다. 다른 사람이 와서 부추기면 끌려간다. 또 자신을 특별하게 알아주기를 원하는 성격을 가진 사람도 쉽게 이단에 빠진다. 세상 사람 가운데 알아주기를 원하지 않는 사람이 어디 있겠는가? 그런데 인정받는 일에 병적으로 집착하는 사람이 있다. 심지어 교회 안에서도 대우받고 인정받기를 원하다가 뜻대로 되지 않으면 떠나는 사람도 있다.

또한 유혹에 잘 넘어가는 사람도 있다. 누가 무슨 말만 하면 솔깃하는 경우다. 언젠가 TV에서 각 방과 창고마다 새 물건을 가득 쌓아 놓은 사람을 보았다. TV 홈쇼핑만 보면 물건을 사서 쌓아 둔 것이었다. 어떻게 보는 대로 다 사느냐는 물음에 그는 쇼호스트의 "매진, 매진!"이라는 말만 들으면 심장이 벌떡벌떡 뛰고 도저히 안 사고는 못 배긴다고 했다. 물건을 사 놓기만 하다 보니 대부분의 박스는 포장을 뜯지도 않은 상태였다. 상품이기에 다행이지 영혼의 문제 같으면 큰 낭패를 보게 된다. 옆에 와서 몇 마디만 속삭이면 이단을 따라가 버리는 문제가 생긴다.

특별한 것을 좋아하는 사람도 이단의 유혹에 쉽게 빠진다. 구체적으로 말하면, 신비주의를 좋아하는 사람이다. 신유의 은사, 방언의 은사, 축복의 은사 등 은사라면 다 좋아하는 사람, 은사라면 일단 최고라고 생각하는 사람은 이단에 빠지기 쉽다. 물론 하나님은 우리에게 은사를 주셨다. 또한 하나님은 오늘도 표적과 기사를 행하신다. 하나님의 표적과 기사는 절대 떨이 상품도, 싸구려도 아니다.

우리는 하나님이 그리스도의 이름으로 인간을 부르신 목적이 무엇인지를 생각해야 한다. 그에게 어떤 사건을 일으키시려는 것일까? 특별한 체험을 시키시기 위해서일까? 아니다. 하나님이 바라시는 것은 우리가 그리스도의 장성한 분량에 충만히 이르기까지 성장하는 것이다. 그 과정에서 기도하면서 응답받고, 하나님과 동행하면서 천국에 들어가게 하신다. 하나님은 기도했던 것을 금세 주기도 하시고, 기도한 것보다 훨씬 더 좋은 것을 주기도 하신다. 때로는 기다리게도 만드신다. 우리를 훈련시켜서 하나님 나라에 데려가시려는 의도다. 단순히 어떤 사건을 일으키고 문제를 해결하는 것 자체가 하나님의 목적은 아니다.

그러면 하나님은 우리가 어떤 태도를 갖기 원하실까? 19절에서 바울은 "너희의 순종함이 모든 사람에게 들리는지라 그러므로 내가 너희로 말미암아 기뻐하노니 너희가 선한 데 지혜롭고 악한 데 미련하기를 원하노라"라고 말했다. 여기서 '순종'은 하나님의 말씀에 대한 순종이다. 하나님은 우리가 하나님의 말씀에 순종하는 모습을 보고 잘했다고 칭찬하신다.

여기서 "너희가 선한 데 지혜롭고 악한 데 미련하기를 원하노라"라는 구절을 주목해 보자. '선하다'라는 말은 혼합되지 않았다는 뜻으로, 당시 포도주나 우유에 물을 타지 않았다는 의미로 많이 사용되었다. 선한 일에는 혼잡하지 말고 순수하라는 말로, 하나님을 섬기는 일에 능숙한 사람처럼 행동하라는 뜻이다. 그러나 악한 것에는 미련하다 할 만큼 반응하지도 말고 움직이지 말라고 말한다. 악에는 미련한 자가 되어야 한다.

성경적으로 말하면, 하나님을 기쁘시게 하는 일은 능수능란한 사람처럼 열심히 하지만, 사탄의 유혹에는 미련한 사람처럼 절대 움직이지 않는 태도가 필요하다는 것이다. 성경은 구체적인 대응 지침 몇 가지를 알려 준다.

> "사랑하는 자들아 영을 다 믿지 말고 오직 영들이 하나님께 속하였나 분별하라 많은 거짓 선지자가 세상에 나왔음이라"(요일 4:1).

이 말씀은 거짓 선지자가 한둘이 아니라 많다고 말한다. 당시가 그 정도라면 오늘날은 얼마나 더 많겠는가? 안타깝게도 오늘날 목회자라는 사람들 중에 도대체 이단인지, 아닌지조차 구분되지 않는 경우도 있다. 그래서 성경은 하나님을 섬기듯이 목회자들을 선한 마음으로 섬겨야 하지만 전부 용납하지는 말고 그가 하나님께 제대로 속했는지, 아닌지를 분별하라고 말한다.

나는 처음 교회에 나와서 예배드리는 사람들 가운데 목회자가 전하는 말씀에 대해 비판적인 자세를 견지하는 것이 나쁘지 않다고 생각한다. 하나님의 말씀을 제대로 전하는지 분별해야 한다. 오히려 말씀 중에 입맛에 맞는 30-40%는 무조건 받아들이고 그다음부터는 절대로 받아들이지 않고 막아 버리는 경색된 상황이 영적으로 더 큰 문제다. 성경은 진정으로 하나님 앞에 속한 사람인가, 아닌가를 잘 살펴보라고 분명히 말한다. 자칫 자기 영혼이 당할 수 있기 때문이다.

> "거짓 그리스도들과 거짓 선지자들이 일어나 큰 표적과 기사를 보여 할 수
> 만 있으면 택하신 자들도 미혹하리라"(마 24:24).

이 말씀은 거짓 그리스도들과 거짓 선지자들이 일어난다고 말한다. 문제는 그들이 큰 표적과 기사를 행한다는 것인데, 바꾸어 말하면 사탄도 효험이 있다는 말이다. 차이점은 사탄의 결과는 망하는 길이고, 예수 그리스도는 생명과 영광으로 인도하신다는 것이다. 성경은 표적을 나타내거나 신유의 은사로 병을 낫게 한다고 무조건 하나님의 종으로 믿으면 안된다고 경고한다. 하나님께 속했는지, 사탄의 역사를 행사하는지 분별해야 한다.

예수님은 "나더러 주여 주여 하는 자마다 다 천국에 들어갈 것이 아니요"(마 7:21)라고 말씀하셨다. 우리가 "주여 주여 우리가 주의 이름으로 선지자 노릇 하며 주의 이름으로 귀신을 쫓아내며 주의 이름으로 많은 권능을 행하지 아니하였나이까"(마 7:22)라고 말씀드릴 때 주님이 "내가 너희를 도무지 알지 못하니 불법을 행하는 자들아 내게서 떠나가라"(마 7:23)라고 답하실 수 있다. 이 말씀은 바로 주님이 친히 하신 말씀이다.

> "때가 이르리니 사람이 바른 교훈을 받지 아니하며 귀가 가려워서 자기의
> 사욕을 따를 스승을 많이 두고 또 그 귀를 진리에서 돌이켜 허탄한 이야기
> 를 따르리라"(딤후 4:3-4).

이 말씀은 마지막 때에는 귀에 솔솔 들려오는 허탄한 소리가 매우 많아질 텐데 조심하라고 경고한다. 말에 유창한 사람 자체가 틀렸다는 것이 아니다. 하지만 설교를 잘한다거나 말이 유창하다고 무조건 하나님의 종

이라고 단정 짓지 말라는 의미다. 진정으로 하나님을 위하고 영혼을 하나님께 인도하면서 하나님이 베푸시는 은혜와 진리를 가르치는지, 예수 그리스도께 의지하고 그분으로 말미암은 구원과 은총 가운데 살게 하려는지를 잘 살펴야 한다. 아무리 성경을 말한다 해도 자기의 정견, 자기의 지식, 자기를 드러내는 말이 있다. 강대상에서 그리스도 앞으로 이끌지 않는 말을 얼마든지 할 수 있다. 그렇기에 진정 하나님이 옳다고 인정하시는 사람인가를 잘 분별해야 한다.

진정한 교회를 섬기는 자만이 누리는 진정한 기쁨

진정한 신앙을 갖는 것이 얼마나 중요한지 모른다. 성령은 우리에게 올바른 신앙생활을 할 것을 권하신다. 하지만 우리는 인간적으로 이것저것을 재고 정욕을 따르기 원한다. 재미난 이야기를 들으면서 유쾌하게 살고 싶은데, 교회에서는 자꾸 하나님 잘 믿으라는 말만 하고, 나를 알아주지도 않고, 도무지 재미없고 따분하게 느껴진다. 그러다가 어느 순간, '하나님만 잘 믿으면 다인가?'라는 생각이 들어 자기에게 편한 소리를 해 주는 쪽으로 가 버린다. 성령의 음성을 거스른다. 이처럼 종교를 빙자한 쇼에 끌려가면 망하고 만다.

바울은 20절에서 "평강의 하나님께서 속히 사탄을 너희 발아래에서 상하게 하시리라"라고 말했다. 그가 이 구절을 말하면서 분명히 마음에 둔 성경 구절이 있었다. 창세기 3장 15절이다. 아담이 범죄한 후 하나님은 그를 유혹한 사탄을 반드시 상하게 하리라고 말씀하셨다. 사탄은 분명히 심판받는다. 이단에 빠지는 것은 돌이킬 수 없는 문제가 되어 버린다.

그렇다면 바른 신앙을 가지면 어떠할까? 지금 당장은 내가 원하는 방향으로 가는 것 같지 않아도 진정한 평화와 소망이 찾아오고, 기쁨과 찬양이 내 영혼에 자리 잡는다. 참된 헌신을 통해서 하나님이 기뻐하시는 자리로 나아간다. 탄탄한 믿음이 구축되고 하나님의 은혜와 영광에 대한 감격이 솟아난다. 하나님과 동행하면서 천국에 갈 영광을 바라보고 확신하면서 살게 된다.

나는 이 문제를 놓고 '어떻게 하면 참된 목사로서 바른 교회를 이끌 수 있을까?'를 늘 고민해 왔다. 그러던 중 적절하게 의미가 통하는 단어를 발견했는데, 바로 '유기농'이다. 보통 농산물을 재배할 때 땅에 주는 것이 있는데 농약과 비료다. 농부는 때로 밭에 강력한 촉진제를 놓기도 한다. 농약을 주는 이유는 촉진제나 인공 퇴비 때문이다. 촉진제나 인공 퇴비를 뿌리면 식물의 성장은 빠르지만 세포가 탄탄하게 짜이지 않고 엉성해져서 벌레가 쉽게 파먹게 된다. 또 벌레는 내성이 생겨서 더욱 강력해진다. 그렇다 보면 더 강력한 농약을 칠 수밖에 없고 토질이 급속도로 상한다.

반면 유기농은 자연친화적인 퇴비를 사용해 작물을 재배하는데, 병충해가 생기면 그 해결책으로 퇴비를 이용한다. 아무래도 훨씬 더 손이 가고 많은 노력을 요한다. 또 비료나 농약을 주어서 키운 식물보다는 모양새도 볼품없고 소출도 떨어진다. 그렇지만 유기농은 안심할 수 있다. 미네랄이 풍부하고 잔류농약을 먹지 않아도 된다.

한 집사님에게 이런 이야기를 들었다. 양파를 재배하면서 똑같은 밭에 심었는데 유달리 굵은 양파 밑을 파 보면 퇴비가 있다는 것이었다. 교회를 성장시키고 신앙을 체험하게 하기 위해서 비료를 줄 수도 있고, 촉진제를 쓸 수도 있다. 하지만 우리 모두 하나님 앞에 바르고 참된 신앙생활을 하는 유기농 자녀이기를 바란다.

목회의 길로 들어서면서 늘 고민했던 것도 이 문제였다. '내가 왜 하나님 앞에 부르심을 받았는가? 하나님은 왜 고지식하고 어리석은 나 같은 사람을 불러서 이 자리에 세우셨는가?'를 늘 고심했다. 그리고 얻은 결론이 로마서에 기록된 바울의 마지막 말이었다. 하나님은 우리가 순수한 신앙, 참된 신앙으로 나올 때 얼마나 큰 은혜와 축복 가운데 살게 되는지 보여 주기를 원하신다. 나는 하나님이 그 때문에 나를 부르셨다고 생각한다. 로마서는 "이 복음으로 너희를 능히 견고하게 하실 지혜로우신 하나님께 예수 그리스도로 말미암아 영광이 세세무궁하도록 있을지어다 아멘"(26-27절)이라는 말씀으로 마무리된다.

예수 그리스도와 함께 온전하고 바른 신앙으로 하나님을 제대로 믿어 보자. 하나님 앞에 바르게 서서 사탄의 농락과 미혹에 끌리지 않고, 선한 일에는 발이 빠르고 악한 일에는 미련한 자가 되어 보자. 그래서 하나님의 역사를 삶 가운데 경험해 보자. 방법은 하나다. 바른 신앙, 그 외에는 어떤 묘책도 술수도 없다. 바른 신앙으로 살아갈 때 하나님의 영광이 임한다.

당신에게 복음은 무엇인가

로마서는 기독교의 핵심 진리를 담고 있다. 특히 본문에는 4가지 주제가 들어 있다. 첫째, 바울이 로마교회에 가고자 하는 이유를 설명한다. 둘째, 로마 성도들 가운데 바울이 아는 모든 사람에게 의미를 담아 호칭을 붙이면서 문안 인사를 한다. 셋째, 교회를 문란하게 하는 사람들을 멀리하라고 말한다. 넷째, 그리스도의 복음을 반복해서 확인시키고 다시 되새겨 준다. 바울은 복음을 강조하고 로마서를 매듭지었다.

먼저, 바울은 복음을 설명하면서 "나의 복음과 예수 그리스도를 전파함은"(25절)이라고 말했다. 곧 '나의 복음'과 '예수 그리스도를 전파한다'라는 말은 같은 의미다. 복음이란 '예수님이 그리스도이심을 전하는 소리'다. 복음이야말로 바울이 전하려는 것이었기에 그는 반복해서 강조했다.

그리고 이어서 예수 그리스도를 믿어서 구원받는 계획을 하나님은 이미 창세 전부터 세우셨다고 말했다. 26절에 의하면, 하나님은 만세전에 우리를 택하셨다. 그리고 구약 시대부터 선지자들을 통해 글과 예언으로 앞으로 예수 그리스도를 보낼 것이고, 그리스도를 믿음으로 구원하겠다는 말씀을 계속 하셨다. 그리고 때가 되어서 예수 그리스도를 이 땅에 보내 우리가 지은 죄의 대가를 치르게 하셨고, 그분을 믿음으로 우리가 구원을 얻게 하셨다. 우리는 이러한 구원을 간단하게 여겨서는 안 된다. 우리가 하나님을 믿고 예수 그리스도를 구원자로 받아들이는 것은 큰 결단이다. 육신의 인생이 아니라 영혼이 걸려 있는 문제다.

이어서 바울은 "이 복음으로 너희를 능히 견고하게 하실 지혜로우신 하나님께"(26-27절) 라고 말했다. 하나님은 지혜로우셔서 예수 그리스도를 통해서 우리를 구원하시고 견고하게 하신다는 뜻이다. 이 축복을 아는 사람은 그리스도 안에서 기쁨과 평안을 누린다. 뿐만 아니라 천국을 지향하면서 한 걸음, 한 걸음 나아간다.

복음의 능력은 우리가 바랄 수 없는 현실 속에서도 우리를 견고하게 하시는 하나님의 지혜다. 우리는 믿음 안에 거하면서도 어려움을 겪는다. "나는 예수 그리스도를 믿는다. 하나님의 사람이다. 그러나 내 삶은 마치 풀무불 속에 들어가 있는 것 같다"라고 고백하게 된다. 그러나 우리는 풀무불 속에 들어가지 않고서는 아름다운 그릇이 될 수 없다는 사실을 안다. 또한 우리는 "내 인생에는 고난이 많아 매순간마다 날카로운 칼끝이 나를 오려 내는 것 같다"라고 고백하기도 한다. 하지만 우리는 날카로운 칼끝이 없으면 감미로운 음악을 만들어 내는 악기를 생산할 수 없다는 사실을 알고 있다. 풀무불이나 칼끝이 두려운 것이 아니다. 그 가운데서도 우리를 견고하게 하시는 하나님의 능력의 손길이 있는지가 문제다. 그 어떤 상황 속에서도 하나님을 향한 믿음과 예수 그리스도에 대한 신앙이 있다면 주님은 우리를 견고하게 붙들어 주신다. 그리고 마침내 하나님을 찬양하는 자리로 인도해 주신다.

바로 이것이 로마서를 쓴 바울의 심정이다. 어떤 고난 가운데서도 그리스도 안에서 은혜와 평강을 누리는 자로서의 확고한 신분에 자부심을 가졌던 바울의 마음이 바로 우리의 마음이다. 이는 예수 그리스도께서 주신 것이며, '그의 아들에 관하여 말하면' 바로 그런 분이시다(1:3).